올해 91세를 향유(享有)하시고 소천하신 가친(家親)께

하나님이 주신 양심(良心)의 소리를 경청(傾聽)하는

도덕성의 유산(遺産)을 감사드리면서

이 저서를 헌정합니다.

21세기 기독교세계관 시리즈 [2]

포스트모던 시대의 세계관

숭실대학교 출판부

머리말

세계관이란 세계를 보는 관점, 격자의 눈금의 틀자, 인식의 틀이다. 모든 인간은 각 시대의 세계관의 형성자이면서 동시에 세계관의 아들딸들이다. 인간의 모든 인식체계와 행동과 삶의 방식은 세계관에 의하여 제약되기 때문이다. 네덜란드의 기독교철학자 도이어베르트(H. Dooyeweerd)는 인간의 인식활동의 근저에는 종교적인 동기가 지배하고 있다고 보았다. 사무엘 헌팅턴(S. Huntington)도 21세기는 문명의 충돌이 우려될 수 있는 시대라고 보면서 그 중심에는 종교적 요소가 문명의 특성을 강력하게 규정한다고 보았다.

기독교 세계관은 오늘날처럼 다원화된 세계 속에서 기독교적 관점으로 이 세계를 이해하는 데 매우 중요한 학문적 분야로 자리잡고 있다. 오늘날 학문들이 논리적 사유 이전에 학자들이 갖는 세계관적 전제에서 그들의 학문적 사유를 전개하기 때문이다. 이러한 인식결과에 대하여는 과학사학자들 토마스 쿤(Thomas Kuhn)이나 폴 파이어아벤트(Paul Feyerabend) 등이 이미 밝힌 바이다. 이들은 패러다임(paradigm)이라는 용어를 사용했는데 세계를 인식하는 사고의 틀을 말하고 있다.

21세기에 들어와 우리사회는 현대주의적 세계관의 쇠퇴와 더불어 후기 현대의 세계관 형성으로 나아가고 있다. 모더니티에서 포스트모더니티로 나아가고 있다. 모더니티가 통일성과 획일성의 세계관이라면 포스트모더니티는 다양성과 포용성의 세계관이라고 할 수 있다. 세계관은 고정된 것이 아니라 세상의 흐름과 더불어 변화하고 있다. 그러나 변하는 가운데 불변하는 것이 있다. 해체주의 세계관이란 이 세상은 끊임없이 변화하기 때문에 객관적이고 보편적인 진리도 가치도 없다고 본다. 여기서 우리는 상대주의 세계관에 직면하면서 보편적 가치와 진리에 대한 신념이 허물어지는 것을 체험하는 해체주의 시대에 살고 있다. 진리와 가치의 해체를 말하는 포스트모더니티에서 기독교 세계관이란 무엇인가? 본서는 기독교 세계관을 규정함에 있어서 오늘날 도전하고 있는 가이아, 뉴에이지, 종교다원주의, 포스트구조주의, 해체주의, 이슬람, 생태주의 등과 관련하여 성경적이고 종교개혁전통에 충실하며, 복음주의적 관점에서 이들 세계관들을 비판적으로 서술하고 포스트모던 시대의 기독교 세계관을 제시하고자 한다.

본 저서는 1장에서 포스트모던 세계관의 두 가지 측면, 2장에서 가이아 사상의 세계관, 3장에서 뉴에이지 세계관(I), 4장에서 뉴에이지 세계관(II), 5장에서 종교다원주의 세계관, 6장에서 포스트구조주의 세계관, 7장에서 푸코, 데리다, 료타르의 해체적 세계관, 8장에서 이슬람의 세계관(I), 9장에서 이슬람의 세계관(II), 10장에서 생태학적 세계관, 11장에서 포스트모던 기독교 세계관, 12장에서 개혁주의 문화와 세계관을 다루고 있다.

필자는 이 저서를 시리즈로 써나갈 의도를 지니고 있다. 제1권은 기독교 세계관, 제2권은 포스트모던 시대의 세계관, 제3권은 다양한 신론의 세계관, 제4권은 복음주의와 세계관이다.

필자는 이 저서를 이번 개원 10주년을 맞이하여 기독교학대학원에서 석사학위와 일반대학원 기독교학과에서 석사, 박사학위 과정에 있는 원우들, 그리고 기독교학과 학부생들과 나누고 싶다.

이 저서가 나오는데 출판을 도와주신 본교 출판부장 이병덕 장로님과 편집과 교정을 맡아준 편집부 임경란 계장님께 심심한 감사를 드리고 싶다.

2009년 2월 저자

C·O·N·T·E·N·T·S

[1장] 포스트모던 세계관의 두가지 측면

[2장] 가이아 사상의 세계관

C·O·N·T·E·N·T·S

[4장] 뉴에이지 세계관(II)

C·O·N·T·E·N·T·S

C·O·N·T·E·N·T·S

C·O·N·T·E·N·T·S

C·O·N·T·E·N·T·S

C·O·N·T·E·N·T·S

C·O·N·T·E·N·T·S

[9장] 이슬람의 세계관(II)

[10장] 생태학적 세계관

C·O·N·T·E·N·T·S

[12장] 개혁주의 문화와 세계관

C·O·N·T·E·N·T·S

| 포스트모던 세계관의 두가지 측면 |

머리말

포스트모더니즘이 무엇이냐는 아직도 확실히 정의되지 않고 있다. 그것은 미국에서 일어난 1960년대의 반현대적 운동 이래 시작되면서 당시에는 과도기적이고 설익은 모습이었으나 21세기에 들어선 현재 무르익는 모습으로 형성되어 가고 있다.[1] 그것은 현대적, 과학적, 실증주의적, 형이상학적 사고의 극복으로서 다가오는 것이다. 포스트모더니티는 각종 건축, 문학, 영화, 음악, 토크 쇼, 대학의 커리큘럼 등에서 나타나고 있다. 포스트모더니티는 단지 지적 운동 이상의 거대한 문화적 추세이다. 우리는 그 특징을 다음과 같이 열거할 수 있다. 모더니즘이 목적, 구상, 위계질서, 중앙화, 선별을 추구하는 사고방식이라면, 포스트모더니즘은 놀이, 우연, 무질서, 분산화, 조합을 추구하는 사고방식이다.[2]

포스트모더니즘은 모더니즘이 성과로서 주장한 과학주의와 이성주

---

1) David Hervey, *The Condition of Postmodernity: An Enquiry into the Origin of Cultural Change* (Oxford, England: Basil Blackwood, 1989), 38-39

2) Alister E. McGrath, *A Passion for Truth. The Intellectual Coherence of Evangelicalism*, 1996, InterVarsity Press, 김선일 역, 『복음주의와 기독교적 지성』, IVP, 2001, 202

의와 인간주의를 비판하는데서 나왔다. 그리고 모더니즘이 합리성의 미명 아래 저질렀던 비윤리성을 폭로함으로써 모더니즘의 한계를 드러내 주었다. 여기에 포스트모더니즘의 공헌이 있다.

I. 포스트모더니티의 정의

1. 모더니티와의 구분

포스트모더니티(postmodernity)는 미국사회에서 베트남 전쟁 반대, 자유로운 성문화 운동, 전통에 대한 반대 등 1960년대 후기의 문화적 무력감에 의하여 특징지워진다. 포스트모더니티에 관하여 미국 버클리대 문학교수인 도트 키틀린(Todd Gitlin)은 다음과 같이 설명한다: 포스트모더니즘은 "일관성과 연속성에 무관심하며", "독창성을 경멸하고, 모방, 반복, 기존의 부스러기들의 재결합을 선호한다." 포스트모더니즘은 "실체가 용해됨에 따라 개인도 분해되었으며, 대화, 본문, 언어게임, 이미지, 그리고 다른 대화나 본문… 등에 관한 시뮬레이션을 제외하고는 살아 남은 것이 없다."[3)]

포스트모더니티는 이성과 법과 과학이 새로운 이성적 세계를 건설하고자 했던 계몽주의의 근대적 기획에 대한 단호한 수정이요 반대이다. 진보와 질서에 대한 신념, 합리성과 도덕적 투명성을 통해서 출발했던 모더니티의 기획은 1차, 2차 세계대전을 거치면서 참혹히 무너졌다. 포스트모더니티는 역사의 연속성을 부인하며, 영원한 현재에

---

3) Page Smith, *Killing the Spirit: Higher Education in America* (New York: Viking, 1990), 3

살고 있다고 느끼는 지구촌의 무정신적 상황을 드러낸다. 1987년 미국의 문학평론가 테리 이글톤(Terry Eagleton)은 다음과 같이 피력한다: "전형적인 포스트모더니스트의 작품은 쾌활하고 자아풍자적이며 심지어는 성신분열적이기도 하다. 그리고 상업적인 용어를 뻔뻔스럽게 받아들임으로써 현대주의의 엄격한 자율성에 대해 반발하고 있다. 그것은 문화적 전통에 대해 불손한 태도를 보이며, 그 고의적 경박성은 모든 형이상학적 엄숙성을 훼손시키며, 때로는 너저분하고 충격적인 미학을 드러내기도 한다."[4)]

모더니티(modernity)는 이성과 질서, 과학과 기술의 승리, 곡선보다는 직선이 우월하다고 보았다. 그리고 영구적이고 불변하는 것과 일시적이고 가변적인 것의 결합을 포함한다. 모더니티는 흐르는 시간 속에서 보편적인 진리를 찾으려고 했으며 그것이 가능하다는 믿음을 가졌다. 모더니티가 낭만주의와 상징주의에 의하여 특징지워지며, 결합적, 폐쇄적 형식, 목적, 계획, 계급을 중요시한다면, 포스트모더니티는 유사물리학, 다다이즘에 의해 특징지워지며, 분리적, 개방적 전위형식, 놀이, 우연, 무정부에 의하여 특징지워진다. 모더니티가 로고스, 완전습득, 완성된 작품, 작가와 청중 사이의 간격, 창조, 종합화, 통합을 시도한다면, 포스트모더니티는 침묵과 완전 소모, 실행과 과정, 청중의 참여, 비창조, 파괴, 반종합을 시도한다. 모더니티가 현재, 합산, 장르, 범주, 의미론을 중요시한다면, 포스트모더니티는 부재, 분산, 텍스트, 텍스트 간의 관련성, 수사학을 중요시 한다.[5)] 모더

4) Terry Eagleton, "Awakening from Modernity," *Times Literary Supplement*, (February 20, 1987, Harvey, *The Condition of Postmodernity*, 7-8에서 인용

니티가 보편적인 것, 객관적인 것, 지속적인 것, 전체적인 것, 필연적인 것, 영속적인 것을 추구한 데 반해서 포스트모더니티는 주관적이고 일시적이고 단편적인 것, 우연적이고 과도적인 것, 풍자적인 것의 승리를 예시하고 있다. 이에 대하여 포스트모더니티는 고정된 형식, 의미에 대한 믿음이 무너지고 무형식, 무상함, 의미에 대한 회의를 주장한다.

2. 포스트모던 감수성

포스트모더니즘은 포스트모더니티와 동일어로 사용되기는 하나 양자의 차이는 있다. 포스트모더니즘이 후기 현대의 지적인 동향이나 세계관을 가르친다면, 포스트모더니티는 후기 현대의 문화적 감수성과 분위기, 시대적 경향을 가르킨다고 말할 수 있다.[6] 휴이센스(A. Huyssens)는 다음과 같이 서술하였다: "우리 문화의 중요한 부문에서 감수성과 관습과 대화의 구조에 있어 주목할만한 변화가 주지되고 있다. 그것은 이전 시대와는 구별되는 포스트모던적인 가정과 경험과 주장이다."[7] 미국의 LA에 있는 디즈니랜드, 플로리다에 있는 디즈니월드, 그리고 엘비스랜드는 후기 현대성의 문화적 감수성의 대표적

---

5) I. Hassen, "The Culture of Postmodernism," *Theory, Culture and Society* 2, 3 (1985): 123-124

6) Howard Snyder, *Earthcurrents: The Struggle for the World's Soul*, 1995, Nashville: Abingdon Press, 1995, 김현석 역, 『2000년대 지구동향』, 아가페, 1998, 374

7) David Harvey, ibid., 39에서 인용

이미지가 되고 있다.

포스트모던 감수성의 전형적인 것이 대중문화이며, 전 세계적으로 유행하는 청소년 문화이다. 후기 현대성의 언어로서 주로 사용되는 것들은 "감수성, 감정, 인상, 역할분담, 다원주의, 스타일" 등이다. 이러한 개념들의 결합은 세계관이라는 말로 나타난다. 이러한 용어들은 다원주의, 자아의식, 혼성화 등의 문화환경을 공유한다.

II. 포스트모던 세계관

포스트모던 세계관은 20세기 후반에 와서 합리성, 질서에 대한 신념, 진보에 대한 신념, 도덕적 투명성에 기초한 모던 세계관이 무너지면서 나타난 것이다. 포스트모더니즘은 하나의 지적 내지 대중문화적 현상 이상이다. 포스트모더니즘은 철학적인 세계관에 대해서는 거의 생각하지 않는다. 그러나 포스트모던 감수성 아래에서 하나의 세계관적 윤곽이 드러난다.

포스트모던 세계관은 다음 특징을 보여준다.

1. 보편화 내지 종합화 거부

첫째, 보편적인 관점이나 종합화하는 관점에 대한 거부이다. 이글턴은 포스트모더니티에 관하여 다음과 같이 피력하였다: "우리는 이제 모더니티라는 악몽에서 깨어나는 과정에 있다. 조직적 이성과 전체성을 숭배하는 모더니티에서 포스트모더니티의 평온한 다원주의로 나아가고 있는 것이다. 아는 곧 스스로를 전체화시키고 합법화하려는 향수적인 충동을 거부해온 이질적인 생활양식과 언어게임을 말한다."[8] 포스트모던 세계관은 하나의 일관된 전체 안에서 보고자 하는 시도를 거부한다. 역사에 대한 거대 담론(metanarrative)을 거부한다. 이러한 시도는 반세계관적이라고 할 수 있다. 역사에 대한 단편적인 서술만을 이야기한다. 문화분석가 오스 기니스(Os Guinnes)는 다음과 같이 피력한다: "인간의 진보라는 거대한 네러티브는 없다. 오직 사람들과 그 문화들을 있는 그대로 알려주는 무수한 이야기들만이 있을 뿐이다."[9] 카푸토(John Caputo)는 "극단한 해석학"(radical hermeneutics)을 제안하면서 "진리가 없다는 것이 바로 진리"라고 선언한다.[10] 이것은 세계관에 대한 거부이기도 하다.

이러한 세계관의 거부란 우주는 본질적으로 의미와 목적이 없다고 보는 것에서 나온다. 포스트모던 세계관은 인생의 의미와 목적에 대하여 아주 냉소적이다. 의미와 목적이란 본래적으로 있다고 하기 보다는 인간이 정치적인 목적으로 이데올로기적으로 설정해 놓은 것에 불과하다. 우주를 위한 계획에 대해서도 아무런 대답을 제시해주지 않는다. 포스트모던 세계관은 계획 자체를 가공으로 보고 이데올로기로 보기 때문이다. 역사나 우주에 대한 메타이론은 회의적일 수밖에 없기 때문이다.

8) Terry Eagleton, ibid.

9) Os Guinnes, *Fit Bodies, Fat Minds* (London: Hodder & Stoughton, 1994), 105

10) John Caputo, *Radical Hermeneutics* (Bloomington, IN: Indiana University Press, 1987), 156

2. 스타일의 혼합

둘째, 어떤 전체적인 계획과도 조화되지 않은 스타일의 혼합을 보여준다. 각각의 단편들은 서로 동등한 가치를 지닌다. 포스트모더니즘은 종종 일관성을 결여한다. 그리하여 고전적 요소, 낭만적 요소, 그리고 현대적 요소들을 한 덩어리로 묶어 버린다. 이런 것들은 포스트모던 건축이나 문학이나 유머 등에서 분명히 나타난다. 포스트모더니즘은 깊이가 아닌 표면에, 내용이 아닌 가공적이고 일시적인 것, 스타일에 초점을 맞추며, 스타일 자체를 내용으로 본다. 예술과 건축 분야에서 포스트모던 스타일은 고전과 현대의 절충 및 혼합을 보여준다. 통일적인 스타일을 가지지 않는다. 스타일에 있어서 역설적으로 혼성과 부정이 일정한 패턴을 형성하고 있다. 세계관에서도 기존의 모든 패턴을 무효화하기 때문에 어떤 일관성 있는 패턴도 결여하고 있다. 문화분석가 오스 기니스(Os Guinnes)는 다음과 같이 피력한다: "특권을 지닌 문명(또는 문화, 신념, 규범, 양식)은 없다. 오직 가지각색의 문화, 신념, 규범, 양식들이 있을 뿐이다."[11] 세계란 통일되고 안정되며 조화로운 체계라기 보다는 끊임없이 변천하는 파편들의 결집체가 되고 있다.

3. 개인의 특수성 강조

셋째, 개인과 그 독특성을 강조한다. 전체를 거부하면서 작가의 개

11) Os Guinnes, *Fit Bodies, Fat Minds* (London: Hodder & Stoughton, 1994), 105

성과 동기, 작품 그리고 하부문화를 탐구한다. 이런 의미에서 포스트모더니즘은 원자적인 특성을 갖는다. 특정한 집단, 종족, 소수민족, 마을, 직업에 대한 사회학적 인류학적 연구가 행해진다. 프랑스의 사상가 푸코가 정신병자, 동성연애자와 수감자들에 대하여 연구한 것이 그 구체적인 실례이다. 이들 소수자들, 그룹들이 그들의 권리를 말하고 그들의 의견들이 합법적이고 정당한 것으로 받아 들여져야 한다고 본다.[12] 료타르는 다음과 같이 피력한다: 포스트모더니즘은 "나름(differences)에 대한 우리의 감각을 세련되게 다듬어 주고, 우리와 다른 것들에 대해 관용할 수 있는 능력을 강화시킨다."[13] 각 개인의 특수성을 인정하고 양립할 수 없는 차이가 관용되는 환경을 조성함으로써 특수한 개인을 전체나 보편적 주관에 넣으려는 충동을 제거한다.

4. 주관성의 찬미 : 객관에 자신을 연관

넷째, 자신을 연관(self-reference)시킨다. 객관성의 불가능성을 인식하면서 후기 현대성은 어떤 행위나 작품 속에 자신의 존재가 결부됨을 인식한다. 그리고 주관성을 찬미한다. 포스트모더니스트들은 예술 작품을 객관적인 사회모습을 드러낸다고 보기 보다는 자기와 연관된 작품으로 보기를 원한다: 예술 작품은 "종종 의도적으로 그 자신의 실체를 하나의 구조나 기교로서 드러내며, 사회의 모습을 그대

12) David Harvey, *The Condition of Postmodernity*, 48

13) Jean François Lyotard, *The Postmodern Condition: A Report on Knowledge* (Manchester:Manchester University Press, 1984), xxv

로 보여 주기 보다는 그것을 자신과 연관된 작품으로 바꾼다."[14] 문화분석가 오스 기니스(Os Guinnes)는 다음과 같이 피력한다: "단순한 실재나 보편적이고 초연한 지식의 거대한 객관성은 전혀 존재하지 않는다. 오직 모든 것을 그 밖의 다른 모든 것으로 끊임없이 재현할 뿐이다."[15] 진리나 실재란 객관적으로 있는 것이 아니라 나의 주관이 이 순간, 경험하고 느끼는 것이다. 이외에 모든 것은 실재가 아니며 부차적인 것이다. 역사란 실재로 있는 사실적으로 의미있는 과정이 아니라 인간적 정치권력에 관한 지속적인 이야기에 불과하다. 역사 자체에 의미있는 패턴과 방향을 부여하는 것은 인간의 고집일 뿐이다. 객관적 진리 혹은 도덕성이란 관념 자체는 도전받아야 한다. 이런 것들은 나를 억압시키는 것에 불과하며, 내가 주관적으로 느끼는 것에 불과하다고 본다.

5. 권력관계 자각

다섯째, 권력과 파워 게임을 예리하게 자각한다. 포스트모더니티는 통합하는 관점과 객관성의 예찬을 거부한다. 통합과 객관성이란 이견과 차이를 조절하는데 사용되는 권력의 도구라고 보기 때문이다. 푸코는 지식을 권력의 산물로 본다. 모든 관계를 권력의 산물로 본다. 진리라는 개념 자체가 강자의 이익에서 파생한 것이라고 주장한다.

---

14) David Harvey, *The Condition of Postmodernity*, 21

15) Os Guinnes, *Fit Bodies, Fat Minds* (London: Hodder & Stoughton, 1994), 105

푸코의 이러한 진리 개념은 니체의 권력의지 관념과 진리개념에 영향을 받았다.[16] 진리와 권력 사이에는 직접적으로 연결되는 선이 있다. 진리는 사람들이 강제로 순응해야 할 기준을 설정함으로써 억압의 체계를 뒷받침할 수 있다.[17] 진리는 지배자의 이데올로기를 영속시키고, 반대자를 억압하는 합리적 정당화를 제공한다. 그리하여 진리는 억압의 공범자가 된다. 지식과 권력은 한데 뒤엉켜있다. 모든 사람들은 타인뿐 아니라 사회의 구조와 더불어 권력관계 속에 주어져 있으며 갈등관계 속에 있다. 모든 관계는 이데올로기적이다. 푸코의 추종자들에게 진리란 단지 억압을 위해 사용된 수사학적 기제일 뿐이다.[18] 그러므로 이것을 인식하고 행동해야 한다. 그렇지 않으면 권력과 이데올로기의 희생물이 될 수 있다.

6. 풍자성 야기

여섯째, 지식의 권력관계란 풍자(諷刺)성을 야기시킨다. 우리의 삶에는 일상적인 대화로부터 거대한 국제관계에 이르기까지 항상 권력관계가 지배한다고 본다. 그 구체적인 예가 2008년 5월에 있었던 미국 쇠고기 수입 반대에 대한 정부의 일방적 결정과 이에 대한 반대 촛불집회이다. 모든 지식이나 결정은 권력관계에서 이루어진다는 것이

16) Michael Mahon, *Foucault's Nietzschean Genealogy: Truth, Power and the Subject* (Albany, N.Y.: State University of New York Press, 1992)

17) Michel Foucault, *Order of Things: An Archaeology of the Human Sciences* (New York: Vintage, 1979)

18) Ben F. Meyer, "The Philosophical Crusher," *First Things* 12, April 1991, 9-1

다. 진리 자체가 아니라 진리에 대한 주장이라는 풍자가 사실을 호도(糊塗)한다는 것이다. 포스트모던 문화는 현재의 수많은 대중문화의 흐름에 의하여 지지를 받고 있기 때문에 그 방향이 풍자적이고 그 미래가 불투명할지라도 미래를 향하고 있다. 이네올로기는 사회직 약자를 그 위치에 그대로 두었고 사회적 불의를 영속화하였다. 많은 기존의 세계관은 권력자들의 지배를 위한 도구였고 식민주의의 공범이었다고 본다. 그러므로 세계관적 가정에 동의하든 동의하지 않든 간에 세계관에 대하여 부정적이거나 최소한 세계관에 대하여 비판적일 수밖에 없다.

7. 반세계관적이며 운명론적이다.

포스트모더니즘은 반세계관적이다. 그것은 세계관을 위하여 필요한 신, 자아, 목적, 의미, 현실세계, 조화로서의 진리 등을 제거하고 있기 때문이다. 그리하여 상대주의 내지 허무주의로 나아간다. 이러한 포스트모던 세계관이란 자아의 부정, 역사의 부정 속에 스스로 용해되고 있다. 포스트모더니즘은 이데올로기, 종합적인 사고를 제거하면서 무의미한 역사 속에서 현재의 순간에 스스로 행동하는 개인만 남고 있다. 이것은 역사의 의미와 목적을 거부하고 단편적인 서술만 하는 개인에게 인생이란 운명으로 다가올 수밖에 없다. 역사의 총체적인 의미가 상실된 개인에게 다가오는 인생의 의미란 운명론이다. 포스트모더니즘은 운명이란 용어는 피하지만 그 실존적인 종착역은 거

19) Howard Snyder, *The Earthcurrents*, 386

의 동일하다.[19] 역사와 우주가 의미와 목적을 상실한 가운데 그 속에서 개인은 자의식을 가지고 의미의 주장을 하지만 그것은 하나의 자기 넋두리에 불과한 것이다. 각 개인은 객관적으로 다가오는 역사의 종말, 그리스도의 재림 등이 아니라 자기 운명에 충실해야 한다는 것이다. 여기서 인간은 우주와 역사 안에서 스스로 자신에 몰두해야하는 외로운 존재가 되는 것이다.

8. 포스트모던 과학은 총체적이고 생태학적이다.

여덟째, 포스트모던 문화와는 달리 포스트모던 과학은 세계를 분리되어 있는 부분들의 집합체가 아니라 결합된 전체로 본다. 포스트모던 문화는 파편적이고 부분적인 것인데 반해서 포스트모던 과학은 총체적이고 생태학적인 학문이 될 것이다. 이러한 포스트모던 과학이 양자물리학을 통하여 제시하는 관점은, 앞서 언급한 파편적이고 부분적이며 국지적인 관점과 상치된다. 포스트모던 과학은 질서와 연관성을 주장하는 반면에 대부분의 포스트모더니티는 무질서와 비연관성을 주장한다. 포스트모던 과학은 양자물리학적 사고에 따라서 현실에 대한 열린 총체적인 세계관을 형성하고 있다. 그것은 문화적인 포스트모더니티는 대중문화의 세계상으로서 파괴적이고 원자적이고 단편적인 형식을 주제화하고 있다. 그러므로 후기 현대성이란 매우 복합적이고 자기 모순적인 문화적 현상이라고 말할 수 있다.

III. 포스트모던 세계관의 긍정적 측면[20)]

1. 과학주의에 대한 비판

근대 과학은 "새로운 메타언어", 곧 사실언어를 제공했다. 그것은 사실의 언어가 유일하게 참된 언어라고 선언했다. 그리하여 문화나 종교의 언어조차도 이 언어로 환원되어야 한다고 주장했다. 객관적이고 보편적으로 실증할 수 있는 과학의 사실세계가 유일하게 참된 세계라는 것이다. 근대 과학이 주장한 이성적 사실적 언어의 세계는 기독교 신학이 주장해온 신앙 언어의 세계보다 더 우월하다는 견해가 여태까지 군림해 왔다. 사실의 언어가 신앙의 언어를 압도하고 추방한 것이다.

그러나 20세기 물리학의 새로운 발견은 이러한 근대적 과학적 신념을 무너뜨리고 근대 과학주의의 막을 내렸다. 양자 현상(quantum phenomena)은 실재자체가 분명히 확정할 수 없는, 비결정적 성격을 지닌다는 사실을 보여 주었다. 물질의 본질에 대한 과학적 명제란 단지 근사치만을 보여줄 뿐이다. 자연과학의 언어는 이제 더 이상 보편적이고 객관적인 언어일 수 없다는 것이 후기 현대과학의 일반적인 인식이다. 이제 과학의 언어조차도 종교적 언어와 마찬가지로 일종의 연구 전통에 속하며 그 연구 공동체의 살아있는 관행 밖에서는 이해 불가능한 것이 되었다.

---

20) 이 부분은 필자의 저서 『21세기와 개혁신학』(한국장로교 출판사, 1998)의 9장 "포스트모더니즘과 복음주의"에 많이 의존하고 있음.

비엔나 학파의 거장 포퍼(Karl Popper)는 자연과학이 단순히 합리적인 작업이 아니라 궁극적으로는 인간의 창조로운 상상력이라는 비논리적 활동(nonlogical activities)에 의존한다는 사실을 보여주었다. 포퍼는 경험적 사실이 이론의 토대가 되는 것이 아니라 이론을 반증하고 강화하는 비판적 기능을 가지고 있다고 역설한다. 그리고 포퍼는 기대와 추측이 이론구성에 있어서 본질적인 역할을 한다는 사실을 강조한다.[21]

과학사가 쿤(Thomas Kuhn)은 과학적 활동이 패러다임(paradigm)에 의해 규제되고 새로운 패러다임의 출현으로 과학혁명이 일어난다고 본다. 새로운 패러다임의 선택이란 개종(conversion)과 같은 결심에 의해 수행된다. 이같은 개종은 설득기법으로 수행되기 때문에 합리성의 기준을 외면한다.[22] 쿤은 이러한 개종이 단순히 과거지식의 논리적인 수정이나 재해석이 아니라 세계관의 급진적인 혁명(radical revolution in worldview)이라는 사실을 입증하고자 했다. 현대물리학은 자연세계에는 구체적인 관찰자로부터 전적으로 독립하여 존재하는 객관적 사실이란 없다고 말해주고 있다. "모든 인식주체는 인식대상에 참여한다." 많은 과학자들은 반복해서 말한다.: "현상적인 대상으로서의 자연은 사라졌다. 자연에 대한 새로운 진리가 그 자연으로부터 떨어져 있는 우리의 인식론적 거리이다."

자연과 실재는 과학에 의하여 충분히 인식되지 못하고 신비 속에 있다. 이제 과학은 파편화되어 게임의 집합이 되었다. 각각의 게임은

---

21) Karl Popper, *Objective Knowledge*, Oxford 1972

22) Thomas Kuhn, *The Structure of the Scientific Revolutions*, Chicago 1962

결정적인 법칙이 아닌 불안정성을 추구한다. 모든 게임들은 어떤 큰 이야기 보다는 규칙의 위반인 배리(背理, paralogy)에 호소함으로써 스스로 정당화한다. 그럼으로써 다원주의나 반실재론(anti-realism)도 어느 정도 객관적인 힘을 가진다. 이러한 담론의 성격변화는 일관성, 총체화, 전체로의 통합을 더 이상 추구하기를 거부한 예술 형식과 상응하고 있다.[23)]

2. 이성주의에 대한 비판

포스트모더니즘은 이러한 과학주의에 대한 비판과 더불어 근대과학이 주장한 이성적 합리주의에 대한 비판을 제기하였다. 이성의 보편적 체계에 대한 회의를 시작한 것이다. 포스트모더니즘은 모더니즘이 가졌던 전통적 실재에 대한 폐쇄적 이해를 비판한다. 모더니즘은 대량 생산, 대량 소비, 거대 도시, 독재국가, 획일적으로 쭉 뻗어 있는 주택단지, 민족국가를 만들어내었다. 그러나 이러한 모더니즘의 성과는 쇠퇴하고 있다.

그리하여 포스트모더니즘은 모더니즘이 주장한 이성주의에 대하여 회의를 야기시켰다. 후기 현대의 고도정보사회, 고도소비, 첨단과학기술이 이러한 회의를 자극한다. 이러한 모더니즘의 성과 대신에 유연성, 다양성, 차별성, 유동성, 의사소통, 탈 중심화, 국제화 등이 증가추세에 있다.[24)] 이성적 합리적 사고는 이제 더 이상 만능 해결사의

---

23) J. F. Loytard, The Postmodern Condition, 5

24) Marxism Today, "New Times" Special Edition, October 1988

역할을 하지 못하게 되었다. 이미 현대에 와서 순수이성이란 근대의 세계상이 만들어낸 허구에 불과하다는 것이 드러나게 되었다. 인간의 이성은 역사적 문화적 환경의 제약을 받는다는 것이다. 지식사회학, 생의 철학, 역사적 상대주의, 실존주의, 해석학이 이 사실을 분명히 보여주었다.

과학철학자 폴 파이어아벤트(Paul Feyerabend)도 과학연구에 있어서 과학자 개인의 기호와 태도를 강조한다. 과학개념 선택에는 과학자 개인의 논리적 선택이나 기호가 작용한다. 따라서 객관성과 합리성은 일종의 신화(myth)에 지나지 않는다고 본다.[25] 미셸 뽈라니(Michael Polanyi)도 객관적 인식과 주관적 인식 사이의 구분이라는 데카르트적 시도는 단지 환상에 불과하다고 선언한다. 그는 자연과학적 지식과 경험조차도 개인의 가치판단과 인격적 개입을 통해 획득한 인격적 지식이라고 주장한다.[26] 즉, 인식이란 가치를 공유하는 집단내에 있는 인식자의 헌신행위에 의존한다는 것이다. 이리하여 과학이 주장하는 소위 객관적 합리성이란 사실(fact)이 아니라 허구(fiction)임이 드러났다. 그것은 단지 주관적 감정에 불과하다는 것이다.[27]

독일의 비판사회학자 하버마스(J. Habermas)는 다음과 같이 말한

---

25) Paul Feyerabend, *Against Method: Outline of Anarchistic Theory of Knowledge*, London 1975

26) Michael Polanyi & H. Prosch, Meaning, Chicago 1975 그리고 Michael Polanyi, *Personal Knowledge toward a Postcritical Philosophy*, London 1958

27) Frederic B. Burnham, ed. *Postmodern Theology. Christian Faith in a Pluralistic World*, New York: Harper & Row, 1989. 세계신학연구원 역, 포스트모던 신학, 조명문화사, 143

다. “이성의 기준들이란 이데올로기 비판이 발견한 바에 따르면 부르주아적 이상들에 의하여 주어진 것들이다. 이것들은 그저 부르주아의 이상이 명령하는 바를 충실히 따르는 데 지나지 않는 것이다.”[28] 미셸 푸코(M. Foucault)는 “역사는 의미관계의 형식이 아닌 권력관계의 형식을 띤다”고 하였다.[29] 그는 여기서 지식-권력의 상호관계를 말하고 있다: “지식의 장(場)을 동시에 구성하지 않고는 어떠한 권력관계도 존재하지 않는다. 또한 동시에 권력관계를 전제하지 않거나 구성하지 않는 지식도 존재하지 않는다.”[30] 푸코는 데리다가 전적으로 도외시 하고 있는 역사에 눈을 돌리고 권력과 연계된 지식의 계보학을 밝히고자 했다. 푸코는 그의 저서 「광기의 역사」, 「감시와 처벌」, 「성의 역사」 등을 통하여 근대성이 어떻게 구성되었는지 밝히고 있다. 푸코는 권력을 단일한 관계라기 보다는 오히려 사회체제 전체에 침투해 들어가는 다양한 관계로 본다. 권력은 개인을 억압함으로써 작동하는 것이 아니다. 오히려 개인들을 구성함으로써 작동한다. 권력은 편재(偏在)한다. 권력이란 항상 이미 거기 존재하며 누구도 권력 밖에 존재하지 않는다. 이것이 권력의 편재성(偏在性)이다. 권력은 편재하면서 저항을 불러 일으킨다. 푸코는 여기서 19세기 출현한 감옥과 같은 교정(矯正) 제도를 주된 예로 들고 있다.

---

28) J. Habermas, *The Philosophical Discourse of Modernity* (Cambridge, 1987), 116

29) M. Foucault, *Power/Knowledge*, (Brighton, 1980), p. 114

30) M. Foucault, *Discipline and Punish* (London, 1977), p. 27

3. 윤리적 의식의 각성

포스트모던주의자들은 현실세계 속에 있는 도덕적 불의, 인간에 대한 폭력, 인간 존엄성을 말살하는 잔인성에 대한 감수성을 보여 주었다. 데리다는 "도발"(provocation)이라는 개념을 사용한다. 데리다, 료타르 등이 인간이 당하는 고통에 대한 관심을 가지는 윤리적 의식을 환기시킨 것은 공헌이다. 그러나 인간사에서 일어나는 우연적이고 개별적 사건에 대한 관심을 가질뿐 역사의 과정 속에 있는 보편적 가치를 인정하지는 않는다. 예컨데, 2차 세계대전 때 유대인 소녀가 나치에 의하여 살해당하는 사건 등을 말하고 있다. 데리다는 인간이 저지르고 있는 잔인성이나 악에 관련하여 우리에게 도덕적 책임성이 필요하다고 역설한다.

미국 신실용주의자 리차드 로티(Richard Rorty) 역시 인간의 잔인성에 대하여 비난한다. 이런 도덕적 지향성을 가지고 있음에도 불구하고 포스트모던주의자들은 이 세계 너머로 어떤 형이상학적 세계가 있다는 사실을 부인한다. 이런 점에 있어서 이들은 니체(F. Nietzsche)의 후예들이나, 형이상학적 세계를 부정하는 점에서 칸트와 다르다. 왜냐하면 칸트는 전통적 형이상학을 비판하고 회의하나 형이상학적 세계 자체를 부인하지는 않기 때문이다.

4. 인간주의에 대한 비판

포스트모더니즘이 제기한 과학의 객관적 진리에 대한 회의와 그리고 이성의 합리성에 대한 회의는 근대가 주장한 인간주의에 대한 비판으로 나타났다. 데카르트 이래 근대주의에서 인간은 사고하는 주체로서 모든 인식과 행위의 책임있는 주체로 행사해 왔다. 이제 포스트모더니즘에 의하면 인간은 진리를 인식하고 실천하고 책임지는 주체가 되지 못한다는 것이다. 그것은 2차 세계대전에 나타난 인간의 잔인성에 대한 윤리적 비판에서도 명료하게 나타났다. 이제 주체는 더 이상 훗설 (Husserl)이 주장하는 것처럼 구성하는 자가 아니라 구성되는 자가 된다.

푸코는 이러한 주체에 대한 견해를 대변한다. 푸코는 인간 주체의 실체성을 부인하고 주체를 권력관계의 산물로 본다. "개인은 권력의 행사에 의해 포섭되는 이미 주어진 실체가 아니다. 자기 정체성과 특성을 지니고 있는 개인이란 신체, 다양성, 운동, 욕망, 세력에 행사되는 권력관계의 산물이다."[31] 푸코에 있어서 인간의 주체란 담론(discourse)이라는 표상의 체계 속에서만 존재한다. 인간이란 더 이상 자기 행위와 판단의 주체가 아니다. 주체가 아닌 담론만이 존재한다. 그리하여 세계를 인식하는 데 출발점이 되었던 데카르트적 의미의 근대적 인간은 소멸하게 된다.

푸코는 『말과 사물』(*Les mots et les choses*)에서 다음과 같이 인간의 소멸을 말한다. "우리 사고의 고고학이 잘 보여주듯이 인간은 최근의 산물이다. 그리고 아마도 인간은 종말에 가까워지고 있는 자일 것이다. 어떤 사건이 18세기말에, 고전주의 시대의 사고의 근거가 그러했던 것처럼 그 배치를 무너뜨리게 된다면, 그때 우리는 인간이

31) M. Foucault, *Power / Knowledge* (Brighton, 1980), pp. 73-4

마치 해변의 모래사장에 그려진 얼굴이 파도에 씻기듯 이내 지워지게 되리라고 장담할 수 있다."[32] 여기서 인간은 더 이상 주어진 실체를 가지거나 대상을 구성하는 주체가 아니라 욕망이나 세력 등 권력관계에 의하여 구성되는 산물에 불과하게 된다. 이것은 인간의 소멸을 뜻한다.

5. 다원주의 사고

정치, 경제, 종교, 문화 등 사회의 모든 영역의 다원화이다. 지정학적으로 유럽 아메리카 중심에서 아시아 태평양 중심으로 정치, 경제, 종교, 문화의 축이 이동하고 있다. 유럽은 유럽공동체로 발전하고 있으며 유엔에 독일과 일본, 인도, 브라질 등이 상임이사국 진출을 시도하고 있다. 중국, 인도, 브라질이 세계경제에 대한 발언권을 행사하고 있다. 2008년 미국 월가(wall street)의 비우량주택담보대출(sub-prime mortgage) 금융부도사건은 국제통화체제를 달러화 중심에서 다국중심(유러화, 엔화, 위엔)으로 옮겨가는 계기가 되고 있다.

후기 식민주의 및 후기 제국주의 사회의 도래이다. 유엔의 활동이 강화되고 있으며 제3세계의 목소리와 역할이 커지고 있다. 경제 이념적으로는 후기 자본주의와 후기 사회주의 경제가 발전하고 있다. 미국 월가 금융부도사건 후 자유방임 자본주의에 대한 규제가 나오고 있다. 생태사회적 시장경제(oeko-soziale Marktwirtschaft)가 발

32) M. Foucault, *Les mots et les choses: Une Archeologie des Sciences Humains*, Gallimard, 1966, 이광래 역, 『말과 사물』, 민음사, 1986, 440쪽

전하고 있다. 사회 정치적으로 후기산업사회가 도래하고 있다. 선진국에서 서비스사회 및 의사소통사회(Kommunikationsgesell-schaft)가 형성되고 있다. 남녀관계적으로 후기 가부장제도(post-patriarchales System)가 발전하고 있다. 가족, 직업, 공공생활에 있어서 남편과 아내의 동반자적 관계(partnerschaftliches Ver-haeltnis)가 발전하고 있다.

문화적으로는 후기 이데올로기적 문화의 방향으로 나아가고 있다. 이 문화는 다원주의적으로 지향된 문화이다. 종교적으로는 후기 고백주의적이고 종교대화적인 시대이다. 기독교와 이슬람, 기독교와 불교 등 종교간의 대화가 어느 때보다 열심히 시도되고 있다. 그리하여 다원고백적이고 연합적인 세계공동체(eine multikonfessionale oekumenische Weltgemeinschaft)가 이루어지고 있다.[33)]

6. 전체적인 조망

전체적 사고란 물리학으로부터 새로운 환경의식에 이르는 사고이다. 그것은 인간의 이성적이고 정서적이고 감성적인 경향들 사이의 균형적 사고를 말한다. 그것은 다양한 차원에 있는 세계와 인간에 대한 전체적인 조망(holistische Sicht)을 가진 것이다. 그것은 서구적 미국적 사고와 동양적 아시아적 사고 사이의 균형을 가능하게 한다. 인간 삶의 영역에는 경제적이고 사회적이며 정치적인 차원과 더불어 인간과 인류의 감성적이고 윤리적이고 종교적인 차원이 있다. 전체적

---

33) Hans Kueng, *Projekt Weltethos*, Piper, Muenchen, Zuerich, 1991, 41

사고는 전자의 기능적인 차원뿐만 아니라 후자의 더 깊은 인격적 차원을 균형적으로 파악하고자 한다.

이 균형잡힌 전체적인 사고는 다가오는 미래를 향한 길이다. 그것은 현대의 어려움으로부터 나오면서 겸허하고 침착하게 이것을 극복하는 길이다. 이것이 바로 우리가 모색하는 후기 현대의 길(ein nach-moderner Weg)이다. 그것은 표면적이고 표상적인 문화와 기술의 차원 속에서 종교적이고 심층적이며 윤리적인 차원을 향한 조망을 여는 것이다. 이 전체적인 조망은 인류의 사고를 과학기술적인 기능적 차원으로부터 벗어나도록 하여 인간의 정서와 감정에 상응하고 환경에 친화하도록 하는 것이다.

IV. 포스트모던 세계관의 부정적 특징[34)]

포스트모더니즘은 모더니즘이 초래한 문제에 대한 역반응으로 나왔다. 이 근대성의 모순들을 해결하려고 하는 포스트모더니즘의 긍정적인 공헌도 또 다른 문제들을 초래하고 있다.

1. 의미론적 역사 상실 : 무신론, 자아상실, 역사상실

포스트모더니스트들은 이미 19세기 그들 사상의 선구자인 니체의 사상-신의 죽음을 철저화한다. 니체는 인간인 우리가 신을 시해했다

34) 이 부분은 필자의 저서 『21세기와 개혁신학』(II)(한국장로교 출판사, 1998)의 11장 "해체신학과 개혁신학"에 많이 의존하고 있음.

고 말한다. 이들은 이러한 니체의 사상을 더욱 극단화한다. 포스트모더니스트들은 인간의 주관적 사고를 절대화한다. 인간은 자기의 주인인 신을 폐위시키고 자기 자신이 스스로 신이 된다. 테일러 같은 해체신학자는 "오이디푸스 콤플렉스의 본실은 그 자신이 원인인 신이 되는 기획"이라고 해석한다.[35)]

인간의 인격성을 부인한다. 인간이 신의 형상으로 지음을 받았다고 한다면 인간 창조자인 신의 죽음은 바로 인간 인격성의 죽음을 의미한다. 1960년대 미국의 사신 신학자 알타이저(Thomas Altizer)는 인간의 자아를 최근의 발명(recent invention)이라고 보았다.[36)] 말하자면, 인간에게서 역사의식이 생기고 난 후 신으로부터 분리되면서 스스로 절대적이고 유리한 존재로 자각하게 된 근대성의 발명이라는 것이다. 따라서 이제 현재적으로 느끼는 자아란 실체가 아니라 하나의 흔적에 불과하다. 흔적이란 자아의 고유한 현전의 지움이다.[37)] 자아의식 속에서 자아현전의 추구는 자아부재의 발견으로 나아간다.

데리다는 서구적인 역사개념을 해체한다. 여태까지의 역사는 로고스중심적이다. 서구의 로고스적 사고는 역사의 과정이 이성과 질서 속에서 진행된다고 보았다. 이러한 로고스적 역사이해에 대하여 희랍신화의 역사이해를 제시한다. 여기서 역사는 더 이상 문자적이 아니라 문학적이다. 아리아드네의 밧줄처럼 미궁에서 빠져 나오는 상상적

---

35) Mark C. Taylor, *Erring. A Postmodern A/theology*, The University of Chicago Press, Chicago and London, 1984, p. 25

36) Thomas Altizer, *Decent into Hell*, pp. 150-151

37) J, Derrida, *Speech and Phenomena*, p. 85

인 언어의 구상이다.[38] 역사는 이제 더 이상 줄거리와 의미와 목적을 가진 것이 아니다. 역사는 아무런 종착역을 가지고 있지 않다. 역사의 종말이란 무한한 방황의 시작일 뿐이다.

그리핀은 다음과 같이 지적한다: "파괴적인 포스트모더니즘은 반(反) 세계관을 통해서 현대적 세계관을 극복한다. 하나의 세계관을 위해서 필요한 요소들, 즉, 신, 자아, 목적, 의미, 현실 세계, 그리고 조화로서의 진리 등을 파괴하거나 제거한다… 결국 상대주의, 심지어는 허무주의까지도 초래한다. 또한 그것은 그와 같은 제거를 위한 논리적 결론을 현대적 전제에서 이끌어 온다는 점에 있어서 초현대주의(ultramodernism)라고 불리울 수도 있다."[39]

2. 진리와 가치의 실재론 거부

포스트모더니스트들은 진리와 가치와 존재의 객관적인 실재를 부정한다. 그러므로 거대한 저서나 경전이나 작품이란 존재하지 않는다. 전통적인 의미에서 책이란 그 완전한 표현을 "백과전서"에서 성취하고 있다. 이러한 완결성이란 진정한 의미에서 완결되지 않았다고 본다. "걸작은 종결된 전체 또는 완전한 전체가 아니다. 그것은 필연적으로 그릇되고 불가피하게 열려 종결된다."[40] 책의 성공은 책의 실

38) M. C. Taylor, op. cit., p. 66

39) David Ray Griffin, "Introduction to SUNRY Series in Constructive Postmodern Thought," in David Ray Griffin, William A. Beardslee, and Joe Holland, *Varieties of Postmodern Theology* (Albany: State University of New York Press, 1989), xii

40) M. C, Taylor, op.cit., p. 90

패이다.

책의 관념이 가져오는 독소를 제거하기 위해서 텍스트 개념이 제시된다. 여기서 텍스트는 폐쇄된 체계가 아니라 여백과 간격에 따라서 그 의미가 균열된다. 텍스트의 의미는 고정된 것이 아니라 흩어진다. 이것이 산종(散種)이다. 산종이란 분봉(分蜂)처럼 종자가 여러 개로 나누어지는 것이다.[41] 진리는 객관적으로 있지 않다. 읽기에 따라서 해석에 따라서 의미는 끊임없이 산출된다.

텍스트는 가상현실의 기능을 한다. 해체주의는 책의 관념을 제거하고 텍스트의 관념을 제시한다. 책의 관념은 서구의 전통적 신학적 사고의 산물이다. "책의 관념은 지시자의 총체성의 관념이다."[42] "책을 해석하는 것은 진리나 기원을 드러내는 시도이다." 여기서 진리는 책의 의미를 보장하는 내재적 로고스이다. 책은 결정되거나 결정될 수 있는 의미를 소유하고 있다. 여기서 책은 완결된 제품으로 소비자들의 소비를 기다리고 있다. 해체사상은 이러한 전통적 책의 관념을 부정하고 텍스트의 개방을 말한다.

책의 닫힘에 대조해서 텍스트는 극단적으로 열려 있다. 텍스트의 개방성은 책의 닫힘(closure of book)을 찢는다. 이 개방성은 저술(scripture)의 환원할 수 없는 맥락성의 기능이다. 모든 텍스트는 컨텍스트이다.[43] 텍스트는 텍스트 사이(inter-text)일 뿐이다. "텍스

---

41) J. Drrida, *De la grammatologie*, p. 92

42) M.C. Taylor, op. cit., 177

43) Taylor, op. cit., 178

44) 김형효, Ibid., 369

트 세계에서 원본은 없고 모두가 모두의 사본(寫本)일 뿐이다."[44] 텍스트 세계에서 순수함이란 실제로 있을 수 없다. 이미 각자는 상대방에 의하여 영향을 받고 있다. 상대방을 향하는 길은 직접적 길이 아니라 우회(迂廻)의 간접적인 길이다. 고유명사란 없다. 정해진 의미란 없기 때문이다. 고유명사는 타자와의 관계 속에서 해소되어 지워진다. 텍스트란 곧 세계이다. 세계라는 텍스트는 같음과 다름이 무한한 연쇄성을 종횡으로 이어가면서 생기는 직물이요 티슈와 같다. 텍스트 외에는 사실이 없다. 텍스트 밖에는 실재가 없다. 여기서 텍스트란 story, reci, narration 등이다. 현실이란 텍스트에 불과하다는 것이다. 데리다는 "담론과 현실 간에 어떠한 관계도 부정"하고 있다.[45]

에딩톤 같은 물리학자는 "물리적 실재란 단지 수학적 공식에 불과하다"고 본다. 프랑스의 사회학자 보드리야르(Jean Baudrillard)는 존재하는 것은 단지 텔레비젼, 광고 등의 이미지의 모사(模寫)라고 말한다. 이것은 인공적인 기호체계의 끝없는 그물망에 불과하다.[46] 또 음악도 여러 노래들의 조각이나 단편에 불과하다고 본다. 이처럼 포스트모더니스트에 의하면 현실 내지 실재란 존재하지 않고 오직 텍스트만 존재한다고 주장한다. 현대인은 컴퓨터의 가상현실(simulation) 속에서 살고 있다.

그러나 이러한 현실이해는 문화의 일부분을 극단화시키는 관념화

---

45) A.T. Callinicos, *Against Postmodernism*, 1989, 임상훈, 이동연 역, 『포스트모더니즘 비판』, 성림, 1992, 123

46) Mark Gottdiener, *Postmodern Semiotics: Material Culture and The Forms of Postmodern Life* (Oxford: Blackwell, 1995), 3-53

이다. 현대인이 가상현실 속에서 산다는 것은 어디까지나 그 생각이 거기에 몰입되거나 중독된 것 뿐이다. 여전히 그는 밥을 먹고 친구를 만나고 자기 일상적 일을 해야 한다. 가상세계가 배고픔을 해결하고 갈증을 식혀주고 진실한 삶의 세계를 주는 것은 아니다. 단지 인터넷 중독자들은 현실과 가상세계를 혼동할 뿐이다. 우리는 주어진 객관적인 실재와 가치세계를 인정해야 한다. 그것은 하나님이 창조하시고 우리 인류가 살아온 삶의 세계이다. 여기서 우리는 도피할 수 없다.

3. 가치와 윤리의 상대주의

이러한 해체주의는 가치와 윤리의 규범을 인정하지 않는다. 신이 정해준 또는 사회나 인간에게 주어진 객관적인 준칙이란 없다. 가치나 윤리는 인간이 만들어 낼 뿐이다. 그러므로 인간에게 선악과처럼 금단의 열매란 없다. 바로 이브를 꾀어서 금단의 열매를 먹도록 하듯이 모든 것이 허용된다. 여기서 가치와 윤리는 상대화된다. 신성한 규범이란 없다. 그러므로 가치와 윤리의 무정부주의가 초래된다.

공동체를 부정한다. 인간의 인격성을 인정치 않고 진리와 가치에 대한 합의를 믿지 않기 때문이다. 여기서는 무질서와 무정부 상태가 일어날 수밖에 없다. 그러므로 가정이 깨어진다. 직장과 사회기관이 깨어진다. 친구관계나 이성관계에 있어서 더 이상 낭만적 관계는 성립하지 않는다. 친구도 교체되고 애인도 카니발의 파트너처럼 교체될 수밖에 없기 때문이다.

거대체계를 거부한다. 헤겔의 사변적 체계나 자본주의 등과 같은 이념이나 개념을 가지고 현실을 포괄적으로 설명하는 거대체계는 무너졌다. 프랑스의 사상가 료타르(J. F. Lyotard)가 대표적이다. 료타르는 포스트모더니티(postmodernity)를 절대정신의 변증법, 의미의 해석학, 합리성 등 메타담론(metadiscourse)에 대한 불신으로 정의한다.[47] 료타르에 의하면 우리가 사용하는 담론과 담론 사이에 연계와 연속이 있는 것이 아니라 언어 사이에 단절이 있고 때때로 소통이 있을 뿐이다. 전체 담론을 묶을 수 있는 거대 담론이란 없다. 데리다(J. Derrida)는 현실 내지 실재는 존재하지 않고 의미의 맥락만이 있다. 다만 텍스트만이 존재할 뿐이다. 미국의 포스트모던 철학자 리차드 로티(Richard Rorty) 역시 철학이란 인류에게 유익을 주는 대화일 뿐이라고 본다. 로티는 신실용주의(neo-pragmatism)를 제창하고 있다. 18-19세기 철학은 진리중심의 담론을 추구하였다. 오늘날 철학은 예술 또는 정치중심의 담론으로 나아가야 한다. 신실용주의는 이러한 점진적으로 이동하는 과정을 표현하는 사상이다.[48] 로티는 실용주의의 결론으로 다음과 같이 피력한다: "우리 안에는 스스로가 심어 놓은 것 외에 다른 깊이 있는 것이 없고, 하나의 관습을 창출하는 과정에서 우리가 고안하지 않은 기준도 없고, 그러한 기준에 호소할 수 없는 합리성의 기준도 없다. 그리고 우리 자신의 관습에 부합되지 않는 엄격한 논쟁도 없다."[49] 로티는 료타르와 푸코와 마찬가지로 원리와 규범, 합리성의 기준이란 존재하지 않는다고 본다.

---

47) J. F. Loytard, *The Postmodern Condition* (Manchester, 1984), pp. XXiii-iv

48) "세계지성을 만난다" - 미 철학자 리처드 로티 교수-, 조선일보, 1996년 2월 8일 33면

49) Richard Rorty, *Consequences of Pragmatism* (Minneapolis, MN: University of Minneapolis Press, 1982), xlii

1979년 그의 저서 『철학과 자연의 거울』(Philosophy and the Mirror of Nature)에서 로티는 이러한 신실용주의 사상을 전개하였다. 그는 그동안 철학을 자연이나 실재를 있는 그대로 비추는 거울 쯤으로 간주해온 전통철학에 대해 냉소와 조롱을 퍼붓는다. 인간의 목표설정이 중요한 것이지 인간과 독립된 실재는 없다는 것이 그의 사상의 핵심이다. 로티는 현상과 실재를 구분하고자 하는 노력을 포기하고자 한다. 그 대신 그는 신실용적인 사상을 제시한다. 그것은 "이것이 실재인가"라는 현상학적 질문보다는 "이것이 우리의 목적을 위해 실용적 묘사인가"라는 질문이다. 이러한 실용주의적 사고방식에 있어서 그는 "진리나 과학보다 양식있는 시민들간의 자유로운 합의가 중요하다"고 생각한다.[50] 이러한 입장은 문화상대주의로 귀결된다. 이것이 포스트모던 시대의 정신적 특징이기도 하다. 이러한 문화 상대주의도 인도사회에 적용될 때 기존의 사회계급을 고수함으로써 사회의 불평등을 정당화시키거나 죽은 남편을 화장시킨 장작더미에 강제로 생과부를 불사르는 힌두교의 풍습에 대하여는 그 한계를 발견할 수밖에 없다.

4. 저자 부정, 독자 부정, 해체 시도

포스트모더니즘은 다음 세 가지로 특징지워진다. 저자를 부정하고, 독자를 부정하고 해체를 시도한다.

첫째, 저자란 없다. 해체론자에 의하면 텍스트는 정합적이거나 전

50) Ibid.

체적인 체계가 아니다. 글을 읽을 때 글을 쓴 저자에 대한 어떤 것을 알 필요가 없다. 텍스트 그 자체가 중요하기 때문이다. 텍스트는 논리적인 것이 아니라 우연적인 인용과 인용의 연속이다. 텍스트는 짜집기에 불과하기 때문이다. 저자의 텍스트는 없다. "나의 텍스트는 나의 것이 아니다." "작품은 단일 저자의 산물이 아니라 항상 많은 공동저자의 작품이다." "텍스트란 여러 개의 텍스트에서 엮고 꿰맨 직물(a fabric woven and stitched from multiple texts)이다."[51)]

작가(writer)는 재단사(tailor)에 비교된다. 작가는 펜과 바늘로써 꿰매고 교차적으로 꿰매어 간다(cross-stitch). 재단사인 작가는 그가 짜르고 기운 자료를 엮지 않는다. 그는 다른 사람에 의하여 짜여진 옷감을 꿰맨다. 그는 다른 텍스트를 흡수하고 변형함으로써 만들어낸다. "그의 저술은 항상 읽음이다"(his writing is always a reading). 그러므로 "텍스트는 인용의 티슈"(a tissue of quotations)이다. 고유한 이름은 텍스트의 복수성에 붙여질 필요가 없다. 텍스트는 끝없는 주관이 지속적으로 사라지는 공간을 창조한다. 작가는 결코 독창적이 아니다. 그는 단지 수많은 글들을 혼합할 뿐이다. 그가 표현한다는 것은 "이미 만들어진 사전(辭典)"(a ready-formed dictionary)이다.[52)] 이 사전의 단어도 다른 단어를 통하여서만 설명될 수 있다. 그러므로 작가는 텍스트가 자기의 것이 아님을 안다.

둘째, 독자란 없다. 해체론자에 의하면 우리가 살고 있는 현실이란 우연적인 사건들의 연속이다. 독자가 별도로 존재하지 않는다. 독자

---

51) Mark C. Taylor, op.cit.,17

52) Mark C. Taylor, op. cit., 181

란 별도로 존재하지 않고 끝임없는 단어 놀이 속에서 하나의 저자가 된다. 글의 거룩성은 독자에게 초청장을 보낸다. 텍스트 배후에 능동적 작가나 수동적 독자가 있지 않다. "주관과 객관은 없다." 작가와 독자는 없나. 작가가 독자가 되고, 독자가 작가가 된다.

해석은 독창적인 것이 아니고 텍스트의 거울이 다른 흔적들을 이미 비추고 있다. 저자는 그 흔적들이 해석임을 읽는 사람이다. 여기서 저자와 독자는 공생의 관계 속에 있다. 저자는 독자 쪽에서 보면 하나의 독자이기에 독자는 하나의 저자이다. "상호간에 주인이- 된-고객은 언제나 고객이-된-주인에 의하여 감염되고 있다. 주인과 고객의 영원한 탄생과 소멸은 세계의 끝없는 놀이다."[53] 텍스트의 티슈는 저작을 읽는 것이고 읽는 것은 저술하는 것이란 사실을 보여준다. "단어 놀이는 결코 그치지 않기 때문에 그릇됨도 결코 끝나지 않는다."[54] 생산적 독자는 텍스트를 무한히 확장한다. "저작의 무한히 그릇됨은 신적 중심의 영원한 놀이다"(the unending erring of scripture is the eternal play of the divine milieu). 위험을 건 디오니소스적 단어놀이 속에서 예와 아니오는 가장 큰 기쁨을 가장 큰 고난 속으로 가져간다. "끝없이 그릇됨은 저작(scripture)의 십자가에 영원히 새겨진 열광적 은총을 개방한다."[55]

셋째, 해체를 시도한다. 해체론자들은 체계의 통일성을 비판한다. 이들에 의하면 보편적 체계란 존재하지 않는다. 보편적 의미란 존재

---

53) M. C. Taylor, *Errance, lecture de Derrida*, 276

54) M. C.Taylor, *Erring. A Postmodern A/theology*, 182

55) M. C. Taylor, op. cit., 182

하지 않는다. 우리가 추구할 수 있는 보편적 의미란 없다. 텍스트 안에 고정된 의미를 전혀 발견할 수 없다. 텍스트 저자의 정체성과 의도는 텍스트 해석과 무관하다고 본다. 글쓰기는 짜깁기다. 그러므로 이러한 짜깁기에서 발생하는 의미론적 매듭은 오히려 반의미론적이고 반개념적이다. 그리하여 "텍스트는 의미와 무의미, 의미의 단수와 복수라는 그런 재래적인 인식론적 테두리를 벗어나서 의미 자체를 흩어버린다."[56] 이것이 산종(散種, la dissemination)이다. 이러한 해체주의의 텍스트 개념은 의미 존재론(ontology of significance)을 부정할 뿐 아니라 또한 그것을 파괴시킨다. 서구를 여태까지 지배해 온 이성중심주의를 파괴한다.

1970년대 "포스트구조주의"라는 사상으로 알려진 질 들뢰즈, 쟈크 데리다, 미셸 푸코 등 프랑스 사상가들은 현실의 파편적이고, 이질적이며, 다원적인 성격을 강조했다. 이들은 현실을 객관적으로 설명할 수 있는 인간 사유능력을 부정하고, 이러한 사유의 담지자인 주체를 개인 이하의(subindividual) 또는 초개인적인(trans-individual) 충동과 욕망의 비일관적인 소용돌이로 환원시켰다.

5. 세계관의 종말

포스트모던 시대에 대하여 다니엘 벨(Bell)은 "이데올로기의 종말

---

56) 김형효, 『데리다의 해체철학』, 25, 서울: 민음사, 1993

57) Daniel Bell, *The End of Ideology*, rev. ed. (New York: The Free Press, 1965)

(end of ideology)"[57]에 관하여 선언하였다. 그는 다가오는 지식산업시대의 도래와 함께 획일성이 난무하는 이데올로기 시대의 종언을 예견하였다. 프랜시스 후쿠야마(Fukuyama)는 "역사의 종말(end of history)"[58]을 선언하였다. 그는 1989년 동구권의 사회주의 정권의 붕괴, 이어진 베를린 장벽의 붕괴, 그리고 소련연방의 해체 등에 의하여 사회주의 이데올로기의 붕괴란 자유주의 이데올로기의 승리라고 선언하였다. 리처드 오브리언(O'Brien)은 "지리학의 종말(end of geography)"[59]을 선언한 바 있다. 그는 다가온 인테넷 시대가 가져온 지구촌의 온라인의 네트워크는 지리학의 시대를 종언했다고 말하고 있다.

이러한 시대는 세계관의 종말이 선언되는 시대라고 말할 수 있다.[60] 모더니티가 무너지고 포스트모더니티가 도래했다. 다양한 세계관과 다원주의의 세계관 속에서 우리는 올바른 세계관이 무엇인가를 가늠하기 어려운 시대에 살고 있다.

이러한 세계관의 부정에 대하여 그리핀(David Ray Griffin)은 세계관을 다시 복권시키고자 건설적 포스트모더니즘(constructive post-modernism)을 제안하고 있다. 그는 다음과 같이 피력한다: 건설적 포스트모더니즘은 "어떤 세계관의 가능성을 제거하는 것이 아니라 현대적 전제와 전통적 개념의 수정을 통한 포스트모던 세계관을 세움으로

58) Francis Fukuyama, *The End of History and the Last Man* (New York: Basic Books, 1991)

59) Richard O'Brien, *Financial Integration: The End of Geography* (London; Pinter, 1992)

60) Howard Snyder, *Earthcurrents*: 365

써 현대적 세계관을 극복하고자 노력한다." "수정적 포스트모더니즘은 과학적, 윤리적, 심미적, 그리고 종교적인 직관의 새로운 통합을 의미한다. 그것은 그러한 과학을 거부하는 것이 아니라 현대 자연과학의 정보만이 유일하게 우리의 세계관을 건설하는데 공헌하도록 허가받은 것처럼 간주하는 과학만능주의를 경계하는 것이다."[61] 그리핀은 수정적 포스트모더니즘을 제안함에 있어서 "전례없는 발전을 이룩한 현대세계의 부정적인 모습을 총체적으로 거부함으로써 소중한 발전의 성과마저 무위로 돌려서는 안 된다"[62]는 점을 시사한다. 그는 "유기체론으로의 회귀와 지각력의 수용을 통해 현대성에 의해서 독단적으로 거부되었던 전현대적인 사상과 관습의 여러 형태로부터 진리와 가치를 회복하고자" 한다. 이것이 바로 건설적 포스트모더니즘이다.

그리하여 그리핀은 부정적 포스트모더니즘의 불일치 보다는 새로운 일관성을 향하여 나아가고자 한다.

그리핀의 건설적 포스트모더니즘은 해체적 포스트모더니즘의 세계관의 허무로부터 세계관의 건설을 하고자 하는데 공헌하고 있기는 하다. 그러나 그는 역사의 의미를 찾는데 있어서 과정사상에 지나치게 의존하고 있다. 그는 알프레드 하이트헤드(Alfred Whitehead)의 과정사상[63](process thought)을 수용함으로써 우주가 시작과 끝이 있다는 것과 역사가 어떤 중간 지점이 있다는 것을 부인한다. 그리핀은

61) David Ray Griffin, "Introduction to the SUNY Series in Constructive Postmodern Thought," in David Ray Griffin, William A. Beardslee, and Joe Holland, *Varieties of Postmodern Theology* (Albany: State University of New York Press, 1989), xii-xiii

62) Ibid., xiii

"만일 창조성이 궁극적인 것이라면, 그 진행과정은 영원하고, 영원한 진행과정은 중간지점을 가질 수 없다는 것이다"[64]라고 말한다. 여기서 그는 하이트헤드의 과정사상을 따르고 있으며, 역사의 영원한 진행을 말함으로써 시작과 끝을 말하는 성경적인 종말론적 역사이해에서 이탈하고 있다. 과정사상의 세계관이란 종말이 없는 세계관이며, 이런 세계관은 역사에 의미와 목적을 제공하지 않는다. 역사란 끊임없는 과정만 있을 뿐이다. 여기 과정사상의 세계관에 문제가 있다. 이런 의미에서 그리핀의 수정적 포스트모더니즘의 세계관도 해체주의적 사상에서 크게 벗어나 있지 못하다.

맺는말

세계관이란 존재의 실재적인 본성을 반영하기 보다는 현재적, 사회정치적인 상태를 반영하는 일관성을 갖고 있다. 포스트모던 세계관이란 오늘날 사는 현대인이 갖는 세계에 대한 상이다. 여기에는 긍정적인 요소와 부정적인 요소가 같이 혼재해 있다. 우리는 긍정적인 요소는 적극적으로 활용하고 부정적인 요소는 비판적으로 활용해야 할 것

63) Whitehead, A. N., *Modes of Thought*, 오영환, 문창옥 역, 『열린사고와 철학』, 서울:고려원 1992; *Science and the Modern World*, Cambridge 1926/1953, 오영환 역, 『科學과 近代世界 - 서구지성사의 철학』 -, 서울:日新社 1974; *Process and Reality. An Essay in Cosmology*, New York and Evanston 1960, 오영환 역, 『과정과 실재, 유기체적 세계관의 구상』, 3판 서울: 民音社 1992; 김재진, "Alfred North Whitehead의 過程哲學. 宇宙論的 神觀", http://cafe.daum.net/babyeducare/GyIA/34

64) David Ray Griffin," Postmodern Theology and A/Theology," Griffin et al., *Varieties of Postmodern Theology*, 51

이다.

진리와 가치의 객관적인 존재를 부정하고 신의 존재를 부정함으로써 허무주의에 떨어진다. 이 세상과 인간에 있어서 그것을 위하여 목숨을 바치고 살 만한 진리와 가치는 없다. 가치나 윤리는 매순간 놀이 속에서 새롭게 결정되기 때문이다. 인간은 객관적인 질서를 향하여 사는 것이 아니라 정해진 규범과 가치가 없는 허공과 무를 향하여 나아간다.

따라서 포스트모더니즘의 이러한 부정적 특성을 우리는 받아들일 수 없다. 우리는 포스트모더니즘이 주장하는 가운데 긍정적인 점을 수용하고 부정적인 차원을 거부해야 한다. 다양성과 개방성, 감수성 등은 필요하다. 그러나 상대주의와 허무주의는 경계해야 할 것이다. 이러한 근대성이 상실한 진리의 다양성과 개방성과 감수성, 그리고 후기근대성이 상실한 진리의 객관성과 보편성은 하나님의 주권 사상을 믿는 개혁주의 세계관 안에서 종합된다.

세계관을 말함에 있어서 의미란 중요하다. 의미를 말함으로써 비로소 우리는 역사의 의미를 말하고 인간과 세계의 의미에 관하여 말할 수 있다. 그리고 이 의미는 인격과 분리될 수 없다. 인격만이 의도와 지향을 가지고 역사와 우주에 의미를 부여할 수 있다. 부정적 그 자체는 응집력이 없다. 그것은 허무로 사라질 뿐이다. 부정이라는 해체와 분산은 긍정이라는 응집력으로 극복되어야 한다. 여기에 포스트모던 세계관에 대한 개혁신앙의 기여가 있다.

개혁신앙은 역사의 의미를 하나님의 주권사상에서 인정하기 때문이다.

| 가이아 사상의 세계관 |

머리말

가이아 사상(Gaia thought)은 후기 현대의 세계관 가운데 하나로서 위협당하고 있는 생태계에 대한 관심과 관련하여 대두되어 주목받고 있는 유기체적 세계관 사상이다.[1] 이것은 신과학운동의 이론이기도 하다. 영국의 과학자 제임스 러브록(James Lovelock)이 1978년 『가이아-지구상의 생명을 보는 새로운 관점』(Gaia-a New Look at Life on Earth)이라는 책을 냈다. 그는 이 책에서 주장한 것을 '가이아 가설'(Gaia hypothesis)이라고 불렀다. 이것은 유기체적 생태 사상으로서 자연주의적 세계관 유형에 속한다. 필자는 가이아 가설을 소개하면서 이 가설의 특성을 규정하고 오늘날 지구환경이 위협당하는 시대에 이 사상이 지니는 공헌과 문제점을 비판적으로 성찰하고자 한다.

1) R. R. Reuther, *Gaia and God: An Ecofeminist Theology of Earth Healing* (San Francisco: Harper Collins, 1992), 전현식 옮김, 『가이아와 하느님』, 이화여자대학교 출판부, 2000; E. Sahtouris, *Vergangenheit und Zukunft der Erde*. Mit einem Vorwort von James Lovelock, 1993

Ⅰ. 가이아 가설Gaia hypothesis의 특성

1. 가이아Gaia – 대지의 여신goddess of earth

가이아(Gaia)란 그리스 신화에 등장하는 '대지의 여신'으로 지구를 상징적으로 나타내고 있다. 가이아는 카오스(Chaos)의 딸로서 다른 많은 신들을 출산한 어머니(母) 대지(Mother Earth)내지 어머니 자연(Mother Nature)이다. 러브록(Lovelock)이 말하는 가이아란 지구와 지구에 살고 있는 생물, 대기권, 대양, 토양까지를 포함하는 하나의 범지구적 실체이다. 지구는 타이탄(Titan) 신의 어머니로 의인화한 신화적 대지(大地)신(神)이며, 로마 신화의 텔루스(Tellus)와 같다.[2)]

희랍시대에 어머니로서 대지(大地) 내지 자연은 지구상 모든 생명의 근원이었다. 그런데 근대에 들어와 갈릴레오와 뉴턴 이후 현대과학의 등장 이래 어머니 대지 사상은 낭만적이거나 시적인 관례가 되어 버렸다. 어머니 대지 사상은 과학시대에 사라진 것이다. 그런데 포스트모던 시대에 와서 자연과 환경 및 생태계에 대한 관심이 증가되면서 되돌아 온 것이다. 오늘날 가이아 사상은 최첨단 현대과학, 특히 생태학과 미생물학에 근거하고 있다.[3)] 라이엔 아이슬러(Riane

---

2) David Pepper, *The Roots of Modern Environmentalism*, 이명우, 오구균, 김태경 옮김, 『현대환경론. 환경문제에 대한 환경철학적. 민중론적 이해』, 한길사, 1989, 183

3) Howard Snyder, *EarthCurrents: The Struggle for the World's Soul*, Nashville: Abingdon Press, 1995, 김현석 역, 『2000년대 지구동향』, 아가페, 1998, 302

Eisler)는 생태 여성주의(ecofeminism)를 선언하면서 다음과 같이 피력한다: “가이아 가설에서 가장 놀라운 것은, 본질적으로 그것이 영신(靈神)을 숭배하는 선사(先史)사회의 신념체계의 과학적 최신화라는 사실이다. 그 신념체계에서 세계는 거대한 어머니, 즉 하나의 살아 있는 존재, 현세적이고 영적인 현시(顯示)를 통해 온갖 형태의 생명체를 만들어내고 양육하는 살아 있는 실체로 간주되었다.”[4)]

가이아 사상에 의하면 지구란 수많은 생명체를 품고 있는 어떤 물체라기 보다는 그 자체가 하나의 거대한 생명체이다. 러브락은 말한다: “나는 지구가 하나의 생명체라고 생각한다. 바위와 공기와 대양, 그리고 모든 생명은 이 지구를 계속 살아 있도록 작용하는 분리할 수 없는 하나의 시스템이다. 이제 나는 생명이 오직 지구의 범위 내에서만 존재할 수 있다고 믿는다.”[5)] 가이아 사상은 지구를 생물과 무생물이 상호작용하는 생명체로 보면서 지구가 생물에 의해 조절되는 하나의 유기체라고 보는 가설이다. 지구의 생명체들, 곧 동물과 식물과 미생물은 놀라운 상호작용의 방식으로 지구 표면의 환경을 생태학적으로 스스로 조정하고 조절하고 통제한다. 지구란 하나의 슈퍼 유기체로서 자신의 고유한 주체성을 가지고 거대 분자들, 미시 유기체들, 세포들로 구성된 생명체계들을 생산하며 이 체계들의 생명을 유지한다

4) Riane Eisler, “The Gaia Tradition and the Partnership Future: An Ecofeminist Manifesto," in Irene Diamond and Gloria Feman Orenstein, eds. *Reweaving the World: The Emergence of Ecofeminism* (San Francisco: Sierra Club Books , 1990), 26

5) James Lovelock, "Gaia: The World as Living Organism," *New Scientist* (December 18, 1986), 25

는 것이다.[6] 이 사상은 어디까지나 가설에 불과하다.

이 가설에 의하면 인간과 자연의 생명들은 동일한 유전자 코드를 통해 상호 결합되어 있으며 동일한 유전자 코드를 통해서 세포들과 유기체들은 의사소통을 한다. 미시 유기체인 아메바에서 거대 유기체인 고래에 이르기까지, 최초의 단세포에서 파충류에 이르기까지 모든 생물들이 가진 유전자 코드의 변이로 나타난 것이 인간의 유전자 코드라고 본다. 유전자 코드를 통해서 모든 생물들은 서로간에 친화성(親和性)을 지니며 의사소통한다. 가이아 가설에 의하면 인간이 가진 의식, 이성, 의지라고 부르는 것은 동일한 유전자 코드를 통해 조정되는 자연이라는 거대한 유기체의 한 작은 부분일 뿐이다. 지구에는 생명에 해(害)가 되는 유기적 결합들에 대하여 저항하면서 생명을 보호하고 유지하는 유기체적인 안전장치가 있다고 본다.[7]

유기체로서의 땅이 인간이라는 고도의 지능을 지닌 생물을 생성시켰다면, 이 땅 자신은 고도의 지능을 가지며, 수십만년을 거쳐 형성된 기억을 가진다. 이 이론은 하나의 가설(hypothesis)에 지나지 않지만 지구 온난화 현상 등 최근의 지구환경 문제와 관련해 새롭게 주목받고 있다. 이처럼 가이아 이론은 지구에 살고 있는 모든 생물, 대기권의 토양, 대양 등이 범지구적인 실재이며 유기체라는 가설이다. 이 지구상에 있는 모든 것들이 하나의 유기체로 연결되어 있고 서로 뗄

6) http://en.wikipedia.org/wiki/Gaia_theory_(science), This article has been tagged since July 2006

7) J. Moltmann, *Gott im Projekt der modernen Welt. Beiträge zur öffentlichen Relevanz der Theologie*, 1997, 102-104

래야 뗄 수 없는 관계라는 것이다. 지구상의 모든 것들이 서로 얽혀 생존관계를 이루고 있다는 것이다. 어느 한 쪽의 희생은 반드시 다른 한 쪽의 희생을 가져올 수밖에 없다는 주장이다. 가이아 가설은 세계 곳곳에서 일어나고 있는 환경 재앙을 경험하면서 점점 신빙성을 얻어 가고 있다.

2. 지구는 살아 있는 유기체

가이아는 각자 스스로의 범주를 지닌 수많은 유기체로 구성된 하나의 살아 있는 유기체이다. 러브록은 1988년 처음으로 출판된 저서 『가이아 세대』(The Age of Gaia)에서 가이아의 유기체 구조를 다음과 같이 설명한다: "우주로부터 지구를 향해 나아갈 때 우리는 먼저 가이아를 둘러싸고 있는 대기권의 경계선을 보게 된다. 그 다음은 숲과 같은 생태계의 경계이며, 또 그 다음은 동물의 가죽과 식물들의 껍질을 보게 될 것이다. 더 나아가면 세포막을 볼 수 있고, 결국에는 세포핵과 DNA를 관찰하게 될 것이다. 만일 생명이 활동적으로 지속되는 저엔트로피(low entropy)로 특징지워지는 자체조절체계(self-organizing system)로서 규정된다면, 이러한 각각의 범주를 밖에서 보았을 때 그 범주 안에 있는 것들은 살아 있는 것이다."[8] 가이아 가설에 따르면 지구의 생물권만이 살아 있는 것이 아니라 바위나 다른 것으로 이루어진 전체 지구가 살아 있는 가이아를 형성한다. 바위나

8) James Lovelock, *The Age of Gaia: A Biography of Our Living Earth* (New York: Bantam Books, 1990), 27

돌은 살아 있지 않다고 말할 수 있다. 그러나 가이아 사상가들은 거대한 아메리카 삼나무(red wood tree)를 지적한다. 그 나무의 99%는 죽은 상태이다. 그 나무는 표피의 살아 있는 얇은 층에 의해 생명이 유지되고 있다. 지구도 이와 같다는 것이다.

러브락은 물리적인 지구와 지구의 생명체 사이에 역동적인 연관성을 강조한다. 그가 1986년에 쓴 소논문 "가이아: 유기체로서의 세계"에서 가이아 사상을 다음과 같이 설명한다: "가이아 이론은 여러 종류의 생명체들의 진화가 그들의 물리화학적 환경의 진화와 너무도 긴밀하게 결부되어 있어서 그것들이 함께 단일하고 분리될 수 없는 진화과정을 구성한다는 것을 보여준다."[9] 가이아 이론을 정립한 러브락은 지구의 모든 생명체들이 생명이 없는 무생물체와도 유기적인 관계를 이루며 지구의 환경을 일정하게 유지하고 있다고 주장하였다. 그는 이것을 증명하기 위해 여러가지 분자들의 자연순환을 실험하였다. 여러 실험을 통해 그의 이론을 펼쳤다.

그 중 가장 이해하기 쉬운 실험이 데이지꽃 실험이다. 데이지꽃이 없는 온실에서는 태양의 일사량이 증가할 때 온도가 증가하고, 태양의 일사량이 감소할 때 온도가 감소한다. 하지만 데이지꽃이 있는 온실에서는 태양의 일사량이 증가할 때 데이지꽃 중에 흰 꽃이 많이 피어 태양 빛을 반사하였다. 일사량이 증가할 경우보다 온도의 증가폭이 크지 않았다. 태양의 일사량이 감소할 경우에는 이와 반대로 검은색 데이지 꽃이 많이 피어 태양 빛을 흡수함으로써 온도 감소폭을 줄

9) James Lovelock, "Gaia: The World as Living Organism," *New Scientist* (December 18, 1986), 25

였다. 이것은 생물이 무생물의 항상성(恒常性)에 기여하는 예이다. 그래서 온도의 항상성은 결국 생물 자체의 생존을 이롭게 한다.

러브락은 지구가 살아있는 유기체적 생명체임과 인간 및 모든 생명체가 상호연관 속에서 생명현상을 지속할 수 있음을 주장한다. 그는 열대 우림(雨林) 지역에 정주해 온 흰개미 등 수많은 미생물들이 배출하는 메탄가스가 지구의 유기체에 미치는 영향을 밝혔다. 흰개미 등 미생물들은 매년 100톤 이상의 메탄가스를 생산해낸다. 이 메탄가스는 성층권에 이르면 산소층과 만나 물과 수증기로 산화되면서 과다하게 생성된 산소를 소비한다. 그리하여 메탄가스는 대기층을 돌면서 공기 중의 산소를 가감하는 일종의 조정자의 역할을 한다. 가이아 이론은 이렇게 생물과 무생물이 결국은 떼어낼 수 없는 하나의 유기체적 관계라는 것을 주장한다. 그리고 지구가 지금처럼 생명이 풍요롭게 될 수 있었던 것도 이런 유기체적인 항상성(恒常性)이 지구의 황폐화를 막았기 때문이라고 주장한다. 생물들이 죽는 현상도 영원한 소멸이 아니라 그 자체 분자들을 지구에 다시 환원하여 또 다른 생명을 키우는 재료가 된다고 본다. 그래서 영원한 재생을 위한 과정이라고 보는 것이다.

2005년 9월 KBS 환경다큐멘터리가 보도한 "엘리뇨"도 보다 우리에게 체험적으로 느껴지는 지구 생명체의 유기적인 연결을 나타내 준다. 태평양에 인접한 남미의 페루 앞 바다의 물고기들이 몇 년에 한번씩 갑자기 사라지고, 뜻밖에 비가 많이 와서 인근 사막지역에 식물이 자라고 꽃이 피는 현상이 나타났다. 그 이유는 페루 연안의 바닷물 온도가 상승하여 물고기들이 다른 곳으로 이동하며, 그 지역 전체의 기온 상승으로 인해 비가 많이 내리기 때문이었다. 이러한 현상이 예외

없이 성탄절 즈음에 일어나기 때문에 원주민들은 이 현상을 "엘리뇨"라고 불렀다. 이와는 대조적인 현상이 북반구에 나타난다고 한다. 남미의 페루 연안의 바닷물 온도가 몇 년만에 한 번씩 상승하면, 그 반대쪽 곧 인도네시아 부근의 바닷물 온도가 내려간다고 한다. 그러면 다시 물고기들이 페루 연안으로 몰려들어 온다고 한다. 이러한 현상은 지구는 모든 것이 하나로 연결되어 있고, 스스로 균형을 유지하는 유기체, 즉 생명체라는 것을 보여준다.

3. 인간 – 살아 있는 가이아 체계의 부분

가이아 사상은 인류를 지구상에 존재하는 풍부한 여러 종의 생명체 가운데 하나라는 점을 강조한다. 인간은 특별한 위치에 있지 않다. 가이아가 특별한 존재이다. 인간은 지구의 주인도 청지기도 아니다. 단지 인간은 살아 있는 가이아 체계의 부분일뿐이다. 인간의 몸이란 일종의 가늘고 긴 튜브(elongate tube)와 같은 것이다. 이 튜브를 통해서 지구의 수많은 생명체들이 지나가며, 그 튜브 안에서 수많은 소우주들이 살아가고 있다. 인간의 삶이란 지구 속에 사는 다른 모든 것들과 함께 서로 의존하여 살아가는 복합적인 공생(symbiosis)이다. 인간의 미래란 가이아 및 가이아 속에 있는 다른 생명체들과 조화를 이루며 사는 것에 달려 있다.

인간은 가이아 입장에서 보면 대단히 예외적인 존재이다. 인간의 존재는 기존의 45억 년 동안 이룩해온 지구의 항상성(恒常性)을 무자비하게 파괴하고 있기 때문이다. 가이아 이론에서 설명하듯이 이산화탄소를 대사(代射)하여 산소를 내뿜는 식물들의 작용으로 생긴 오존

층은 결국 동물들의 DNA를 보호해 주는 역할을 한다. 이런 장기간의 생물과 무생물의 노력(?)에 의한 지구의 항상성은 불과 50년 기간도 안되는 인간의 프레온 가스 사용으로 인해 파괴되고 있다. 인간은 마치 몸의 암세포처럼 3차원 시공간에 자리잡고 있는 아득하고 오랜 기존의 체계를 점유해 버렸으며 그 속도를 증가시키고 있다. 이로 인해 그 시공간에서 역할을 해야 할 지구 자신의 항상성(恒常性) 조직들을 잠식해 버렸다.

가이아의 입장에서 보면 인간은 정말 암(癌, cancer)과 같은 존재인 것이다. 가이아의 입장에서 보면 지구상에서 일어난 인간의 출현이란 거대한 유기체적 지구에 일어난 돌연변이 사건이다. 즉 DNA상의 돌연변이로서 인체의 암세포가 발생하는 것과 동일한 방식으로 DNA의 돌연변이가 발생해 인간이 태어났다고 본다. 가이아의 입장에서 보면 이것은 가이아 자신이 암으로 투병하게 되는 비극적인 상황이다. 그러나 인간은 자신이 가이아보다 존엄하다고 주장하면서 이런 비극적인 상황을 경제적인 이득으로 보상받으려고만 하고 있다. 인간은 이기주의적 탐욕으로 자연을 착취하고 파괴하고 있다. 개체를 빠른 시간 안에 죽이는 돌연변이 바이러스(mutation virus)는 결국 자신을 남에게 감염시키지 못하고 개체를 사망시킨다. 그렇기 때문에 자신도 결국 자연계에서 사라지게 된다.

가이아의 입장에서 보면 인간은 지구(地球)의 면역력을 넘어서는 지독한 바이러스 같은 작용을 지금도 쉬지 않고 있다. 인간이 자연을 파괴하고 모은 경제적인 이득을 자손에게 아무리 물려준다한들 그 자손은 쓰레기 더미에서 아파하다 죽어갈 것이다. 즉 인간은 자신의 DNA의 영속성(永續性)을 저하시키고 있다. 인간은 자신이 가장 사랑하는 사람과 함께 나눈 DNA로 누구보다 축복받으며 자라야할 자기 후손의 생존율(生存率)을 저하시키고 있는 것이다. 지금 당장은 괜찮아 보이기 때문에 전혀 해를 느끼지 않는다. 그것은 마치 뜨거운 물에 들어간 개구리가 뜨거운 물에 적응하여 좋다고 느끼다가 삶겨 버리는 것과 같다. 환경 오염과 파괴란 인간이 이미 감각적으로 느낄 때 이미 더 이상 규제할 수 없을 정도로 심각해지는 것이다. 이것은 지금 지구상에 나타난 북극해의 빙하층의 얇아짐과 지구 온난화의 가속화로 나타나고 있다. 2007년 2월 2일 유엔 산하 '정부 간 기후변화위원회(IPCC)'가 이미 시작한 지구 온난화로 인해 금세기 후반까지 여름철 북극 얼음(sea ice)이 완전히 사라질 수도 있다고 심각하게 경고했다.[10] 이 보고서는 "지난 50년간의 기후 변화는 외부 요인 없이는 설명하기 힘든 것"이라면서 "화석 연료를 사용하는 인간 활동에 의한 것임이 90% 이상 확실하다"[11]고 못박았다. 가이아의 입장에서 보면 인간의 역할이란 자연의 순리(順理)를 거스르지 않는 것이다. 인간은 인간중심적인 생활방식에서 벗어나 가이아의 순리에 따라야 한다. 인간은 이기주의적 탐욕에서 벗어나서 가이아의 순리에 적응해야 한다. 이것이 바로 가이아에 대하여 인간이 할 수 있는 유일한 길이다. 인간의 바른 삶의 방식이란 가이아의 복지와 관대함과 아름다움에 순응하면서 살아가는 것이다.

---

10) "북극얼음 금세기말 사라질 수도" 유엔 기후변화委, 온난화 강력경고, 온실가스 억제해도 수세기간 진행"
 • 파리=강경희특파원 khkang@chosun.com 입력 : 2007.02.03 00:02

11) Ibid.

4. 가이아의 세계관

1) 전체 지구 이론

러블락의 관점은 일반 과학사들이 시도하는 귀납적 접근이 아니라 전체적 접근(holisitc approach)이다. 전통 과학이 "아래에서 위로" 접근하는 시각과는 달리, 가이아의 관점은 "위에서 아래로" 접근한다. 러블락의 가설은 지구를 신봉하는 많은 사람들에게 하나의 세계관이 되었다. 작가인 로렌스 조셉(Lawrence E. Joseph)은 가이아의 세계관을 일컬어 "이 지구라는 행성이 하나의 살아 있는 생명체라는 고대의 신념을 최초로 종합적이고 과학적으로 표현한 것"[12]이라고 말한다. "전체로서 받아 들일 때, 지구는 전통적인 지구과학이 오랫동안 주장해온 자연발생적이고 우연한 지질학적 진행과정에 의해서 지탱되고 있는 바위나 토양과 같은 무생물체처럼 움직이는 것이 아니라, 스스로 조정하고 조절하는 하나의 생물학적인 초유기체(a biological superorganism) 혹은 하나의 지구적 몸과 같이 움직이고 있다."[13] 그는 지구를 하나의 살아 있는 생명체로 본다.

가이아 이론은 전체 지구를 하나의 시스템으로 보며 전체성의 관점에서 각 부분을 본다. 지구란 각각 특정한 생명체가 서로 독립적으로 있는 시스템이 아니라 각각의 작은 시스템이 부분을 이루며 서로 연결되어 하나의 통합적인 전체를 이루는 시스템이다. 그러므로 지구는

---

12) Lawrence E. Joseph, *Gaia: The Growth of an Idea* (New York: St. Martin Press, 1990), 1

13) Ibid.

살아 있는 지구이며 총괄적인 유기체라는 것이다. 러블락은 자신의 견해를 "신(新)진화론"(neo-evolutionism)이라고 명한다. 그의 이론은 다윈의 진화론에 근거하나 개체의 진화는 환경의 진화에 의존한다는 점을 강조하고 있다: "종과 그들의 환경은 아주 밀접하게 결합되어 있으며, 하나의 단일체계로서 보다 큰 유기체인 가이아로 진화한다."[14] 다윈의 진화론은 개체의 발생과 그 진화과정에 초점이 맞추어져 있다. 개체의 진화에 근거하면서도 러블락은 개체의 진화가 그 주변의 물질적 환경의 진화에 의존한다고 본다.

2) 가이아의 인생관

가이아 사상은 살아있는 지구의 균형에 관하여 말한다. 인간 삶의 목적이란 살아 있는 지구의 차원에 맞추는 항상성(恒常性), 조화로운 균형이다. 말하자면, 가이아라는 살아 있는 지구의 복지에 기여하고, 아름다움과 관대함을 즐기는 것이다. 인간은 살아 있는 지구의 안녕을 위하여 조화를 이루면서 살아가야 한다.[15] 가이아 사상은 살아 있는 지구가 처음부터 신비로운 자기조절과 계획 속에 있다고 말한다. 지구는 기계적인 질서가 아닌 유기체적인 질서와 계획을 지니고 있다는 것이다. 지구체 안에 있는 모든 존재는 서로 유기체적으로 생태학적으로 연결되어 있다는 것이다. 개인인 인간은 사멸할찌라도 거대한 유기체인 지구는 존속한다. 아직 살아있는 피조물이라도 죽임을 당할

14) Ibid., xiv-xv

15) H. Snyder, *EarthCurrents*, 312

수 있고 또 죽게 될 것이지만 생명 그 자체는 멈출 수 없다. "어떤 계획이나 의도로부터가 아니며 어떤 영혼이나 다른 신비적인 힘을 가정하지도 않으면서 가이아 이론은 고대로부터 편재하는 이 같은 생명력의 결과가 바로 지역적이며, 결국 전세계적인 환경을 소성한나고 본다."[16)]

여기서 가이아의 인생관이란 인간이 중요하지 않고 가이아, 즉 전체 지구가 중요하다는 것이다. 따라서 가이아의 인생관이란 인간중심주의에서 가이아 중심주의로 전향(轉向)하고 있다. 그렇다면 인간의 의미와 목적이란 단지 가이아에 기여하는 것에 있게 된다. 이럴 때 가이아 사상에서 역사의 의미는 매우 의심스럽게 된다. 인간이 만드는 역사가 아니라 가이아의 역사만 남는다. 개체로서의 인간은 소멸되고 잊혀지지만 살아 있는 유기체(living organism)로서의 지구라는 가이아는 영원하다. 지구상에 일어나고 있는 환경파괴는 가이아의 역사에서 볼 때 잠깐 일시적으로 있다가 사라지는 이벤트에 불과하다. 가이아는 자체조절능력을 가지고 수십억 년에 걸쳐서 영원히 존속할 것이다.

여기서 가이아의 세계관이란 인간중심이 아니라 가이아 중심이며, 인간존재란 단지 가이아의 자체조절능력에 조화를 이루는 삶을 사는 존재로 보고 있다. 우리는 여기서 가이아 세계관의 정적인 태도를 보며, 역사부재적인 성격을 본다. 인간이 해야 할 일이란 별로 없다. 여기서 우리는 가이아 사상이란 현대과학기술의 공격적이고 도전적인

---

16) Lawrence E. Joseph, *Gaia: The Growth of an Idea* (New York: St. Martin Press, 1990), 6에서 인용

인생관에 대한 반작용으로 나온 세계관이긴 하나 포스트모던적인 인간에게 이것이 과연 적합한가 하는 질문을 제시하지 않을 수 없다.

II. 긍정적 측면 : 자연에 대한 외경

1. 지구 생명체에 대한 각성

러브락이 말하는 가이아란 지구와 지구에 살고 있는 생물, 대기권, 대양, 토양까지를 포함하는 하나의 범지구적 실체를 말한다. 가이아 이론은 지구를 생물과 무생물이 상호작용하는 생명체로 바라보면서 지구가 생물에 의해 조절되는 하나의 유기체임을 강조한다. 이 이론은 하나의 가설에 지나지 않지만, 지구 온난화 현상 등 작금의 지구환경 문제와 관련해 새롭게 주목받고 있다. 우리는 이 가설의 긍정적인 측면을 다음과 같이 말할 수 있다.

첫째, 가이아 이론은 지구 자체가 하나의 생명체임을 우리들에게 알려주었다. 이 이론은 자연에 대해 조화적이고 친숙한 동양적인 자연관을 제시해 주고 있다. 동양적인 자연관은 자연을 신비스러운 존재로 보고 인간을 자연에 조화시키는 사상을 발전시켜왔다. 따라서 동양사상은 지구가 하나의 유기체라는 사상에 입각하고 있다. 이에 반해서 서양의 사상은 자연을 인간중심적으로 탐구해왔다. 자연의 질서보다는 인간의 실존을 깊이 파고 들었다. 그리하여 인간중심주의적인 사고와 패턴을 만들어 냈다. 과학기술의 발전과 더불어 자연과 친숙하고 더불어 함께 살아가는 주변을 직선으로 잘라내고 개발이라는 이름 아래 터널을 뚫고 해안을 막기 시작했다. 곧게 뚫린 시원한 도로를 차로 가득 채우고 말았다. 그리고 차들이 뿜어내는 이산화탄소는 지구를 점점 더워지게 만들고 있다. 지구 온난화는 기상변화를 가져왔다.

기상학자들은 최근의 그린랜드 빙하의 녹아내림(melting greenland glaciers)은 "고삐풀린 효과"(runaway effects)를 산출할 것으로 본다. 2000년대 들어와 지난 5년간의 빙하의 녹아내림은 아주 빨라졌고 바다 밑 녹아내림은 더욱 빠르게 진행되어 앞으로 지구상의 해수면은 예상보다 빠르게 높아질 것을 예견하고 있다.[17] 2000년대 들어와서 3월인데도 부산(釜山)지역에서는 100년 만에 큰 눈이 내렸다. 우리 한국 뿐만 아니라 지구 곳곳에서 이상 기후로 인해 몸살을 앓고 있다. 2005년 겨울에는 호남(湖南)지역을 중심으로 엄청난 폭설이 내렸다. 이제 이상(異常) 기후 현상은 어느 한 지역에만 아니라 지구상에 살고 있는 모든 사람에게 영향을 주고 있다. 2007년 2월 2일 유엔 산하 '정부 간 기후변화위원회' (IPCC)는 이날 파리에서 발표한 '기후 변화 2007' 보고서를 통해 "지구 온난화 현상은 육지와 고(高)위도 지역에서 가장 두드러질 것"이라며, "지구의 타지역에 비해 2배나 기온 상승 속도가 빠른 북극에선 이번 세기 후반까지 늦여름이면 얼음이 완전히 사라질 수 있다"고 내다봤다.[18] 이러한 기후변화를 통해서 인간은 지구가 하나의 생명체임을 각성하기에 이르렀다.

---

17) "Glaciers meltdown warning" , http://abcnews.go.com(2/22/2006)

18) "북극얼음 금세기말 사라질수도" 유엔 기후변화委, 온난화 강력경고, "온실가스 억제해도 수세기간 진행"
• 파리=강경희특파원 khkang@chosun.com 입력 : 2007.02.03 00:02

2. 생태계 보존의 신념을 심어줌

둘째, 가이아 이론은 우리 인간으로 하여금 생태계 보존에 대한 신념을 심어준다. 지구 온난화로 인하여 남극의 빙하지역도 빠르게 줄어들고 있다. 인간들이 시원하게 에어컨을 켜고 즐기는 사이 여기서 품어나온 프레온 가스 때문에 우리 주변의 다른 생물의 종들이 신음하고 있다. 인간 중심적이며, 소모지향적인 사고가 빚어낸 슬픈 현상이다. 지구상에 살고 있는 인간들이 관계 중심적인 사고로 전환하지 않는 한 인류의 미래는 없다.

환경의 파괴 역시 그 안에 사는 인간에게 재앙을 초래한다. 2006년 2월 필리핀의 레이테(Leyte) 주 남부 마을에서 산사태가 일어나 한 마을 3,000명이 매몰되는 참사가 발생하였다. 그 이유는 무분별한 벌목이 원인이었다. 이 섬은 코코넛 재배를 위해 산악지대의 나무를 남벌한 결과 민둥산이 된 상태에서 2주간의 폭우로 산사태가 발생한 것이다.[19] 2006년 2월 인도에서는 세계적으로 번지고 있는 조류독감(bird flu) 때문에 70만 마리의 가금(家禽, poultry)들을 죽이는 조처를 취하였다. 이러한 조처는 생태계가 서로 연결된 하나의 유기체적인 삶의 장을 이루고 있어서 어느 하나의 종이 병이 들면 이것은 다른 종에게도 옮아가 전체 유기체의 존재를 위협하기 때문이다.

19) "비(比) 산 사태 희생 최대 3000명", 조선일보, 2006년 2월 20일 A19

3. 생태중심의 생태관 제시

셋째, 인간중심적 생태관에 대한 생태중심의 생태관이라는 대안을 제시한다. 인간중심적인 생각과 행동들이 오늘 우리가 살고 있는 삶을 파괴하고 있다. 이 지구상에서 동물들과 식물들 없이 인간의 삶은 가능할 수 없다. 자연 환경 속에서 인간이 자연의 일부분이요, 자연과 뗄려야 뗄 수 없는 관계 속에 있다는 사실을 망각하는 것은 인간 자신의 죽음의 길을 걷는 것이다.

인류의 역사는 가인의 경우에서처럼 자기의 형제(아벨)를 희생함으로 자기가 살아갈 수 있다고 착각하고 있다. 그러나 이것은 근시안적이고 잘못된 사고방식이다. 모든 생명체가 서로 연결되어 있기 때문에 한 종(種)이 멸종하게 되면 이와 생태학적으로 연관된 이웃 종이 멸종의 위기에 직면하게 되는 것이다. 따라서 내 곁에서 사라지는 작은 곤충 하나에서 지구의 운명을 볼 수 있는 예민한 감각을 가져야 한다. 유기체인 생명체 간의 관계에서 볼 때 자연의 아픔(동해안 소나무를 고사시키는 재선충병[20] 등)은 우리가 함께 아파해야 할 아픔이다. 이런 고통과 아픔을 상실할 때 우리는 이미 되돌릴 수 없는 재앙 한가운데 있을 것이다. 이에 대한 방제(防除)대책을 거국적으로 세워야

---

20) 소나무재선충은 크기 1mm 내외의 실 같은 선충으로서 나무 조직 내에 수분, 양분 이동통로를 막아 나무를 죽게하는 해충으로 가해수종은 해송, 적송으로 치료약이 없고 매개충에 대한 천적도 없어 한번 감염되면 100% 고사한다. 재선충병은 1988년 부산 금정산에서 최초로 발생하여 매해 경남지역에서 발생하여 경북지역으로 퍼져나가, 2005년에는 강원도지역까지 파급되어, 우리 산림을 황폐화시키고 있다. 한국뿐 아니라 일본, 중국 등 동북아 국가도 재선충병이 확산(총8개국 발생)되고 있다.

할 것이다. 그러나 가이아의 세계관에 의하면 그것은 거대한 자연의 자기조절의 과정일뿐이기 때문에 인간이 할 일은 아니라는 것이다.

가이아의 세계관에 의하면 인간이 적극적으로 할 일이 없다. 인간의 할 일은 단지 가이아의 순리에 따르는 것뿐이다.

4. 범지구적, 통합적 사고와 행동 요구

넷째, 가이아 이론은 오늘날 생태계의 위기 속에 있는 지구의 보존을 위하여 범지구적, 통합적 사고와 행동을 요구한다. 가이아 이론은 생태계의 위기에 직면하여 인간중심적인 대안이 아니라 생태중심적인 사고와 행동을 하도록 촉구한다. 몸이란 측면에서 인간도 다른 창조물과 같은 친족의 관계를 형성한다. 땅 위에서 인간의 정신은 몸을 통해서 존재하기 때문이다. 몸을 통해서 인간은 지구라는 땅에 속해 있으며, 이 땅에서 나오는 소산물을 먹고 땅의 기후와 생태에 의존해서 살아가는 동료 피조물이기 때문이다. 뒤보(Rene Dubos)가 말한 "지구적으로 생각하고, 지역적으로 행동하자"(Think globally, and act locally)는 표어는 류터(R. E. Reuther)가 말하는 것처럼 범지구적으로 수정해야 한다: "지역적으로 지구적으로 함께 생각하고, 또한 동시에 지역적으로 지구적으로 행동해야 한다."[21]

우리의 자연 환경은 어디를 보아도 서로 질기게 끊을 수 없는 관계들로 이어져 있다. 더 이상 "나누어라 그리고 지배하라"(divide et impera)라는 고대 로마의 통치방식이 아니라 "통합하고 공생하라"는

21) R. R. Reuther, 『가이아와 하느님』, 317 이하

생태학적 공생방식이 요구된다. 창세기는 창조된 자연의 유기체적 불가분성과 연결성과 상호귀속성을 말하고 있다. 창조된 자연은 서로 분리되어 있지 않고 서로 연결된 하나의 통일된 체계를 지니고 있다: 이런 의미에서 가이아 이론은 창세기의 창조질서의 얽혀 있음의 진리의 한 측면을 우리에게 알려주고 있다.

III. 비판적 성찰

1. 인간책임을 도외시 : 자연의 청지기 정신을 도외시

가이아 이론은 생태계 파괴에 대한 인간의 책임을 묻지 않는다. 가이아의 목적은 자신을 유지하는 것이지 인간을 목적으로 하지 않는다. 가이아의 가설에 의하면 지구는 지구를 위하여 스스로 있는 존재이며 특별히 인간을 위하여 있지 않다. 가이아 가설에서는 인간이 설 주체로서의 공간이 설정되지 않는다. 가이아가 스스로 자기조절을 하기 때문에 인간이 특별히 생태계를 파괴하나 거대한 가이아 전체의 관점에서 보면 큰 문제가 되지 않는다. 가이아의 자체 조절 체계가 작동한다는 것이다. 그리고 인간은 가이아의 주체가 아니고 일부분에 불과하기 때문에 특별히 책임질 이유가 없다. 여기에 가이아 이론을 비롯한 생태중심적인 환경론의 한계가 있다.

구약의 창세기에 의하면 하나님은 먼저 지구와 우주를 창조하시고 그 창조의 절정으로 인간을 창조하셨다. 인간은 흙으로 지음을 받았으나 하나님은 인간에게 그의 영을 불어 넣어 생령(a living spirit)이 되게 하셨다. 그리고 하나님이 인간을 동산에 데려다가 동산지기

(steward)의 사명을 주셨다. 인간은 가이아 가설이 말하는 것처럼 단지 자연의 한 부분일 뿐 아니라 자연을 가꾸고 보존할 책임을 받은 존재라는 것이다. 그리고 지구환경이란 그 자체가 신이 아니라 하나님의 피조물이요, 인간이 자연의 유기체적인 리듬과 질서에 맞도록 개발하고 가꾸어야 한다는 것이다. 그런데 가이아 가설은 이러한 지구상에 있는 인간의 청지기적 책임에 관하여 말하고 있지 않다.

현대의 과학기술주의는 자연을 인간중심적으로 파악하여 자연을 인간의 수탈과 착취의 대상으로 보았다. 그리하여 자연은 무제한적으로 개발되고 수탈됨으로써 생태학적 자기균형을 유지하지 못하고 있다. 도처에 생태계가 파괴됨으로써 생태학적 위기가 도래되었다. 여기서 인간중심적 자연관에 대항하여 생태중심적 자연관이 일어났다. 이것은 자연의 생태학적 균형에 순응하는 세계관이다. 그러면서 이러한 자연중심적 생태관은 가이아 이론처럼 극단한 모습으로까지 발전하고 있다.

2. 지구를 신으로 보는 범신론

가이아는 자연으로서 여신이다. 인간은 자연이라는 여신의 부분이기 때문에 가이아 사상은 범신론이라고 말할 수 있다. 러블락 자신은 하나님에 관하여 긍정적인 불가지론의 입장을 개진한다: "현재로서 하나님에 대한 나의 신념은 긍정적 불가지론의 단계에 있다. 나는 희석되지 않은 순수한 신앙을 갖기에는 너무도 깊이 과학에 몰두한 상태이다… 희석되지 않은 순수한 물질주의적 세계 역시 나로서는 영적으로 받아들일 수 없다… 가이아는 영적일 수도 있고, 과학적일 수도 있다고 보는 것이 나에게 깊은 만족을 준다… 내가 가이아를 어떤 지각력 있는 존재나 하나의 대리신(代理神)과 같은 존재로 보는 것은 결코 아니다. 나에게 있어서 가이아는 이 신성한 우주의 살아 있는 부분이며, 나는 가이아의 일부인 것이다."[22]

러블락이 가이아를 지각력 있는 존재나 대리신으로 보지 않으면서도 순수 물질적 존재로도 보지도 않는다면, 그러한 가이아는 지구라는 살아 있는 존재일 것이다. 물질과 영을 동시에 갖춘 이러한 살아있는 존재는 기독교의 하나님은 아니다. 기독교의 하나님은 창조주요 영이시기 때문이다. 물질과 영이 침투해 있는 우주라면 과정신학이 말하는 범신론이라 말할 수 있다. 러블락이 "가이아는 우주의 살아있는 부분이며, 나는 가이아의 일부"라고 말할 때 그는 지구를 모신(母神)으로 숭배하고 있다. 따라서 가이아 사상은 범신론을 말하는 것이라 볼 수 있다. 범신론은 세계와 신이 분리되지 않으며, 인간 자신도 그 세계과정의 일부분이기 때문이다.

그러므로 "가이아를 우리 시대의 이교주(異教主)의 환생으로 받아들이도록 준비하는 그룹"[23]이 있으며, 가이아 종교 내지 가이아에 근거한 자연신비주의가 태동하고 있다. 그리고 가이아에 기초한 여권운동도 일어나고 있다. 이러한 운동들은 하나의 혼합된 형태로 나타나고 있다. 데트 피터스(Ted Peters)는 가이아 사상에 기초한 이러한

---

22) James Lovelock, *The Age of Gaia: A Biography of Our Living Earth* (New York: Bantam Books, 1990), 217-218

23) Theodore Roszak, *The Voice of the Earth* (New York: Simon and Schuster, 1997), 156

각종 운동들을 신(新)이교주의(neo-paganism)의 형태로 규정한다: "그 결과는 살아있는 거룩한 존재로서의 지구를 모신(母神)으로 숭배하는 신이교주의의 형태이다. 그것을 지지하는 사람들은 이러한 개념이 우리의 생태학적 문제들을 해결하도록 도울 수 있는 총체적인 비전을 향한 태도의 변화를 가져다 준다."[24)]

가이아 가설은 극단적인 생태중심적 생태론으로서 생태계 파괴에 대한 인간의 책임을 회피하고 있다. 땅 위의 모든 것은 가이아의 아들 딸들이다. 가이아는 하나의 살아있는 거대한 유기체요, 인간은 그 유기체를 이루는 여러 세포무리의 하나에 불과하다. 가이아가 볼 때 생물과 무생물이 따로 없다. 그래서 지구는 우주를 여행하는 무기물의 수레가 아니라 그 자체가 하나의 거대한 생명체이다. 인간은 이 가이아를 위하여 존재하며 가이아는 인간을 초월하여 인간을 품고 있다. 인간은 자연세계 안에서 유일성이나 영적 존엄성을 지닌 존재가 아니라 미생물로 구성된 가이아(Gaia)의 일부분일 뿐이다. 이 가이아는 개체생물의 집합이 아니라 전체의 입장에서 개체를 조절해 나가는 "불멸의 존재"이다.[25)]

3. 인간 개체를 지구라는 유기체 속에 몰입

가이아 이론은 "지구는 살아 있다"는 말로 표현된다. 이 표현은 지

---

24) Ted Peters, *The Cosmic Self: A Penetrating Look at Today's New Age Movement* (San Francisco, Harper, 1991), 45

25) 제임스 러브록(James Lovelock), 『가이아의 시대』, 범양사, 1992, 298

구 안에 많은 생물체가 있지만 지구가 하나의 단일 유기체처럼 존재해 결국은 모든 생물과 무생물 등 생물의 총합인 바이오타(biota)가 이 지구를 살리는 방향으로 협력한다는 것이다. 이 가이아 이론에 의하면 지구 생태계가 돌아가면서 개체가 돌아간다. 즉 전체가 살아야 개체가 산다는 전일적(全一的) 세계관(the holistic worldview)을 제시해주고 있다.[26] 지구 전체가 하나의 거대한 생명체로서 파악된다. 인간이란 개체는 지구 유기체의 한 부분으로서만 존재한다.

인간이 지구 위에서 계속 존재하려면 어머니인 가이아(Gaia)를 해치는 일을 하지 말아야 한다. 가이아는 인간이 암적 존재가 되면 이 암세포를 언제라도 도려낼 수 있기 때문이다. 이처럼 가이아 이론은 땅 위에 있는 모든 존재는 그것이 유기체든 무기체든 일체가 서로 영향을 주고 받으며 머리가 꼬리를 물고 원을 그리고 있다는 것이다. 가이아 이론은 생물과 환경과의 관계에 있어서 코페르니쿠스적인 전환을 시도했다. 여태까지는 환경에 맞추어 생물이 진화한다고 생각했다. 그런데 가이아 이론에 의하면 오히려 생물이 전체 생태계를 유지하는 방향으로 환경을 조성한다는 것이다. 지구는 우주를 여행하는 무기물(無機物)의 수레가 아니라 그 자체가 하나의 거대한 생명체이다. 예컨데, 다른 별들의 대기(大氣)가 화학적 평행상태에 있는 데 비해, 지구의 대기는 화학적 비평행상태에 있다. 그 이유는 생물체들이 자기의 필요에 따라 환경을 주도하기 때문이다. 이것은 지구의 능동성을 말하며 지구가 살아있다는 이유이다.[27]

---

26) 양명수,“가이아 이론을 극복한 기독교 생태윤리”,『목회와 신학』9월호, 1993년, 73쪽

그러나 여기서는 창세기에서 지구의 정원사로 부여된 인간의 사명이 실종되고 있다. 인간이 하는 일이란 공생(共生)의 관계를 해치지 않는 일이다. 이것은 너무나 소극적인 역할이 아닌가? 가이아 가설에서는 자연의 정원사로서 인간이 해야 할 자연을 가꾸고 돌보아야 할 인간의 역할과 존엄성이 지구라는 신적인 살아 있는 존재 앞에서 위축되거나 실종되고 있다.

가이아 이론은 근대적 사고가 가져다 준 원자적이고 개체적인 사고에 대하여 통합적이고 유기체적 사고를 가져다 준 공헌을 인정할 수 있다. 그러나 가이아 이론은 지구 자체가 스스로 살아 있는 유기체요 신적(神的)인 존재로 봄으로써 창조주 하나님의 섭리가 실종되고 있다. 지구가 살아 있는 것이 아니라 지구 속의 생명개체가 살아 있는 것이다. 이 생명 개체가 조화를 이루는 것은 지구라는 여신 어머니가 하는 일이 아니라 창조주가 하시는 일이다. 지구에 있는 법칙은 지구가 가진 것이 아니라 하나님의 사역이다. 만유인력법칙에 의하면 인력은 물질의 질량에 비례하고 거리의 제곱에 반비례한다. 지구와 달이 조금이라도 가까워진다면 인력은 기하급수적으로 증가하고 서로 급격하게 당기게 되어 엄청난 충돌을 일으킬 것이다. 우주 내에 자그만 인력의 불균형은 순식간에 우주 전체의 붕괴로 이어질 수 있다. 그런데 신비스럽게도 우주가 지금까지 질서 정연하게 움직이고 붕괴하지 않는 것은 눈에 보이지 않게 작용하는 하나님의 우주 통치 때문이다.

그런데 가이아 이론은 인간 개체의 행동을 지구적 유기체라는 전체

---

27) 이정배, "현대과학의 도전을 받는 기독교", 『기독교사상』, 1990년 2월, 26-28

속으로 몰입시키면서 개인적 사고보다도 전체적 사고와 행동을 강조하면서 개체가 지닌 존엄성을 매몰시키는 위험성을 지니고 있다. 이에 대하여 예수님은 지구라는 천하보다도 인간 개체의 존엄성이 중요하다는 사실을 역설(力說)하신다: "사람이 만일 천하를 얻고도 제 목숨을 잃으면 무엇이 유익하리요. 사람이 무엇을 주고 제 목숨을 바꾸겠느냐"(마16:26).

맺음말

가이아 이론은 한편으로는 개발지상적인 현대기술의 인간중심적인 자연관에 대하여 자연의 신비성을 강조하는 유기체적 자연 사상을 제시하고 있다. 그리하여 생태위기를 극복하는 길을 제시해주고 있다. 그리고 유지가능한 발전이라는 환경사상을 제시해 줄 수 있다. 자연과의 대결이나 자연의 착취나 남용이 아니라 자연에 대한 인간의 조화로운 관계를 제시해주는 점에서 공헌하고 있다. 그러나 가이아 이론은 다른 한편으로는 자연을 가이아로 간주함으로써 자연을 신격화한다. 그리하여 가이아 이론은 자연에 대한 인간의 역할과 책임을 평가절하하는 위험성을 지니고 있다. 인간의 출현을 자연에 대한 암적 존재로 봄으로써 건전한 인문주의를 거부하고 있다. 이러한 지나친 자연중심적 생태사상은 과학기술 발전에 대하여 무조건 제동을 거는 반문화적 사상으로 기능할 수 있다.

| 뉴에이지 세계관(I) |

머리말

뉴에이지 사상은 서구사상과 동양의 신비사상이 혼융된 혼합주의 사상이다. 뉴에이지 사상이 일어난 역사적 배경에는 20세기의 물질문명 속에서 서구 기독교의 세속화에 그 원인이 있다. 오늘날 기독교는 영성을 상실하여 물질문명에 예속화된 현대인들에게 영원한 소망과 정신적 안식을 주지 못했다. 그리하여 기독교에서 그 안식을 찾지 못하는 현대인들이 그 도피처를 동양의 신비종교에서 찾게된 것이다. 그리고 물질문명에 대한 반작용으로 심령술, 원시종교, 오컬트(occult), 엑소시즘(exorcism)이 그 관심의 대상이 되었다. 그리하여 명상과 수행을 통해 우주와 하나가 된다는 동양 종교, 특히 인도에서 행해지는 요가, 초월적 명상 등의 밀교적 수행은 현대인들이 추구하는 자기개발 정신의 잠재력을 보여 주게 되었다.

본고에서는 동양의 신비사상의 영향을 받고 발생한 뉴에이지 사상의 역사적 기원, 성격을 분석하고 이에 대하여 개혁신학의 관점에서 비판적 고찰을 하고자 한다.

I. 뉴에이지 사상의 역사적 기원

뉴에이지 사상의 역사적 기원은 1875년 뉴욕에서 러시아 출신의 강신술 영매(Spiritualist medium) 헬레나 페트로브나 블래바트스키(Helena Petrovna Blavatsky)에 의해 창설된 신지학 협회(Theosophical Society)로 거슬러 올라간다. 그녀는 『신지학의 열쇠』(*The Key to Theosophy*), 『비밀교리』(*The Secret Doctrine*) 등의 저작을 남겼다. 그녀는 자신의 수호영이라고 말한 "마하-도마 M"(고급의 혼)의 수호를 받아서 넓고 깊은 지식을 쌓았다. 이후에 3대 회장인 영국 출신의 엘리스 베일리(Alice A. Bailey)에 의해 뉴에이지 사상의 실질적인 기초가 닦여졌고, 4대 회장인 스리랑카 출신의 즈나라 자사(Jnara Jasa)가 각종 강연과 저서를 통해 뉴에이지 사상의 방향을 제시하고 있다.

그러다가 1973년 미국의 마릴린 퍼거슨(Marilyn Ferguson)이 『두뇌와 정신』(Brain and Mind)이라는 잡지(Bulletin)를 편집하고 『두뇌혁명』(The Brain Revolution)이라는 책을 출판하였다. 마샬 맥루한(Marshall McLuhan)의 말을 빌리면 좌측 뇌는 과거를 기억하고 현재와 비교하여 정리한다. 우측 뇌는 새로운 것, 미지의 것에 반응하고 환상, 꿈, 직관, 전체적인 시야의 기능을 한다. 그런데 인간들은 좌측 뇌에만 의존하여 우축 뇌의 기능을 상실하였다. 그래서 현대인은 잃어버린 우측 뇌에 의존하는 두뇌혁명을 일으켜야 한다. 그녀는 낙관주의로써 이 책을 마무리하고 있다: "정말로 우리가 지각의 문을 열고서 동굴 바깥으로 천천히 나올 수 있다는 것을 방금 깨닫기 시작했다."[1] 이 책을 통해서 잃어버린 정신세계를 발견하도록 촉구하면서 본격적으로 뉴에이지 사상이 널리 알려지게 되었다.

II. 뉴에이지 사상의 성격

퍼거슨은 1980년에 출판한 저서 『물병자리 공모(共謀): 1980년대 개인과 사회의 변혁』(*The Aquarian Conspiracy: Personal and Social Transformation in the 1980s*)[2]에서 자아는 우주의식의 일부이므로 우주와 일체를 얻는 신비적 인식이 요청된다고 주장한다: "신비적 체험을 통해서 …자아라는 존재는 …우주 공간 속에 펼쳐진 의식의 일부가 된다. 전 세계와의 일체감을 갖는 …인식을 얻으려면 각종의 정신수양이 필요하다."[3] 그녀는 "이제 전 세계가 새시대를 맞고 있다. 그래서 인간은 스스로 자기의 주인이 되는 새시대를 만들어야 한다"고 뉴에이지 사상을 공식 선언하였다. 이 책은 열정적이고 대중적인 성격을 띠고 있었기 때문에 큰 화제를 불러 일으키면서 세계적인 베스트 셀러가 되었다.

카프라는 1977년에 출판된 『물리학의 도』(*The Tao of Physics*)에서 현대물리학과 동양사상을 연결시키고 있다. 그는 다음과 같이 피력한다: "현대물리학으로부터 도출되는 상호 연결된 우주적 망(網)이란 상(像)은 동양에서 자연에 대한 신비적 경험을 전달하는 데 널리

---

1) Marilyn Ferguson, *The Brain Revolution*, 1973, 정성호 역, 『의식혁명』, 민지사, 1982, 344

2) Marilyn Ferguson, *The Aquarian Conspiracy: Personal and Social Transformation in the 1980s*, Los Angeles: Tarcher, 1980,

3) Marilyn Ferguson, 의식혁명, 286

쓰여왔다. 힌두교도들에 있어서 브라만(梵)은 우주적 망을 연결시켜 주는 망사(網絲)로서 모든 존재의 궁극적 기반이다."[4]

뉴에이지 사상은 초감각적 지각, 초월명상, 하리 크리쉬나와 신흥 힌두종파들, 신물리학, 뉴에이지 정치학, 뉴에이지 기독교 같은 이교(異教)들의 가르침들의 집합이다.[5] 뉴에이지 사상은 의식의 변화를 통한 새 인간(New Man)과 새 세대(New Age)의 도래를 예견하고 있다. 이를 위해 뉴에이지 사상은 다양한 동양종교에서 유래한 비의(秘儀)적 방법을 동원하고 있다.[6] 이 사상은 인간 정신력의 신비한 힘들 -심령술, 초능력, 최면술- 을 강조한다. 뉴에이지 사상은 인간 속에 내재된 초월적인 능력을 개발, 고양하여 우주와 합일하고 신과 합일하고자 하는 비의적 인본주의 사상이다.

뉴에이지 사상은 다음과 같이 특징화 된다.[7]

---

4) F. Capra, *The Tao of Physics*, New York: Bantam, 1977; *The Turning Point: Science, Society and Rising Culture*, New York: Bantam, 1982 이성범, 김용정 역, 『현대물리학과 동양사상』, 범양사, 161쪽, 『신과학 사상』, 신과학연구회편, 1986, 229

5) Douglas R. Groothuis, *Unmasking the New Age* (Downers Grove, III.: InterVarsity,1986), Karen Hoyt, ed., *The New Age Rage* (Old Tappan, N. J.: Revell, 1987

6) Klaus Baanch/Kurt Rommel(Hg.), *Religioese Stroemmungen unserer Zeit. Eine Einfuehrung und Orientierung*, Stuttgart: Quell,1991,16-26

7) 김영한, 『21세기와 개혁신학』 1권, 8장, 포스트모던 시대의 개혁신학, 6) 뉴에이지 사상의 확산을 보라, 212-222, 한국장로교출판사, 1998

1. 영과 물질의 연속체 - 우주

뉴에이지 사상은 이방종교의 물활론적 세계관을 반영하고 있다. 자연적 우주에는 셀 수 없는 많은 영적 존재가 있다고 본다. 우주에는 개인의 영역이 있다. 영적 존재들은 사악한 존재, 추한 존재, 우스운 존재, 도움이 되는 존재 등 다양하다. 사람들은 생명을 얻기 위하여 악한 영들과 화해해야 한다. 선물, 예물, 숭배, 의식, 주문 등을 통해서 선한 영들의 마음을 부드럽게 해야 한다. 주술사, 마법사, 무당들은 주술을 통해서 영들을 조절하고 질병과 가뭄의 악령을 쫓아내어 왔다. 우주는 물질과 영의 연속체이다. "동물은 인간의 조상들이며, 사람들은 동물로 바뀌질 수 있고, 나무들과 돌들도 영혼을 지니고 있다."[8] 뉴에이지 의식은 물활론(animism)의 모든 면을 반영하고 있다. 뉴에이지 사상의 뿌리는 물활론이다.[9]

2. 우주와 합일추구

뉴에이지 사상은 힌두교의 요가와 명상 등의 비의적 방법을 통하여 인간 속에 있는 우주의 에너지를 일깨워 우주의식과 합일된 해탈을 추구한다.[10] 힌두교의 요가와 명상은 힌두교의 교리에 근거하고 있

8) Eugene Nida & William A. Smalley, *Introducing Animism* (New York: Freindship Press, 1959), 50

9) Theodore Roszak, *Where the Wastland Ends: Politics and Transcendence in Postindustrial Society* (Garden City, N. Y.: Anchor Books, 1973), XV

10) Horst Afflerbach, *Die sanfte Umdeutung des Evangeliums. Eine biblische Analyse des Neuen Bewusstseins*, Wuppertal: Brockhaus, 1988, 32-35

다. 힌두교 교리의 핵심은 브라만(Brahman)과 아트만(Atman)이다. 브라만은 태초부터 있었고 신들을 창조하고 각 신들로 하여금 이 세계를 다스리게 한 우주적 본체이다. 아트만은 영혼, 즉 인간의 진정한 자아이다. 힌두교의 핵심은 "브라만은 아트만과 하나"라는 사상이다. 다시 말하면, "인간의 진정한 자아는 우주적 본체와 하나"라는 사상이다. 개개의 자아(自我)는 잠재적으로 우주가 되며, 개개의 대아(大我)는 브라만(梵)이 된다. 이 '우주와 인간은 하나'(梵我不二 梵我一如)라는 사상은 뉴에이지 사상의 사상적 기반이다. 뉴에이지 사상은 요가와 명상을 통하여 인간 자아의 잠재적인 의식을 깨우쳐 니르바나(Nirvana)라는 열반(涅槃), 해탈(解脫)의 인신(人神)경지에 도달하고자 한다. 우주는 내부의 자아로부터 나오며 조정된다.

3. 잠재적 자의식 각성

뉴에이지 사상은 개개인의 자의식에 가치를 부여한다. 자아는 중요한 실체이다. 인간 자아는 우주의 중심이다. "아트만이 곧 브라만이다(我梵一如)." 그리고 이 개별적 자의식의 시간과 공간 및 도덕성을 초월한 신비적 경험에 중점을 둔다. 뉴에이지 사상은 자기최면을 통하여 잠재된 자의식을 일깨우고 자기 속에 있는 참된 자아, 곧 신의 본질을 지닌 자신을 발견하고자 한다. 이것이 마인드 콘트롤(Mind Control)이다.

셜리 맥클래인(Shirly MacLain)은 1987년 거의 3백만부가 팔린 그녀의 저서 『궁지에 몰림』(*Out on a Limb*)에서 친구 데이빗에 의해 시작된 몸 밖의 경험을 기술한다. 그녀는 페루 안데스(Andes) 꼭대기에서 약수물로 목욕한 후 물 속에 앉아 촛불의 불꽃을 보며 명상을 하고 있었다. 이 때 데이빗은 맥클래인에게 그들의 기본 원자가 에너지이며, 영혼이 에너지로 구성되는 우주의 생성 원인에 대해 이야기 했다: "나는 침묵했다… 흔들거리는 촛불을 뚫어지게 쳐다보았다… 촛불의 불꽃은 천천히 내 정신의 영역으로 녹아 들어왔다… 나는 나의 정신 속에서 우주가 되었다. 나는 우주 속으로 내가 날아가는 것을 느꼈다… 몸 밖으로 빠져 나오는 것을 느꼈다… 나는 내가 무엇인가와 연결되어 있다는 느낌도 받았다. 확실한 것은 나는 두 개의 형태- 아래에 있는 육체의 형태와 날아오른 영혼의 형태가 있다는 것을 느꼈다… 나는 내 몸에 연결되어 있는 은색줄을 보았다… 나는 의식적으로 우주에서 나는 것을 멈췄다… 나는 아래로 내려와 내 몸 속으로 돌아왔다…"[11)]

맥클래인은 『뉴욕 타임지』(*New York Time*)에서 30주간 베스트셀러 목록에 오른 그녀의 저서 『빛 속에서의 춤』(*Dancing in the Light*)에서 높은 수준의 자아와 만난 경험을 기록하고 있다. "나는 매우 키가 크고 압도할 정도의 힘을 가진 정신 분열증이 있는 한사람을 보았다… 나는 내가 본 것과 내가 느낀 것 때문에 기운이 빠지는 듯했다. '너가 누구냐?' 라고 나는 물어 보았다. '나는 너의 보다 수준 높은 무제한의 자아이다' 라고 그것(it)은 대답했다."[12)] 그녀는 궁극적인 실체인 자아는 도덕성이 없다고 말한다. 뉴에이지 사상가들은 말

11) Shirley MacLain, Out on a Lime, 327-329

12) Shirley MacLain, *Dancing in the Light*, (New York: Bantam, 1985), 334-5

한다. "천국은 당신 안에 있다. 자신을 알라 그러면 자유로워질 것이다…. 당신이 하나님이라는 것을 알라 또한 당신이 우주라는 것을 알라."[13] "나는 나만의 우주이다."[14] 여기서 뉴에이지 사상은 인신화(人神化, deification)를 추구하고 있다.

존 릴리(John Lilly)는 그의 책 『태풍의 중심』(Center of the Cyclone)이라고 제목이 부쳐진 내적 공간의 자서전에서 자아가 태풍의 중심에 있다는 사실을 경험한 후에 가장 높은 의식 상태에 대하여 다음과 같이 쓰고 있다: "나는 은하수의 힘이 나를 통해 생겨나는 것을 느낀다… 나는 창조 과정 그 자체이며 믿을 수 없을 만큼 강하고 힘이 있다."[15] 릴리는 실체의 가장 완전한 차원인 내부 공간에 도달했을 때 자신이 하나님이 된다고 말한다. 여기서 자아는 우주이면서 동시에 우주의 창조자이다. 자아에게는 내적 공간에서 상상이란 실체와 같다: "상상할 수 있는 모든 것은 다 존재한다."[16] 자아는 우주의 주인이 된다. 그는 말하기를 대부분의 사람들이 이 신비한 지식을 모르고 있다. 이것을 깨닫는 것에는 약간의 기술이 필요하다고 한다.

4. 보이지 않는 세계, 즉 자유로운 정신

뉴에이지 사상은 자아 안에서 하나가 된 우주를 두 영역으로 나눈

13) Shirley MacLain, *Dancing in the Light*, 135

14) Shirley MacLain, *It's All in the Playing* (New York: Bantam, 1987), 192

15) John Lilly, *Center of Cyclone: An Autobiography of Inner Space* (New Yok: Julian Press, 1972), 210

16) Ibid, 51

다. 보이는 세계와 보이지 않는 세계이다. 전자는 보통의식(개인)에 의하여, 후자는 새 의식에 의하여 접근된다. 후자를 자유로운 정신(mind at large)이라 한다. 개개의 자아는 우주의 바다에 떠 다니는 한 우주이다. 각 개인은 잠재적으로는 자유로운 정신이 된다.[17] 자유로운 정신은 "확장된 의식"(MacLain), "다른 우주"(Lilly), "다른 실체들"(Leonard), "우주적 정신"(Klimo)이라고 불리운다. 이 자유로운 정신은 보이는 우주의 법칙을 따르지 않는다. 시간과 공간이 절대적이지 않다. 맥클래인은 자유로운 정신에 대하여 "동시에 그것은 하나님이며 나였다. 우리는 뒤얽혔다."[18]고 말하고 있다. 각 자아는 각 개인의 우주, 즉 "섬 우주"를 가진다: "모든 인간의 모임은 섬 우주들이 모인 사회이다(Aldous Huxley)."[19]

새 의식이 개방한 우주적 의식은 "높은 수준의 자아"(MacLain), "대양의 감정"(Freud), "보다 높은 수준의 의식"(Weil), "무시간성의 축복"(Zachner), "최고의 경험"(Maslow), "열반의 경지"(불교), "사토리"(일본의 선(禪), "우주적 비전"(Keen)[20]이라 불리운다. 이러한 우주적 인식은 자아 실현이요, 자아가 우주의 일부분만이 아니라 동일하다는 것을 깨닫는 것이다. 이것은 브라만(Brahman)으로서 대아를 경험하는 것이다.

---

17) Aldous Huxley, *Doors of Perception*, 23

18) Shirley MacLain, *It's All in the Playing*, 331

19) Aldous Huxley, *Doors of Perception*, 13

20) Keen, "The Cosmic Versus the Rational", 58

퍼가손은 이러한 우주적 의식의 상태에 관하여 구체적으로 기술하고 있다: "자아경계의 상실, 모든 생명과의 갑작스런 동일시(우주 속으로 녹아들어감), 빛들, 변화된 색 개념, 전율, 강렬한 감각, 거품 처럼 또는 위로 튀어오르는 듯한 확장된 느낌, 공포의 사라짐(특히 죽음의 공포에 대한 것), 으르렁 대는 소리, 바람, 육체적 자아로부터 분열되는 느낌, 행복, 패턴에 대한 날카로운 인식, 자유감, 혼합된 감정(합성체), 색이 귀로 들릴 때와 광경이 청각화 될 때, 대양과 같은 느낌, 깨달았다는 신념, 경험은 오직 실체일 뿐이며 평범한 인식은 단지 어설픈 그림자일 뿐, 사건과 공간을 초월하는 느낌."[21]

릴리는 다양한 "의식의 문들"을 열어 놓고 우주에서 우주로 다니면서 그의 정신세계를 여행하면서 수많은 체험을 기록한다. 이러한 영들의 세계의 특징은 두 가지로 보고된다. 첫째 특징은 광명과 불꽃이다. 헉슬리(Aldus Huxley)는 자유로운 정신의 "내부에서 나와 비추이는 찬란한 빛"[22]에 관하여 말한다. 일반적으로 "광명", "금빛", "불꽃", "백열", "천상의 색들"[23]에 관하여 말한다. 둘째 특징은 자신보다 큰 자아에 대한 체험이다. 이 자아는 남자와 여자의 속성을 모두 가지고 있다. 이러한 자아는 경험의 해설자, 협력자, 인도자이다. 마

---

21) Marilyn Ferguson, *The Brain Revolution*, 60, 변화된 의식의 이와 유사한 경험에 대한 문장들: Lilly, *Center of the Cyclone*, chap. 11-chap. 18, LeShan, *The Medium, the Mystic and the Physicist*, 86, 87,250, James Sire, "기독교 세계관으로 바라본 뉴 에이지 사상의 실체", 237에서 재 인용, in: 엠마오 편집부, 『뉴 에이지』, 엠마오 도서출판, 1992, 237, Zaehner, *Zen, Drugs and Mysticism*, 89-94,

22) Aldous Huxley, *Doors of Perception*, 89

23) Marilyn Ferguson, *The Brain Revolution*, 61-63

귀, 귀신, 영들, 천사들이다.

5. 죽음을 생명의 다른 단계로의 전이로 해석, 그리고 환생 주장

뉴에이지는 인간 자아 속에 잠재되어 있는"높은 수준의 자아"를 일깨워 우주적 인식을 경험하게 될 때 죽음의 공포가 제거된다고 주장한다. 우주적 인식의 상태란 인간이 육체 이상의 통일체임을 확인해주고 있다고 한다. 정신과 의사 엘리자베스 큐블러-로스(Elizabeth Kübler-Ross)는 『죽음과 죽어가는 자』(*On Death and Dying*)라는 격찬을 받은 저서에서 죽음이란 생명의 또 다른 단계로의 전이라는 것을 말한다. 그녀는 이러한 통찰을 준 인도자가 바로 그녀 자신의 영임을 알았다[24)]고 한다. 의식이란 한 인간 자아의 육체적 표현이라는 것이다. 만일 인간이 모든 것이며 모든 것의 창조자라는 사실을 직관하게 된다면 죽음을 두려워할 필요가 없다는 것이다.

그리고 뉴에이지 사상가들은 영매를 통해서 "죽은 자를 다시 불러내는 것"을 기술하고 있다. 특히 맥클래인은 그녀의 저서 『빛 속에서의 춤』(*Dancing in the Light*)에서 이 사실에 관하여 자세히 기술한다: 그녀는 수천년 전 "다이아몬드 반지를 낀 스페인의 아이로, 교회에서… 동굴에서 명상하는 수도승으로… 러시아의 발레리나로, 페루의 잉카 젊은이로", 인도에서 "코끼리들의 공주"로 그녀의 백성들에

---

24) Elizabeth Kübler-Ross, *On Death and Dying* (New York: Macmillan, 1969)

25) MacLain, *Dancing in the Light*, 353-359, 366

게 수준 높은 도덕성을 가르치기도 했다고 한다.[25] 이처럼 뉴에이지 사상가들은 환생을 주장한다.

6. 심령술

뉴에이지 사상은 심령술, 즉 매체(channeling) 내지 영매(mediumship)와의 영적 교류에 의해 인간이 아닌 영들과의 접촉을 시도하고 있다. 신지학(神智學) 협회(Theosophical Society)는 뉴에이지 사상의 사상적 근간을 이룬다. 이 협회의 창시자인 러시아 출신의 블래바트스키(Helena Petrovna Blavatsky)여사는 자신의 수호신이라고 하는 "마하-도마 M"의 가르침을 받아서 넓고 깊은 지식을 쌓았다고 고백하였다. 이러한 지식을 신지학(theosophy)이라고 한다. 이것은 아틀란티스(Atlantis: 바닷 속에 잠겨 버렸다는 대서양 상의 전설의 섬)이야기, 고대 이집트의 잃어버린 문명 이야기, 불교, 힌두교에서 나온 밀교적 교리들의 혼합형태이다. 그리고 이 협회의 3대 회장인 베일리(Alice Bailey)는 영매(靈媒)이다. 이 사상은 영매, 마녀, 마법사, 주술가의 도움을 빌어 인간의 다른 면(보다 높은 수준의 자아)과 말하고 영들과 대화하고 그들의 힘을 빌린다.[26]

7. 자동기록

뉴에이지 사상은 자동 기록(Automatic Writing)이라는 고대의 경

---

26) Aldous Huxley, *Doors of Perception*, 140, *Dancing in the Light*, 334, 335; Lilly, *Center of the Cyclone*,39

전들과 그들의 수호신의 가르침을 받는다. 고대의 경전이란 『티벳의 사자(死者)의 서(書)』(*Tibetan Book of the Dead*)와 『에메랄드의 타브렛』(*Emerald Tablet*) 등이다. 이러한 경전이란 과거와 현재의 영에 의하여 전달되고 기록되었다. 그러므로 염파(念波)라는 텔레파시에 의하여 그 비의를 깨닫고자 한다.

뉴에이지 사상은 복음서에 나타난 예수상과 인간관과 구원관을 뉴에이지 인식의 틀에서 해석한다. 이들이 사용하는 해석의 자료들은 초대교회 시대 이단시된 『영지주의 복음서들』(*The Gnostic Gospels*)[27]과 1945년 이집트의 북부에서 발견된 『낙 함마디』(*Nag Hammadi*)문서와 같은 비서(秘書),[28] 그리고 케이시(Edgar Cayce), 스타이너(Rudolf Steiner)등 비교(秘教)주의자들이 읽을 수 있다고 주장하는 『아카시 기록들』(*Akashic Records*)[29] 이다. 그럼으로써 기독교의 복음을 영지주의적이고 범신론적으로 왜곡하고 있다.[30]

---

27) Elaine Pagels, *The Gnostic Gospels*, New York: Random House,1979
Mark L. Prophet and Elizabeth Clare Prophet, *The Lost Teachings of Jesus 1: Missing Texts. Karma and Reincarnation, The Lost Teaching of Jesus 2: Mysteries of the Higher Self, The Lost Teachings of Jesus 3: Masters and Disciples on the Path*, Livingston, Mont.: Summit University Press, 1988

28) *The Nag Hammadi Library*, San Francisco: Harper and Row Publishers, 1978

29) Levi, *The Aquarian Gospel of Jesus the Christ*, London: L. N. Fowler & Co., 1947

30) David Spangler, *Reflections on the Christ*, 1981, *Relationship and Identity*, 1978, *The Law of Manifestation*,1983, Forres, Scotland: Findhorn Publication

8. 초인적 능력추구

뉴에이지 사상은 명상의 초월 상태에서 투모(Tumo)술, 축지법, 텔레파시 등을 통하여 초인적인 능력을 발휘한다. 투모(Tumo)술이란 땅, 물, 불, 바람을 통제할 수 있는 초인적 능력이다. 축지법은 특수한 호흡법에 의하여 공중의 자유에너지를 몸 속으로 끌어들여 장거리를 고속으로 달리는 초인적 능력이다. 텔레파시는 한사람의 상념을 공중의 전자파를 통하여 상대방에게 알리는 초인적 능력이다.

대표적인 예가 셜리 맥클래인(Shirley MacLain)이란 미국 버지니아 출신 여권사상가가 그녀의 책에서 서술한 『몸 밖의 경험』이다.[31] 그녀는 남미 페루의 안데스 꼭대기에서 약수(藥水)로 목욕을 한 후 굴 속에 앉아서 촛불을 보면서 명상하면서 몸 밖의 경험을 한다. 여기서 그녀의 영혼은 그녀의 몸을 빠져나와 우주 속으로 날아 다니게 된다. 그녀는 자아의 두개의 형태, "아래에 있는 육체의 형태와 날아오른 영혼의 형태"를 느낀다. 그리고 이 두 자아의 형태가 탄력적인 은색 줄로 연결되어 있는 것을 보았다고 한다. 그녀의 시야는 영안(靈眼)이었다. 그녀는 더 이상 우주에서 날고 싶지 않아 아래로 내려와 그녀의 몸 속으로 들어 왔다.[32] 그녀의 몸 밖의 경험을 기록한 이 책은 1987년 가을 거의 3백만부나 인쇄되었고 폭발적으로 판매되었다.

31) Shirley MacLain, *Out on a Lime*, 1987, 327

32) Ibid., 327-329

9. 바이오 피드백

뉴에이지 사상은 마음의 조정에 의하여 생리의 변화를 마음대로 조절하고자 한다. 이것이 바이오 피드백(bio feedback)이다. 그리하여 이 사상은 영적 개발을 위하여 명상 및 요가 수행에 바이오 피드백을 활용한다. 바이오 피드백은 새 마음과 새시대를 열어준다고 본다.[33] 바이오 피드백 이론에 의하면 뇌, 마음, 신체는 하나의 연속체이다. 인간의 마음, 즉, 의지, 공포, 환희, 이미지, 추측, 기대는 두뇌의 작용을 변화시킨다는 것이다. 마음과 두뇌의 관계는 일방통행이 아니라 화학물질, 영양, 산소 등으로 두뇌의 작용이 바뀌면 사람의 마음도 바뀌게 된다는 것이다. 그리하여 뉴에이지 신자들은 새나 동물로 변화되는 경험을 하며, 비행이나 초고속 여행, 혹성간의 여행에 관해 말한다.

10. 환각제 등 마약 사용

뉴에이지 사상은 이러한 자의식을 변화시키고 새로운 자아를 개방시키는데 환각제(LSD, Lysergic Acid Diethylamide) 등 마약을 사용한다. 미국 매릴랜드 연구센터의 그로프(Stanislav Grof)는 죽어가는 환자들에게 환각제를 투여하여 우주가 통일되는 느낌을 갖도록

---

33) Marilyn Ferguson, *The Brain Revolution*, Babara Brown, New Mind, New Body: Bio-feedback: *New Directions for the Mind*, New York: Harper and Row,1974; David Rorvik,"The theta Experience", *Saturday Review of the Sciences*, May,1973, 46-51

34) Stainslav Grof, "Beyond the Bounds of Psychoanalysis", *Intellectual Digest*, September 1972, 86-88

했으며 이들의 죽음을 준비시켰다.[34] 뉴에이지 사상가들은 마약을 통한 황홀감과 신비감의 경험도 분명히 인간 내면의 정신세계에 대한 경험이요, 우주적 의식의 경험이요, 생명현상과의 일체감이라고 주장하고 있다. 헉슬리(Aldous Huxley, 1894~1963)는 죽기 이틀 전(前) 새 의식의 타당성에 관하여 다음과 같이 말했다: “어떤 점에 있어서 나는… 이 세상에 주어진 우주적 선물이다… 엄청난 자비의 행위가 이루어지려고 한다면 이것은 내가 별과 같은 역할을 해야 한다는 것이다.”[35] 헉슬리가 여행 도중 죽게 되었을 때, 그의 부인은 남편의 요구대로 LSD를 투약했고, 『티벳 사자의 서』(*Tibetan Book of the Dead*)에 기록된 방식대로 그녀는 “자아의 다른 면”을 의지하여 남편의 영혼과 대화했다.

이상 열거한 비의(秘儀)적 방법들은 서로 분리된 것이 아니라 서로 결합되어 인간-신(人間-神)이 되고자 하는 인간 의식의 혁명을 위하여 사용되어진다. 이러한 마약의 사용은 우주적 인식이라는 것이 인위적인 방법을 통해서 얻어지는 환각적인 상태라는 결론에 도달케 한다. 릴리의 경우 우주적 인식에 관한 내적 경험을 위하여 믿을 수 있는 외부 인도자의 도움 없이 마약(LSD)을 복용한 결과 육체에 부분마비가 일어났고 승강기에서 쓰러져 죽음 직전 까지에 이른다. 그는 천국과 지옥을 환각상태에서 체험한 것으로 기록하고 있다.[36]

---

35) Laura Archera Huxley, *This Timeless Moment: A Personal View of Aldous Huxley* (New York: Ballantine Books, 1971, 249

36) James Sire, “기독교 세계관으로 바라본 뉴 에이지 사상의 실체”, 237에서 재 인용, in: 엠마오 편집부, 『뉴 에이지』, 엠마오 도서출판, 1992, 247

IV. 뉴에이지 사상 비판

뉴에이지 사상은 현대후기의 문화적 흐름 중 가장 크나큰 도전 중의 하나이다. "이 사상은 자기 실현의 새시대(New Age)로 안내해 줄 영적, 사회적 변화를 갈망하는 같은 마음을 가진 사람들과 그룹들의 모임이다."[37] 뉴에이지 사상은 무신론적 세속주의와는 달리 종교다원주의와 같이 인간을 넘어선 초월적 차원을 인정한다. 그리고 초월적 차원에 대한 해석을 기독교와는 달리 밀교적으로 하고 있다. 뉴에이지 사상은 다음과 같은 측면에서 성경적 가르침과는 달리 현대인을 인간신화(人間神化)의 범신론적 방향으로 미혹하고 있다.

1. 비교주의(秘教主義)

뉴에이지 사상은 동양의 힌두교 사상을 근저로 하여 불교적 요소, 신플라톤적 요소, 기독교 영지주의 요소 및 비교(秘教)주의(occultism)가 혼합되어 있는 신비적 혼합주의(syncretism)이다. 뉴에이지 사상은 만물은 하나요, 만물은 신이요, 인간은 신이라는 힌두교의 사상을 근간으로 하고 있다. 이에 불교적 요소를 가미하여 모든 인간이 계급적 특권과 상관없이 해탈할 수 있다고 본다. 또한 뉴에이지 사상은 신플라톤주의의 이원론에 영향을 받아 영혼과 물질을 분리한다. 그리고 물질을 허상이라고 보고 인간 내면의 신(神)의식을 일깨워 우

---

37) Douglas *Groothuis, Confronting New Age* (Downers Grover, III: InterVarsity Press, 1988, 18

주적 신과 합일하는 것만이 참되다고 본다.

뉴에이지 사상은 기독교 영지주의 영향을 받고 있다. 예수는 위대한 영적 각성자이며 인간 내면의 신(神)의식을 일깨워 주었다고 본다. 그래서 예수는 메시아이다. 그리하여 예수는 소크라테스, 석가, 공자, 마호멧 등의 위대한 스승의 반열에 서 있다. 뉴에이지 사상은 따라서 종교다원주의를 신봉하고 있다.

뉴에이지 사상은 비교(秘教)주의를 받아들인다. 뉴에이지 사상은 기호(記號)나 초능력이나 자동기록을 통하여 진리를 신비적으로 전수받고자 한다. 뉴에이지 사상은 예수의 영과는 전혀 다른 영의 가르침에 기초하며, 그리고 기독교 성경과는 전혀 다른 비교(秘教) 사상에 근거하고 있다. 이들이 사용하는 문서들은 『티벳 사자(死者)의 책』(Tibetian Books of the dead), "인간역사에 관해 기록한 천상의 테이프"라고 주장하는 『아카시 기록들』, 1945년 이집트 북부에서 발견된 『나그 하마디 문서』 등이다. 이들 문서들은 전혀 기독교와는 무관한 비교(秘教)사상의 문서들이다.

2. 범신론 사상

뉴에이지 사상은 "우주와 나는 하나"라는 힌두교의 범신론적 사상에 기초하고 있다. 그러므로 초월적인 신의 존재를 부인한다. 개개인이 존재하지 않는다면 우주의 주도 존재하지 않는다. 해방된 개인은 우주적 인식에서 전 우주를 인식하고 전 우주와 하나되는 경험을 한다. 그리고 자아는 우주이며 동시에 우주의 창조자가 되는 경험을 한다.[38] 맥클래인은 『빛 속에서 춤』에서 "자신을 안다는 것은 모두를 안다는 것이다. 당신이 하나님이라는 것을 알라. 또한 당신이 우주라는 것을 알라"고 말한다.[39] 뉴에이지 사상은 "하나님이 곧 세계요 우주", "모든 것은 영이요 의식"이라는 영 내지 의식 일원론이다. 이들은 "모든 것이 하나"라는 전일(全一)적 사상을 주장한다.[40] "인간 의식은 두뇌로 한정되지 않는다."[41] 이 우주에서 존재하는 것은 우주적 보편적 영이다. 우주적 영이 주기적 순환 과정 속에서 객관 상태로 나타난 것이 현실세계이다. 우리 인간은 잠재된 신(神)의식을 일깨워 우주적 영과 합일을 이루어야 한다고 본다.

여기서 뉴에이지 사상은 인격적이고 우주의 창조자이신 절대주권자이신 하나님을 부인하고 있다. 그리고 그를 비인격적인 우주의 보편적 영으로 간주하고 있다. 그러나 기독교의 하나님은 우주적 영으로 격하될 수 없다. 그는 인격적 존재요, 살아계신 우주의 창조자이시기 때문이다. 이 세계와 우주는 인격적인 창조자의 창조물이지 우주적 영의 주기적인 순환 과정에서 유출된 것이 아니다. 인간은 신의 형상으로 창조된 것이지 인간 속에 신성이 잠재되어 있지 않다. 인간은 우주적 영과 합일함으로써 해탈하는 것이 아니라 하나님의 아들, 예수 그리스도를 믿음으로써 구원을 얻게 된다.

---

38) Lilly, *Center of the Cyclone*, 148, 149

39) MacLain, *Dancing in the Light*, 350

40) Paul G. Hiebert, *Anthropological Reflections on Missiological Issues*, Baker Books, 1994, 김영동, 안영권 역, 『인류학적 접근을 통한 선교현장의 문화이해』, 죠이선교회출판부, 298

41) Fritjof Capra, *The Tao of Physics* (New York: Bantam, 1977).
__________, *The Turning Point: Science, Society and the Rising Culture* (New York: Bantam , 1982) chapter 3

3. 뉴에이지 예수상

뉴에이지 사상은 신약성경에 기록된 복음서의 말씀을 범신론적으로 왜곡하고 하나님의 아들 예수 그리스도의 구속의 유일성과 독특성을 부인한다. 뉴에이지 사상가들은 자기들의 신조체계가 "은밀한 기독교"라고 주장한다. 그리고 정통 기독교인들이 예수에 관해 잘못 알고 있었다고 주장한다. "예수가 너희는 신들이라 말씀하셨으므로 우리가 하나님이 될 수 있음을 기뻐했다"고 주장한다.[42] 모든 성경과 진리의 목표는 오직 하나의 목적인 "하나님 같은 인간, 즉 자아의 실현된 인간을 만들어 내는데" 있다고 본다. "천국은 사람의 진실한 인격과 동일"하며, "개인의 인격 안에 신성의 중심이 있다"고 주장한다.[43] "예수는 당신의 실제 자아 역시 빛 자체라는 것을 당신이 알기 원하신다."[44] "그리스도는 모든 사람 안에 있다."[45] 그리스도와 인간을 분리하는 것은 거짓이라고 본다.

이처럼 뉴에이지 사상은 복음서에 기록된 예수의 말씀을 "인간이 곧 신"이라는 범신론적 사상으로 왜곡시키고 있다. 예수는 죄인을 구하러 오신 것이 아니라 영적 깨달음의 문을 열어주시는 안내자로 오셨다고 본다. 또한 예수는 인간이 자각을 통하여 자신을 구원할 수 있

---

42) David Spangler, *Reflections on the Christ*, Forres, Scotland: Fidhorn Publications,1981, 73

43) David Spangler, *The Laws of Manifestation*, Forres, Scotland: Findhorn Publications, 1983, 23,24

44) Mark. L Prophet and Elizabeth Clare Prophet, *The Lost Teachings of Jesus 1: Missing Texts, Karma and Reincarnation*, 115,116

45) *The Lost Teachings of Jesus 2; Mysteries of Higher Self*, 268

다고 가르쳤다고 왜곡한다. 그리고 예수는 하나님의 나라가 자각의 상태, 변화된 의식의 상태라고 가르쳤다고 왜곡한다. 또한 예수는 하나님 아버지와 하나님 어머니를 믿었다고 허위주장을 한다. 그러나 성경에는 "하나님 어머니"라고 언급된 곳이 한군데도 없다. 하나님은 성(性)을 초월한 존재이시기 때문이다. 뉴에이지 사상은 예수가 모든 종교는 같은 하나님을 숭배한다고 주장했고, 예수는 자신을 "하나님께로 가는 길을 인도하는 형제"요 인간일 뿐이라고 가르쳤다고 본다.[46] 그리하여 예수가 범신론과 일원론을 가르쳤다고 왜곡하고 있다. 뉴에이지 사상은 예수가 "우주적인 하나님은 오직 한 분이시거나 한 분 이상 일 수도 있다. 모든 것은 하나님이다. 모든 것은 하나다"라고 가르쳤다고 본다.[47] 하나님은 천국과 지옥을 만드시지 않고 인간이 그 자신의 천국과 지옥을 창조했다. 천국과 지옥은 인간 마음의 상태라고 본다. 이처럼 뉴에이지 사상은 성경적 죄의 실체성을 부인할 뿐만 아니라 천국과 지옥의 실재성을 거부하고 그것을 한갖 인간 의식의 상태로 간주해 버린다.

지난 2008년 5월 미국 유명 방송인 오프라 윈프리가 등장하는 뉴에이지 동영상이 미국 교계에서 논란이 되고 있다고 크리스천포스트(CP)가 최근 보도했다.[48] '드러난 오프라의 교회(The Church of

---

46) Levi, *The Aquarian Gospel of Jesus the Christ*, London: L. N. Fowler & Co., 1947, 54

47) Ibid., 56

48) "예수만이 구원 아니다"… 오프라 윈프리 발언 논란. 뉴에이지 기반 강의 통해 수백만 시청자에 혼란 초래 [2008-05-05 13:14] 손현정 기자 hjson@chtoday.co.kr

Oprah Exposed)' 란 제목의 이 동영상은 뉴에이지 단체 '열린 우리의 눈'(Our Eyes Are Open)에서 제작, 한 달여 전 유튜브(www.youtube.com)에 게재했다. 현재 이 동영상은 조회수 7백만 이상을 기록하며 유튜브(youtube) 뉴스와 정치 분야 최고 인기 동영상에 올라가 있다.

동영상은 "세상에서 가장 큰 교회에 대해 알고 있는가?"란 멘트로 시작해 윈프리를 "이 교회의 지도자"로 묘사하며, 토크쇼 진행 중 윈프리가 "예수님만이 유일한 구원의 통로는 아니다"고 말하는 장면에 이어 그녀가 자신의 웹사이트에서 운영하고 있는 뉴에이지 동영상 강의의 일부를 발췌해 내보낸다. '새로운 지구(A New Earth)' 란 뉴에이지 서적에 근거한 윈프리의 강의를 인용하면서, 동영상은 "십자가의 유일한 메시지는 십자가를 뛰어넘을 수 있다는 것"이라고 주장한다. 그리고 "하나님의 자녀로 태어난 인간 모두가 그리스도가 될 운명이며, 따라서 구원은 우리 안에 있다"고 주장한다. 동영상은 이 단체의 사이트에도 '반드시 봐야 할 동영상' 으로 게재돼 있다.

미국 교계는 동영상에 나타난 기독교 교리의 왜곡과 이로 유발될 수 있는 영적 혼란에 우려를 표하는 한편, 기독교인으로 알려진 윈프리가 뉴에이지 사상을 전파하고 있는 데 대해서도 "그녀의 사회적 영향력을 감안할 때 심각한 결과를 초래할 수 있는 문제"라고 밝혔다.

자신의 웹사이트에 매주 업데이트하고 있는 '새로운 지구' 강의 도중 윈프리는 게스트에게 하나님에 대한 자신의 관점을 "하나님은 느낌으로써 경험할 수 있는 존재지, 믿음으로써 경험할 수 있는 존재가 아니다. 만약 당신의 하나님이 믿음으로써 경험한 하나님이라면, 그것은 진정한 하나님이 아니다"고 설명하기도 했다.

기독교교육 사이트 라이브프레이어닷컴(LivePrayer.com) 창립자 빌 켈러가 비판하는 것처럼 "윈프리는 기독교의 교리를 세련된 방식으로 왜곡하고 있다"며 "그녀가 자신만의 컬트를 만들기 시작했다." KKLA 기독교 라디오 토크쇼 진행자인 프랭크 패스토어가 비판하는 것처럼 "만약 그녀가 정말 기독교인이 맞다면, 기독교에 대해 제대로 모르고 있다고 볼 수밖에 없다. 그녀의 관점과 기독교의 관점은 절대 양립할 수 없는 것"이라고 말했다.[49]

뉴에이지 사상은 사람들이 영적 빈곤을 자기 만족의 방식으로 채우고자 만들어낸 것이다. 기독교는 본질적으로 기독교인의 삶이 하나님께 영광을 돌리는 것이다. 이것이 뉴에이지와 기독교의 차이다. 그러므로 뉴에이지 사상에 대한 기독교인의 지혜로운 대처가 촉구된다.

4. 뉴에이지 영 : 인본적 신령주의

뉴에이지 사상가들은 자유로운 정신이 교감하는 영의 세계를 말한다. 셜리 맥클래인은 자유로운 정신은 "측정이 불가능한 곳인 보이지 않는 세계"이며, "높이와 길이와 넓이 등의 개념"이 없으며, "시간의 개념"이 없다고 본다. "오직 영의 영역만이 있을 뿐이다."[50] 자아의 영과 신의 영이 뒤얽히는 영역이다: "동시에 그것(자유로운 정신)은 하나님이며 나였다. 우리는 뒤얽혔다. 만일 내가 내 안에 있는 것이 하나님의 음악, 그 노래, 울림이라고 믿었더라면 나는 내가 원하는 것

49) Ibid.

50) Shirley MacLain, *Dancing in the Light*, 309

이 무엇이든지 간에 될 수 있었을텐데."[51] 여기서 영은 인간의 영을 초월하는 삼위일체적인 주권적인 영이 아니라 인간의 영이 신격화되는 인신(人神)적 영이다. 인간 영이 모든 것을 지배하는 신령주의가 야기된다. 초월적인 인격적 영은 더 이상 인정되지 않고 인간 정신이 바로 신적 영이 되어 버린다.

릴리의 저서 『태풍의 중심』(*Center of the Cyclone*)은 그의 정신 영역에 대한 자서전이다. "정신 분야에서 진실되다고 믿어지는 것은 진실이며, 진실이 된다. 이것은 한계 내에서 경험적으로 또한 실험적으로 이루어진 것이다. 더 나아가 이런 한계들을 초월한 믿음이다."[52] 여기서 믿음이란 초월적인 인격적 영에 대한 믿음이 아니라 인간 정신 안에서 이루어지는 표상의 세계와 그 한계를 초월하는 인본적 믿음을 말한다.

그러나 우주적 인식에 이른 자아는 더 높은 자아의 지배 아래 있다. 이 더 높은 자아란 개인을 지배하는 영이다. 우주적 인식에 이른다는 자아는 한편으로는 육신적 자아로부터 해방 받으면서도 다른 한편에서는 더 높은 자아라는 마귀나 사단의 영의 속박 아래 있는 것이다. 여기에 비교적인 속박(束縛)이 있다. 이것은 무당이 한편으로는 영험(靈驗)을 통해서 병도 고치고 기적을 행하지만 다른 한편으로는 영험(靈驗)을 주는 영들의 지배를 받는 것과 같다. 무당은 한편으로는 영들을 부리지만 다른 한편으로는 이 영들에 속박되어 있다. 이 영들의 덫에 갇혀 있는 것이다.

---

51) Shirley MacLain, *It's All in the Playing*, 331

52) Lilly, *Center of the Cyclone*, 5

5. 뉴에이지 인간관 – 인간 신격화

뉴에이지 사상의 인간관은 "인간이 곧 신"이라는 인간신(人間神) 사상에 기초하고 있다. 인간의 본성이란 잠자고 있는 신이며, 인간의 문제란 인간의 무한한 잠재력에 대한 무지라고 본다.

뉴에이지는 인신화(人神化)를 추구한다. 인간의 문제 해결이란 의식의 변화를 통하여 해결될 수 있으며, 인간은 죽은 후 다음 생(生)으로 환생(reincarnation)한다고 본다. 인간이란 곧 만물이며 진리는 인간 속에 내재한다고 본다. 스팡글러(David Spangler)는 인간 자아의 신격화를 주장한다: "이제 나는 새 하늘과 새 땅의 생명이다. 다른 사람들은 내게 와야 하며, 나와 함께 하나가 되어 생명의 형태를 만들어 나가야만 한다. 오직 언제나 현재의 나만 있다. 그러나 나는 새 생명과 새 빛과 새 진리로 나 자신을 드러내었다."[53] "인간 나 개인 자아가 실체의 중심이요, 우주의 중심"이라는 것이 뉴에이지 사상의 본질이다.[54] 여기서 인간은 창세기 3장에서처럼 스스로 선악을 알려고 금단의 실과를 따먹는 원죄를 반복하여 범하고 있다. 여기서 뉴에이지의 자아는 인신(人神)의 영이 되어 버린다.

이러한 뉴에이지 사상은 성경적인 인간과는 전적으로 다르다. 성경적인 인간관은 인간은 하나님의 피조물이라고 본다. 그리고 인간에게 있는 존귀성이란 인간의 본성에서 자연적으로 유출되는 것이 아니라

---

53) David Spangler, *Revelation: The Birth of a New Age* (hindhorn, 1971), 110

54) James Sire, "기독교 세계관으로 바라본 뉴 에이지 사상의 실체", 237에서 재 인용, in: 엠마오 편집부, 『뉴 에이지』, 엠마오 도서출판, 1992, 268

하나님의 형상으로 지음을 받았는데서 기인한다고 본다. 출애굽기에서 하나님을 가시떨기의 불꽃 가운데서 나타나시어 "나는 스스로 있는 자"(출3:14)라고 영원자존하신 하나님임을 드러내신다. 그러한 스스로 계신 하나님에 대하여 인간이 모든 실체의 중심이요, 하나님이라고 주장하는 것은 교만이요, 과대망상이다. 인간에게 부여된 하나님 형상은 인간의 신성을 나타내는 것이 아니라 인간의 하나님 의존성을 나타내는 것이다. 인간의 문제는 하나님 말씀에 대한 인간의 불순종, 즉 죄이다. 인간문제의 해결이란 의식의 변혁이 아닌 예수 그리스도에 대한 믿음과 순종이다. 인간은 만물이 아니라 창조물 가운데 하나요, 진리는 인간 안에 있는 것이 아니라 오직 하나님의 아들 예수 그리스도 안에만 있다.

6. 역사의식의 부재

뉴에이지 사상에 의하면 우주와 사물과 인간은 본래 하나이며, 우주와 역사란 우주적 보편적 영의 주기적 순환사상의 현시에 불과하다. 죽음이란 의식이 또 다른 상태로 전이(轉移)되는 것으로 본다.[55)] 여기서 직선적인 역사란 없고 순환적이고 주기적인 역사만이 존재할 뿐이다. 더 이상 구체적인 시간과 공간이 아닌 상상의 세계에서 만들어진 허구의 세상에서 떠돌아 다니는 것이다. 비록 마귀, 귀신, 영들은 실재한다고 하더라도 뉴에이지 의식이 만나는 이들은 더 이상 구

55) Douglas R. Groothuis, *Unmasking the New Age* (Downers Grover, Ill.: InterVarsity, 1986); Karen Hoyt, ed., *The New Age Rage* (Old Tappan, N. J.: Revell, 1987)

체적인 역사적 세계가 아닌 신령한 상상의 세계 속에서 유아(唯我)론적 신비세계에 침잠하는 것이다.

셜리 맥클래인은 자유로운 정신에 관하여 다음과 같이 말한다: "거기(보이지 않는 세계: 필자 주)에는 높이와 길이와 넓이 등의 개념이 없으며, 더욱이 시간의 개념이 존재하지 않는다. 오직 영(靈)의 영역만이 있을 뿐이다."[56] 물질은 허상이기 때문에 역사적 사회적 현실이 중요하지 않는 것이 되어 버린다. 사회에서 야기되는 각종 불의와 부패와 거짓도 하나의 존재론적인 허상으로만 간주된다. 그리고 이에 대한 체계적인 저항과 개혁이 시도되지 않는다. 여기서는 보는 것은 존재하는 것이 된다. 존재하는 모든 것은 그것을 보는, 즉 인식하는 자아 때문에 존재한다. 그래서 데카르트가 말한 바같이 "나는 의식한다. 그러므로 나는 존재한다." 현상과 실체 사이에 아무런 차이도 없다. 현상이 곧 실체다. 어떤 망상도 없다고 본다. 그러나 이 현상은 자아의식이 표상하는 현상이기 때문에 의식 밖에 있는 실재 세계와는 아무런 관계가 없는 상상의 세계일 뿐이다.

이에 반해서 역사적 기독교는 개인과 사회와 역사의 부조리하고 부패한 구조를 변혁시켜야 한다고 역설한다. 하나님의 영을 받은 구약의 예언자들은 유아론적 상상의 세계가 아니라 구체적인 이스라엘의 심판과 구원 역사의 현장 속으로 부르심을 받았다. 이들의 예언은 이스라엘의 심판과 구원의 역사적 사건으로 실현되었다.

---

56) Shirley MacLain, *Dancing in the Light*, 309

7. 윤리사상의 부재

뉴에이지 사상은 다른 신비주의와 마찬가지로 윤리사상을 결여하고 있다. 여기에는 윤리적인 의미에 있어서 선과 악의 개념이 없다. 선과 악이란 존재론적인 순환사상의 술어일 뿐이다.

뉴에이지 사상에 의하면 선(善)이란 우주적인 영과의 합일이요, 악(惡)이란 우주적 영과의 불화일 뿐이다. 여기서는 성경적인 의미에 있어서 죄란 개념은 없다. 죄 대신 존재론적인 허상과 가상이 존재한다. 그것은 인간의 존재가 자신의 본래적인 상태를 자각하지 못하고 물질적이고 신체적인 영역에 매어 있는 상태를 말한다. 맥클래인은 『빛속에서의 춤』에서 다음과 같이 피력한다: "영혼이 경험의 완전함이며, 경험만이 완전한 사랑임을 깨달을 때까지는 환생에서 환생으로 가는 경험만이 있을 뿐이다… 인류가 이것을 깨달을 때까지는 선도 없고 악도 없으며 평화도 없을 것이다."[57] 여기서는 악의 실체도 없다.[58] 있다면 단지 우주적 영과의 합일을 이루지 못한 부조화의 상태만이 있을 뿐이다. 악은 실체적으로 존재하지 아니함으로 악에 대한 저항과 항거란 있을 수 없다.

이런 의미에서 뉴에이지 사상에서는 엄격한 의미에서 윤리란 존재하지 않는다. 그러나 성경은 선과 악을 분명히 말해주고 있다. 인격적인 하나님이 명하시는 말씀을 순종하는 것이 선이요 이에 거역하는

57) Shirley MacLain, *Dancing in the Light*, 341, 342

58) Ronald Enroth(ed.), *Evangelising The Cults*, Milton Keynes: Word, 1990, 63

것이 악이다. 여기서 죄란 하나님의 말씀에 대한 거역이요 인격적인 하나님에 대한 불순종을 의미한다. 개인과 사회와 역사가 하나님의 말씀에 상응하지 않을 때 그것은 악이요 죄를 범하게 된다. 여기서 칼빈주의적 변혁주의 윤리관과 문화관이 나온다.[59] 성경은 최후의 심판 때 선인과 악인에 대한 판결의 근거를 저들의 윤리성에서 찾고 있다(마 25: 31-46).

8. 죽음의 가공(可恐)성과 치명(致命)성 간과

뉴에이지 사상은 성경이 말하는 죽음의 가공성과 치명성을 간과하고 있다. 죽음을 생명의 다른 형태로 옮겨감으로 보는 점, 그리고 육체적 실재 이상의 영이라는 정신적 실재를 인정하는 점에서는 성경과 일치한다. 죽은 후의 생명은 영혼의 독자적 생존이 아니라 모든 생명의 주관자 되시는 하나님의 주권 아래 서게 된다: "한번 죽는 것은 사람에게 정한 이치요 그 후에는 심판이 있으리니"(히9:27). 뉴에이지의 죽음과 환생론은 성경이 말하는 하나님 앞의 심판, 백보좌 앞의 심판의 가공성과 치명성을 놓치고 있다: "내가 보니 죽은 자들이 무론 대소하고 그 보좌 앞에 섰는데 책들이 펴있고, 또 다른 책들이 펴졌으니 곧 생명책이라. 죽은 자들이 자기 행위를 따라 책들에 기록된대로 심판을 받으니"(계20:12)

그리고 성경은 죽음도 심판을 받을 것을 말하고 있다: "바다가 그

---

59) 김영한, 『현대신학과 개혁신학』, 성광문화사, 1995, 특히 제 3부를 참조.
김영한, 『한국기독교문화신학』, 불과 구름, 2005,특히 제 1부를 참조.

가운데서 죽은 자들을 내어주고 또 사망과 음부도 그 가운데서 죽은 자들을 내어주매, 각 사람이 자기의 행위대로 심판을 받고 사망과 음부도 불못에 던지우니 이것은 둘째 사망, 곧 불못이라. 누구든지 생명책에 기록되지 못한 자는 불 못에 던지우더라"(계20:13-14). 인간은 죽은 후 환생하는 것이 아니라 그의 믿음과 삶의 행위에 따라 영원한 천국이나 지옥으로 들어간다.

9. 강신술

뉴에이지 사고는 과학정신에는 인정되지 않는 영들이나 영물들이 인간정신과 우주에서 활동하는 것을 인정하는 물활론의 신비주의를 다시 활성화시키고 있다. 뉴에이지 사상가들은 우주적 인식을 개통하기 위한 통로로서 악한 영이나 선한 영들을 협력자 내지 인도자로 사용하고 있다. 퍼가슨이나 맥클래인이 우주적 인식에 이르는 것은 마약류나 영매나 초혼자를 통한 강신술을 통한 것이다.

이스라엘의 하나님은 이미 구약 신명기에서 그의 백성 이스라엘로 하여금 가나안에 들어가면 가나안 민족의 이교적인 관행인 각종 강신술(降神術)을 금기하고 계신다: "네 하나님 여호와께서 네게 주시는 땅에 들어가거든 너는 그 민족들의 가증한 행위를 본받지 말 것이니. 그 아들이나 딸을 불 가운데로 지나게 하는 자나 복술자나 길흉을 말하는 자나 요술하는 자나 무당이나 진언자나 신접자나 박사나 초혼자를 너희 중에 용납하지 말라. 무릇 이런 일을 행하는 자는 여호와께서 가증히 여기시나니 이런 가증한 일을 인하여 네 하나님 여호와께서 그들을 네 앞에서 쫓아내시느니라"(신18:9-12)

10. 인간과 우주에 대한 지나친 낙관주의와 인식론적 허무주의

퍼거슨(Marilyn Ferguson)이나 메클레인이 선언한 것처럼 1980년대 이래 근 30년이 지났는데 과연 새로운 시대, 우주적 인식의 새로운 시대가 도래했는가?

뉴에이지 사상은 인간의 유한성과 원죄성을 알지 못하고 인간을 신격화하고 세계와 우주를 인간 의식의 개발과 함께 진화하는 것으로 보는 낙관주의 세계관에 기반하고 있다. 그리하여 인간 의식개발의 유아론(唯我論)과 이기주의의 함정에 빠지고 있다. 뉴에이지 사상은 유한하고 욕심에 빠지기 쉬운 인간을 신격화시키는 과대망상증에 빠지게 하고 있는 것이다. 그리고 오늘날 인간은 정신병자처럼 자기가 투영한 우주 속에서 스스로 하나님이 되었고 자기가 곧 우주라고 만족하고 있는 것이다. 그러나 이러한 뉴에이지 사상이 선언하는 새로운 시대상은 오늘날 21세기에 들어와 인류가 부딪친 종교의 충돌 그리고 문명의 충돌, 테러와의 전쟁, 이스라엘과 팔레스타인 사이의 끝없는 테러와 보복의 악순환이라는 구체적인 역사의 과정과는 너무나 거리가 멀다.

뉴에이지 사상은 인식론적 허무주의(cognitive nihilism)에 빠지고 있다. 이들은 실체의 체계에 대한 모든 언어들, 마술과 주술 언어, 과학과 철학 언어, 마약 경험과 정상 경험 언어, 정신병상태와 정상상태 언어를 받아들인다. 뉴에이지 사상은 이러한 모든 언어들이 실체

---

60) L. LeShan, *The Medium, the Mystic and the Physicist,: Toward a General Theory of the Paranormal* (New York: Viking Press, 1974) 150, 154

를 이해하는 타당한 특징이 된다고 본다.[60] 모든 체계는 동등하게 타당성을 지닌다. 그것은 오직 경험의 시험을 통과해야 한다. 그런데 이 경험은 사적인 것이다. 뉴에이지 사고에는 내적 일치감의 양상만이 있고 실체가 무엇인지는 결코 알려고 하지 않는다. 우주가 통일성을 준다고 보는 사상은 자연주의적 허무주의(naturalist nihilism)이며, 한 분 신이 계시고 그분이 모든 것이라면 범신론적 허무주의(pan-theistic nihilism)이다. 그러나 삼위일체 유일신론의 기독교 세계관은 한 분 하나님이 모든 것의 창조자요 통일성을 부여하시며 모든 것에 초월적으로 계시며 주권적으로 주장하시며, 처음과 나중이요, 인간을 심판하시고 만유를 완성하시는 분이라고 믿는다. 그러므로 뉴에이지 사상이 주장하는 인식론적 허무주의에 반해서 인식론적 가치주의와 목적주의를 선언한다. 인식론적 가치주의란 모든 인식활동의 진실 기준이란 인간에게 있는 것이 아니라 인간과는 독립적으로 존재한다는 사상이다. 인식론적 목적주의란 모든 인식 활동은 하나님의 영광을 인식하기 위한 것이라는 사상이다.

맺음말

뉴에이지 사상은 물활론, 환생, 힌두교의 요가와 초월적 명상, 신과학 사상, 그리고 각종 약물 복용을 결합한 후기 현대의 비교(秘敎)적 사상이다. 이것은 인간의식을 개발하여 신격화하기에 이르고자 한다. 뉴에이지 사상은 인간이 각종 심령술, 강신술, 영매를 동원하여 각종 영들과 교통하며 우주의식에 이르고자 하는 인간종교라고 볼 수 있다. 이 사상은 인간에 대하여 지나친 낙관주의에 사로잡혀 있으며 자기 과대망상증에 걸린 인간의 현대적 프로메테우스적 모반(Prometheusean revolt)이라고 말할 수 있다. 이 사상은 피조물이요 죽음 후에는 신의 심판 앞에 서야하는 인간의 본성과 한계를 인식하지 못하고 있다.

| 뉴에이지 세계관(II) |

머리말

뉴에이지 운동(New Age Movement)은 서구사상에 동양적 비교(秘敎)주의 사상을 혼합시키고 여기에 점성학까지 동원하는 신비적 혼합주의이다. 1970년대 중반까지 『타임지』(*Time*)등 대중잡지들은 신비로운 것과 경이로운 것들에 대한 관심이 점증하고 있다는 사실이 자주 보도되었다. 1974년 3월 4일자 『타임지』(*Time*)의 커버 스토리 “Boom Time on the Psychic Frontier"는 심령현상-ESP, 물리적인 물체에 영향을 미치는 정신의 능력이라는 염력(psychokinesis), 생물체의 영기(靈氣, aura)를 보여준다고 하는 키를리언(Kirlian) 사진, 심령치료술, 침술, 투시력, 육체를 벗어나는 경험, 발생할 사건을 미리 아는 예견에 대한 관심을 수록하였다. 1975년 2월 22일 『토요일 비평』(*Saturday Review*)은 새로운 의식의 인기는 당시 유행한 사신(死神)신학과 같은 단순한 문화적 유행보다 더 심각한 일이라고 주장하였다. 1980년대 중반에 와서는 『뉴에이지 저널』(*New Age Journal*), 『요가 저널』(*Yoga Journal*), 『동서 저널』(*East-West Journal*) 등과 같은 뉴에이지 잡지는 신문 가판대에서 구입이 가능하게 되었다.

1980년대 주요 대변인으로서는 퍼거슨(Marilyn Ferguson)과 카프라(Fritjof Capra)이다.[1] 1980년에 출판된 퍼거슨의 『물병자리 공모』(*The Aquarian Conspiracy*)라는 책은 베스트셀러가 되었다. 그는 인간이 스스로 전 우주의 주인이 되고 새시대를 만들어야 한다는 뉴에이지 운동을 공식적으로 선언하였다. 카프라(Fritjof Capra)의 『전환점』(*The Turning Point*)도 뉴에이지 운동에 학문적인 측면에서 기여하였다. 퍼거슨의 저서는 열정적이고 대중적인 책이며, 카프라의 저서는 세심하고 학문적인 책이다. 1987년 12월 7일 『타임지』(*Time*)는 다시 한번 셜리 메클리인(Shirley MacLaine)의 사진을 표지로 하고 "심령치료사, 강신술, 우주 여행사 그리고 수정 구슬 점쟁이를 조사한 기사를 실어 뉴에이지 특집을 다루었다.[2] 명상, 최면술, 환각에 대해 증가하는 관심, 이에 대한 경험과 함께 초심리학(parapsychology)은 적기(適期)를 맞은 포스트모던 시대에 현대인은 살고 있다.

I. 새로운 신화 추구

뉴에이지 운동에는 비행접시(UFO)이야기, 귀신출몰(haunting), 초능력(psychic powers), 초감각적 지각(extra sensory perception), 영매(medium)작용 등 다양한 이야기의 파편들이 복잡하게 혼

---

1) Marilyn Ferguson, *The Aquarian Conspiracy: Personal and Social Transformation in the 1980s* (Los Angeles: Tracher, 19800; The Fritjof Capra, *Turning Point: Science, Society and the Rising Culture* (New York: Bantam, 1982), ________, *The Tao of Physics* (New York: Bantam, 1977)

2) *Time*, December 7, 1987, 62-72

합되어 얼핏 보기에는 연관이 없는 것 같이 보인다. 그런데 한 발자국 물러서서 보면 여기에 내적 연결과 통일성이 있다. 이러한 신화의 단편들이 반복하여 다른 방식(환생, 치료법, 기적 이야기 등)으로 무의식에 이야기됨으로써 처음에는 비판적인 대중들이 차츰 이 새로운 신화를 낯익은 형태로 감지하기에 이른다.

이것들은 단순하게 반복되어 재강화된 패턴으로 나타난다. 여기에 세 가지 중요한 주제가 나타나는데 염세 신앙(decline beliefs), 새시대 신앙(New Age beliefs), 외계문명 신앙(other civilization beliefs)이다.

염세 신앙은 1960년대 만연했다. 종말론자들의 신앙이다. 기독교에서는 할 린세이(Hal Lindsey)가 그의 글 『최후의 천체 지구』(*The Late Great Planet Earth*)에서 이 세상이 종말이 곧 오게 될 것을 말하고 도피적이고 말세적인 신앙을 부추겼다. 그리고 프랑스의 점성술가 노스트라다무스(Nostradamus)의 종말 예언들이다. 한국에서는 1990년대 영향력을 끼친 다미선교회의 도피 신앙이다.

새시대 신앙은 낙관주의 세계상으로 나타났다. 21세기의 과학기술에 대한 신앙도 포함한다. 1980년대 물병자리 시대(the Aquarian Age)의 도래와 관련이 있다. 물병자리란 세속적인 점성술(mundane astorology)에 바탕을 두고 있다. 이 점성술은 지구와 지구에 사는 사람들은 그들의 사회적, 문화적 삶을 형성해 주는 어떤 별들의 영향을 받는다는 것이다. 이들은 지난 2천년간 지구는 물고기자리(Pisces)의 영향을 받아 왔다고 주장한다. 물고기자리 표시는 기독교와 동일시된다. 초대교회 당시 물고기 표시가 기독교를 표시하는 상징이었기 때문이다. 점성가들은 물고기자리 시대가 종교의식과 논리가 강한 힘을 갖는 물같은 시대(watery era)였다고 말한다. 이제는 물병자리 시대에 접어 들었다. 물병자리란 "고대의 12궁도 중 물병자리를 의미하는 것으로 어떤 것으로도 채워지지 않는 인간 영혼의 갈증을 충분히 채울 수 있는 물병"[3]을 나타내는 것으로 인간 영혼의 참 자유를 상징한다. 물병자리 시대는 비교(秘敎) 지식의 가치가 상승하고 비교(秘敎)의 힘이 증대되는 시대를 말한다. 물병자리 시대에는 휴머니즘과 형제애와 비교(秘敎) 지식이 하나가 되는 시대이다.

외계문명 신앙은 새 시대 신앙에 신비적이고 초월적인 요소가 가미된 것이다. 이 신앙은 수많은 고대 비교(秘敎) 문서(文書)들에 출처를 둔 것으로 잃어버린 문명이나 외계문명에 관심을 가진다. 에릭 폰 데니켄(Erich von Daniken)은 먼 과거에 살았던 사람들이 외계 존재들과 접촉을 가졌다는 전제들을 가지고 있다. 이들은 과거 황금시대(golden age)의 문명들과 오늘날의 정체불명비행체(UFO)의 출현 사이에는 연관이 있다고 본다. 과거 황금시대 사람들은 거대한 우주의 섭리(grand cosmic design) 안에서 자연의 힘을 이용하면서 자연과 조화를 이루고 살았다. 그에 대한 증거물로서 아틀란티스(Atlantis), 스톤헨지(Stonehenge), 이집트의 피라밋, 남아프리카의 폐허들(ruins)과 많은 고대 유물들 등이다. 매클래인 여사는 명상을 통해서 주위의 신비스러운 외계적인 실재들과 교감을 하게 되는데 이때 고대의 폐허들은 다시 살아난다는 것이다.

3) 엠마오 편집부, 『뉴에이지』, 도서출판 엠마오, 1992 , 22

II. 새로운 인간 본성의 도래

뉴에이지 사상가들은 서구 자연주의의 유산인 진화론적 모델에 근거하여 새로운 인간과 새로운 시대의 도래를 천명한다. 뉴욕의 정신연구 재단의 여성 뉴에이지 운동가 진 휴스턴(Jean Houston)은 최초의 인간을 지구상에 탄생시킬 정신비행사(psychenaut) 프로그램을 제안한다. “이는 마치 인간 종이 전혀 새로운 존재로 비약적인 도약을 하는 것과 같다.”[4] 뉴에이지 사회학자 조지 레오나르드(George Leonard)는 “새로운 인간 본성의 도래”를 예기한다: “이 새로운 종은 진화할 것이다. 그리하여 나타날 것이다.”[5] 뉴에이지의 대표자인 셜리 맥클래인(Shirley MacLaine)은 이러한 예견을 확인한다: “평범한 기술과 내적인 기술이 모두 진보하여 인간정신의 진화와 인류 진보의 비약적인 발전을 증언하고 있다.”[6]

바바라 브라운(Barbara Brown)은 새로운 의식상태를 일으키는 것으로 보이는 알파파 (Alpha wave)와 테타파(Theta wave)의 바이오 비드백(Bio-feedback)에 대하여 연구하였다. 바이오 피드백은 뇌파에 의지하여 알파파를 조절하여 안정된 정신상태를 얻는 방법,

---

4) Jerry Avron의 Robert Masters, Jean Houston과의 인터뷰, “The Varieties of Postpsychedelic Experience," *Intellectual Digest* (1973년 3월호), 16, Society Review에 실린 Masters 와 Houston의 글(1973년 2월,22일호)

5) George Leonard, "Notes on the Transformation," *Intellectual Digest* (1972년 9월호), 25, 32

6) Shirley MacLaine, *It's All in the Playing* (New York:Bantam, 1987), 334-345

즉 생물체의 자기 제어법이다.[7] 바이오피드백은 원래 생물학에서 쓰이는 용어로써 우리말로는 '생체되먹임 작용'이라고 한다. 근육긴장도, 뇌파, 심장박동수, 혈압, 체온 등 우리가 느낄 수 없는 여러 가지 생리 반응을 부분적으로 조절하여 인체를 항상 일정한 상태로 유지시켜주는 작용을 의미한다.

1970년대 뉴에이지 사상가들은 인간의 능력을 증대시키기 위하여, 마약이나 환각제를 사용하였다. 이들은 마약혁명이 인류에게 새로운 시대로 비약하는 전초병(前哨兵)이라고 생각하였다. 매릴랜드 정신과 연구센터의 스태니슬라프 그로프(Stanislav Grof) 등은 젊은 과학자들은 죽어가는 환자들에게 환각제인 LSD를 주어 그들이 우주적 합일의 느낌을 가질 수 있도록 도움으로써 죽음을 준비하도록 하는 실험을 하였다.[8] 그러나 오늘날 이러한 희망은 거짓으로 판명났다.[9] 또한 심령운동가들, 로렌스 르샨(Laurence LeShan)과 존 글리모(John Klimo)는 인간 의식의 개발을 위하여 영매술(channelling)을 동원한다. [10]

7) Barbara Brown, *New Mind, New Body: Biofeedback: New Directions for the Mind* (New York: Narper & Row, 1974

8) James W. Sire, *The Universe Next Door*, 김헌수 역, 『기독교 세계관과 현대사상』, 개정판, 2000, 206

9) Ibid.

10) Laurence LeShan, *The Medium, the Mystic and the Physicist: Toward a General Theory of the Paranormal* (New York: Viking Press, 1974). John Klimo, *Channeling: Investigation on receiving Information from paranormal Sources* (Los Angeles: Tarcher, 1987)

III. 뉴에이지의 교리 : 모든 것은 자아 의식[11)]

1. 자아가 최고의 실재

뉴에이지 사상은 개별 자아를 최고의 실재로 본다. 개별 자아를 브라만과 같은 신적 존재로 본다. 모든 것은 자아를 위하여 존재한다. 우주는 초월적 신에 의하여 창조된 것이 아니라 자아에 의하여 내부로부터 존재한다. 이처럼 개별 자아를 강조하는 점에서 자연주의적 실존주의의 영향이 있다.[12)] 존 릴리(John Lilly)는 의식이 최고경지라는 사실을 경험한 후에 다음과 같이 피력한다: "나는 은하계의 힘이 나를 통하여 쏟아지는 것을 느낀다… 나는 창조과정 그 자체이며, 믿을 수 없을 만큼 강하고 믿을 수 없을 만큼 강력하다."[13)] 자아가 모든 실재를 통제한다는 것이다. 존 릴리에 의하면 '+3' 이라고 부르는 내부공간에 도달할 때 그는 신이 되는 것을 체험한다. 그는 우주와 그 우주의 창조자가 된다. 그는 피력한다: "어찌하여 아직 이 지구라는 우주선에서 육체를 입은 승객으로 있는 동안 희열과 환희를 즐기지 않는가?…그저 나의 중앙 중심과 초월적인 희열 뿐이다."[14)] 자아의 상상은 바로 현실이다: "상상할 수 있는 모든 것이 다 존재한다."[15)]

---

11) 이 부분은 James W. Sire, *The Universe Next Door*, 김헌수 역, 『기독교 세계관과 현대사상』에 근거하고 있음,

12) Robert N. Bellah and others, *Habits of the Heart* (New York: Harper & Row, 1985)

13) John Lilly, *Center of the Cyclone: An Autobiography of Inner Space* (New York: Julian Press, 1972), 210

14) Ibid.,, 110

릴리에 의하면 대부분의 사람들이 자아가 창조자라는 사실을 모르고 있다. 그것을 깨닫기 위해서는 기술이 필요하다. 그것은 의식의 혁명이다. 그것은 자아 의식 자체를 뚫고 들어가는 것이다. 그것은 침투이다. 조지 레오나드는 "합기도의 비밀을 터득한 사람은 자신 안에 우주를 소유했으며, '내가 우주' 라고 말할 수 있다"고 말한다.[16]

2. 우주는 자아 안에 통일

뉴에이지 사상은 자아 속에 통일되어 있는 우주의 두 가지 영역을 말하고 있다. 하나는 보이는 우주이며, 다른 하나는 보이지 않는 우주이다. 전자는 평범한 의식의 우주이며, 후자는 큰 정신의 우주이다. 보이는 우주는 자연의 법칙에 의하여 접근되는 일상적 우주이다. 이에 반하여 보이지 않는 우주는 인위적인 방법에 의하여 접근되는 우주이다. 이 접근방법이란 마약, 명상, 황홀경(trance), 바이어 피드백, 침술, 제례 춤, 특정한 음악이다.

뉴에이지 사상에 의하면 보이는 우주는 질서 있는 우주로서 인과율의 체계에 종속되나 보이지 않는 우주는 우주에 의하여 통제된다. "큰 정신(Mind at large)은 이웃 우주"(universe next door)로서 메클레인은 "확장된 의식"[17], 르샤은 "투시된 실체"[18], 레오나드는 "다른

15) Ibid., 51

16) George Leonard, "Aikido and the Mind of the West," *Intellectual Digest* (June 1973), 20

17) MacLain, *Out on a Limb*, 74

실재들"[19], 릴리는 "다른 공간들"[20], 클리모는 "보편정신"[21] 이라고 부른다. 큰 정신은 우주의 법칙을 따르지 않는다. 의식은 순식간에 지구표면을 수백킬로나 여행할 수 있다. 시간과 공간은 탄력적이어서, 우주가 뒤집힐 수도 있고, 시간이 거꾸로 흐를 수도 있다.

셜리 맥클래인은 그녀의 저서 『빛 속의 춤』(*Dancing in the Light*)에서 "큰 정신"을 다음과 같이 묘사한다: "사실 그것은 높이도 넓이도 없으며 부피도 없고 정말이지 시간도 없는 영역이다. 이것은 영의 영역이다."[22] 그녀는 저서 『놀이 안에 모든 것이 있다』(*It's all in the Playing*)에서는 다음과 같이 설명한다: "그것은 동시에 신이었으며 또 나였다. 우리는 함께 엮여 있었다. 그 음악, 그 노래, 내 안에 있는 신의 울림을 신뢰하기만 하며 나는 내가 원하는 무엇이든 다 할 수 있었다."[23] 큰 정신은 측정이 불가능하다. 릴리는 우주에서 우주로 이동하는 정신의 내적 세계를 여행한 경험을 기록한 자서전 『태풍의 중심』(*Center of the Cyclone*)에서 다음과 같이 피력한다: "정신의 영역에서 진실이라고 믿어지는 것은 경험에 의해 혹은 실험에 의해 발견된 한계 내에서 진실이거나 진실이 된다. 이 한계들은 초월

---

18) LeShan, *The Medium, the Mystic and the Physicist*, 34

19) Leonard, "Aikido and the Mind of the West," 20

20) Lilly, *Center of the Cyclone, An Autobiography of Inner Space* (New York: Julian Press, 1972), 25

21) Jon Klimo, *Channeling*, 174-6

22) Maclain, *Dancing in the Light*, 309

23) MacLain, *It 's all in the Playing*, 331

24) John Lilley, *Center of the Cyclone*: 5

해야 할 신념이다. 정신의 영역에서 한계는 없다."[24] 릴리는 자아 스스로가 실재의 게임을 지배하는 규칙을 만들어냈다는 사실을 발견하는데 시간이 걸린다. 일단 이것을 발견하게 되면 자아가 원하는 어떤 우주라도 만들어 낼 수 있다고 주장한다.

뉴에이지 사상가들은 내적 공간의 정신에 대하여 두가지 특징을 말한다. 첫째, 색채와 광채를 지니고 있다. 올더스 헉슬리는 "찬란한 빛", 존 릴리는 "샴페인 거품같은 불꽃", 퍼거슨은 "금색 빛", "강한 백색 같은 광채"에 관하여 말한다. 둘째, 악마, 마귀, 영들, 천사 등 특이한 존재들이 살고 있다. 맥클래인은 "상위의 자아"(the Higher Self), 릴리는 "수호자"에 관하여 말한다. 과연 이들이 본 것은 환상인가 아니면 실재인가?

3. 우주의식cosmos consciousness : 도덕성 부재

뉴에이지의 핵심적인 경험은 우주의식이다. 이 안에 공간, 시간 그리고 도덕성과 같은 범주들은 사라진다. 자아가 보고 인지하고 느끼고 상상하고 믿는 모든 것은 존재한다. 보는 것은 바로 존재한다. 훗설이 말하는 『이념들』(Ideen)에서 도달한 현상학적 존재론이다. 여기서 의식은 신이며 우주의식이다. 훗설의 우주의식은 순수의식의 상태로서 이성적 측면이 지배한다. 이것을 불교는 "니르바나", 프로이트는 "대양의 느낌", 마슬로우는 "절정의 경험", 일본 선불교는 "사토리"라고 부른다. 뉴에이지 사상가들은 우주의식에 관하여 "의식의 또 다른 상태"에 관하여 말한다. 셜리 맥클래인은 말한다: "네가 하나님임을 알라. 네가 우주임을 알라."[25] 우주의식은 자아가 우주와 하나가 되는 의식이다. 우주의식의 핵심은 단일성의 경험이다. 그것의 내용이란 우주의 전체성을 인식하는 경험, 전 우주와 하나가 되는 경험, 우주와 하나됨을 넘어서 자아가 모든 실재의 창조자임을 인식한다. 그리고 자아가 우주이며 우주의 창조자임을 경험하는 것이다.[26] 자아는 우주의 하나의 조각일 뿐 아니라 우주와 같은 조각이라는 것을 깨닫는 것이다. 우주의식이란 아트만을 브라만으로 경험하는 것이다. 그리하여 자아는 모든 실재임을 넘어서 자기가 모든 실재의 창조자임을 인식하는 것이다.

4. 삶 이후의 삶

뉴에이지 사상가들은 육체의 죽음은 자아의 종말이 아니라고 한다. 우주의식에 대한 경험이 있다면 죽음에 대한 공포는 사라진다. 죽음이란 단지 생명이 다른 단계로 전이되는 것일 뿐이라고 본다. 그리고 전생에 대한 기억이 이에 대한 증거라고 본다. 맥클래인의 주장에 의하면 그녀는 영매의 도움을 통해서 전생(前生)을 보았다. 그녀는 수천 번의 생을 살았는데 아랍의 무희, 스페인의 유아, 인도에서 코끼리 공주, 동굴 속에서 명상하는 승려, 부두교(Voodoo)인[27], 페루의 잉카

---

25) Maclain, *Dancing in the Light*, 350

26) James W. Sire, *The Universe Next Door*, 김헌수 역, 『기독교 세계관과 현대사상』개정판, 2000, 230

27) 영어로는 voodoo, Haitian Vodou, 불어로는 voudou, 하이티의 민속종교로서 정령숭배 종교이다. 아프리카에서 서인도 제도의 아이티로 팔려 온 노예 흑인들 사이에서 믿던 종교. 북 치고, 노래하고, 춤추는 행위를 통하여 주술적 힘을 발휘할 수 있다고 믿는다. 부두교 신자들은 초월신에 대한 신

젊은이었다고 주장한다.[28)]

5. 실재 본성의 세 가지 해석

뉴에이지는 실재에 대한 세 가지 해석을 한다.[29)] 첫째는 비의적(occult) 해석, 둘째는 환각적(psychedelic) 해석, 셋째 개념적 상대주의(conceptual relativism) 해석이다. 비의적 해석은 애니미즘의 세계를 수용하고 있다. 환각적 해석은 LSD 같은 약물을 투여함으로써 환각상태에서 세계를 보는 것이다. 개념적 상대주의 해석은 세계를 상징체계의 산물로 해석한다. 이 세 가지 해석은 분리되지 않고 서

앙을 고백하지만, 실제로는 로아(loa)라고 불리는 수많은 정령을 믿고 있다. 로아는 지역신, 아프리카 신, 신격화된 조상, 가톨릭의 성인 등을 의미한다. 그들은 로아가 제사를 요구하며 이를 통해 개인이나 가족과 관계를 맺는다고 믿는다. 부두교의 종교의식 때는 사제 혹은 여사제가 노래, 북치기, 춤, 기도, 음식 준비, 동물의 희생 제사를 포함한 의식을 집전한다. 부두교의 사제인 호운간(houngan)과 여사제인 맘보(mambo)는 조언자, 치유자 및 마법이나 마술로부터 보호해주는 노련한 보호자의 역할도 한다. 부두교 신자들은 로아를 돕는 자, 보호자, 인도자로 생각한다. 로아는 예배중 신도를 황홀경으로 사로잡음으로써 그와 교통하며, 신도는 황홀경 속에서 먹고 마시고 관습적인 춤을 추며, 초자연적인 영감을 받아 사람들에게 충고하고 병자를 치유하며 특별한 몸짓을 한다. 이러한 행동은 황홀경에 몰입한 신도들 안에 로아가 육화(肉化)했음을 나타낸다. 아이티의 여러 도시 사람들은 상반되는 2부류의 로아를 믿는데, 하나는 라다(Rada) 로아라고 불리는 지혜롭고 자애로운 정령들이고, 다른 하나는 페트로(Petro) 로아라고 불리는 거칠고 무자비한 정령들이다. 페트로 정령들을 불러낼 때는 라다 정령들을 불러낼 때보다 더 격렬하고 난폭한 의식을 치른다. (참고: 브리테니커, Wikipedia, the free encyclopedia)

28) MacLaine, *Dancing in the Light*, 353-359, 366

29) James W. Sire, *The Universe Next Door*, 김헌수 역, 『기독교 세계관과 현대사상』, 개정판, 2000,, 236-237

로 연결되고 있다.

비의적(秘義) 해석은 자아가 규제할 수 없는 다른 영역을 인정한다. 영매, 마녀, 점쟁이, 마술사, 주술사를 인정한다. 그리고 이들의 힘을 들려서 영적 세계로 인도되기도 한다. 환각적 해석은 알더스 헉슬리와 존 릴리 등이 환각을 야기시키는 약물투여(LSD등)의 방법으로 자아의 투영(投影)으로 실재가 만들어진다는 해석이다. 릴리에게 천국과 지옥이란 인간 내부의 산물이다.

개념적 상대주의 해석은 "상징체계가 그 자신의 세계를 만들고 가정한다"는 캇시러(Ernst Cassirer)의 명제를 수용한다.[30] 새로운 상징체계가 새로운 세계를 만든다. 상징체계를 선택하면 실재가 결정된다. 영매를 인정하는 자들은 실재를 비의적으로 해석한다. 르산은 영매를 인정하는 신비한 세계관을 다음과 같이 가정한다: "첫째, 감각 이외에 정보를 얻는 더 좋은 방법이 있다. 둘째, 모든 사물에는 근원적인 합일이 있다. 셋째, 시간은 환상이다. 넷째, 모든 악은 그저 외연일 뿐이다."[31] 그런데 영매를 인정하지 않을 때 과학적 세계관을 가정한다. 르산은 실재의 상보성 개념을 이용하면서 전자가 관찰기구에 따라서 때로는 입자로, 때로는 파동으로 나타난다고 설명한다.

30) Ernst Cassirer, *Language and Myth*, trans. by Susanne K. Langer (New York: Dover, 1946), 7 8

31) LeShan, *The Medium, the Mystic and the Physicist*, 43

6. 신비한 자연주의 : 자아가 곧 우주

뉴에이지 운동은 자연주의와 연결되어 있다. 그래서 초월적인 신의 존재를 부정한다. "우리 각자를 제외하고는 어떤 우주의 주도 없다. 단지 폐쇄된 우주만 있을 뿐이다. 그 우주는 놀라운 '인격적' 지성의 능력을 가진 존재에 의해 '인간화' 되었으며, '인간의식은 두뇌에 의해 제한받지 않는다.'"[32] 인간의 새로운 존재로의 비약이나 새로운 본성으로 등장은 진화과정 속에서 일어난다. 이미 인간 자신이 그러한 신성(神性)을 가졌다고 본다.

뉴에이지 사고는 "동양의 범신론적 일신론과 같이 시간과 공간 그리고 도덕이 초월되는 신비한 경험을 중심으로 한다."[33] 그러므로 실재에 이르는 안내자로서의 이성을 부정한다. 일직선의 사고(straight thinking)을 부정하고 황홀한 사고(stoned thinking)를 요청한다.[34] 세계는 합리적이 아니라 비합리적 내지 초합리적이다.

7. 자연적 및 정신적 애니미즘

뉴에이지는 물활론(애니미즘, animism)과 연결되어 있다. 자연적 물활론과 정신적 물활론이다. 자연적 물활론은 소박한 정령숭배이다.

---

32) James W. Sire, *The Universe Next Door*, 김헌수 역, 『기독교 세계관과 현대사상』, 개정판, 2000, 212-13

33) Ibid., 213

34) Andrew Weil, *The Natural Mind,:A New Look of Looking at Drug and the Higher Consciousness* (Boston: Houghton Mifflin, 1972) Chapter 6-Chapter 7

주술사, 마술사, 무당, 영매를 이용한다. 몽황(夢恍), 수정구슬, 트럼프, 부적판 등의 신비한 힘을 이용하여 영적 세력이 가져다 주는 재앙을 물리칠 수 있다고 본다. 무속신앙같이 선물, 제사, 주문으로 악한 영들은 달래어 진정시키고 선한 영들은 부추겨야 한다. 보통사람들은 질병의 영, 가뭄의 영들을 쫓기 위하여 주술사, 마술사, 무당 등을 이용해야 한다. 이들 마술사 등은 고된 훈련을 통해서 영들을 통제하는 기술을 가지고 있다.

정신적 애니미즘은 자신의 영을 우주정신으로 극대화하고자 하는 것이다. 뉴에이지는 우주 안에 있는 위계질서를 이루는 수많은 영적 존재를 인정한다. 그러나 인격적인 창조주를 인정하지 않는다. 그 정점에는 인간에 대한 관심은 없는 비인격적인 존재인 하늘의 신(The Sky God)이 있다. 그 아래에 기질이 사악한 영으로부터 지저분한 영, 우스꽝스러운 영, 착한 영에 이르기까지 다양한 영적 존재가 있다. 뉴에이지는 우주를 영과 물질이 연속체를 이루는 하나의 단일한 생명체로 본다: 동물들이 인간들의 조상일지도 모르며 인간은 동물로 변할지도 모르고 나무나 돌들이 영혼을 가지고 있을지도 모른다."[35]

IV. 뉴에이지 사상 비판

더글라스 흐루다이스(Douglas Grootius)는 뉴에이지 운동에 대한 연구와 비판이 담긴 저서 『뉴에이지 운동 정체』(*Unmasking the*

35) Eugine Nida & William A. Smalley, *Introducing Animism* (New York: Friendship Press, 1959), 50

New Age)를 발간함으로써 뉴에이지를 좀 더 명확하고 포괄적으로 정의하고 그 영적 정체를 파악하는데 공헌하였다.[36] 제임스 사이어(James W. Sire)도 『기독교 세계관과 현대사상』(*The Universe Next Door*)에서 동양적 범신론적 일신론과 뉴에이지 사상에 대하여 복음주의적 시각에서 그 정체를 드러내는 비판적 조명을 하였다.

1. 자기 기만

뉴에이지는 유한한 인간이 신이 된다는 자기기만의 위험성에 빠지고 있다. 올더스 헉슬리(Aldous Huxley)는 신의식으로 뚫고 나갈 수 있음에 있어서 인간의 두려움을 피력하고 있다: "누군가 자신이 자아를 넘어섰다고 생각할 때 실제로는 그렇지 못하는 것을 보여주고 있었으므로 어떤 면에서 그것은 극히 무서웠다."[37] 셜리 맥클래인도 그녀의 저서 『모든 것은 놀이다』(*It's All in the Playing*)에서 "내가 보고 듣고 만지고 냄새맡고 맛보았던 모든 것, 사랑하고 미워하고 두려워하고 혐오한 모든 것, 내가 반응했고 내게 반응했던 모든 것을 창조한 것이다. … 그러므로 나는 나의 실재 속에 있는 모든 것에 책임이 있다."[38] 이 문장에서 실재의 창조란 우주 창조주의 의미가 아니라 심리적인 창조이다. 이런 의미에서는 평범한 모든 사람들

---

36) Douglas Grootius, *Unmasking the New Age* (Downers Grover, Ill.: InterVarsity Press, 1986)

37) Laura Archera Huxley, *This Timeless Moment: A Personal View of Aldous Huxley* (New York: Ballantine Books, 1971: 1980 초판), 249-251

38) MacLain, *It 's all in the Playing*, 192

도 자기 실재에 대해 책임이 있고 창조주라고 할 수 있다. 윤리부정론자로서 메클레인은 여기서 책임에 관하여 말하고 있다. 이것은 궁극적 실체는 선과 악을 넘어서는 존재라고 하는 그녀의 다른 명제와 모순 속에 있다. 그리고 그녀는 이러한 심리적 우주론을 창조적 우주론으로 확대해 나간다: "그것이 사실이라면 나는 모든 것이었다. 나는 나 자신의 우주였다. 그것이 또한 내가 신을 창조했다는 것과 내가 삶과 죽음을 창조했다는 것을 의미하는가? 자신의 힘에 책임을 지는 것이 우리가 신적인 힘(God-force)이라고 부르는 것의 궁극적인 표현이다. 이것이 '나는 스스로 있는 자니라'(출3:14)는 말이 의미하는 바인가?"[39] 이 문장에서도 맥클래인은 자신의 힘에 책임을 지는 것이 "신적 힘"이라고 윤리적인 책임을 강조하고 있다.

맥클래인은 이러한 자아가 "스스로 있는 자"라는 야훼의 의미로 사용하고 있다. 이러한 말은 신성모독이다. 이러한 말은 오만한 인간 자아의 신격화시도이다. 이것은 자기기만이며 창세기 뱀의 유혹에 스스로 넘어가는 것이다: "뱀이 여자에게 이르되 너희가 결코 죽지 아니하리라. 너희가 그것을 먹는 날에는 너희 눈이 밝아 하나님과 같이 되어 선악을 알 줄을 하나님이 아심이니라."(창3;4-5). 뱀은 '네가 결단코 죽지 아니하리라'고 말했으나 뱀의 말은 거짓말이었다. 뱀의 말을 따라 선악과를 먹은 아담과 하와는 영생할 수 있는 상태에서 죽을 수밖에 없는 상태로 전락되었던 것이다. 맥클래인의 문장은 바로 뱀이 한 말을 되풀이하고 있는 것이다. 뉴에이지 사상가들은 뱀과 같이

39) Ibid., 192

인간 신격화의 자기 기만(欺瞞)을 시도하고 있다. 배후에는 옛 뱀이 영매, 주술, 점술, 복술을 통해서 환생체험 내지 입신체험 등을 미끼로 뉴에이지 추종자들을 미혹하고 있다. 뉴에이지 사상가들은 과학시대에 과학기술을 힘입어 각종 약물(LSD 등)을 사용하여 새로운 의식에 도달하고자 한다. 따라서 새로운 의식의 도래라는 것이 마약에 의한 환각 상태에 들어가는 것을 의미하기도 한다. 이것은 매우 인위적인 것이며 또 하나의 자기기만에 빠져 들어가는 것이다.

1) 무인격의 상위 자아, 그것은 과연 자아인가?

맥클래인은 조언자 크리스 그리스콤(Chris Griscom)이 사용한 침술을 통해서 들어간 내면의식 속에서 찾은 자신의 상위 자아(the higher self)를 "무한한 자아"요 "그것"(it)이라고 부른다. 그리고 "그것"(it)을 전생(前生)의 삶을 해석해 주는 인도자로 삼는다. 여기서 상위 자아는 무한한 자아이나 인격이 없는 "그것"이다. 맥클래인은 그것을 다른 면에서는 인격적 모습을 지닌 자: "매우 키가 크고 힘이 넘치며 자신에 찬 자웅동체(雌雄同體)인 듯한 인간" "극히 안전하고 인내로 가득하지만 엄청난 진노를 발할 수 있는 존재", "단순했지만 매우 강력해서 알아야 할 모든 것을 아는 존재"[40]로 묘사하고 있다.

그녀의 이러한 설명은 기독교적 관점에서는 전혀 받아들이기 어렵다.

첫째, 영적 세계에서 신자(信者)의 인도자는 자신의 자웅동체가 아

---

40) MacLaine, *Dancing in the Light*, 335

니라 하나님의 천사(天使)이다. 멕클레인은 범신론적 자아에 들어가서 자신의 고차원적 자아를 "그것"(it)이라고 부르며, 그것을 자신의 자웅동체로 보며 전지(全知)한 존재로, 가공(可恐)할 존재로 설명하고 있다. 구약 다니엘서에서 다니엘이 증언하는 것처럼 천사는 인격적 존재이다: "곧 내가 기도할 때에 이전에 환상 중에 본 그 사람 가브리엘이 빨리 날아서 저녁 제사를 드릴 때 즈음에 내게 이르더니(단 9:21), 내게 가르치며 내게 말하여 이르되 다니엘아 내가 이제 네게 지혜와 총명을 주려고 왔느니라(단 9:22). 곧 네가 기도를 시작할 즈음에 명령이 내렸으므로 이제 네게 알리러 왔느니라 너는 크게 은총을 입은 자라 그런즉 너는 이 일을 생각하고 그 환상을 깨달을지니라"(단 9:23). 천사는 위협을 주는 존재가 아니라 하나님의 명령을 전하는 자요, "너는 크게 은총을 입은 자"라고 위로와 격려를 주는 존재이다: "또 사람의 모양 같은 것 하나가 나를 만지며 나를 강건하게 하여(단 10:18) 이르되 큰 은총을 받은 사람이여 두려워하지 말라 평안하라 강건하라 강건하라 그가 이같이 내게 말하매 내가 곧 힘이 나서 이르되 내 주께서 나를 강건하게 하셨사오니 말씀하옵소서"(단 10:19).

둘째, 영적 세계에서 하나님이 주시는 새로운 사실에 접하게 될 때 인간이 우주적 자아로 확장된다는 것은 성경의 가르침과는 전혀 다르다. 성경의 가르침에서는 오히려 영적 세계에서 자아는 놀라움에 사로잡히게 되고 위협에 직면하게 된다. 다니엘은 마지막 날에 관한 미가엘 천사의 메시지를 받은 자신의 영적 상태를 다음과 같이 기록하고 있다: "이제 내가 마지막 날에 네 백성이 당할 일을 네게 깨닫게 하러 왔노라 이는 이 환상이 오랜 후의 일임이라 하더라(단 10:14). 그가 이런 말로 내게 이를 때에 내가 곧 얼굴을 땅에 향하고 말문이 막혔더니(단 10:15), 인자와 같은 이가 있어 내 입술을 만진지라 내가 곧 입을 열어 내 앞에 서 있는 자에게 말하여 이르되 내 주여 이 환상으로 말미암아 근심이 내게 더하므로 내가 힘이 없어졌나이다(단 10:16). 내 몸에 힘이 없어졌고 호흡이 남지 아니하였사오니 내 주의 이 종이 어찌 능히 내 주와 더불어 말씀할 수 있으리이까 하니"(단 10:17) 여기서 다니엘은 자아가 뉴에이지 사상이 말하는 것처럼 우주적으로 커지고 모든 것을 창조하는 것이 아니라 말문이 막히고 힘이 없어지고 호흡이 남지 아니하며 근심이 더하게 사실을 기술하고 있다. 웃시아왕이 죽은 해 성전에 나아가 기도하는 중에 영광의 하나님을 만나는 이사야도 우주적 자아가 되는 것이 아니라 자기 존재의 위협을 경험하게 된다: "그때에 내가 말하되 화로다 나여 망하게 되었도다 나는 입술이 부정한 사람이요 나는 입술이 부정한 백성 중에 거주하면서 만군의 여호와이신 왕을 뵈었음이로다 하였더라"(사 6:5) 이것은 죄 속에 사는 인간이 거룩한 하나님의 빛 속에 서게 될 때 필연적으로 갖게 되는 위기의 경험이다. 이것이 기독교적 영의 경험이다.

2) 무도덕성의 자아가 과연 궁극적 자아인가?

뉴에이지 사상은 "자신 속에 있는 초자아를 만날 때 선과 악의 구분이 없어진다. 어떤 도덕율의 간섭 없이 자신의 마음에 따라 행할 수 있는 자유가 모든 사람에게 있다"고 주장한다. 이것은 바로 도덕과 윤리 폐기론(antinomianism)이다. 도덕과 윤리를 폐기한 인간은 도덕성이 부재한, 양심이 화인 맞은 자라고 할 수 있다. 이것은 바로 우주적 영들에 사로잡힌 자들에게 있는 현상이다.[41] 맥클래인에 의하면 "궁극적 실재는 도덕성이 없으며 상위자아와 신과 그녀 자신 사이에 차이가 없어진다."[42] 여기에는 선과 악이라는 도덕성이 없다고 말한다. 그녀는 선과 악의 구분이란 카르마가 만들어 낸 것으로 본다: "카르마, 즉 원인과 결과가 선과 악의 인위적인 개념을 없애는 통로, 수단, 방법이 되었다."[43] "인류가 진실로 선도 악도 없다는 것을 깨달을 때까지 평화는 없을 것이다"[44]

그러나 예수님은 그렇게 보지 않으신다: "이를 놀랍게 여기지 말라 무덤 속에 있는 자가 다 그의 음성을 들을 때가 오나니 선한 일을 행한 자는 생명의 부활로, 악한 일을 행한 자는 심판의 부활로 나오리라" (요 5:28-29). 예수님은 선과 악을 구분할 뿐 아니라 선을 행하는 자는 영생으로 나가나 악을 행하는 자는 영벌로 나간다고 말씀하신다. 에베소서에서 바울도 선과 악의 구분을 분명히 하고 있다: "그런즉 거짓을 버리고 각각 그 이웃과 더불어 참된 것을 말하라 이는 우리가 서로 지체가 됨이라. 분을 내어도 죄를 짓지 말며 해가 지도록 분을 품지 말고, 마귀에게 틈을 주지 말라. 도둑질하는 자는 다시 도둑질하지 말고 돌이켜 가난한 자에게 구제할 수 있도록 자기 손으로 수고하여 선한 일을 하라. 무릇 더러운 말은 너희 입 밖에도 내지 말고 오직 덕을 세우는 데 소용되는 대로 선한 말을 하여 듣는 자들에게 은혜를 끼

---

41) 김영한, "환생문화와 개혁신앙", 21세기 문화신학시리즈 제 3권, 『21C 사이버_ 생명문화와 개혁신앙』, 2007년, 208-239,

42) MacLaine, *Dancing in the Light*, 340

43) Ibid., 340

44) Ibid., 342

치게 하라. 하나님의 성령을 근심하게 하지 말라 그 안에서 너희가 구원의 날까지 인치심을 받았느니라. 너희는 모든 악독과 노함과 분냄과 떠드는 것과 비방하는 것을 모든 악의와 함께 버리고, 서로 친절하게 하며 불쌍히 여기며 서로 용서하기를 하나님이 그리스도 안에서 너희를 용서하심과 같이 하라"(엡 4:25-32). 이처럼 성경은 선과 악을 무차별적으로 간주하지 않고 악을 버리고 선을 행할 것을 권면하고 있다. 이것은 바로 신자의 구원과 영생에 직결되기 때문이다.

2. 인간의 유한성 간과

우주가 자아 안에 통일되어 있다는 뉴에이지의 주장은 인간의 유한성을 간과하는 망상이다. 올더스 헉슬리는 인간 자아란 우주 바다에 떠다니는 하나의 우주라고 보았다. 그는 주장한다: "각 사람은 매순간 지금까지 그에게 일어난 모든 것을 기억할 수 있고 우주 곳곳에서 일어나는 모든 일을 인지할 수 있다." "우리 각자는 잠재적으로 '큰 정신' 이다."[45] 여기서 뉴에이지 사상가들은 각 자아는 잠재적으로 우주이고 각 아트만(Atman)은 잠재적으로 브라만(Braman)이라고 주장한다. 맥클래인과 릴리는 자아가 실재의 게임을 지배하는 규칙을 만들어 낸다는 사실을 깨닫게 되면 자아는 원하는 어떤 질서, 어떤 우주라도 만들어 낼 수 있다고 주장한다. 그리하여 자아는 신이라고 주장한다.[46] 이러한 뉴에이지 사상가들은 인간의 유한성을 간과하고 자

---

45) Aldous Huxley, *The Doors of Perception and Heaven and Hell* (New York: Harper and Row, 1963), 22

아 신격화를 시도하고 있다. 이들의 체험은 범신론적 체험이기 때문에 체험의 순간은 그렇게 느낄 수 있을 것이다. 그러나 인간의식이 신이 되는 것은 아니다. 뉴에이지 사상가들은 순간적인 우주적 존재와의 일체의 체험과 '자아가 신적 존재'라는 사실 사이에 있는 엄격한 차이를 놓치고 있다.

여기서 뉴에이지 사상가들은 죽음에 직면하여 불안과 두려움에 떠는 인간 자아의 모습을 간과하고 있다. 헉슬리 자신은 죽기 전에 두려움에 떨었다. 그는 마약을 복용한 환각의 상태에서 우주적 자아에 참여하고자 했던 것이다. 이러한 인간 실존의 유한성에 대한 각성은 하이데거, 사르트르, 카뮈 등 무신론적 실존주의자들에 의하여 이미 적나라하게 드러난 것이다. 이러한 인간 유한성은 헉슬리 자신이 만났다는 "숨김없는 존재의 기적"에 대한 경험 속에서 나타나고 있다: "존재함(Is-ness)…무상함이지만 영원한 생명, 영속적인 소멸인 동시에 순수한 존재"[47]라는 그의 역설적인 표현은 모든 존재의 신성한 근원을 만나는 인간 자아의 소멸과 무상(無常)의 경험을 드러내주고 있다.

3. 불쾌한 경험을 통해서 자아의 한계를 드러냄

뉴에이지 사상가들이 경험한 새로운 의식의 상태가 반드시 달콤한 것만이 아니라는 사실이다. 알더스 헉슬리는 불쾌한 경험을 말한다: "최후의 심판…같아 보이는 의자 앞에 서서 나는 순식간에 내 자신이

46) MacLain, *It 's all in the Playing*, 331

47) Aldous Huxley, *The Doors of Perception and Heaven and Hell*, 17-18

공포에 직면해 있다는 사실을 알았다. 나는 그 공포가 너무 심해져 가고 있다고 느꼈다."[48] 여기서 헉슬리는 성경 요한계시록에 나오는 최후의 심판대를 예기적으로 경험한 것처럼 보인다. 존 릴리는 "악마적인 것과의 대결" 카스타니다는 "지옥의 바닥"을 서술하고 있다. 맥클래인까지도 이러한 불쾌한 현상과 씨름해야 했다. 그래서 이들은 우주의식을 경험하고자 하는 초보자들은 내적인 지옥을 피하기 위하여 안내자와 동행하기를 권하고 있다.

여기서 우리는 뉴에이지 사상의 내적 모순을 발견한다. 이들이 내적으로 상상된 경험이 실재라면 성경이 말하고 있는 지옥을 이들이 실재적으로 경험했다고 말할 수 있다. 이들이 주장하는 것처럼 만일 자아가 신이며 모든 것을 내면에서 만들어 낼 수 있다면 지옥을 부수고 천국을 만들 수 있을 것이다. 안내자도 필요하지 않을 것이다. 그런데 실제로 이들이 직면한 지옥 앞에서의 공포와 두려움, 안내자의 필요는 인간의 유한성과 한계를 드러내고 있는 것이다. 자아는 역사의 과정 속에서 신으로 발현된 적이 없다. 인간 자아는 신이 아니고 우주의식도 아니고 단지 신성에 촉발된 유한한 의식이기 때문이다. 리쾨르는 다음과 같이 말한다: "신성한 것(the sacred)을 '우주' 위에서 (on the cosmos) 드러내는 것과 정신 속에서 (in the psyche) 드러내는 것은 동일하다… 우주의 정신은 같은 '표현성'의 두 가지 극이다. 나는 세계를 표현하면서 나 자신을 표현하고 세계의 신성(神聖)을 해독하면서 나 스스로의 신성성(神聖性)을 탐구한다."[49] 인간

48) Ibid., 55

의식은 외부로부터 주어진 자료를 해석하는 과제를 수행하는 것이지 스스로 자료를 산출하는 것은 아니다.[50]

4. 조직된 우주의식과 죽음의 극복

뉴에이지 사상은 인간은 몸을 능가하는 개체라고 주장한다. 그런데 이것을 확인하기 위하여 스테니슬라프 그로프는 죽기 직전의 환자에게 환각제를 투여하여 그들이 마지막 호흡을 할 때 우주적 합일을 경험하도록 유도하였다. 이것은 조작된 "우주적 합일체험"으로서 인간의 유한한 본성을 무시하는 인간의 탐욕적인 신격화이다. 맥클래인은 저서 『놀이 안에 모든 것이 있다』에서 화장용(火葬用) 용기(容器) 상(像), 그 속에 "아이와 할아버지가 함께" 들어 있는 것을 보았다고 말한다. "상위 자아"가 말해주었는데 "그 두 사람은 다름 아닌 그녀 자신이었다"[51] 여기서 맥클래인의 자아는 두 자아로서 인격분열을 일으키거나 또는 여러 영들이 그녀에게 가면적(假面的) 동시화로 나타나는 것처럼 보인다.

뉴에이지 사상은 자기들이 경험한 환생(還生)이란 사실이 죽음 이후의 삶에 대한 증거라고 한다. 그러나 성경은 환생이란 경험 자체를 부정하고 있다. 그리고 육체 이탈(離脫) 경험도 이에 대하여 반대되는

---

49) P. Ricoeur, "Hermeneutics of Symbols and Philosophical Reflection," in: *The Conflict of Interpretations: Essays in Hermeneutics*. Evanston, Nothwestern University, 1974, 12-13

50) 김영한, 『하이데거에서 리꾀르까지』, 박영사, 2003, 439-443

51) MacLain, *It 's all in the Playing*, 16

증거를 하고 있다. 누가복음 16장에 있는 부자와 나사로의 비유에서도 죽은 자는 각기 행실에 따라 낙원과 음부에 가게 되며 낙원과 음부는 서로 왕래할 수 없다고 예수는 가르치신다: "아브라함이 이르되 얘 너는 살았을 때에 좋은 것을 받았고 나사로는 고난을 받았으니 이것을 기억하라 이제 그는 여기서 위로를 받고 너는 괴로움을 받느니라. 그뿐 아니라 너희와 우리 사이에 큰 구렁텅이가 놓여 있어 여기서 너희에게 건너가고자 하되 갈 수 없고 거기서 우리에게 건너올 수도 없게 하였느니라"(눅16:25-26). 히브리서 기자도 죽음 후에는 환생이 아니라 심판이 있다고 증언하고 있다: "한번 죽는 것은 사람에게 정해진 것이요 그 후에는 심판이 있으리니"(히 9:27) 그러므로 성경에 의하면 죽은 자가 환생한다는 것은 있을 수 없다. 오히려 죽은 자들은 마지막 날 하나님의 백보좌 심판대 앞에 서게 될 것을 사도 요한은 증언하고 있다: "(계 20:11) 또 내가 크고 흰 보좌와 그 위에 앉으신 이를 보니 땅과 하늘이 그 앞에서 피하여 간데없더라. (계 20:12) 또 내가 보니 죽은 자들이 큰 자나 작은 자나 그 보좌 앞에 서 있는데 책들이 펴 있고 또 다른 책이 펴졌으니 곧 생명책이라 죽은 자들이 자기 행위를 따라 책들에 기록된 대로 심판을 받으니".

그리고 맥클래인이 그로 하여금 환생의 사실을 보게 해주는 영매가 "엘리자베스 여왕 시대의 소매치기 내지 요한계시록과 요한복음의 기록자라고 말하는 세베대의 아들 요한"이라고 말하는 것은 혼합주의 영의 장난이라는 사실이라고 단정할 수 있다. 세베대의 아들 요한은 사도로서 천국에 있지 영매의 목소리가 될 수 없기 때문이다. 죽음 이후의 삶이 있으며, 죽음이란 다른 생명의 형태로 옮겨가는 것이라는 뉴에이지의 주장은 성경의 가르침과 형식적으로는 같다. 그러나 그 내용은 다르다. 성경은 죽음 이후 자아가 우주의식이 되는 것이 아니라 맥클래인이 불쾌한 경험에서 본 바 같이 하나님의 심판대 앞에 서며 인격적인 전능의 신 앞에 서게 된다는 사실을 증언하고 있다.

5. 뉴에이지 주장의 자기모순

헉슬리와 그의 아내 로라는『티벳인의 사자(死者)』의 책에서 얻은 지식을 헉슬리 자신의 죽음에 적용하였다. 로라는 남편이 죽는 순간에 '주문을 외워' 다른 세계의 평화 속으로 그를 보내었다. 셸리 맥클래인과 존 릴리도 헉슬리의 비의(秘義)적 해석을 받아 들이고 있다.[52]

그런데 이러한 비의(秘義)적 해석이란 자아가 우주의식이요, 우주요, 우주의 창조자라는 뉴에이지의 주장과 모순이 된다. 존 릴리는 LSD를 투여한 채 홀로 환상적인 경험을 하는 가운데 죽음과 밀접하게 대변하는 가운데 두 안내자를 만난다. 그는 이들이 "다른 공간들이나 다른 우주의 실재" 또는 "외부에 알려지지 않은 비교집단의 대표자", "수십만 년 앞선 문명의 일원들"[53]일 수 있다고 해석한다. 여기서 릴리 역시 자아의식에 들어오지 않는 비교(秘敎)적 존재, 다른 존재들을 인정하고 있다. 따라서 자아는 악마와 같은 영적 통제력이 강한 세력의 덫이 걸려들 수가 있다.[54]

---

52) James W. Sire, *The Universe Next Door*, 김헌수 역,『기독교 세계관과 현대사상』, 개정판, 2000, 239

53) John Lilly, *Center of the Cyclone: An Autobiography of Inner Space* 39

54) James W. Sire, *The Universe Next Door*, 김헌수 역,『기독교 세계관과 현대사상』, 개정판, 2000, 240

맥클래인이 『위험한 처지』에서 말하는 "몸 밖의 경험"[55], 헉슬리가 말하는 "오관으로 접근하는 세계 밖의 영역", 영계 혹은 앞서 죽은 사람들에 대한 정보를 주는 영매들과의 접촉 등은 포스트모던 사람들의 호기심의 영역이기도 하다. 그래서 이들의 책들은 베스트셀러가 되기도 했다. 그러나 기독교적 관점에서 보면 이러한 초자연적 영역들이 있는 것은 사실이나 그 내용은 뉴에이지 사상가들이 말하는 것과는 다르다. 사도 바울은 고린도 후서 12장에서 주의 환상과 계시받은 것을 말하고 있다. "무익하나마 내가 부득불 자랑하노니 주의 환상과 계시를 말하리라 내가 그리스도 안에 있는 한 사람을 아노니 그는 십사 년 전에 셋째 하늘에 이끌려 간 자라 (그가 몸 안에 있었는지 몸 밖에 있었는지 나는 모르거니와 하나님은 아시느니라) 내가 이런 사람을 아노니 (그가 몸 안에 있었는지 몸 밖에 있었는지 나는 모르거니와 하나님은 아시느니라)"(고전 12:1-3)

사도 바울은 이러한 "몸 밖의 경험"을 자랑하지 않고 다른 사람들에게 권하지도 않는다. 그가 낙원에 이끌려 가서 가진 말로 할 수 없는 체험을 자랑하지 않는다. 자신의 약함을 자랑한다. "그가 낙원으로 이끌려 가서 말로 표현할 수 없는 말을 들었으니 사람이 가히 이르지 못할 말이로다. 내가 이런 사람을 위하여 자랑하겠으나 나를 위하여는 약한 것들 외에 자랑하지 아니하리라. 내가 만일 자랑하고자 하여도 어리석은 자가 되지 아니할 것은 내가 참말을 함이라 그러나 누가 나를 보는 바와 내게 듣는 바에 지나치게 생각할까 두려워하여 그

55) MacLaine, *Out on a Limb*, 327

만두노라"(고후 12:4-6)

바울은 환상과 계시받은 것 때문에 자고하고 교만해지지 않도록 하나님이 바울의 육체에 가시를 두셨다고 말한다. "여러 계시를 받은 것이 지극히 크므로 너무 자만하지 않게 하시려고 내 육체에 가시 곧 사탄의 사자를 주셨으니 이는 나를 쳐서 너무 자만하지 않게 하려 하심이라. 이것이 내게서 떠나 가게 하기 위하여 내가 세 번 주께 간구하였더니. 나에게 이르시기를 내 은혜가 네게 족하도다 이는 내 능력이 약한데서 온전하여짐이라 하신지라 그러므로 도리어 크게 기뻐함으로 나의 여러 약한 것들에 대하여 자랑하리니 이는 그리스도의 능력이 내게 머물게 하려 함이라. 그러므로 내가 그리스도를 위하여 약한 것들과 능욕과 궁핍과 박해와 곤고를 기뻐하노니 이는 내가 약한 그 때에 강함이라"(고후 12:7-10). 바울은 십자가의 신학으로 끝을 맺는다. 뉴에이지 사상가처럼 인간은 자기의식을 개발하여 신이 되는 것이 아니다. 오히려 인간은 "약하고 능욕받고 박해와 곤고를 받으므로" 연약을 느끼게 된다. 그럴 때 그리스도의 능력이 인간에게 머물게 된다.

6. 물활론(애니미즘, animism)과 연결

뉴에이지는 한편으로는 고도의 정신적인 개발을 통한 우주의식에 도달하고자 하나 다른 한편으로는 고대의 자연적 애니미즘의 마술적 종교행위를 수용하고 있다. 뉴에이지는 주술사, 마술사, 무당, 영매를 동원하며, 황홀경(trance), 수정구슬, 트럼프, 부적판 등의 신비한 힘을 이용하여 영적 세력이 가져다 주는 재앙을 물리치고자 한다. 이러한 행위에 대하여 구약성경은 철저히 금지하고 있다: "네 하나님 여호와께서 네게 주시는 땅에 들어가거든 너는 그 민족들의 가증한 행위를 본받지 말 것이니, 그의 아들이나 딸을 불 가운데로 지나게 하는 자나 점쟁이나 길흉을 말하는 자나 요술하는 자나 무당이나 진언자나 신접자나 박수나 초혼자를 너희 가운데에 용납하지 말라. 이런 일을 행하는 모든 자를 여호와께서 가증히 여기시나니 이런 가증한 일로 말미암아 네 하나님 여호와께서 그들을 네 앞에서 쫓아내시느니라. 너는 네 하나님 여호와 앞에서 완전하라. 네가 쫓아낼 이 민족들은 길흉을 말하는 자나 점쟁이의 말을 듣거니와 네게는 네 하나님 여호와께서 이런 일을 용납하지 아니하시느니라" (신 18:9-14)

이러한 요술 행위나 마술 행위는 영적 힘들을 움직이며 제한적인 성과를 가져옴을 성경은 부인하지는 않는다. 그러나 이러한 행위들은 이방인들이 행하는 가증한 종교행위로서 인격적인 하나님을 믿는 거룩한 성민(聖民)이 해서는 안되는 일이라고 성경은 교훈하고 있다.

7. 뉴에이지 사상가들이 체험하는 천국과 지옥의 실재

뉴에이지 사상가들은 자아가 우주요 신이요, 모든 것을 자기의식이 만들어낸다고 주장한다. 이들은 실재로 마술사나 주술가들, 영매의 힘을 빌려서 영적 세계에 들어가게 될 때 항상 황홀경만 맛보는 것이 아니라 자기들이 통제할 수 없는 악령을 만난다. 그뿐 아니라 이들은 성경이 말하는 천국과 지옥이라는 실재를 만난다고 기록하고 있다. 올더스 헉슬리는 그의 책 『천국과 지옥』에서 다음과 같이 끝맺음을 하고 있다: "내 생각으로는 현대의 강신술과 고대의 전통 모두가 옳다. 올리버 로지 경(Sir Liver Lodge)의 『레이몬드』(*Reymond*)에서 묘사된 것처럼 죽은 뒤의 상태가 존재하지만 또한 희열에 찬 시각적인 경험을 할 수 있는 천국도 존재한다. 그리고 정신분열증 환자들과 메스칼린을 사용하는 몇몇 사람들이 겪는 것과 같은 종류의 공포스러운 시각적 경험도 존재한다. 그리고 시간을 넘어선 신성한 땅과의 연합에 대한 경험도 존재한다."[56] 헉슬리는 스스로 입적(入寂)한 것이 아니라 그가 죽기 전에 그의 요구에 따라 그의 아내가 그에게 LSD를 투입하였고 『티벳인의 사자(死者)의 책』(*Tibetan Book of the Dead*)의 관례에 따라 주문을 외어 그의 영혼을 다른 쪽의 쉼으로 들어가게 하였다. 헉슬리는 마약으로 인한 환각의 상태에서 죽은 것이다. 이들은 자기들의 영적 경험을 통해서 우리들에게 천국과 지옥의 실재를 보여주고 있다. 그러나 이것은 이교적 증언으로써 믿는 신자들에게는 뉴에이지 사상의 허위와 기만이요 성경의 진리가 참되다는 것을 확증해 줄 뿐이다.

맺음말

뉴에이지 세계관은 다음 다섯 가지 부정적인 측면을 가진다.

첫째, 자아 중심주의이다. 뉴에이지 추종자들에게는 타자가 없다. 타자 없는 자기중심주의는 오늘날 시대를 바르게 살아갈 수 없도록 한다. 타자 인정없이 자기 체험만을 주장할 때 관념주의에 빠지게 된다.

둘째, 진리 기준의 부재이다. 뉴에이지의 진리는 바로 자아의 체험

---

56) Aldous Huxley, *Door of Perception*, 140

이기 때문에 진리는 절대적인 자아의 산물이 되어 버린다. 기독교 진리는 인간의 자유가 종의 굴레에서 벗어나는 것이다. 예수님은" 진리를 알지니 진리가 자유케 하리라"라고 말씀하신다.

셋째, 윤리성의 부재이다. 이들에게는 선과 악의 구분이 없다. 그래서 도덕적 무차별주의에 빠진다. 이들은 악에 저항하고 선을 장려하지 않는다. 모든 것이 우주의식의 원천에서 나왔다고 보기 때문에 선과 악의 구분을 하지 않는다. 이러한 윤리성의 부재는 포스트모던 사회의 도덕적 상대주의와 무관하지 않다.

넷째, 역사의식의 부재이다. 이들은 자아의식의 새로운 도래를 위하여 의식의 내면 속으로 침잠함으로써 역사를 상실하고 내면적 우주의식으로 들어가고 있다. 여기서 인간의 구체적인 역사의식은 상실되어 버린다. 뉴에이지 추종자들은 이러한 비의적 종교나 자기 개발에 빠져서 쉽사리 이에서 빠져나오지 못하고 있다.

다섯째, 영매를 통한 환생, 전생이입 그리고 자기 신격화를 시도함으로써 정령숭배적 비교(秘敎) 의식에 빠지고 있다. 이러한 정령적 비교주의는 오늘날 합리화한 과학기술시대에 적합하지 않다. 이러한 비교사상은 인간을 전생이나 환생을 기억하고 수호영 내지 영적 안내자와 대화하기 때문에 운명주의 내지 현실도피주의에 빠지게 한다.

기독교는 베드로가 이방인 고넬료에게 전도한 것처럼 인간의 의식개발을 통한 자기 신격화가 아니라 "하나님이 살아 있는 자와 죽은 자의 재판장으로 정하신 자가 곧 이 사람"(행10:32) 나사렛 예수를 증언할 수 있어야 한다.

| 종교다원주의 세계관 |

머리말

서구 기독교가 기독교 이후 시대(post-Christian age)를 맞이하여 전통교회가 쇠퇴해진 틈을 타서 아시아의 각종 종교가 들어오면서 아시아적 종교의 경건과 구원이 중요시 여겨지게 되었다. 그리하여 구원이란 기독교의 전유물이 아니라 다른 종교들에도 있다는 주장이 자유주의 신학자들 가운데 나오게 되었다. 여기에 대표적 학자가 영국 스코틀랜드 출신의 존 힉(John Hick)과 폴 니터(Paul Knitter) 등이다. 한국 등 아시아에서도 여러 종교들이 공존하여 왔다. 무속종교, 불교, 도교, 유교, 그리고 기독교가 공존하여 왔다. 그리하여 사회적으로 종교의 다원주의가 이루어진 것이다. 이러한 사회적 종교다원주의는 큰 문제가 되지 않는다. 각 종교들이 서로를 존중하고 사회의 도덕성과 윤리성 함양을 위하여 협력하는 것은 바람직하다. 그런데 교리적 종교다원주의는 각 종교들이 각기의 교리적 정체성을 벗어버리고 추상적인 일치성을 추구하게 된다. 그리하여 종교적 혼합주의가 생겨나고 종교의 진정한 정체성이 상실되는 위험성에 직면하게 된다. 우리는 교리적 종교다원주의의 주장을 분석하고 그 타당성을 비판적으로 성찰하고자 한다.

I. 종교다원주의 도전

여태까지 기독교의 절대성과 유일성은 기독론적 자유주의와 포괄주의에 의하여 도전받아 왔다. 기독론적 자유주의(liberalism) 유형은 슐라이에르마허에 의하여 대표된다. 슐라이에르마허에 의하면 하나님은 모든 종교에서 어느 정도 구원을 제공할 수 있도록 했다. 그러나 예수 그리스도의 복음은 보편적인 종교적 인식의 성취이며, 최고의 현현이다.[1)] 전통적으로 자유주의 기독교에 의하면 하나님의 내재적이고 구원적인 계시는 모든 세대와 문화에서 가능하다. 최종적으로 예수 그리스도 안에서 예증되었다고 주장해 왔다. 기독교는 모든 것을 포함하는 최종적인 종교(the all-inclusive and final religion)라는 것이다.[2)]

포괄주의(inclusivism) 유형은 로마천주교 신학자 라너(Karl Rahner)에 의하여 대표되어 왔다. 기독교는 유럽에 있어서 현존하는 최고의 계시이다. 다른 문화권에서는 신적 생명에 이르는 독립적인 구원의 길(their own independent salvific access to the divine life)이 있다.[3)] 단지 예수 그리스도는 모든 종교의 규범적 성취(normative fulfillment of all religions)이다. 라너는 불교인을 "익명

1) Friedrich Schleiermacher, *Christian Faith* 8

2) Paul Tillich, *Christianity and the Encounter of the World Religion* (New York: Columbia Univ. Press, 1962), 27-36, Firedrich Schleiermacher, *Christian Faith*, Par. 7-9

3) Owen C. Thomas ed., *Attitudes Toward Other Religions: Some Christian Interpretations* (New York: Harper and Row, 1969): reprint ed., New York: University Press of America, 1986, 86

의 기독교인"(anonymous Christians)이라고 말하고 있다. 이에 대하여 같은 로마 천주교 신학자인 한스 큉(Hans Küng)은 "불교인이 익명의 기독교인이라면 기독교인은 익명의 불교인이지 않는가"라고 응수하였다.

자유주의 유형과 포괄주의 유형은 그리스도의 구원적 은혜(salvific benefits)를 인정하면서 그것을 "신 - 인간 관계에 대한 여러 많은 범례들 중의 하나의 범례"로 본다. 예수 그리스도는 하나님의 보편적 구원적 임재(God's universal salvific presence)를 가리키는 하나의 상징으로 재구성되어 버렸다.[4] 그리하여 이미 "기독교의 절대성과 우월성 그리고 유일성에 대한 논의는 불가능하거나 거의 어렵게 되었다."[5]

여기에 존 힉(John Hick), 폴 니터(Paul Knitter) 등 다원주의자들은 신학적 루비콘 강(the theological Rubicon)을 건너서 종교다원주의를 받아들였다. 힉은 초창기에는 복음주의적 입장에서 출발했으나 차츰 타종교인들의 종교체험과의 교제를 통하여 더 높은 신적 실재성에 대한 신념으로 나아간다. 그는 버밍험대의 신학부 교수직에 취임한 후 "하나의 인류를 위한 모든 신앙들"(AFFOR,: All Faiths for One Race)이라는 모임의 설립자들 중 하나로 상임의장(the first chair)이

---

4) Dennis I. Okholm and Timothy R. Phillips, eds. *Four Views on Salvation in a Pluralistic World*, 1996, 이승구 역, 다원주의 논쟁, 기독교 문서선교회, 2001, 11

5) Sallie McFague, "An Epilogue: The Christian Paradigm," in Peter C. Hodgson and Robert H. King, eds., *Christian Theology: An Introduction to the Traditions and Tasks*, 2nd ed. (Philadelphia Fortress, 1985), 381

었고, 버밍험 종교협의회(Birmingham Community Relations Committee)의장으로 활동하였다. 힉은 다음과 같이 피력한다: "이 일을 하는 과정에서 나는 자주 유대인 회당들(Jewish synagogues), 이슬람 사원들(Muslim mosques), 시크교 신전들(Sikh gurudwaras), 힌두교 성전들(Hindu temples), 그리고 물론 다양한 기독교 예배당을 방문하였다. 이 다양한 예배처소들에서 나는 자명하게 한 번만에 인식되나, 그 함의는 너무도 중대한 어떤 것을 깨달았다. 그것은 바로 언어, 개념, 예전들(liturgical actions), 그리고 문화적 정서는 아주 다르다 할지라도 그럼에도 불구하고 종교적인 관점에서 볼 때에 근본적으로 똑같은 일이 그들 안에 일어나고 있다는 것이다."[6]

그러면서 그는 하버드의 종교학자 스미스(W.C. Smith)의 종교다원론에 깊은 영향을 받게 된다. 마침내 그는 1972년 기독교 내지 예수 그리스도가 종교적 헌신의 중심이라는 전통적 종교관에 대한 "코페르니쿠스적 혁명"(Copernican revolution)을 선언하기에 이른다. 코페르니쿠스가 우주의 중심은 지구가 아니라 태양이라는 것을 발견한 것처럼 "신앙의 우주는 기독교나 다른 종교가 아니라 신을 중심으로 하고 있다. 그는 태양이요 빛과 생명이 유래하는 원천이다. 모든 종교들은 각기 다른 방식으로 그를 반영한다."[7] 그는 모든 종교적 신

---

6) John Hick et alt. Dennis I. Okholm and Timothy R. Phillips, eds. *Four Views on Salvation in a Pluralistic World*, 1996, 이승구 역, 『다원주의 논쟁』, 기독교문서선교회, 2001

7) John Hick, "Whatever Path Men Choose Is Mine", in: *Christianity and Other Religions*, ed., John Hick and Brian Hebblethwaite, Glasgow: Fount, 1980, p.182

념과 실천의 중심에는 "하나의 신적 실재"(one divine reality)가 있으며 모든 주요 종교들은 이 실재에 대해 역사적, 문화적으로 제약된 인간의 반응이라고 주장한다.[8] 힉은 다음과 같이 주장한다: "하나님은 유대교 회당에서는 아브라함과 이삭과 야곱의 하나님이신 아도나이(Ado-nai)로, 이슬람 사원에서는 은혜로우시고 자비로우신 알라 라만 라힘(Allah Rahman rahim)으로, 시크 신전에서는 와 구루(war guru)라고 일컬어지는 아버지(Father), 사랑하시는 분(Lover), 주인(Master), 위대한 시여자(施與者, The Great Giver)이신 하나님(God)으로, 힌두교 성전들에서는 비쉬누(Vishnu), 크리수나(Krishna, 비쉬누의 성육신), 라마(Rama), 시바(Shiva), 그리고 그들 모두가 브라만이라는 궁극적 실체(the ultimate reality of Brahman)를 표현하는 것들로 간주되는 수많은 다른 신들과 여신들로, 그리고 기독교회에서는 아버지(Father)와 아들(Son)과 성령(Holy Spirit)의 삼위일체 하나님(the triune God)으로 알려져 있다. 그럼에도 불구하고 이 모든 공동체들은 궁극적으로 오직 하나의 하나님만이 계실 수 있다는 데에 동의한다."[9] 힉은 세계종교들이 가지고 있는 "거대한 영적 풍요"(immense spiritual riches)가 전통 기독교가 주장하는 "배타주의의 그럴듯함"(plausibility of the old

---

8) John Hick, *God has Many Names*, Philadelphia:Westminster Press,1982. Idem, *God and The Universe of Faiths*, chapter 9. Idem, *An Interpretation of Religion*, New Haven: Yale University Press, 1988. Idem., *The Myth of God Incarnate*, London: SCM 1977, 이에 대한 필자의 비판글, Ibid. 68-73쪽

9) John Hick et alt. Dennis I. Okholm and Timothy R. Phillips, eds. *Four Views on Salvation in a Pluralistic World*, 1996, 이승구 역, 『다원주의 논쟁』, 기독교문서선교회, 2001, 52

christian exclusivism)을 퇴색시킨다고 말한다.[10)]

니터는 예수의 선교와 인격은 본래 왕국중심적이거나 신중심적이었다고 주장한다. 그런데 초대교회에 이르러 교회의 메세지는 예수를 하나님의 아들로 보는 기독론의 진화론적 변형이 이루어졌다고 본다. 그는 "신중심적 기독론"(theocentric christology)을 주장하면서 기독론적 언어를 "사랑언어"(love language)로서 해석해야 할 것을 주장한다. 그리하여 하나님의 구원과 신비가 예수에게만 제한되어 있지 않고 다른 자에게도 열려있다고 주장한다.[11)]

II. 주장 내용

1. 초월한 신 – 실재 자체

힉에 의하면 모든 종교는 궁극적 실재를 지시한다. 이것은 궁극적 존재, 실재, 초월자, 궁극적 실재라는 다양한 용어로 표시해 왔다. 힉은 이 궁극적 실재에 대하여 "실재"(the Real)라는 용어를 사용한다. 이러한 종교적 실재는 궁극적 초월적 실재로서 그 자체로는 인간의

10) John Hick and Paul Knitter, ed., *The Myth of Christian Uniqueness*, SCM, 1987, 17

11) Paul Knitter, *No Other Name? A Critical Survey of Christian Attitudes Toward the World Religions*, Marknoll, N.Y.: Orbis 1985. Idem, "Theocentirc Christology: Defended and Transcended", in: *Journal of Ecumenical Studies* 24,Winter 1987. Idem, "Toward a Liberation Theology of Religions", in: *The Myth of Christian Uniqueness*, ed., John Hick and Paul Knitter, Maryknoll, N.Y.: Orbis 1987. 이에 대한 필자의 비판적 글,Ibid. 73-76쪽을 참조하기 바람.

인식범위를 초월해 있다. 그러나 이 초월적 실재는 각 종교에서는 다양한 모습으로 경험된다고 본다. 존 힉은 그 예로 실재 자체는 카발라 유대교(Jewish Kabbalah)에서는 무한한 자(Ein Sof, the Infinite), 이슬람 수피즘(Islamic Sufism)에서는 실재(al Haqq, the Real), 힌두교에서는 니르구아 브라만(nirgua Brahman, 인격범위를 초월하는 속성이 없는 브라만)[12], 소승불교의 트리카야 교리에서는 다르마카야(the Dharmakaya, 인간의 사고 형태로 표현할 수 없는 실재)[13], 도교에서는 도(Tao)로 경험된다.[14]

이러한 초월적 존재에 대해서는 말로 표현할 수 없다. 이것은 칸트가 말하는 물자체(物自体, Ding an sier)로서 우리는 알 수 없는 존재이다. 그러므로 어떤 구체적인 속성을 표현할 수 없다. "우리는 실재 자체(reality itself)에 대하여 인격적이라거나 비인격적이다. 또는 선하다거나 악하다는 목적을 가지고 있다거나 아무런 목적이 없다. 또 본질이라거나 과정이라는 심지어 하나라거나 많다고 하는 그 어떤 본질적인 속성들도 부여할 수 없다."[15] 실재에 관하여 인간의

---

12) 힌두교에서는 니르구나 브라만을 사구나 브라만(saguna Brahman, 인격적인 신으로서 인간적으로 경험된 브라만)으로부터 구별한다.

13) 소승불교에서는 다르마가야를 삼보가카야(the Sambhogakaya: 니르마나카야(the Nirmanakaya)로서 인간의 역사 속에 성육신한 천상의 부처(the eavenly Buddha figures)로부터 구별한다.

14) John Hick et alt. Dennis I. Okholm and Timothy R. Phillips, eds. *Four Views on Salvation in a Pluralistic World*, 1996, 이승구 역, 『다원주의 논쟁』, 기독교문서선교회, 2001, 66

15) John Hick et alt. Dennis I. Okholm and Timothy R. Phillips, eds. *Four Views on Salvation in a Pluralistic World*, 1996, 이승구 역, 『다원주의 논쟁』, 기독교문서선교회, 2001, 67

경험은 두 가지 이율배반적인 양태를 드러낸다. 이러한 양극적인 개념(polarity of concepts)은 실재에 적용되지 않는다고 본다.

그러면 우리는 실재를 전혀 규정할 수 없는데 그것을 어떻게 예배하는가? 힉은 다음과 같이 말한다: "우리는 실재 자체를 예배하는 것이 아니라 언제나 인간에게 나타난 실재의 현현 중 어느 하나를 예배한다."[16] 그래서 유대교에는 아도나이(Adonai, 주) 또는 야훼(Jahweh), 기독교에서는 하나님(God), 유신론적 힌두교에서는 비쉬누(Vishnu) 또는 시바(Shiva), 비유신론적 힌두교(nontheistic advaitic hinduism)에서는 브라만의 보편적 실재(Brahman's universal reality), 이슬람교에서는 알라(Allah), 비유신론적 불교에서는 니르바나(Nirvana) 또는 순냐타(sunayta, the universal Buddha nature, 보편적인 불성)를 경배한다.

이 궁극적 실재에 대한 인간적 각성이란 평안, 기쁨, 모든 생명을 향한 긍휼과 자비이다. 힉은 "다원주의 가설은 새로운 종교의 추구가 아니라 세계에 나타나고 있는 다양한 종교적 상황에 대한 철학적 해석"[17]이라고 한다.

2. 정통 기독교의 교리 비판

그는 이러한 가설에 입각하여 정통 기독교의 기독교 우월성 주장이 허위라고 비판한다: "기독교의 유일한 우월성에 관한 보수주의자들의

16) John Hick et alt. op. cit., 68

17) John Hick et alt. op. cit., 68

주장들은 관찰 가능한 사실들에 비추어 볼 때 거짓임이 드러난다."[18] 기독교 유일성 교리는 나사렛 예수의 성육신 교리와 그의 신성교리와 연결된 삼위일체 교리, 대속적 속죄교리(ransom atonement doctrine)에 입각해 있다.

이에 대하여 두 가지 비판을 제기한다. 힉은 성육신교리를 비판하고 그리스도의 신성교리를 비판한다.

첫째, 역사적 예수는 성육신 교리를 가르치지 않았다. 힉은 성육신 교리는 교회의 창작물이고 역사적 예수가 가르치지 않았다고 주장한다: "역사적 예수는 이 교리를 가르치지 않았다. 그것은 교회의 창작물로서 즉 예수님 자신은 아마도 신성모독이라고 여겼을 교리이다."[19] 힉은 요한복음에서 말하는 "나와 아버지와는 하나이다"(요10:30), "나를 본 자는 아버지를 보았다"(요14:9) "내가 곧 길이요, 진리요 생명이니 나로 말미암지 않고는 아버지께로 올 자가 없느니라"(요14:6) 등은 예수 자신의 말씀이 아니라고 주장한다. 힉은 자유주의 신약학자들을 인용하면서 이 본문들은 역사적 예수가 선포한 말씀이 아니라고 한다. 그는 이 본문들이 "약 60년, 70년 후에 확장되어 가는 교회 속에서 발달된 신학을 표현하는 기독교 작가에 의하여 예수의 입에 넣어진 말들"[20]이라고 해석한다.

둘째, 예수가 참 신성과 참 인성을 가졌다라는 교리는 수용될 수 없다. 예수의 인성과 신성이 "혼합되지 않으며(without confusion) 변

---

18) John Hick et alt. op. cit. 69

19) John Hick et alt. op. cit. 71

20) John Hick et alt. op. cit. 71

화없이(without change) 연합되며 나누어지지 않고(without separation) 분리되지 않으나(without division) 구분된다"고 선언한 칼케톤회의(the Council of Chalcedon, 451 A. D.)의 양성교리 역시 지난 천오백년 동안 증명되지 않았다. 힉은 하나님이 자기의 신적 속성을 비어 인간이 되셨다는 신적 케노시스 교리(divine kenosis doctrine) 역시 수용할 수 없다면서 이 교리를 존재론적이 아니라 도덕론적으로 해석하고자 한다: "우리는 그 안에는 신성의 모든 충만이 육체로 거하신다(골2:9)라기 보다 예수께서 유한한 인간의 삶 속에서 표현될 수 있는 만큼의 무한한 신적 도덕성들을 구현하였다고 말해야 할 것이다."[21)]

여기서 힉은 정통기독교가 근거하고 있는 나사렛 예수의 성육신교리와 신성교리를 거부할 뿐 아니라 5세기 칼케톤 회의가 천명한 그리스도의 양성론, 그리고 그리스도의 케노시스교리를 거부하고 있다. 힉은 이 교리를 상징적으로 해석하고자 한다.

3. 정통교리에 대한 은유적 해석

1) 성육신 교리의 은유화

힉은 그러므로 성육신 교리와 양성 교리를 문자적인 의미가 아닌 은유적인 의미로 해석한다. 그것은 형이상학적인 의미가 아니라 구체적인 삶의 의미를 말한다. 힉은 두 가지 예를 든다. 그것은 "아브라함

21) John Hick et alt. op. cit. 77

링컨이 미국의 독립정신을 구현하였다" 그리고 "히틀러는 성육신한 악이었다"라는 예이다. 이 둘의 경우 링컨이나 히틀러는 문자적으로 성육신한 것이 아니라 은유적인 의미의 성육신한 인간이다. 링컨은 흑인을 해방시킨 점에서 독립정신의 성육신, 그리고 히틀러는 6백만 유대인을 가스실에 처형한 점에서 악의 성육신이라고 말한다는 것이다. 힉은 말한다: "이런 은유적인 의미로 우리는 누구든지 하나님의 뜻을 행하는 한, 하나님이 인간의 행위 안에서 '성육신하였다', '구현하셨다' 고 말할 수 있다."[22)]

힉은 예수께서 하나님의 뜻에 복종하여 하나님의 영감에 개방되어 사셨다는 의미에서 성육신에 관하여 말할 수 있다고 본다: "예수는 …신적 영감에 개방적이고, 신적 영에 반응하며, 하나님의 뜻에 복종하였다. 이것은 강력한 은유적 의미를 가지고 있다. 이것이 참된 기독교적인 성육신 교리이다."[23)]

2) 삼위일체 교리의 가면화

힉은 전통적 삼위일체 교리를 존재론적으로 이해하지 않고 기능적으로 이해한다: "삼위일체 교리는 세 위격들(the three persons)이 의식과 의지를 가진 세 중심이라는 현대적 의미에서의 위격이 아니다."[24)] 힉은 "페르소나는 어떤 사람이 행하는 역할이라고 하는 고대

---

22) John Hick et alt. op. cit. 78

23) John Hick et alt. op. cit. 78

24) John Hick et alt. op. cit. 78

적인 의미에서의 인격들"로 이해한다. 페르소나는 로마의 연극 무대에서 배우가 자신의 역할을 가리켜 주는데 사용한 가면이었다. 힉은 "세 위격"을 한 하나님이 인간과 관련하여 행동함으로써 경험되어지는 세 가지 방법들, 창조주, 구속주, 내적인 영이라고 해석한다.

3) 대속 교리의 부정

힉은 중보자 교리나 대속 교리도 부정한다. 예수께서 주기도문에서 속죄 제물없이 우리 죄를 용서해 달라고 간구하고 하나님이 용서해준다고 가르쳤기 때문이다: "구속교리는 필요하지 않다. 예수는 주기도문에서 어떠한 중재자의 속죄 제물없이 하늘에 계신 우리 아버지이신 하나님께 직접 나아가며 구하고, 하나님의 용서를 받을 것을 기대하도록 가르쳤기 때문이다."[25] 힉은 탕자의 비유(눅15:20, 23-24)를 예로 든다. 탕자에 대하여 아버지는 죄가 속죄될 때까지 용서할 수 없다고 말하지 않고 측은히 여겨 달려가 목을 안고 입을 맞추었다. 힉은 바리새인과 세리에 관한 이야기(눅18:13-24)를 예로 들면서 스스로 죄인이라고 생각한 세리는 의롭다 여김을 받았다. 힉은 "너희는 가서 내가 긍휼을 원하고 제사를 원치 아니하노라 하신 뜻이 무언인지 배우라"(마9:13)라는 예수의 말씀은 종교 다원주의 가설에 일치한다고 본다. 여기서 힉은 예수를 구세주, 하나님의 아들이 아니라 "하나님 나라의 시민으로서 사는 법을 보여준 분, 우리의 존경하는 영적 지도

25) John Hick et alt. op. cit. 79

26) John Hick et alt. op. cit. 79

자요, 영감이시요 모델인 분"[26]으로 해석한다.

4. 영감 기독론 – 비성경성과 그리스도의 신성부인

힉을 비롯한 종교다원주의자들은 이러한 성육신 기독론을 배타주의적 사고로 규정하고 이것을 다원주의 사고에 맞지 않는 것으로 본다. 그는 예수를 "신적 영으로 충만한 위대한 선지자"(a great prophet filled with the divine Spirit)로 보는 영감 기독론(an inspiration christology)을 지지한다. 이에 속하는 자들로는 『하나님은 그리스도 안에 있었다』(*God Was in Christ*, 1958)의 저자 벨리(D.M.Baillie), 『영인 하나님』(*God As Spirit*)의 저자 람피(Geoffrey Lampe), 화란의 슐레벡스(Edward Schillebeecks)와 독일의 킹(Hans Hueng)과 라아너(Karl Rahner) 등이 있다.

영감 기독론은 성육신을 사실적으로 일어난 말씀의 사건으로 보지 않고 신의 사랑과 영원한 선이 예수에게 임재해 그가 지상에서 신적 목적을 실현하는 도구가 되었다고 본다.

힉은 다음과 같이 피력한다: "성육신이란 정도의 문제이다: 그들이 성령으로 충만하거나 그리스도를 닮거나 또는 참으로 성자인 한에 있어서 하나님은 모든 사람들 속에 성육신하고 있다."[27] 힉은 "이런 의미에서 성육신은 많은 다른 사람들에게서 아주 다른 방식과 정도에

---

27) John Hick, "Letter to the Editors: Incarnation", *Theology* 80 (May 1977), 204-6

28) John Hick. "The Non-Absoluteness of Christianity", .32

따라서 일어났고 일어나고 있다"고 주장한다.[28] 힉은 누가복음 15장 20절-24절에 나타난 예수의 탕자 비유를 인용하면서 전통적인 그리스도 피에 의한 속죄를 거부한다. 이 비유에서 아버지는 집으로 돌아오는 방탕한 아들에 대해 그의 정의감을 달래기 위하여 피의 희생을 요구하지 않았다고 해석한다. "주기도문에 나타나는 하나님의 용서의 유일한 조건은 우리가 서로 용서하는 것이다." 힉은 예수의 죽음을 대속의 죽음이 아니라 "그의 생애에서 화육한 자기를 내어주는 사랑의 표현"으로 해석한다. 여기서 "기독교는 구원의 유일한 길이 아니라 여러 길 가운데 하나이다"라고 본다.[29]

III. 복음주의적 비판

힉의 종교다원주의는 신학적 사고에 있어서 코페르니쿠스적 혁명으로서 신중심의 정통기독교를 부인하고 인간중심의 기독교를 천명하고 있다. 그런데 힉이 말하는 기독교는 더 이상 역사적으로 유일한 구속의 종교가 아니라 초월자가 문화형식으로 나타난 하나의 종교에 불과하다. 힉의 종교다원주의에 대한 복음주의적 비판적 성찰은 다음과 같다.

1. 종교적 초월자는 기독교의 신과 다르다.

종교다원주의자들이 제시하는 궁극적 실재라는 초월적 존재는 닛

29) Hick, "The Non-Absoltuteness of Christianity", .33

사의 그레고리의 "모든 이름 위에 계신 분"(Above Every Name), 루터의 "숨어 계시는 하나님"(deus absconditus), 바르트의 "전적 타자"(the whole Other), 쿠사의 니콜라스의 "그 자신속의 그"(He in himself)와는 다르다. 인도의 선교사요 복음주의 신학자인 뉴비긴은 종교적인 초월자에 관하여 다음과 같이 비판하고 있다: "초월자에 대한 상이한 개념들을 검증할 만한 어떤 기준이 없다. 우리는 철저한 주관성에 갇혀 있다. 초월자는 알 수 없는 존재이다."[30)]

2. 종교적 초월자란 철학적으로 가설된 추상적 존재일 뿐이다.

힉은 우리가 "알 수 없는 실재"를 종교들의 현상들 배후에 있는 가정된 보편적이고 일반적인 실재로 제시한다. 그것은 틸리히가 말하는 "유신론을 초월한 하나님"(the God above the God of theism)으로서 존재 자체 내지 존재의 깊이라고 하나 이것은 어디까지나 철학적으로 상정된 존재이지 성경적 기독교가 믿고 있는 야훼나 하나님은 아니다. 힉(John Hick)에 의하면 야훼(Yahweh), 알라(Allah), 순야타(Sunyata), 브라만(Brahman), 니르바나(Nirvana)는 "실재의 원래적 현현"(authentic manifestation of the Real)이다.[31)] 만일 그렇다면 이러한 신적 실재에 대한 이미지 사이에는 연속성이 있어야

---

30) Lesslie Newbigin, *The Gospel in a Pluralistic Society* (Grand Rapids: Eerdmans, 1989), 158-161, 168-170

31) John Hick, *An Interpretation of Religion*, New Haven: Yale Univ. Press, 1988, 242

한다. 그러나 야훼나 알라는 인격자들(personae)을 나타내는 데 반하여 순야타, 브라만, 니르바나는 비인격자들(impersonae)을 나타내고 있다.[32] 야훼는 기독교인들에게 지고의 신적 존재요, 알라는 이슬람교도들에게, 브라만은 힌두교들에게, 니르바나는 불교도들에게 궁극적 실재이다. 이들은 이처럼 각자 고유한 지고 존재의 성격을 가지고 있어서 타자의 존재를 인정하지 않고 있다. 더구나 유대 기독교적 신(神) 이해는 야훼를 존재론적으로 자존자요, 인격적인 창조자요, 종교적인 심판자로 본다. 이슬람교는 알라를 궁극자로 이해하고 있다. 니르구나 브라만(Nirguna Brahman)의 힌두교는 니르구아 브라만(nirgua Brahman, 인격 범위를 초월하는 속성이 없는 브라만), 소승불교의 트리카야 교리는 다르마카야(the Dharmakaya, 인간의 사고 형태로 표현할 수 없는 실재)를 실재로 본다. 그리고 불교는 "선(禪) 속의 무(無)"(Nothingness in Zen)를 존재론적인 궁극자로 이해하고 있다.[33] 이들 종교의 궁극자 이해는 서로 상충되고 있다. 이들 궁극자들은 서로 간에 공통점을 찾을 수 없으리 만큼 서로 다르다.

3. 종교의 추상적인 본질이란 없다. 각 종교는 그 자체로 각각 접근해야 한다.

힉은 모든 종교는 하나의 초월적인 선험적 실재를 지시한다는 가설

32) 김영한, "종교다원주의와 그리스도의 유일성", 『21세기와 개혁신학』(II), 서울: 한국장로교 출판사, 1998), 50

33) 김영한, Ibid., 51

을 설정하고 있다. 이에 대하여 다원주의자요, 기독교와 불교와의 대화의 선구자인 존 캅(Joh Cobb) 조차도 반대하고 있다: "내가 보기에 종교가 본질을 가지고 있다거나 또는 커다란 종교적 전통들이 종교, 즉 종교적이 되는 것(being religious)을 그 중심 목표로 가지는 전통들로서 이해될 수 있다고 가정해야 할 그 어떠한 선험적 이유도 없는 것 같다. 나는 분명히 이런 견해를 지지해 줄 어떠한 경험적 증거도 찾지 못하겠다. 내가 보기에 학문적 습관과 언어의 힘만이 우리를 이렇게 오도할 뿐이다. 나는 각각의 종파적 전통으로 하여금 자신의 성격과 목적과 그 안에 있는 종교적 요소들의 역할을 규정하도록 해주는 의미의 다원주의를 요구한다."[34)]

캠브리지 대학교 사회학교수 안소니 기든즈(Anthony Giddens)는 종교에 대한 선험적 정의를 거부하고 다양한 종교들에 관하여 말하고 있다. 종교에 대해 일반화하는 것은 피상적이고 환원주의적 이해이다. 그는 이러한 철학적 이해를 거부하고 각 종교를 그 자체의 특성과 개성에 따라 이해해야 할 것을 제언한다.[35)] 종교에 대하여 서구 기독교를 고등종교라고 하고 사하라 사막 이남의 아프리카 종교들을 하등종교로 보는 것은 이들 종교를 모욕하는 것이며 종교에 대한 제국주의적 이해를 갖는 것이다.[36)]

---

34) John Cobb Jr., "Beyond Pluralism," in G. D'Costa, ed. *Christian Uniqueness Reconsidered: The Myth of a Pluralistic Theology of Religions* (Maryknoll, N. Y.: Orbis, 1990), 84

35) Anthony Giddens, *Sociology* (Oxford: Polity Press, 1980), 452

36) Alister McGrath, et al. *Four Views on Salvation in a Pluralistic World*, 220

4. 기독교의 우월성은 도덕적 우월성에 기인하는 것이 아니다.

힉은 기독교인이 다른 종교인들보다 도덕적으로 우월하지 않기 때문에 종교적인 우월성을 주장할 수 없다고 주장한다. 맥그래스가 비판하는 것처럼 기독교의 우월성은 도덕적 우월성에 기인하는 것은 아니다. 기독교가 주장하는 우월성의 차원은 도덕적 우월성의 차원이 아니기 때문에 도덕적 차원을 끌어 들이는 것은 논증의 혼란을 초래할 뿐이다.[37]

기독교가 주장하는 우월성의 차원은 기독교가 증거하는 삼위일체 하나님과 그의 아들 예수 그리스도의 유일성에 근거한다. 이 유일성의 차원은 예수 그리스도의 성육신과 십자가의 죽음과 부활, 재림과 역사 심판이다. 이 종말론적 심판에 의하여 모든 종교는 추월당한다.

5. 각 종교가 추구하는 구원은 같은 것이 아니라 다르다.

존 힉은 모든 종교들에는 공통된 핵심인 신(神)구조가 있으며, 그것들은 "구원론적 구조를 나타내는데 있어서 근본적으로 똑같다." 이것들은 "구원/해방/계몽/성취와 관련되어 있다"고 주장한다.[38] 그러나 종교사학자들은 각 종교가 갖는 구원의 개념은 각기 근본적으로 다르다[39]고 본다.

---

37) Alister McGrath, et al. *Four Views on Salvation in a Pluralistic World*, 95

38) John Hick, *The Second Christianity* (London: SCM, 1980), 86

39) Alister McGrath, et al. *Four Views on Salvation in a Pluralistic World*, 238

기독교의 구원과 악마숭배교의 구원은 다르다. 악마숭배교도들은 하나님의 계심을 받아들이지만 하나님의 대적자인 사단을 숭배하고자 한다. 사도 바울은 고린도 교회를 향하여 "주의 잔과 귀신의 잔을 겸하여 마시지 못하며 주의 상과 귀신의 상에 겸하여 참예치 못하리라"(고전10:21)라고 책망한다. 성경은 분명히 악마는 끝날에 무저갱에 들어갈 것으로 경고하고 있다: "또 저희를 미혹하는 마귀가 불과 유황 못에 던지우니 거기는 그 짐승과 거짓 선지자도 있어 세세토록 밤낮 괴로움을 받으리라."(계20:10) 불교, 이슬람, 기독교의 구원개념은 각기 전혀 다르다. 불교는 니르바나로 나아감이요, 이슬람은 알라의 뜻을 이행함이요, 기독교는 예수 그리스도의 믿음이다. 불교는 자신이 신성을 지니고 있어서 기독교의 구원을 받아 들일 수 없다. 그리고 이슬람은 중보자인 예수 그리스도를 하나님의 아들로 받아들이지 않는다.

그러므로 힉이 주장하는 "모든 종교들이 구원을 제공한다"는 명제는 너무 추상적인 말이다. 각 종교의 구원이 제각기 다른데 모든 종교의 구원은 같다고 말할 수 없다. 각 종교의 구원은 특수하며 불교의 구원을 기독교가 따를 수 없고, 기독교의 구원을 불교가 따를 수 없다. 그렇기 위해서는 개종을 통한 삶의 형식(Lebensform)이 달라져야 한다. 구원이란 보편적인 것이 아니라 특수한 것이다. 각 종교에 있어서 특수한 것이다. 기독교는 성경적 의미에 있어서 구원을 제공하는 유일한 종교이다.

기독교적 구원이란 반드시 교회의 일원이 되는 것이 아니라 그리스도의 구원을 믿음으로 받아들이는 것이다. 그러므로 안디옥의 이그나

티우스(Ignatius of Antich)의 주장 "예수 그리스도가 계신 곳에는 어디든지 또한 보편적인 교회가 있다"[40]는 명제는 오늘날에도 타당하다. 이런 맥락에서 카르타고의 키프리안(Cyprian of Carthage)의 "교회 밖에는 구원이 없다"(extra ecclesiam nulla salus)는 명제는 천주교에서처럼 제도적인 교회의 의미에서 "구원이 오직 제도적 교회를 통해서만 온다"[41]고 해석되어 왔다. 그러나 이것은 성경적이 아니다. 키프리안의 명제는 신령한 교회의 의미에서 이해되어야 한다. 그리스도의 구원을 받아들인 자는 누구나 사실상 제도적 교회의 일원이 된다는 것이다.

6. 희은 구약 레위기에 있는 대속의 교리를 부인

종교다원주의의 기독론은 역사적인 성육신을 거부하고 그것을 하나의 은유적인 언어로 해석할 뿐만 아니라 성경의 핵심인 피흘림에 의한 대속의 성경적 의미를 거부하고 그것을 은유로 해석하고 있다. 레위기 17장 11절은 피를 단에 뿌림으로 죄의 대속을 말하고 있다.

"육체의 생명은 피에 있음이라. 내가 이 피를 너희에게 주어 단에 뿌려 너희의 생명을 속하게 하였나니 생명이 피에 있으므로 피가 죄를 속하느니라." 히브리서 기자는 레위기에 근거하여 그리스도의 영원한 속죄의 진리를 피력하고 있다. "율법을 따라 거의 모든 물건이 피로써

40) Ignatius of Carthage, *To the Smyrnaeans* 7, J. Stevenson, ed., *A New Eusebius* (London: SPCK, 1967), 48

41) Hans Küng, *The Church* (New York: Sheed & Word), 1967), 313-319

정결케 되나니 피흘림이 없은즉 사함이 없느니라"(히9:22).

모세 때 세우신 언약이 1,300년이 지난 초대교회에 적용되었다면 그것은 오늘날에도 적용된다. 하나님의 언약은 영원한 언약이므로 사람의 문화나 풍습에 따라 변화되지 않는다. 오늘날에도 예수 그리스도의 보혈을 통한 죄 사함과 치유와 귀신의 쫓겨나감은 목회와 선교 현장에서 지속되고 있다. 이것은 그리스도의 피의 지속적 효용성과 권세를 증언하는 것이다.

IV. 복음주의적 결론

1. 삶의 방식으로서의 다원주의와 이데올로기로서의 다원주의의 구분

레슬리 뉴비긴은 그의 저서 『다원주의 사회에서의 복음』(The Gospel in a Pluralistic Society)에서 말하고 있듯이[42] 삶의 양식들에 있어서 다양한 사회와 다원성이 격찬되어 이데올로기적 기능을 하는 다원주의를 구분해야 한다. 영국의 경우 지난 세기 인도의 식민지배로 인해 인도에서 영국으로 이민해 온 수백만의 힌두교도 및 이슬람교도들, 프랑스의 경우 과거 북 아프리카의 식민지 지배로 인해 이민해 온 이슬람교도들, 이민국가인 미국도 이민자들이 가지고 온 각종 종교들로 인하여 다원종교적 사회가 되었다. 그리고 한국, 중국, 일본 등은 이미 전통적으로 불교, 무속종교, 유교, 도교 등 다양한 종교들이 사

42) L. Newbigin, *The Gospel in a Pluralistic Society*, 1

회적으로 자리잡은 종교적으로 다원적인 사회이다. 불교나 유교나 도교, 이슬람이 서구에 이입됨에 따라 서구나 미국에서는 종교적 다원화 사회가 만들어지고 있다. 그리하여 종교의 자유로 인하여 이슬람국가를 제외하곤 모두 사회적으로 종교다원주의 사회에 살고 있다.

2. 다른 종교를 존중

힉의 종교다원주의 견해는 여러 다른 종교들이 동일한 초월적 실재를 말하고 있다는 가정에서 출발한다. 종교대화에서도 모든 참여자들이 본질적으로 "동일한 실체에 대하여 말한다"는 가정에서 출발한다. 그러나 실상 대화 참여자들은 "그들이 처한 상황에 따라 그들이 보게 된 서로 다른 관점에서 말하고 있다."[43)]

종교대화론자들은 종교간의 대화에 있어서 맹인들과 코끼리 일화를 사용한다. 이 비유는 맹인들로 하여금 코끼리의 서로 다른 부분을 만지도록 함으로써 즐거워 하는 왕과 그의 신하들에 비유된다. 자신들이 느낀 것들에 대한 그들의 서로 다른 보고는 보다 큰 동일한 실체에 대한 다른 관점들로서 쉽게 조화된다. 그러나 각각의 관점은 참되고 타당하나 그것은 한 부분에 불과한 것으로 한 부분보다 큰 실체를 묘사하기 때문에 부적절하다. 레슬리 뉴비긴은 다음과 같이 말한다: "맹인들과 코끼리에 대한 유명한 일화에서 … 이 이야기의 핵심은 끊임없이 간과되어 왔다… 그러나 이것은 자신은 진리 전체를 본다는 사람의 심히 오만한 주장이다. 세상의 모든 종교들은 이 진리를 더듬

---

43) Alister McGrath, et al. *Four Views on Salvation in a Pluralistic World*, 221

어 찾고 있을 뿐이다. 이 이야기는 종교들의 모든 주장들을 상대화시키는 완전한 실재를 안다고 하는 주장을 가진 이야기인 것이다."[44] 뉴비긴은 일반적 보편적 기준으로 사용될 수 있는 종교의 진리(궁극직 실재 내지 초월자)를 가질 수 있나는 것은 인간의 오반함을 드러내는 것이다. 인간은 모든 종교의 진리를 알 수 없고 단지 부분적인 종교적 진리를 알 수 있을 뿐이다. 따라서 종교의 모든 주장을 상대화시키는 완전한 실재, 모든 종교적 경험을 넘어서는 초월적 실재가 있다고 주장하는 것은 형이상학적이고 회의적 주장에 그친다. 이런 힉의 주장은 경험적 토대들이 부족하며 증명도 반증도 되지 않기 때문이다.

3. 진정한 대화란 피상적인 일치 아닌 다름 속의 존중이다.

대화는 당사자 간의 일치가 아니라 존중을 함의한다. 대화는 한편으로 타종교에 대한 이해를 증진시키며, 다른 편으로는 자신의 신앙에 대한 재평가를 하도록 하는 역할을 한다.[45] 종교 간의 대화는 '모든 종교는 동질적인 것을 말하고 있다' 는 거짓된 가설에 의하여 훼방받고 있다. 이러한 자유주의적 종교 대화는 각 종교가 가지고 있는 특징과 차이를 무시하고 공통성만을 추구함으로써 진정한 종교 간의 대화를 방해한다. 미국 예일 신학자 캐드린 테너(Kathryn Tanner)는 다음과 같이 비판한다: "모든 종교들이 공통적으로 가지고 있는 것에

---

44) L. Newbigin, *The Gospel in a Pluralist Society*, 10

45) Alister McGrath, *The Genesis of Doctrine* (Oxford: Blackwell, 1990)

대한 다원주의적 일반화들은 그것들이 그것의 결과들을 침해한다는 점에서 진정한 대화와 충돌한다… 다원주의자들이 공통점에 초점을 맞춤으로 인하여 세계종교들 가운데 있는 차이점들이 무시되어진다. 대화의 조건으로 다원주의자들이 공통점들을 고집하는 것은 종교들 내에 있는 다양성의 깊이 정도, 또는 그러한 것들의 긍정적인 중요성을 인정하기를 꺼려함을 보여준다."[46]

진정한 대화란 차이성을 솔직하게 시인하는데서 출발한다. 옥스퍼드의 맥그래스는 다음과 같이 "정직한 불일치는 전혀 죄가 아니며", 진정한 대화에 도움이 된다고 주장한다: "누군가와 의견이 일치하지 않는다는 것은 전혀 죄가 아니다. 그러나 그와 같은 차이들은 전혀 존재할 수 없다고 하는 선험적인 믿음 때문에 그와 같은 차이들을 억누르거나 회피하는 것은 정당하지 못한 일이다."[47] 기독교와 불교의 대화에 있어서 기독교인들은 불교의 니르바나를 인정하고, 불타의 깨달음을 이들의 진리를 인정하고, 불교인들은 천국을 인정하고 예수가 하나님의 아들임을 인정하는 것, 서로 다름을 인정하고 대화를 하는 것이 진정한 대화의 길이다. 그런데 종교다원주의자들은 이러한 각 종교의 다름을 무시하고 이들 종교들이 초월적 존재라는 추상적이고 두 종교가 인정하지 않는 다른 공통적 실재를 가정하고 있다.

46) Kathryn Tanner, "Respect for Other Religions: A Christian Antidote for Colonialist Discourse," *Modern Theology* 9 (1993), 2

47) Alister McGrath, et al. *Four Views on Salvation in a Pluralistic World*, 227

4. 예수 그리스도에 대한 기독교의 이해

기독교는 예수 그리스도에 대하여 독특한 이해를 한다. 이 이해는 예수 그리스도의 삶, 십자가 죽음 그리고 부활에 근거하고 있다. 특히 신약성서의 저자들은 예수를 유일한 인류의 구원자로 이해하였다. 초대교회라는 종교다원주의적 상황 속에서 이들은 예수를 독특한 구원자로 이해하였다. 이들의 구원자 이해는 독특했다. 고대 희랍 종교에서 나타나는 포세이든(Poseidon)과 디오스쿠로이(Dioskouroi)는 모두 구원자들(soteres)이라고 언급되었다.[48] 또한 희랍종교에서의 구원이란 현재의 위협으로부터의 구조라는 의미를 가진다. 이와는 대조적으로 신약성경이 말하는 구원은 예수 그리스도 안에 나타난 하나님의 특별한 구원이요, 이것은 일시적 구원이 아니라 영원한 구원의 성격을 가지고 있다. 뉴비긴은 이것을 하나님 구속행위의 특수성(a particularity of God's salvific act)이라고 하였다.[49] 종교개혁자 칼빈은 "창조자 하나님에 대한 지식"과 "구속자 하나님에 대한 지식"을 구별하였다.[50]

창조자 하나님에 대한 지식은 자연과 성경을 통해서 중재되는 보편적인 지식인데 반해서, 구속자 하나님에 대한 지식은 그의 아들 예수 그리스도를 통해서만 알려진다. 전자의 지식은 유대인과 이슬람교도

48) Walter Burkert, *Greek Religion* (Oxford: Blackwell, 1975), 137, 213

49) Lesslie Newbigin, *The Finality of Christ* (Richmond, Va.,: John Knox, 1969)

50) Edward A. Downey, *The Knowledge of God in Cavins's Theology* (New York: Columbia Univ. Press, 1952)

가질 수 있는 지식인 반면에 후자의 지식은 오로지 기독교인만 가질 수 있는 특수한 지식이다. 이러한 하나님에 대한 특수한 지식은 하나님을 창조자로 아는 것 보다는 구속자로 아는 것이다. 루터는 하나님에 대한 두 가지 지식을 숨어계시는 하나님(deus absconditus)과 계시된 하나님(deus revelatus)에 대한 지식으로 표현하고 있다. 미국의 루터교 신학자 칼 브라텐(Carl E. Braaten)은 다음과 같이 표현한다: "루터교 신학은 전형적으로 하나님의 이중적 계시를 확언한다: 창조와 율법의 숨어 계신 하나님(deus absconditus)을 통한 계시, 그리고 언약과 복음의 계시된 하나님(deus revelatus)을 통한 계시."[51]

5. 기독교의 구원 : 특수한 보편주의

1) 그리스도 인격과 사역의 특수성과 사역범위의 보편성 사이의 창조적 긴장

기독교가 말하는 구원은 특수한 것이지 보편적인 것이 아니다. 기독교의 구원 이해는 예수 그리스도의 성육신, 십자가의 죽음과 부활에 토대를 갖고 있다. 기독교는 믿는 신자만이 구원을 독점하고 타인을 배제시키지 않는다. 오히려 구원을 받기 위해서는 어떤 특정한 교단에 들어가는 것이 아니라 신자들의 공동체 안에 들어가는 것을 말

---

51) Carl E. Braaten, "Christ Is God's Final, Not the Only Final," in: Carl E. Braaten, *No Other Gospel! Christianity among the Wolrd's Religions* (Minneapolis Fortress, 1992), 68

한다. 구원에의 초청은 보편적이다. 결혼 잔치에 합당한 옷을 입는 조건으로 교회 밖에 있는 사람 누구나 초청한다: “천국은 마치 자기 아들을 위하여 혼인잔치를 베푼 어떤 임금과 같으니(마22:2)… 사거리에 가서 사람을 만나는대로 혼인잔치에 청하여 오너라 한대(마22:9). 임금이 손을 보러 들어 올 때 거기서 예복을 입지 않은 한 사람을 보고 가로되 친구여 어찌하여 예복을 입지 않고 여기 들어왔느냐 하니 그가 아무말도 못하거늘”(마22:11-12). 어느 누구도 이 잔치에 참여하도록 강요되지는 않는다. 그러나 이 초대는 보편적이다. 신약성경은 하나님의 구원하시는 의지의 보편성을 말한다. 마태복음 22장 9절은 이것을 함의한다. 모든 사람이 구원을 받고 진리를 믿는 것은 하나님의 바람이다(딤전2:4). 하나님은 모든 사람에게 긍휼을 베풀고자 하신다(롬11:32). 하나님은 어느 누구도 멸망하기를 원하지 아니하시고 회개하기를 바라신다(벧후3:9). 여기서 우리는 그리스도의 인격과 사역의 특수성과 그의 사역범위의 보편성 사이에 창조적 긴장을 발견한다.[52]

그런데 로마 천주교의 칼 라너(Karl Rahner)나 개신교의 칼 바르트(Karl Barth)는 창조적 긴장보다는 보편주의적 길로 나아갔다. 이들은 그리스도의 죽음을 통한 보편화해와 보편구원을 말하고 있다.[53] 보편구원론은 하나님이 각 사람에게 구원을 강요하시도록 상상하도

---

52) Alister McGrath, et al. *Four Views on Salvation in a Pluralistic World*, 246

53) Alister McGrath,, "Karl Barth als Aufklärer? Der Zusammenhang seiner Lehre vom Werke Christi mit der Erwählunglehre," *Kerygma und Dogma* 30 (1984), 273-283

록 만든다. 이들의 보편구원론은 "하나님에 대하여 싫습니다"라고 하는 인간의 권리를 부인한다. 보편구원론은 그것이 가지는 매력에도 불구하고 사실상 모든 사람이 구원받도록 예정되었다고 선언함으로써 숙명적으로 나아가는 어두운 면이 있다.

2) 맥그래스의 사변적 해석 : 복음적 선포의 길 외의 다른 길?

맥그래스는 구원을 단지 복음의 선포를 통한 구원에 제한시키는 것을 반대한다. "어떤 유형의 복음주의 신학은 복음이 구두적으로 명백하게 선포되는 것에 반응한 사람들만이 구원을 받게 될 것이라고 하는 그들의 분명한 주장으로 인해 이 점에 있어서 상당한 불안과 염려를 야기했다는 데에는 의심의 여지가 있을 수 없다."[54] 그래서 그는 구원을 역사문화적으로 제한시키는 것은 하나님의 주권을 제한하는 것이라고 본다: "다원주의자들과 다른 많은 사람들은 이것이 지리적이고 역사적인 우연성에 의해 구원을 빼앗긴, 지금까지 살다간 수없이 많은 사람들을 무시하는 것임을 올바르게 주목하고 있다."[55] 그래서 맥그래스는 이러한 복음주의를 하나님의 구원하시는 능력을 제한시키는 흠있는 신학으로 본다: "그러나 이것은 하나님의 행동양식, 계시, 그리고 구원하시는 능력을 제한하는 흠이 있는 신학이다."[56] 맥그래스는 "우리는 하나님의 나라에서 우리가 만나게 될 사람들을

54) Alister McGrath, et al. *Four Views on Salvation in a Pluralistic World*, 248-9

55) Ibid., 249

56) Ibid., 249

보고서 깜짝 놀랄 준비가 되어 있어야만 한다." 그 성경적인 예로서 맥그래스는 예수님이 복음사역에서 복음의 은택 가운데 있게 될 사람들의 일부로 니느웨 사람들, 시바 여왕, 그리고 두로, 시돈, 소돔, 고모라 사람들을 들고 있다(마10:15, 마11:22, 마12:41-42). 그래서 맥그래스는 복음의 명시적 선포에 의한 구원 이외에 구원에 이르게 하시는 하나님의 주권적인 방법의 길을 열어놓고 있다. 이 주장의 근거는 하나님의 공의이다: "하나님께서 공의를 행하실 것이며 이것이 그의 피조물에 대한 하나님의 주권적인 권리들을 행사하심으로 성취될 것이라고 하는 확신은 이 문제에 대한 개혁주의적 접근의 토대가 되며 거기에 활력을 불어 넣는다."[57] 구원을 보편적으로 타당하게 하시는 하나님의 의도는 "예수 그리스도 안에서 최고로 구현된 하나님의 지혜, 의로우심, 그리고 선하심"에 기초한다고 주장하고 있다.

그러나 맥그래스는 전통적 개혁신학이 말하는 구원의 길에서 벗어나고 있다. 그는 복음선포를 통한 명시적 구원의 길 외에 하나님이 주권적으로 행하시는 길에 대하여 열어놓고 있다: "그러나 복음선포가 구원의 유일한 방편은 아니다. 하나님의 구원사역은 마치 성령께서 하나님이 세상에서 침묵하시거나 비활동적인 것처럼, 또는 하나님의 구원하시는 목적들이 전적으로 인간 대리자들에 의존해 있는 것처럼, 배타적으로 인간의 선포에만 제한되어서는 결코 안 된다."[58] 여기서 맥그래스는 그러한 하나님의 주권적인 방편이 무엇인지는 말하고 있지 않다. 우리는 맥그래스가 제시하는 성경적인 구원받은 사람들의

57) Ibid., 251

58) Ibid. 250

깜짝 놀랄만한 예가 과연 적합한 예인가 성찰해 보아야 한다. 소돔과 고모라 사람들(마10:15, 마11:23-24), 두로와 시돈(마11:21-22)이 과연 구원의 길에 있는가는 본문상 명확하지 않다. 본문상의 의미로는 가버나움보다 소돔과 고모라가 견디기 쉬울 것이라는 비교적 표현이다. 그리고 심판 때에 고라신과 벳새다 보다 두로와 시돈이 견디기 쉽다는 말이다. 본문상 니느웨 사람들(마12:41), 시바여왕(마12:42)은 심판 때에 패역한 세대의 사람들을 심판하게 될 것이라고 말씀한 것으로 보아 이들이 구원에 참여하게 될 것을 함의하고 있다고 볼 수 있다.

맺음말

제도와 종교로서의 기독교는 역사 속의 여러 종교들에 대하여 도덕성을 증명하거나 구원의 교리를 제시하는 데 우월성에 있다고 말할 수 없다. 제도와 종교로서의 기독교는 다른 종교들과 마찬가지로 상대성과 오류성에 던져져 있다. 기독교의 우월성이란 기독교 자체에 있기 보다는 기독교가 증거하는 예수 그리스도의 유일성과 독특성에 기인한다. 예수 그리스도의 유일성과 독특성은 그의 성육신, 십자가의 죽으심, 대속, 부활과 승천이라는 그의 삶과 연관이 있다. 이러한 사건들은 역사 속에 일어난 초역사적인 하나님의 구원의 역사이므로 다른 종교들이 말하는 구원의 길을 넘어서는 유일하고 독특한 길이다. 종교다원주의 사회 속에서 기독교는 사회적, 인도적 사업을 위해서 다른 종교와 공존하고 협력해야 한다. 종교간의 오해와 대립을 막기 위해서는 종교간의 대화가 필요하다. 종교간의 대화는 모든 종교가 갈다는 철학적, 추상적 전제에서가 아니라 각 종교의 특수성을 인정하면서 서로 간의 이해와 소통을 위하여 열리며 대화할 수 있어야 한다. 그리고 신자들이 더 좋은 종교로의 개종의 자유를 보장할 수 있어야 한다.

| 포스트구조주의 세계관* |

머리말

후기 현대의 세계관을 나타내는데 있어서 포스트구조주의와 포스트모더니즘은 항상 같이 붙어 다닌다. 많은 경우 동의어로 쓰이고 있다. 그리하여 양자 사이의 구분이 명료하지 않는 경우가 많다. 포스트모더니즘(postmodernism)은 문학이나 예술에 나타난 후기 현대의 시대정신이다. 포스트구조주의(poststructualism)는 철학이나 사회과학에 나타난 포스트모더니즘의 현상이다. 전자는 후기 현대에서 지구촌에 미치는 일반적인 정신현상이라면, 후자는 미국이나 프랑스에 나타난 정신현상이라고 할 수 있다. 본 글에서는 양자 사이의 공통점과 차이점을 밝히고 포스트구조주의의 세계관을 개혁신학적 입장에서 평가하고자 한다.

I. 정의

포스트구조주의와 포스트모더니즘 사이에는 유기적인 관계가 있다. 매던 새럽(Madan Sarup) 같은 이론가는 이 두 개념을 거의 동

---

* 이 부분은 저자의 『21세기와 개혁신학』 제 2권(한국장로교출판사, 1998) 제6장 포스트구조주의란 무엇인가?를 발전시킨 장이다.

의어나 다름없이 사용하고 있다.[1] 그러나 양자는 구분할 수 있다. 포스트모더니즘은 포스트구조주의 보다 더 광범위한 개념이라고 말할 수 있다. 후자는 개념적으로 전자에 귀속한다. 전자는 좁은 의미로는 문학을 비롯한 예술분야 또는 해체주의를 의미하고, 넓은 의미로는 20세기 후반기의 시대정신이라고 말할 수 있다. 그러므로 포스트모던 정신(postmodernity)이라고 말한다.

후자는 철학이나 사회과학에 나타난 포스트모던 현상이라고 말할 수 있다. 크리스 위든(Chris Weedon)은 그녀의 저서 『페미니즘적 실천과 포스트구조주의 이론』(*Feminist Practice and Post-structuralist Theory*)에서 후자를 다음과 같이 정의하고 있다. "'포스트구조주의'라는 용어는 모든 언어와 마찬가지로 다원적이다. 그것은 고정된 의미를 지니고 있다기 보다는 일반적으로 데리다, 라깡, 크리스테바, 알튀세, 푸코의 저술에서 그리고 그 저술들을 통해 발전된 넓은 영역의 이론적 입장에 적용된다."[2]

II. 구조주의와 공통점

구조주의의 시작은 스위스의 언어학자 소쉬르(F. d. Saussure)에 의하여 시작되었다. 제네바 대학에서 행한 그의 강의록을 기초로 그의 제자들이 펴낸 저서 『일반 언어학 강의』(A Course in General Lingui-

1) Madan Sarup, *An Introductory Guide to Post-Structuralism and Postmodernism* (Hemel Hempstead: Harvester Wheatsheaf, 1988). 118

2) Chris Weedon, *Feminist Practice and Poststructuralist Theory* (Oxford: Basil Blackwell, 1987), 19

stics)에서 소쉬르는 언어의 추상적 체계에 깊은 관심을 보였다.

구조주의는 언어와 텍스트만이 아니라 인간의 행위에까지 분석해 들어간다. 동화, 신화, 문학 작품뿐만 아니라 의상, 음식, 레슬링 경기까지 연구대상을 확대하였다. 구조주의는 인간의 모든 행위와 그 결과에 내재되어 있는 구조나 체계를 분석한다. 구조주의는 인간의 행위와 그 행위의 산물을 자족적이고 자기 결정적인 구조를 가진 의미체계로 간주한다.

문화인류학자 레비-스트로스(Levy-Strauss)나 문학이론가 바르트(Roland Barthes)는 모든 인류의 문화 구조를 과학적으로 설명할 수 있는 기호체계를 수립할 수 있다고 믿었다. 레비-스트로스나 로랑 바르트는 언어 분석의 이론과 방법에 기초한 내재적인 구조나 체계를 발견하는데 다양한 유형의 텍스트를 연구대상으로 하였다. 예컨대, 동화나 신화나 문학작품은 물론 의상이나 음식, 레슬링경기 등 인간의 모든 행위를 연구대상으로 하였다. 그런데 포스트구조주의는 구조주의가 말하는 추상적 구조나 체계에 대한 불신과 회의를 제기한다. 포스트구조주의는 이러한 구조주의가 주장하는 과학적 방법론에 한계가 있음을 주장하고 있다.

그러나 포스트구조주의는 구조주의와 공통점을 가지고 있다.[3)]

첫째, 둘은 언어를 인간의 모든 행위 가운데 가장 핵심적인 것으로 파악한다. 포스트구조주의는 구조주의와 같이 "언어의 제도적 성격"과 "언어의 무한한 생산성"을 인정한다.[4)] 언어의 제도적 성격이란 언

---

3) 김욱동, "포스트모더니즘과 포스트구조주의", 『포스트모더니즘과 포스트구조주의』, 현암사, 1994, 30-38쪽

어란 선천적인 것이 아니라 인간이 유년시절부터 사회적으로 점차 학습해나가는 문화적 산물이라는 것이다. 언어는 자의적이며 의미를 표출할 능력을 갖고 있지 않다. 그래서 장 보드리야르(Jean Baudrillard)는 현대사회가 인공적인 기호체계의 끝없는 그물에 걸려 있다고 지적한다. 그러한 기호체계는 아무것도 의미하지 않는다. 다만 그러한 기호체계를 고안한 이들의 신념체계를 영속화할 뿐이다.[5] 언어의 무한한 생산성이란 데리다가 말하는 바와 같이 의미작용을 무한히 가능하게 하는 언어의 특성을 말한다.

둘째, 인간행위에서 의미를 별로 중요시하지 않는다. 포스트구조주의는 구조주의와 같이 의미에 대해 깊은 회의를 가지고 있다. 구조주의는 텍스트 의미에 대하여 아무런 관심이 없다. 단지 텍스트의 구조에서 의미가 만들어지는 과정에 관심을 표명한다.

셋째, 비역사적인 사고를 가지고 있다. 양자는 텍스트를 벗어난 외적 역사에 대한 어떤 보편적인 패턴을 인정하지 않는다. 역사의 의미와 목적에 대하여 인정하지 않고 단지 텍스트 안의 세계만을 말한다.

III. 두 유형 – 텍스트 유형과 정치적 유형

포스트구조주의는 두 가지 유형으로 나눌 수 있다. 텍스트 유형과 정치적 유형이다.[6] 전자는 데리다와 그의 영향을 받은 미국의 해체주

---

4) John Sturrock, "Introduction", *Structuralism and Since: From Levi-Strauss to Derrida*, ed. John Sturrock (Oxford: Oxford Univ. Press, 1979), pp. 12-13

5) Mark Gottdiener, *Postmodern Semiotics: Material Culture and The Forms of Postmodern Life* (Oxford: Blackwell, 1995), 3-53

의자 테일러(Mark Taylor) 등이며, 후자는 푸코(M. Foucault), 알튀세(Althusser)와 바흐친(Mikhail Bakhkin) 등이다. 전자는 텍스트 안에서 일어나는 세계를 다루고 있고, 후자는 텍스트 밖에서 일어나는 세계를 다루고 있다.

텍스트 유형은 "텍스트를 벗어나서는 아무것도 존재하지 않는다"라는 데리다의 말로 특징지워진다.[7] 데리다는 텍스트에서 의미의 산종(散種)으로 인해 야기되는 "차연"을 말한다. 그러므로 텍스트의 고정된 의미는 없다고 선언한다. 테일러(Mark Taylor)는 데리다의 텍스트주의를 신학에 적용시켜 전통신학을 해체시키고 있다.[8] 테일러는 신의 죽음, 자아의 죽음, 책의 죽음, 역사의 죽음을 선언한다. 그리하여 신의 존재를 객관적인 존재가 아니라 텍스트 안에서 끝임없이 일어나는 의미현상으로 본다.

정치적 유형은 텍스트보다는 정치적 사회적 차원을 중요시한다. 니체가 『도덕 계보학』에서 현재를 과거로부터 분리시킴으로써 탈(脫)합법화한 것처럼 푸코는 그의 저서들을 통하여 현재를 과거로부터 단절시킨다. 푸코는 목적론적 역사관을 부정한다. 푸코는 지식에 대한 사회적인 이데올로기적 통제를 부각시킨다. 그의 저서들 『광기와 문명』(1961년), 『병원의 탄생』(1963년), 『사물의 질서』(1966년), 『감시와

---

6) 김욱동, "포스트구조주의와 포스트모더니즘", 『포스트구조주의와 포스트모더니즘』, 1991, 현암사, 22-30쪽

7) J. Derrida, *Of Grammatology*, trans. Gayatri Chakravorty Spivak (Baltimore: Johns Hopkins Univ. Press, 1975), p. 158

8) Mark C. Taylor, *Erring, A Postmodern A/theology*, The University of Chicago Press, Chicago and London, 1984, 13

처벌』(1975년), 그리고 『성의 역사』(1976년)에서 여러 형태의 지식이 어떻게 생성되고 변천해 왔는가 하는 점을 밝혀내고 있다. 여기서 푸코는 모든 지식이란 니체가 말한 바와 같이 권력의지의 표현에 지나지 않는다고 본다. 지식과 권력이란 마치 동전의 양면처럼 서로 밀접한 관련을 맺고 있다. 알튀세도 인간을 이데올로기의 하수인으로서 이데올로기에 의하여 사회구조 안에서 각각 자리를 잡도록 요구된다고 주장한다. 따라서 그도 푸코와 같이 인간의 지식이 이데올로기에 의하여 형성된다고 주장한다.

바흐친의 대화주의 이론도 정치적 유형에 속한다. 바흐친은 역동적인 상호작용이나 구체적인 의사소통의 관점에서 텍스트를 탐구한다. 그는 형식주의와 마르크스주의를 결합하고 있다. 그는 한편으로 문학 텍스트의 언어적 구성에 관심을 가지고 있다. 이 점에서 그는 형식주의의 테두리에 서 있다. 그는 다른 한편으로 우리의 언어가 물질적 영향을 받고 있다고 본다. 이 점에서 그는 마르크스주의 입장을 수용하고 있다. 그리하여 바흐친은 이 양자를 창조적으로 결합하고자 한다. 그리하여 그는 언어를 계급투쟁의 장으로 보고 있다. 그는 가치관과 세계관의 차이가 언어만큼 서로 충돌하고 갈등을 일으키는 곳도 없다고 보고 있다. 이것이 바로 그의 메타 언어학이다. 그는 텍스트가 형식주의자가 말하듯이 기교(技巧)의 산물이 아니라 어디까지나 일상생활 속에서 구체적이고 역동적인 상호작용의 산물로 본다. 그러므로 텍스트는 단순한 형식 속에서 만들어지는 제조물이 아니라 삶의 역동성 속에서 수행되는 창조의 산물로 본다. 이처럼 역사주의 유형은 텍스트를 그 자체에서 일어나는 사건보다도 텍스트 밖에서 일어나는 사건의 산물로 본다.

Ⅳ. 포스트모더니즘과의 공통성과 차이성

1. 공통성

양자는 현대후기에 나타난 사회현상과 역사현상에 관련되어 사용되는 사상적 흐름이다. 포스트구조주의는 일반적으로 포스트모더니즘의 하부개념이다. 포스트모더니즘은 매우 광범위한 현대후기적 사상적 추세라고 한다면, 포스트구조주의는 그 가운데서 그 원산지인 프랑스 그리고 미국 등지의 국부적 흐름을 가리킨다.

2. 차이성

포스트모더니즘은 좁게는 문학을 비롯한 예술 분야, 넓게는 문화전반, 가장 넓게는 20세기 후반과 21세기의 시대정신, 세계관과 관련된 현상이다. 포스트구조주의는 철학이나 사회과학에 나타난 포스트모더니즘의 현상이라고 할 수 있다. 포스트구조주의는 문학이나 예술보다는 오히려 철학이론이나 사회이론과 관련된 개념이다.[9] 포스트구조주의가 제1세계와 제2세계라는 국부적인 현상에 머무는 데 반해서, 포스트모더니즘은 국경을 초월하여 제3세계에까지 영향을 미치는 지구촌의 일반적 추세가 되고 있다. 로랑 바르트, 미셸 푸코, 작 라캉, 프랑수아 료타르, 알튀세 등 프랑스의 사상가들을 비롯하여, 힐리스 밀러, 제프리 하트먼, 헤럴더 블롬 같은 예일학과의 이론가들과 미하

9) 김욱동, "포스트모더니즘과 포스트구조주의", 『포스트모더니즘과 포스트구조주의』, 현암사, 1994, 16

일 바흐찐 등이 포스트구조주의자로 분류된다.

포스트모더니즘과 같은 계열의 포스트모더니티 개념은 이러한 이념이 형성되는 시간적 차원을 가리킨다. 포스트모더니티(post-modernity)는 통시적인 개념(synchrony)으로 사용되는데 반해서 포스트구조주의는 공시적인 개념(diachrony)으로 사용된다. 포스트모더니티는 역사적 시기를 가리키는데 반해서 포스트구조주의는 이 시대의 체계적인 사상의 흐름을 가리키고 있다.

포스트구조주의는 아주 중요한 면에서 모더니즘의 기본 입장 (언어의 유희와 주관성에 대한 깊은 회의와 텍스트성)을 그대로 수용하는 점에서 모더니즘을 극복하고자 하는 포스트모더니즘과는 다르다. 그래서 앤드리어스 후이슨(Andreas Huyssen)은 다음과 같이 말한다: “사실상 프랑스와 미국의 경우, 포스트구조주의는 포스트모더니즘의 주창자들이 흔히 주장하는 것보다 훨씬 더 모더니즘에 가깝다… 나는 포스트구조주의가 일차적으로 모더니즘의 언술이며 모더니즘에 관한 언술이라고 주장한다.”[10]

포스트모더니즘에서 나타나고 있는 특징(언어와 작가의 주관성에 대한 불신)들은 포스트구조주의에 이르러서는 한결 더 극단화된다. 후기 로랑 바르트와 미셸 푸코 등에 와서는 주체의 죽음이나 저자의 죽음이 본격적으로 논의된다.

포스트구조주의가 포스트모더니즘에 포섭되는 하부개념이라면 해

10) Andreas Huyssen,"Mapping the Postmodern," in: *After the Great Dicide: Modernism, Mass Culture, Postmodernism* (Bloomington: Indana Univ. Press, 1986), 207

체주의는 포스트구조주의에 포섭되는 하부개념이다.[11] 그러나 해체주의가 포스트구조주의와 동일한 것이 아니다. 해체주의는 미셸 푸코나 라캉 혹은 료타르 등의 이론가들보다는 주로 데리다와 관련된 이론이라고 보는 것이 더 타당하다. 데리나는 니체를 수용하면서 히이데거의 존재의 형이상학을 해체함으로써 하이데거 철학이 근거하고 있는 서구의 전통철학을 해체하고 있다.

V. 포스트구조주의의 특징

포스트구조주의는 구조주의에서 나왔다. 포스트구조주의는 구조와 체계를 부인하고 구조주의가 주장하는 이성중심적인 인식과 과학적 인식을 비판한다. 그러면서도 이성과 언어를 떠나서는 구조와 체계를 설명할 수 없다고 본다. 이런 점에 있어서 포스트구조주의도 역시 구조주의의 테두리를 궁극적으로는 벗어나지 못한다. 포스트구조주의는 구조에 대한 깊은 회의와 불신을 보이면서도, 적어도 무의식적일망정 구조의 개념에 의존하지 않을 수 없다. 그러므로 포스트구조주의라는 말을 붙인다. 포스트구조주의는 구조주의와는 달리 극단한 회의주의와 상대주의의 입장을 가지고 있다. 이러한 입장은 여러가지 모습으로 나타난다.[12]

11) 김욱동, "포스트모더니즘과 포스트구조주의", 『포스트모더니즘과 포스트구조주의』, 현암사, 1994, 22

12) 김욱동, Ibid., 30-55쪽

1. 구조주의와의 공통점

첫째, 언어를 인간의 모든 행위 가운데 가장 핵심적인 것으로 파악한다. 포스트구조주의는 구조주의처럼 언어에 대하여 일종의 강박관념을 지니고 있다. 스터록(Sturrock)은 양자가 "언어의 제도적 성경"과 "언어의 무한한 생산성"에 사로잡혀있다고 본다.[13] "언어의 제도적 성격"이란 언어란 선천적인 것이 아니라 유년시절부터 습득해가는 문화적 제도라는 것이다. "언어의 무한한 생산성"이란 의미작용을 무한히 가능하게 하는 언어의 특성을 말한다. 데리다는 언어의 이러한 특성을 강조한 포스트구조주의자이다. 한 작품의 의미란 그 작품에 내재한 의미에 있는 것이 아니라 그 작품을 읽는 자가 부여하는 독서행위에 달려 있다. 데리다는 언어의 생산성을 강조함으로써 서양의 철학체계를 해체하고자 한다.

둘째, 인간 행위에서 의미를 별로 중요시하지 않는다. 포스트구조주의는 구조주의처럼 문학작품의 의미에 관하여 관심을 가지지 않는다. 그 이유는 양자는 의미에 대해 깊은 회의를 가지고 있기 때문이다. 구조주의는 개별적 텍스트의 의미에 대하여 전혀 관심이 없다. 구조주의의 관심은 텍스트 의미의 형성과정에 있다. 해체주의는 텍스트의 의미가 고정불변한 것이 아니라 항상 개방적인 과정에서 형성된다고 본다. 그러므로 데리다에 따르면 문학 텍스트는 독자의 마음에 다양한 의미작용의 유희를 유발시키는 "흔적"(trace)만을 남길 뿐이다.

---

13) John Sturrock, "Introduction," in: *Structuralism and Since: From Levi-Strauss to Derrida*, ed., John Strurrock (Oxford: Oxford Univ. Press, 1979), 12-13

셋째, 비역사성과 비정치성으로 특징지어진다. 포스트구조주의는 구조주의처럼 역사에 어떤 패턴이 있다는 사실을 받아들이지 않는다. 레비-스트로스는 『야만의 정신』에서 사르트르의 역사적 유물론을 비판하였고, 푸코 역시 헤겔의 목적론적 역사관을 부정한다. 데리다 역시 역사의 종점이란 존재하지 않는다고 본다. 이처럼 이들은 역사성을 경시하거나 무시한다.

넷째, 궁극적으로 구조나 체계를 벗어나지 못한다. 포스트구조주의는 추상적 체계나 구조를 비판하면서도 구조주의처럼 체계나 구조의 굴레를 벗어나지 못한다. 이성의 도구인 언어를 여전히 사용하는 한 이성주의적 인식론을 벗어나지 못한다. 언어와 의미란 역시 구조나 체계를 떠나서는 존재할 수 없기 때문이다.

2. 구조주의와의 차이점

이러한 공통점을 가지면서도 포스트구조주의는 극단적 회의주의와 극단적 상대주의를 사고의 특성으로 지니고 있다. 이 점에서 포스트구조주의는 구조주의와는 다르다.

첫째, 언어의 지시적 기능에 대한 강한 불신을 보인다. 구조주의는 언어가 지니고 있는 로고스성, 특히 기의(signifie, langue)를 강조함으로써 언어가 지니는 지시성과 논리성을 배제하지 않았다. 이에 반해서 포스트구조주의는 이러한 언어의 지시성과 고정성에 대하여 깊은 회의를 제기한다. 구조주의가 언어의 감옥에 갇혀있는 수인(囚人)이라고 한다면, 포스트구조주의자들은 언어의 감옥을 박차고 나온 탈주자(脫走者)들이다. 포스트구조주의는 언어의 표상화에 대해 회의

하는 점에 있어서 포스트모더니즘에 속한다.[14)]

포스트구조주의자 데리다는 구조주의자 소쉬르의 언어학을 비판한다. 소쉬르는 일반언어학에서 기표(signifiant, parole)와 기의의 임의적인 결합을 통해서 긍정적인 고정적 의미를 창출한다고 주장하였다. 그러나 데리다는 기의와 기표 사이에는 일대일의 상응관계가 존재하지 않는다고 본다. 양자는 끊임없이 분리되며 경우에 따라서는 새롭게 다시 결합한다. 데리다는 소쉬르의 로고스중심주의를 비판하기 위하여 "차연"(差延, difference)이라는 개념을 사용한다. 차연이란 공간적인 개념은 차이(差異)의 의미와 시간적인 의미인 지연(遲延)의 의미를 같이 내포하고 있다. 그리하여 이 개념은 언어가 지닌 비결정적이고 비종결적인 특성을 나타내고 있다. 데리다는 그의 저서 『글쓰기와 차연』(*Writing and Difference*)에서 언어 의미의 확정이란 의미의 산종(散種) 때문에 불가능함을 말한다. "초월적 기의의 부재로 말미암아 의미작용의 영역과 유희가 무한히 확장된다."[15)] 푸코도 마찬가지로 데리다의 "차연"이나 "산종"이라는 개념에 상응하는 "담론"이라는 개념을 사용한다. 언어란 추상적 체계가 아니라 사회적, 역사적으로 다양한 개념 안에 위치에 있다. 그러므로 언어의 의미는 표현되기 이전에는 존재하지 않는다고 본다. 언어는 실재 세계를 지시하는 기능을 담당하지도 않는다고 본다.

---

14) Roy Boyne/ Ali Rattansi, ed. *Postmodernism and Society* (London: Routledge, 1990), p. 12

15) J. Derrida, "Structure, Sign and Play in the Discourse of the Human Science", in: *Writing and Difference*, trans. Alan Bass (Chicago: Univ. of Chicago Press, 1978), p. 280

둘째, 인간주체나 개별적인 자아에 대하여 깊은 회의를 갖는다. 구조주의는 데까르트가 발견한 주체보다도 구조에 대한 관심을 표명했다. 구조주의자 레비-스트로스 역시 인간 주체에 대해 심각한 회의를 세기하였다. 따라서 구조는 주체와 상호 배타적인 관계를 갖기 보다는 상호 의존적인 관계를 맺고 있다고 본다. "주체를 전면적으로 공격하면 당연히 구조의 개념 또한 파괴시키게 된다."[16] 그러므로 구조주의의 주체나 자아에 대한 불신은 급진적이 아니다.

구조주의에서 표명된 주체에 대한 평가절하 내지 불신은 포스트구조주의에 이르러 극단적인 형태로 발전한다. 포스트구조주의는 구조주의가 제기한 데까르트의 주체에 대한 불신을 극단한 회의로 제기한다. 여기서 "저자의 죽음" 내지 "주체의 죽음"이 언급된다. 낭만주의에서는 작품을 통해 저자의 감정이나 사상을 표현하고자 했고, 실재주의에서는 저자는 증언대에 서서 선서(宣誓)를 하고 증언하는 사람처럼 자연의 모습이란 삶의 모습을 있는 그대로 재현하고자 했다. 그러나 포스트구조주의에 이르러 저자는 더 이상 자신의 감정이나 사상을 표현하거나 외부세계를 재현하는 기능을 하지 않는다. 텍스트나 작품에서 나타나는 자아나 주체는 언어의 구성물에 지나지 않는다. 여기서 저자의 정신이란 이미 존재해 있는 언어나 관습 그리고 기호들이 만나는 일종의 공간에 불과하다. 롤랑 바르트(Roland Barthes)가 『저자의 죽음』(*The Death of Author*)(1968)에서 말하듯이 "제도로서의 저자는 이제 사망하였다."[17]

---

16) Madan Sarup, *An Introductory Guide to Post-Structuralism and Postmodernism* (Hemel Hempstead: Harvester Wheatsheaf, 1988), 2

셋째, 텍스트와 독자의 역동적 관계가 한결 더 강조된다. 구조주의는 텍스트 안이나 뒤에 내재되어 있다고 생각되는 진리를 파악하고자 하였다. 여기서 독자는 중요하지 않고 작품의 구조와 체계가 중요하다. 감정을 지닌 독자는 비개성적인 독서 행위 속에서 용해된다. 그가 읽는 것은 다양한 의미를 산출하는 텍스트라기 보다는 글쓰기이다. 텍스트의 의미를 창출해내는 비개성적인 독서행위가 중요하다. 여기서 독서란 글쓰기에 지나지 않는다. 독서란 문학작품을 구성하는 일련의 단어와 구절과 문장에 형식과 의미를 부여하는 작업이다. 구조주의에서 시(詩) 읽기란 마치 수술대에 환자를 올려놓고 해부하는 의사처럼 시를 완전히 해부하는 것이다. 시에 사용된 소리, 각운, 리듬, 의미 등이 중요하다. 이러한 요소들이 담당하는 기능을 결정하기 위하여 음성학적, 문법적, 운율적, 의미론적 분석을 가한다. 그리하여 시에 내재되어 있는 의미체계를 발견하는 데 그친다. 그러나 의미체계가 독자에게 영향을 미치는 "시적 구조"를 드러내는 데 실패한다.[18] 이러한 구조주의 분석에서는 독자의 주관성이나 창조성이 들어설 여지가 차단되어 버린다.

이에 반해서 포스트구조주의는 텍스트와 독자와의 관계를 중요시한다. 독서란 단지 텍스트에 내재되어 있는 구조적인 요소들이나 의

17) Roland Barthes, "The Death of Authors", in: *Image-Music-Text*, trans. Stephen Heath (New York: Hill and Wang, 1977). p. 142

18) Michael Riffaterre, "Describing Poetic Structure: Two Approaches to Beaudelaire's 'Les Chats'," *Yale French Studies*, 36-37 (1966)

미체계를 발견하는 것을 넘어서서 양자의 역동적인 관계, 특히 독자의 창조적 관계를 드러낸다. 구조주의는 단지 텍스트 안에 내재된 고정된 의미(meaning)만을 드러내고자 한다. 이에 반해서 포스트구조주의는 의미가 지시하는 의미성(significance)를 드러내고자 한다. 여기서 텍스트는 더 이상 닫혀 있지 않고 열려있다. 여기서 텍스트의 개방성이 강조된다. 포스트구조주의는 텍스트의 다원적 의미를 강조하게 된다. 포스트구조주의가 강조하는 독서의 창조행위는 극단적인 형태를 띠어 창조적 오독(誤讀)으로 나아가는 경우가 많다. 독자는 텍스트의 고정된 의미를 소비하는 자가 아니라 독서행위를 통해서 의미를 창출하는 창조적인 참여자가 된다. 미국의 해체주의자인 밀러는 "모든 독서는 필연적으로 언제나 오독이다"[19]고 주장한다.

넷째, 추상적인 체계성과 총체성을 거부한다. 구조주의가 구조의 체계성과 이성이 갖는 합리성을 중요시하는 데 반해서 포스트구조주의는 체계성이나 총체성에 깊은 회의를 표명한다. 그 대표적인 것이 데리다의 해체사상에서 나타난다. 데리다는 소쉬르의 구조주의 언어학을 플라톤 이후 서구철학을 지배해온 로고스중심주의에 의존하고 있다고 비판한다.

데리다는 소쉬르의 언어이론의 세 가지로 비판한다. 첫째, 소쉬르는 문자적 언어인 글이나 텍스트성 보다는 음성적 언어, 즉 말에 특권을 부여하였다. 그리하여 음성중심주의를 신봉하였다. 둘째, 소쉬르는 언어의 의미의 다원성이나 의미의 변화를 인정하지 않는다. 그는

19) J. Hills Miller, "Stevens' Rock and Criticism as Cure II," in: *Georgia Review* 30, 1976

언어를 공시(共時)성의 관점에서 보았기 때문에 언어의미를 고정불변한 상태로서만 파악했다. 셋째, 소쉬르는 언어적 부호가 고정된 의미만을 지니고 있고 그것이 합리적 자의식을 통해서 인지되는 것으로 보았다. 그러나 언어적 부호나 의미는 비결정적이고 비종결적인 것이기 때문에 화자의 자의식에 의하여 고정적인 것으로 파악되는 것이 아니다. 이러한 사고체계는 사막의 신기루처럼 부질없는 환상에 지나지 않는다고 본다.

이처럼 데리다는 소쉬르의 구조주의가 문자로 기록된 글보다는 음성으로 된 담론에 특권을 부여하는 입장, 즉 음성 중심주의에 대하여 비판하고 있다. 데리다는 그의 저서 『문자학에 대하여』(1967)에서 이 음성 중심주의는 다름 아닌 로고스중심주의라고 규정하고 있다. 로고스란 모든 것의 근원이 되는 권위나 중심적인 힘을 의미한다. 로고스중심적 사고란 초월적인 신이나 존재와 같은 절대적인 기초나 제일원리에 의존하는 사고체계를 가리킨다.

데리다에 의하면 서구의 형이상학은 이항(二項)대립이나 이분법을 기초나 원리로 하고 있다. 이항대립의 예란 영혼/육체, 이성/감성, 형식/내용, 본질/현상, 주체/객체, 공시성/통시성, 글/스피치, 랑그/빠롤, 시니피에/시니피앙 등이다. 데리다는 이항대립이나 이분법을 붕괴시키고자 한다. 이항대립을 이루고 있는 구성요소들은 겉으로는 서로 대립하고 있는 것처럼 보이지만 이 두 항목 중 어느 하나는 이미 다른 나머지 항목에 내재되어 있다. 데리다에 있어서 해체란 이런 이항대립이나 이분법을 파괴하거나 부정하고자 하는 지평적 작업의 꼬리표이다.

푸코 역시 "메타담론"이나 "거대담론"을 불신한다. 푸코도 전체적인 것보다 부분적인 것, 총체적인 것보다 파편적인 것, 거대한 것보다 작은 것에 관심을 보인다. 그는 담론을 인간의 핵심행위로 파악하면서도 그것을 일반적인 텍스트나 의미의 바다로 보지 않는다. 그는 담론을 권력의지의 산물로 간주하기 때문에 담론을 역사에 대한 어떠한 객관적 지식이라고 보지 않는다.

료타르도 그의 저서 『포스트모던 조건』(*The Postmodern Condition*)에서 거대담론(Meta-narrative)의 위기를 지적하면서 총체적 체계를 비판한다. 그것은 "정신의 변증법, 의미의 해석학, 합리적 주체나 노동주체의 해방, 또는 부(富)의 창조"[20]이다. 료타르가 말하는 현대사회에 이르러 그 신빙성을 상실한 거대담론(Grand-narrative)이란 헤겔의 관념론, 마르크스의 유물론, 아담 스미스의 자본주의, 하이데거의 해석학 등이다. 이것들은 20세기 후반에 이르러 더 이상 정치와 사회, 문화현상을 설명할 수 없게 되었다. 그래서 그는 "총체성에 대하여 전쟁을 일으키자"[21]고 선언하고 있다.

VI. 허무주의적 상대주의 세계관

포스트구조주의가 제시하는 세계는 여러 관념과 사상이 파편적으로 엮여 있는 결집체이다. 이 세계는 끊임없이 변천하는 파편들의 결집체

---

20) J. F. Lyotard, *The Postmodern Condition: A Report on Knowledge*. trans. Geoff Bennington/Brian Massumi (Minneapolis: Univ. of Minnesota Press, 1984), XXII

21) J. F. Loytard, "Answering the Question: What Is Postmodernism?", in: *The Postmodern Condition*, 82

이다. 결단코 통일되고 안정되고 조화로운 세계가 아니다. 진리라는 관념은 잘해야 착각에 불과하고 나쁘게는 억압이 된다고 본다. 그래서 진리에 대한 질문들에 대해서 특유의 거부감을 가지고 있다. 세계를 무질서한 것으로 보고 세계가 실제로 존재하는 방식을 무시한다.

이러한 파편적 결집체로서의 세계관의 구체적인 특징은 다음과 같다.

첫째, 자연주의적 세계관이다. 포스트구조주의는 서구철학의 로고스중심주의를 부정하고 글쓰기에 의한 새로운 세계를 제시한다. 이것은 서구철학의 음성주의 세계를 비판하고 있다. 이것은 이항대립이나 이분법을 거부하면서 이항의 역설적 성립가능성을 말하고 있다. 이것 역시 인간주의적 사고 안에서 사유하는 이항(二項)대립과 이분법적 세계를 깨뜨리고자 하는 것이다. 그러나 포스트구조주의도 여전히 자연주의적 사고와 세계관에 머물고 있다. 이항대립의 사고는 진리와 허위 사이의 엄격한 경계선을 긋고자 했다. 이 사고는 본질상 상호배타적인 두 구성요소 중 어느 하나에만 특권을 부여하고 나머지 하나는 부정하는 배중율의 사고이다. 데리다는 이항대립의 사고를 파괴하고자 한다. 해체란 이러한 서구 전통적 사고에 대한 비평적 작업의 꼬리표이다.[22] 문자가 중심이 된 텍스트의 세계관이 펼쳐진다.

둘째, 상대주의적 세계관이다. 데리다는 서구 정신사의 해체과정에서 백지 위에 숨어 있는 "흰 글씨"로 새로운 무엇을 읽고 있다. 데리다는 플라톤이 검은 글씨로 써 내려간 이데아 철학의 책 속에 문자화

22) 김욱동, "포스트모더니즘과 포스트구조주의", 『포스트모더니즘과 포스트구조주의』(편저), 현암사, 1991, 53

된 활자 곁에 있는 "자간"(字間)이나 "행간"(行間) 그리고 "난외"(欄外)에 흰글씨로 쓰여진 또 다른 세계가 있다고 본다. 데리다는 중심사상으로 드러나는 검은 활자보다도 변두리로 취급되는 가장자리가 중요하다고 본다. 이 가장자리에서 데리다는 책의 논리와는 다른 텍스트의 논리를 발견한다. 책의 논리가 결정과 진리의 논리라면 텍스트의 논리는 반결정과 반진리의 논리다. 막 테일러(Mark Taylor)는 데리다를 따라서 전통적 로고스주의가 사용하는 양자 택일의 논리 아닌 양자 긍정과 양자 부정을 동시에 사용하는 플라톤의 파르마콘(pharmakon)의 논리를 수용한다.[23)]

포스트구조주의는 닫혀 있지 않고 열려 있는 텍스트의 개방성을 강조한다. 그리하여 텍스트의 다원적 의미를 강조한다. 그리하여 독서의 창조 행위는 극단적인 형태를 띠어 창조적 오독(誤讀)으로 나아간다. 여기서 전개되는 세계관은 상대주의 세계관이다. 텍스트의 의미가 객관적으로 있는 것이 아니라 독자가 창조적으로 만들어 간다고 보기 때문에 인간을 떠나 독자적으로 있는 세계는 존재하지 않는다. 상대주의 세계관은 총체적인 것에 선전 포고를 하고 역사에 대한 거대담론이나 거대수사는 더 이상 인정하지 않는다. 전반적인 것보다는 국부적인 것, 총체적인 것보다는 파편적인 것, 거대한 것보다는 작은 것이 주제화된다.

셋째, 무신론적 세계관이다. 미국의 해체신학자 막 테일러는 책이란 모든 존재와 비존재의 비기원적인 기원(the nonoriginal origin)

---

23) 김형효, 『데리다의 해체철학』, 민음사, 1993, 100-109

으로 본다. "모든 것은 단어의 발생적/해체적 작용 내에서 항상 이미 새겨진다. 이런 방식으로 이해된다면 글이란 신적 길(the divine millieu)로 읽혀질 수 있다. 그것은 '중간 길' 이다. 이 길을 따라서 신의 글이란 반복적으로 단어의 무한한 산종(the unending dissemination of the word)으로 나타난다"[24)]

여기서 테일러는 데카르트적 사고를 극단화한다. 이 사고는 진리와 확신을 동일화하여 모든 것을 인간으로 환원한다(a reductio ad hominem). 인간이 주관이 되면 신을 포함해서 모든 것은 객관화된다. 여기서 신(神)도 사고의 대상이 된다. "인간이 바다를 마시면 그는 역시 바다의 창조자인 신을 마신다. 이런 방식으로 인간은 신의 살해자이다."[25)] 인간은 자기의식을 발전시켰다. 이제 신이 인간을 지배하던 미신은 더 이상 존재하지 않는다. 현대주의적 무신론이 살해한 신은 기독교적인 초월적 창조자(the transcendent christian Creator God)이다. 초월적 절대자는 자아의 본래적인 근거이며 전적 타자(the whole other)이다. 이 전적 타자는 인간 자율성의 관점에서 보면 "죽음의 그림자로서 나타난다." "신은 죽음이다. 죽음은 절대적인 주인이다"(God is death, and death is absolute master).[26)]

현대의 인간은 자기의 주인인 신을 폐위시키고 자기 자신이 스스로

---

24) Mark C. Taylor, *Erring. A Postmodern A/theology*,Chicago and London: The University of Chicago Press, 1984, 15

25) M. Taylor, op. cit., 22

26) ibid., 23

신이 된다. 그러므로 인간의 신 시해(神 弑害)는 자기신격화의 행위(act of self-deification)이다. 테일러는 "외디푸스 컴플렉스의 본질은 그 자신 원인(causa sui)인 신이 되는 기획"이라고 선언한다.[27] 인간주의적 무신론은 신의 실재를 단순히 부정하는 대신에 신적 주체의 속성을 인간적 자아로 환원시킨다. "주권적 신의 죽음은 이제 주권적 자아의 탄생으로 나타난다."[28] 그러나 이것은 현대적 무신론의 명제였다.

넷째, 허무주의적 세계관이다. 테일러는 현대주의적 종교 비판을 시도했던 인본주의적 무신론에서 신의 죽음이 표현되었다고 본다. 그리고 이 무신론의 신학적 테두리를 분석한다. 인본주의적 무신론은 신적 창조자의 속성을 인간 피조물에게 전위(轉位)시킴으로써 자아의 이름으로 신을 부인한다. 그리하여 고전적 신학은 현대주의적 인간론으로 도치된다. 고전적 신학은 지배(dominion)와 통제(mastery)의 사고에 의하여 수행되었다. 그리하여 자기에 대한 확언과 더불어 기계기술 의식의 중심에 있는 유용성과 소비의 원리를 구체화한다. 그것은 자기도취적(narcissistic)이고 허무주의적(nihilistic)이다. 그러나 "이러한 자기 확언은 결국 자기 패배이다." "역설적으로 신의 죽음은 자아의 사라짐에서 절정을 이룬다."[29]

테일러는 희랍적 역사 이해를 제시한다. 희랍적 역사 이해에 의하면 희랍신화에서 나오는 아리아드네의 밧줄(Arriadne's thread)처

27) Ibid., 25
28) ibid, 25
29) ibid., 14

럼 역사란 하나의 시학(詩學, poetics)이다. 아리아드네의 밧줄이란 미궁에서 빠져나오게 하는 밧줄이다. "역사란 자서전처럼 창조적 상상력의 작품으로 나타난다."[30] "연대기가 서사적인 정합성을 갖도록 하는 상상력 행위의 결과로서 역사는 불가환원적으로 문학적이며 불가피하게 예술적이다." "서사적 담화는 기술적으로 중립적이고 사실적으로 정확한 대신에 상상적이고 수사학적(rhetoric)이다." [31]

역사의 종말은 초월적 신의 죽음과 주권적 자아의 사라짐을 전제할 뿐 아니라 불행한 의식의 극복을 필요로 한다. 역사의 종말을 여는 선언은 불가피하게 부정을 내포한다. 이 선언은 죽음의 부정에 대한 부정이다. 이 선언은 모든 긍정과 불가분리적인 부정을 시인한다. 역사의 종말을 표시하는 긍정과 부정의 일치는 과거와 미래에 대한 정신병리적 집착으로부터의 인류의 해방으로 결과된다. 이 해방은 "현재에서 사는 길이요 동시에 죽은 길"이다. 여기서 해체신학은 삶과 죽음을 동일한 것으로 본다. 종말게임은 이제 종말게임을 그치는 것에 대한 놀이로 나타난다. 그러나 종말게임을 그치는 놀이는 동시에 무한한 게임의 시작이다. 이러한 역사 종말의 관점에서 최종의 줄거리(final plot)는 아무 줄거리도 없는 것으로 보인다.

---

30) M. C. Taylor, op. cit., 66

31) M. C. Taylor, op. cit., 68

VII. 개혁신학적 평가 – 공헌과 비판

우리는 이제 이러한 포스트구조주의의 세계관을 개혁신학적 입장에서 평가하고자 한다.

1. 공헌

첫째, 포스트구조주의 세계관이 가져다준 공헌이란 헤겔적이고 마르크스적, 이성주의적 역사관이 빠질 수 있는 전체주의적 경향을 비판하면서 인간 이성의 한계와 도덕성의 자기모순을 드러낸 것이다. 1986년 발간된 논문 가운데 "총체성에 관한 전쟁" 부분에서 료타르가 마르크스주의와 같은 거대담론은 전체주의적 관점을 가지고 있기 때문에 "인류에 대한 범죄"를 저지를 수 있는 사고 구조를 생성시킬 위험성이 있다[32]고 주장한 것이 그 예이다. 헤겔의 체계가 나치에 의하여 전체주의적으로 사용되었을 때 독일 국가사회가 도입되고 6백만 유대인의 가스실 처형이 이루어졌다. 포스트구조주의 세계관은 전체주의 세계관을 무너뜨린 점에서 공헌을 하였다.

둘째, 조직적 이성과 전체성을 숭배하는 모더니티의 획일성을 지적하고 비판한 것이다. 포스트구조주의는 메타 내러티브에 은밀히 담겨 있는 폭력적 기능을 드러낸 것이다. 이것은 오늘날 포스트모더니티의 이데올로기인 과학기술주의의 획일성 비판에도 그대로 적용될 수 있

32) J. F. Lyotard, *Le postmodernism expliqué aux enfants* (Paris: Editions, Galilée, 1986), 121-122, Lyotard, *The Postmodern Culture: A Report on Knowledge* (Manchester: Manchester University Press, 1984), 82

다. 오늘날의 생명공학 (특히 유전자 공학)은 인간을 스스로 기술적으로 고안하고 주문하는 주문형 아기출산(천재, 미인, 운동선수 등) 등, 인간 우생학으로 나갈 위험성을 내포하고 있다. 포스트구조주의는 이러한 모더니즘의 획일성의 사고를 지적하는 점에서 공헌하고 있다.

셋째, 다원성을 수용하고 있다. 모더니즘이 획일성이라는 경직성에 빠지면서 인간의 개성과 사고의 특성을 도외시함으로써 개체의 존엄성과 특성이 보편성과 전체에 희생당하는 결과를 초래하였다. 이에 반하여 포스트구조주의는 다원성과 개체의 특성을 인정함으로써 모더니즘이 초래한 사고와 행동의 획일성과 체계의 경직성을 극복할 수 있게 한다.

넷째, 개방성을 제시하고 있다. 모더니즘은 보편성과 전체성이라는 구조 아래 이에 맞지 아니한 사고 체계나 구조 체계에 대하여 배타적이고 독선적인 태도를 가진다. 이에 반하여 포스트구조주의는 다른 사고나 체계에 대하여 경청하는 개방적인 사고를 견지하고 있다. 그것은 포스트구조주의가 가져온 하나의 공헌이라고 할 수 있다. 앨런 블룸(Allen Bloom)은 『미국정신의 종말』(*The Closing of the American Mind*)에서 다음과 같이 정치적으로 옳은 것(political correctness)이 지니는 지적 파시즘을 비판하고 있다: "위험한 것은… 실수가 아니라, 관용의 부재이다. 상대주의는 개방성에 필수적이다. 그리고 이것이 바로 미덕이다. 즉, 50년 이상 모든 기초 교육에서 혼신을 다해 심어준 유일한 덕이다. 개방성 그리고 진리에 대한 다양한 주장들과 삶의 방식 및 각기 다른 인간 존재들과 마주해서 독보적인 자리를 차지할 수 있는 상대주의는 우리 시대의 위대한 통찰이다. 진정한 신자는 진정으로 위험한 존재들이다. 역사와 문화를 공부해 보면 과거에 온 세상이 미친 적이 있었다. 사람들은 언제나 자신들이 옳다고 생각하며 전쟁, 탄압, 노예제도, 외국인 차별, 인종차별, 극단적 배타주의 등을 일으켰다. 핵심은 잘못을 고쳐서 바로 잡는 것이 아니라 당신이 모두 옳다는 식의 생각을 버려야 한다는 점을 일깨우는 것이다."[33)]

이러한 포스트구조주의 사회에는 다양한 이념과 사조와 사상과 윤리와 종교가 흘러들어 온다. 이에 대하여 이제는 어느 국가나 단체도 강압적이나 제도적으로 이를 배제할 수 있는 처지에 있지 않다. 그러므로 한편에서는 긍정적으로 문화적인 다원주의가 형성되며, 다른 한편에서는 부정적으로 문화적인 무질서와 혼란이 야기한다.

다섯째, 관용성을 제시하고 있다. 모더니즘의 폐쇄성에 반대하여 포스트구조주의는 새로운 사고와 체계에 대하여 관용하고 포용하는 태도를 제시하고 있다. 이것은 인종이 섞이고 다양한 의견과 그룹이 뒤섞이는 포스트모던 사회에서 공존공영하는 중요한 사회적 태도이다. 그렇지 아니할 때 사회는 엄청난 갈등이나 불화로 나아가 심지어는 2006년 민정이양 후의 이라크나 구 유고슬라비아에서 보는 바와 같이 시민전쟁으로 나아가는 위험성을 잉태하는 것이다. 2006년 아프카니스탄의 친미(親美) 이슬람 정부 아래서 이슬람이 타종교로 개종하게 되면 사형에 처하게 된다는 살리아의 조항이 그대로 통용되고 있다. 그래서 기독교로 개종한 한 이슬람(압둘 라흐만)이 법정에서 사형선고를 앞둔 사건이 일어나 이를 제지하려는 미국 등 서방 국가들

33) Allan Blomm, *The Closing of the American Mind* (New York: Simon & Schuster, 1987), 25-26

과 갈등 속에 있다.[34] 타종교로 개종한다고 사형에 처하는 사회는 근대 이전의 사회이다. 그러나 오늘날에도 여전히 폐쇄적 종교사회가 존재한다. 그러나 이러한 사회는 폐쇄적이고 그릇된 신념에 입각해 있는 것이다.

이러한 경직된 이슬람 사회나 원리주의가 지배하는 종교사회에 이러한 포스트구조주의가 파급됨으로써 "이질적인 생활양식과 언어게임을 허용하는 생활양식"[35]은 요청된다. 이것은 기독교 사회에서도 마찬가지다. 기독교 사회가 타종교인들을 개종시키겠다면서도 기독교인이 타종교로 개종하는 것을 강압적으로 막는 것은 공정한 태도가 아니다. 종교의 개인 양심의 자유 영역으로 허용하여야 한다.

여섯째, 온건한 태도를 제시한다. 모더니즘이 전체성과 획일성을 요구하면서 오용될 때(예: 나치즘, 북한의 선군정치 등 전체주의 정권) 조작적이고 폭력적인 것으로 나아가는 성향을 지닌데 반해서 포스트구조주의는 상대적으로 관용성과 개방성을 표방하면서 온건하며 평온한 태도를 제시한다. 이것은 상대방을 인정하고 대화의 가능성을 시사하며 자기 입장을 절대화하지 않는 태도에서 비롯된 것이다. 이러한 온건한 태도는 20세기 말 동구권(東歐圈)의 사회주의 정권의 몰락과 더불어 사회주의 이데올로기가 붕괴된 오늘날 다시 고개를 들고 있는 이슬람 근본주의의 획일성과 경직성과 독단성을 무너뜨리는 데

---

34) "기독교로 개종했다는 이유로 사형선고 받은 아프칸인," 조선일보 2006. Sanjoy Majumder, "Mood hardens against Afghan convert" 3. 25. A16, Last Updated: Friday, 24 March 2006, 14:20 GMT, By BBC News, Kabul

35) Terry Eagleton, "Awakening from Modernity," in: *Times Literary Supplement*, 20, February 1987

공헌할 수 있다. 이슬람은 세계를 이슬람 세계관의 관점에서 획일적이고 전체적으로 이해함으로써 다양적 세계관을 용인하지 않는다. 포스트구조주의의 이러한 온건한 사고와 행동양식은 21세기에 들어와 이슬람 근본주의에 의하여 지배되고 경직화된 이슬람 사회에 다양한 사고와 삶의 방식의 융통성을 부여하는 데 기여할 수 있다.

2. 비판

첫째, 포스트구조주의가 언어의 지시적 기능을 부인하는 것은 인간 언어의 바른 기능을 부정하는 것이다. 언어가 만일 지시하거나 서술하는 기능을 상실한다면 우리의 담론은 어떠한 합의에도 이르지 못하게 될 것이다. 그리고 인간 사이에 공감할 수 있는 규범과 이해 가능성을 부정하는 것이 된다. 그러면 우리는 대화의 불가능성, 의사소통의 불가능성에 직면하게 된다. 이것은 인간사회의 불가공약성을 말하는 것이 되며 사회는 무정부상황에 빠지게 된다.

개혁신학은 언어의 지시적 기능을 인정한다. 우리는 언어가 이데올로기적 제약을 지니고 있다는 사실을 부인하지는 않는다. 우리는 언어에 대한 비판적 성찰을 통하여 언어의 권력관계를 정화시키는 작업을 함으로써 가능한 한 순수한 언어를 말할 수 있도록 해야 한다.

둘째, 인간주체와 자아를 부정할 수 없다. 포스트구조주의는 다양한 언어의 망(網)에 의하여 자아와 주체는 분산되었고 해체되었다고 선언한다. 그래서 자아와 주체의 상실과 죽음을 말한다. 그렇다고 자아와 주체가 상실된 것이 아니다. 다양한 언어망 속에서 자아와 주체가 기능을 상실한 것 뿐이다. 자아와 주체는 하나님의 형상으로서 죄로 인해 일그러진 모습으로 존재한다. 자아와 주체는 다양한 언어망 속에서 속박되어 있다. 이 포로된 노예 상태에서 자아와 주체를 해방시키는 것은 바로 하나님의 말씀이다. 복음의 말씀만이 자기 동일성을 상실한 자아와 주체를 다시 자기 본래성으로 회복시킬 수 있다.

셋째, 텍스트의 창조적 세계를 발견하는 것은 좋으나 텍스트 내재적 구조를 벗어날 때 텍스트가 지닌 본래적 의미를 상실한다. 포스트구조주의는 구조주의가 지니는 텍스트 내에 갇혀 있는 폐쇄성을 독자의 창조적 상상력을 통하여 극복하고자 한다. 구조주의는 언어 밖에 있는 세계성에 대하여 침묵하고 있다. 이에 대하여 포스트구조주의는 텍스트 내재적 구조에서 벗어나고자 한다. 그러나 이러한 포스트구조주의 방법을 성경 해석에 적용하게 될 때 텍스트의 내재적 구조보다도 텍스트를 해석하는 자의 창조적 상상력에 의존하게 됨으로써 성경 본문이 말하는 케리그마적 세계의 독특성을 도외시하는 난관에 봉착하게 된다. 여기에 포스트구조주의 성경 해석의 한계가 있다.

넷째, 데리다처럼 체계성을 극도로 부정할 때 상대주의와 허무주의에 빠진다. 진리나 가치의 객관성을 부정하고 전통이 지녀온 일반적이고 보편적인 신념을 부정하며 특정한 계파의 주장과 신념에만 몰두할 때 인간 집단은 오도되는 경우가 적지 않다. 인간 집단은 스스로는 올바른 신념이라고 생각하나 실제로는 그릇된 가치관에 종속되고 그것의 노예가 되어 버리는 것이 역사 속에 많은 실례로서 볼 수 있다. 인도의 힌두교에서 죽은 남편을 화장시킨 장작더미에 강제로 생과부를 불사르는 힌두교의 풍습이 그러하다. 영국 식민정부는 이에 대해 뱅갈코드(1829) 규정 17조:"수티(sutee) 관습이나 힌두교의 아내를 산채로 불사르거나 매장하는 풍습은 위법이 되며 중형으로 처벌한다"

를 만들어 이 잔인한 풍습을 금지시켰다.[36] 한국에서도 남녀칠세부동석이라 하여 남녀를 갈라놓고 심지어는 초창기 교회시절 예배시에 남녀를 별도로 앉도록 한 것이 그 실례이다. 조선시대에까지 있었던 인간을 차별하는 신분제도도 그러하다. 2차 세계대선시 동남아 공영권을 부르짖은 일본의 군국주의가 그러하고, 6백만 유대인을 가스실에서 처형한 독일의 나치가 게르만 신화가 그릇된 집단 신념의 실례이다. 1960년대 중국의 문화혁명 때 공자(孔子)를 비판하고 지식인들을 수용소를 보낸 홍위병들이 그러하다. 오늘날 21세기에 들어와 아직도 인민을 거대한 사상적 수용소에 폐쇄시키고 있는 북한의 주체사상이 그러하다.

포스트구조주의가 절대적 권위나 체계성을 거부하고 해체한 후에 남는 것은 극단적인 상대성이다. 그러면 회의주의와 허무주의만이 남게 된다. 세계나 역사에 대한 어떤 객관적인 것도 얻을 수 없다고 말하는 것은 극단한 회의주의와 허무주의로 나아가는 것이다.

다섯째, 데리다가 주장하는 바 과거를 전적으로 해체하고 현재와 미래와 단절시키는 시도는 있을 수 없다. 진정한 포스트구조주의란 과거와 전통에 있는 부정적인 요소를 제거할 뿐만 아니라 과거 속에 있는 현재의 모순과 위기를 치료하고 극복하는 단초를 발견하는 것이다. 진정한 포스트구조주의는 현재의 모순적인 요소들을 과거의 양태들과 자유롭게 연상시킴으로써 현재에 함축되어 있는 은폐된 의미를 발견한다.

---

36) Stephen Neill, *A History of Christianity in India*, 1707-1858 (Cambridge: Cambridge University Press, 1985), 157-158

개혁주의 정신이란 바로 현재적 상황을 끝임없이 하나님의 말씀에 대한 음미를 통하여 비판적으로 조명하는 것을 말한다. 과거를 단절하거나 버리는 것이 아니라 하나님 말씀 안에서 과거의 보고(寶庫)를 다시 발견하는 것이다. 그러나 주어진 현재의 상황에 대하여 끊임없는 비판과 개혁을 통하여 자기의 정체성을 확립한다. 여기서 정체성이란 교회와 신앙과 사상의 정체성으로서 자기동일성을 말한다.

맺음말

포스트구조주의 특징은 다음과 같다. 첫째, 언어의 지시적 기능에 대한 강한 불신을 보인다. 둘째, 인간주체나 개별적인 자아에 대하여 깊은 회의를 갖는다. 셋째, 텍스트와 독자의 역동적 관계가 한결 더 강조된다. 넷째, 추상적인 체계성과 총체성을 거부한다.

문화인류학자 레비-스트로스(Levy-Strauss)나 문학이론가 바르트(Roland Barthes)는 모든 인류의 문화구조를 과학적으로 설명할 수 있는 기호체계를 수립할 수 있다고 믿었다. 포스트구조주의는 구조주의가 말하는 추상적 구조나 체계에 대한 불신과 회의를 제기한다. 그러나 포스트구조주의는 이러한 구조주의가 주장하는 과학적 방법론에 한계가 있음을 드러내었다.

포스트구조주의와 포스트모더니즘 사이에는 유기적인 관계가 있다. 그러나 양자는 구분될 수 있다. 포스트모더니즘은 포스트구조주의 보다 더 광범위한 개념이라고 말할 수 있다. 후자는 개념적으로 전자에 귀속한다. 전자는 좁은 의미로는 문학을 비롯한 예술분야, 또는 해체주의를 의미하고 넓은 의미로는 20세기 후반기의 시대정신이라고 말할 수 있다. 그러므로 포스트모던 정신(postmodernity)이라고 말한다. 후자는 철학이나 사회과학에 나타난 포스트모더니즘 현상이라고 말할 수 있다. 포스트구조주의는 이성주의와 과학주의의 아성을 무너뜨리는 데 포스트모더니즘과 함께 공헌하였다. 그러나 이성과 담론에 대한 지나친 불신은 진리와 보편과 존재에 대한 신념을 상실하게 하여 현대지성으로 하여금 상대주의, 회의주의와 허무주의의 심연에 빠지게 하고 있다.

개혁주의 정신은 언어의 지시적 기능을 인정한다. 자아와 주체를 인정한다. 텍스트를 중요시하고 진리나 가치의 객관성을 인정하고 전통이 지녀온 일반적이고 보편적인 신념을 중요시한다. 이러한 개혁주의 정신은 포스트구조주의가 지니는 한계성을 극복하는 역동성을 제시한다.

| 푸코, 데리다, 료타르의 해체적 세계관* |

머리말

포스트모더니즘은 넓은 의미에서 현대를 극복하고자 하는 폭넓은 문화적 과정을 가르킨다. 이것은 문화적 방향 전환이다. 특징이란 다원성과 절충주의를 표방하고, 이성과 진보를 부정하고, 실물을 이미지로 대체하고, 가상현실(virtual reality)이나 환상을 숭배하는 것 등이다. 포스트모더니즘은 데카르트 이래로 확고 부동한 토대로 믿어왔던 주체와 이 주체가 세계를 인식하는 매개물, 즉 구조, 언어, 역사가 가지고 있는 보편 타당성을 회의한다.[1] 여기서는 포스트모더니즘을 대표하는 세 사상가인 푸코, 데리다와 료타르의 해체적 세계관을 비판적으로 조명하기로 한다.

I. 푸코의 포스트모던 세계관

1. 푸코 사상의 형성과정

푸코(Michel Foucault)는 서구 지성사의 과학적 합리성에 근거한

1) H. Nagel-Doecekal/ H. Vetter, *Tod des Subjekts?* (Wien, 1987)

인식론적 객관주의와 가치론적 일원주의를 비판한다. 이러한 합리성은 서구사회의 권력에 기반한 가치관을 반영할 뿐이라고 본다. 푸코는 니체를 따라서 진리는 없다고 본다. 니체의 추종자들은 진리란 바로 권력에 이르려는 의지를 숨기는 일종의 가면에 불과한 것으로 간주한다.[2] 푸코의 사상형성은 세 가지 시기로 전개된다.[3]

1) 첫째 시기

첫째 시기는 서양적 주체가 자기 자신을 인식하는 과정을 밝히는 시기이다. 『광기와 비이성』(1961)과 『임상의학의 탄생』, 『말과 사물 – 인간과학의 고고학』(1966) 등의 저서가 이 시기에 쓰여졌다.

『광기와 비이성』은 정신질환의 개념에 대한 역사 논구서이다. 여기서 푸코는 정신질환에 대한 근대적 개념을 불신한다. 푸코는 중세 이후 유럽사회에 나타난 광기(狂氣)의 역사를 서술하고 있다. 중세와 르네상스 시대에는 광기도 어떤 진리를 공유하고 있는 것으로 생각했다. 그러나 십자군 전쟁 이후 대감금 시대가 시작되었다고 본다. 이때(고전주의 시대)부터 광기는 이성 시대의 윤리기준에서 가장 배치된다는 이유로 배제의 대상이 된다. 광인(狂人)도 반시대적 인물로 단죄받는다. 18세기 후반에 이르면 광기는 범죄와 구분되고 감금 시설은 정신병원이 된다. 이때부터 광인은 끊임없이 관리나 압박체계 속에 감금되고 질병 속에 감금되어 버린다. 그리하여 이성과 광기 사이의

2) J. G. Merquior, Foucault (Fontana, 1985), 75

3) 이광래, "미셸 푸코, 지식 그리고 권력", 김욱동 편, 『포스트모더니즘과 포스트구조주의』, 현암사, 1991, 152-174

대화는 단절되어 버렸다.

『임상의학의 탄생』은 신체적 질환 개념의 역사 논구서이다. 근대의학의 출현은 대중의 보건과 복지에 대한 관심이 증가되는 과정에서 이루어졌다. 사회의 의학화 과정에서 생겨났다.[4] 이 시기는 18세기 말에서 19세기 초까지 약 50년 기간이다. 이 시기는 광인을 사회윤리적 기준으로 감금하던 고전주의 시대를 지나 광기를 순전히 정신병리학적 질환으로 간주하고 이를 치료의 대상으로 인식하던 시기였다. 임상의학의 태동시기였다. 18세기 말부터 죽은 자의 몸이 조사되기 시작하면서 병리해부학 시대가 열렸다. 푸코는 이것은 인간 죽음에 대한 대가이며 또 한번의 "주체의 부정"이 시도되었다고 말한다.

『말과 사물』에서 푸코는 인간의 지식의 발전에 대해 논구한다. 지식이 구성된 인간의 에피스테메(episteme), 즉, 사유형식을 네 가지 시기로 나눈다.

첫째 시기는 르네상스라는 16세기이다. 이 시대는 말과 사물이 공존하는 시기이다. 유사성 개념이 지배했다. 의미를 찾는다는 것은 유사한 어떤 것을 드러내는 것을 뜻했다. 해석학과 기호학이 공존했다.

둘째 시기는 고전주의 시대라 불리우는 17세기와 18세기이다. 더 이상 유사성이 아니라 분석이 요구되었다. 일반 문법, 박물학, 부(富)에 대한 분석이 이루어졌다. 사물들의 동일성과 차이를 탐구하게 되었다. 이것은 새로운 인식론적 배치다.

셋째 시기는 19세기부터 구조주의가 등장하기 이전까지의 시기이

---

4) Mark Cousins/ Athar Hussain, *Michel Foucault* (Macmillan, 1984), 141

다. 언어, 생물학, 경제학이라는 분과들이 인간과학의 주요 부문으로 등장했다.

이 세 가지 시기에서 인간은 자신의 사건적이며 우연적인 실존을 발견하게 되었다. 푸코는 여기서 근대적 에피스테메의 범주가 인간의 유한성 분석에 의존하고 있다고 본다. 그리하여 푸코는 우리에게 인간학적 잠에서 깨어날 것을 권고한다.[5]

넷째 시기는 구조주의 혁명의 시기이다. 이를 위하여 인간과학들에 대립하고 이것들을 배제하는 과제가 요구된다. 과학의 진정한 과제는 탈신비화이다.[6] 반인간 과학화 작업으로 정신분석학, 문화인류학과 구조언어학을 든다. 이들 반과학은 근대적 지식이 수행한 깊은 인간학적 잠에서 깨어나게 할 구조주의 혁명을 시도한다.

2) 둘째 시기

둘째 시기는 권력의 대상으로 주체가 구성되는 과정을 밝히는 시기이다. 푸코는 권력을 국가나 통치자의 속성으로 간주하지 않고 일종의 전략으로 본다. 권력이란 제도나 구조가 아니라 다양한 힘의 관계이다.

『감시와 처벌: 감옥의 탄생』에서 푸코는 권력을 전략적 상황의 복합물로서 그리고 다양한 힘의 관계로서 개념화한다. 푸코는 이 저서에서 권력의 기원과 정당화와 규칙들에 초점을 맞추어 권력을 과학

---

5) 미셸 푸코, 『말과 사물』, 이광래 역, (민음사, 1986), 389

6) Ibid., 415

적, 법률적 복합물로 개념화하면서 권력의 계보학(geneology of the power)을 전개하고 있다. 푸코는 감옥, 공장, 병원, 군대, 학교 등 제도적 영역에 대하여 권력과 지식의 관계를 분석한다. 푸코는 18세기에서 현재에 이르기까지 프랑스에서 범죄자를 처벌할 수 있는 권력의 역사적인 존재방식을 세 가지 시기로 나누고 있다.

첫째 시기는 공개고문의 시대이다. 이 시기에는 범죄와 처벌은 공개적이었고 육체적이었고 잔혹하였다. 고문과 고통이 범죄자에게 가해졌다.

둘째 시기는 인도주의적 개혁시대이다. 감방생활, 도덕지도, 사회복귀의 수단인 노역, 신상기록서와 재소자 관리가 실시되었다.

셋째 시기는 사법적 감금(監禁)의 시대이다. 감옥이 만들어지면서 전체적인 감시체제가 일반 현상으로 나타났다. 학교, 군대, 병원, 공장 등 규율의 거미집이 만들어지면서 사회의 규율화가 시행되었다. 푸코는 이러한 거미집이란 유폐의 망에 불과하다고 본다. 교사나 의사는 사회복지 공무원이라는 재판관이 되고 있다.

『성의 정치학』에서 푸코는 자아가 권력에 의하여 어떻게 형성되는가를 논구하고 있다. 이 저서는 권력의 계보학을 주체 내면으로 되돌리고 있다. 푸코에 의하면 17세기 이래 권력이란 인간생명을 지배한 두 가지 형식, 인체의 해부 정치와 인구증가에 대한 생체(生體) 정치이다. 이것이 바로 생체권력이다. 푸코는 성(性)의 문제도 권력의 개발 과정에서 중요한 정치 문제로 부각되었다고 본다. 근대사회의 출

---

7) M. Foucault, Histoire de la sexualite: la volonte de savoir (Gallimard, 1976), 35

현과 함께 성은 사회적인 관리의 대상이 되었다.[7)] 18세기 이후 인구학자나 행정가들은 인구, 매음, 성병의 전염 형태 등을 연구하기 시작했다. 산업혁명 시대에 접어들면서 인구계획과 연결하여 생체정치학, 해부정치학 등이 고안되었다. 그리하여 성의 규제는 사회적 규제와 조작의 대상이 되었다. 성의 과학이란 부르조아적인 자기 이상화의 도구였다고 푸코는 해석한다.

3) 셋째 시기

셋째 시기는 윤리의 대상으로서 주체가 구성되어가는 과정을 밝히는 시기이다. 이 시기에 푸코는 개인적 행위의 주체인 서구적 주체의 형성과정을 논구한다. 그는 『쾌락의 활용』(1984)과 『자기에의 배려』(1984)를 출판한다. 이제 푸코는 권력과 지식의 문제를 버리고 1981년 무렵부터는 오직 자아에 대한 문제에 관심을 기울린다. 푸코는 성의 객관화에 더 이상 관심을 가지지 않고 도덕적 주체에 관심을 기울인다. 이제 자아가 윤리적 주체로서 어떻게 사는가 하는 삶의 미학에 관심을 기울인다. 『쾌락의 활용』에서 푸코는 타인의 성(性)이 아닌 자신의 성에 대한 관리의 계보학이 오래동안 지속되어온 역사임을 피력하고 있다. 이제 푸코는 자아가 지식이나 권력과의 관계로 환원될 수 없는 독립된 축임을 피력하고 있다. 희랍 사회에서 사용된 성적 쾌락의 활용법이란 애욕의 운용기술이었다. 고대인들이 가장 강조하는 애욕의 운용기술은 극기(enkrateia)였다. 고대인들에게 섹스는 극기를 시험하는 가장 중요한 기회였다. 극기(克己)하는 자는 자기 자신의 통치자이기 때문이다. 그리하여 푸코는 그의 마지막 저서에서 성적 주체의 형성을 계보학적으로 고찰하면서 주체 문제라는 전통적인 철학적 주제로 되돌아 왔다.

2. 푸코의 지식계보학

푸코는 니체의 영향을 받아 지식이란 권력의 산물이라고 말한다: "권력은 지식을 생산한다… 분야별 지식과 상관된 구조를 갖지 않는 권력관계는 존재하지 않으며, 권력관계를 전제하지 않지도 그것을 구성하지도 않는 지식 또한 존재하지 않는다."[8] 푸코는 『광기의 역사』로부터 『성의 역사』에 이르기까지 권력제도에 대하여 일관된 관심을 보이고 있다. 푸코가 보는 제도는 항상 권력제도이다. 그리고 『광기와 비이성』에서 『감시와 처벌』에 이르기까지 관통하는 주제로서 권력제도와 지식 사이의 구체적 관계를 다루고 있다. 푸코는 지식과 권력의 관계를 역사적으로 분석하기 위하여 광기, 감옥, 성행위 등 개별적 주제를 다루고 있다.

푸코는 1971년의 논문 "니체, 계보학, 역사"에서 니체의 도덕 계보학을 자신의 지식 고고학에 적용시키고 있다. 지식 고고학이란 1960년을 통들어 그가 의존해온 방법이다. 이것은 역사라는 직물에서 여러가지 담론들이 출현하는 시기와 조건을 발견해 내는 것이다. 푸코의 고고학은 특정 시기에 나타난 광기, 질병, 부(富)에 관한 담론을 가능케 한 것들을 분석한다. 푸코는 역사에 대한 계보학적 인식방법도 역시 니체로부터 빌려 쓰고 있다. 계보학이란 1970년 이후 죽을 때까

8) M. Foucault, *Surveiller et punir*, 32

지 그가 수행한 방법이다. 이것은 권력과 지식의 관계에서 사고의 기초를 명확히 해명하는 사상의 새로운 지도작성법이다.[9)]

푸코는 반역사주의적 입장을 가지고 있다. 그는 역사의 연속성이나 인과성을 부인한다. 푸코는 역사를 연속적이 아니라 단절적으로 보고 역사의 법칙을 인정하지 않고 역사를 해체하려 한다. 푸코는 니체로부터 회의(懷疑)의 사고를 빌려쓰면서 반이성을 주장하고 이성의 체계를 해체하고자 한다. 이성이 아니라 회의만이 새로운 윤리의 기준이 된다.[10)] 푸코는 이성을 통해서가 아니라 반이성인 광기를 통해서 역사를 분석하고 회의주의를 정립하고자 한다.

여기서 푸코는 장치(dispositif)에 관하여 말한다. 장치는 "담론들과 제도들, 건축형식들, 규정적 결정들, 법률들, 행정조치들, 과학적 진술들, 철학적, 도덕적, 그리고 박애적인 명제들로, 요약해서 말하면, 말해진 것과 말해지지 않은 것으로 구성되는 철저하게 이질적인 총화"이다.[11)] 이 장치가 사회를 구성한다. 푸코는 근대성의 특수성이 다양한 풍부함으로서의 언어의 등장과 관련이 깊다고 본다. 이 언어는 고전주의 시대처럼 투명한 재현의 그물망이라기 보다는 "제어되어야 하는 수수께기 같은 다양성"으로 나타난다고 본다. 이것이 근대성의 특수한 성격이다. "언어의 문제는 인간의 형상을 사방에서 포위 공격하는 것과 같다." 푸코는 "인간이 마치 바닷가의 모래사장에 그

9) Gilles Deleuze, *Foucault* (Minuit, 1986), 31-51

10) John Rajchman, *Michel Foucault*: The Freedom of Philosophy (Columbia Univ. Press, 1985), 7

11) M. Foucault, *Power/Knowledge* (Brighton, 1980), 194

려진 얼굴처럼 지워져 버릴지도 모른다"고 피력하고 있다.[12] 푸코는 역사라는 텍스트인 근대성의 계보학을 재구성하고자 했다.

3. 푸코 세계관 비판

첫째, 반이성주의적 시각이다. 이성의 통일적인 보편형식을 부정한다. 푸코는 진리의 객관성과 보편성까지 부인한다. 그는 이성과 지식을 제도화된 권력관계의 산물로서만 이해한다. 푸코는 진리를 바로 권력에 이르려는 의지를 숨기는 일종의 가면에 불과한 것으로 본다.[13] 진리란 사람들이 강제로 순응해야 할 기준을 설정함으로써 억압의 체계를 뒷받침할 수 있는 권력장치로 본다. 그의 저서에서 나오는 독특한 개념들, "광기"내지 "범죄"란 어떤 객관적인 기준에 근거하는 것이 아니라 권위를 지닌 이들의 기준과 이익에 근거하는 것이다. 이러한 푸코의 견해는 이성과 지식이 갖는 역사적, 사회적 제약성을 극단화하는 편견이다. 그의 이러한 편견은 반과학주의를 낳았다. 푸코는 진리를 니체의 권력의지라는 관념에 영향을 받아 해석함으로써 그 고유한 가치와 선한 가치를 부정하고 피해자와 사회적 약자가 당한 부정적인 관점에서 왜곡되게 해석하고 있다.

둘째, 지나친 편견에 사로잡힌 회의주의적 시각이다. 푸코에 의하면 권력은 학교, 군대, 병원, 공장 등 제도화된 장치를 통해서 개개인을 통제하고 억압한다. 그래서 진리나 도덕성, 즉 "옳고 그름"이란 그

---

12) M. Foucault, *The Order of Things* (London, 1970), 303, 305

13) J. G. Merquior, *Foucault* (Fontana, 1985), 75

것의 보편적이고 객관적인 기준을 중심으로 해서 사회의 주변부를 억누르는 것으로 본다. 여기서 푸코가 학교, 군대, 병원, 공장 등의 사회적 제도를 억압적이고 왜곡하는 통제와 생산기구로만 보는 것은 그의 부정적인 회의적 시각에 입각한다. 이러한 극단한 회의주의적 시각에서 역사에 대한 올바른 이해가 나올 수 없다. 그의 계보학은 과거 역사에 대한 왜곡되지 아니한 원인 설명이 아니라 현재의 역사의 뿌리에 놓여 있는 우연이라는 외재성을 발견하는 것일 뿐이다. 그는 역사의 과정과 사회제도를 권력에 의한 산물로 봄으로써 역사과정에 작용하는 인간의 이성적 노력을 간과하고 있으며, 또한 이성적 노력과 권력적 작용 배후에 역사하는 신적 섭리에 관하여 모르고 있다.

셋째, 반인간주의의 시각이다. 푸코는 더 이상 개별적 주체를 사회의 실질적인 구성요소로 인정하지 않는다. 그는 주체를 권력의 대상으로 구성하고자 하였다. 주체는 독자적인 실재라기 보다는 다양한 힘의 관계로 구성된다. 여기서 인간 자아에 대한 독립적 인식이란 없다. 자아의 기술이란 권력의 내부공간에서만 관찰된다. 푸코는 인식론적 인간주의를 부정함으로써 인식의 상대주의에 빠졌다. 그리고 모든 인식론적 기초주의를 허물어뜨림으로써 인식의 상대주의에 떨어졌다. 후기(1981년)에 들어와 권력과 지식의 관계를 떠나 푸코는 자아를 윤리의 대상으로 구성하고자 한다.[14] 그러나 이러한 자아도 성의 능동적 행위자로서 기술되고 있다. 이러한 자아는 프로이드적 자아로서 욕구에 의하여 지배당하는 자이며 이성과 덕을 구성하는 자아

14) 이광래, "미셸 푸코, 지식 그리고 권력", 김욱동 편, 『포스트모더니즘과 포스트구조주의』, 현암사, 1991, 171

는 아니다.

넷째, 반역사주의 시각이다. 푸코는 니체를 계승하면서 목적론적 역사 해석을 거부함으로써 역사의 인과성과 연속성을 거부한다. 그는 니체를 따라서 역사적 객관성에 내한 십리를 기부한다. 즉 역사의 궁극적 원인과 목적론을 부정한다. 그는 역사적 객관성에 입각한 역사 해석은 전통적 역사학의 관점이라고 본다. 그는 전통적 역사 해석을 권력에 의하여 왜곡된 과정으로 본다. 푸코는 료타르처럼 역사에 대한 객관적 해석을 부인함으로써 역사 서술에 대한 회의적 시각을 견지하며 역사에 대한 국부적 해석에만 관심을 가진다. 그러나 헤겔이나 마르크스 같이 전체 역사에 대한 이성주의적 시각도 낙관주의에 빠지지만, 전체 역사 서술에 대한 거부 또한 역사과정에 대한 비관주의 내지 허무주의에 빠져든다. 이에 대해 개혁신학적 세계관은 역사 이해를 주권적 하나님의 섭리에 의한 예언적 비관주의 입장에 선다. 그러면서도 역사 과정에 대한 국부적 그리고 전체적 서술은 가능하다고 본다. 그것은 단지 헤겔이 말하는 바와 같이 이성의 승리를 말하는 것이 아니라 하나님의 주권적 섭리의 역사 완성을 말한다.

다섯째, 진리와 가치에 대한 규범을 부정하고 있다. 푸코의 반역사적 시각이 정당화되기 위하여는 규범적 질문에 대한 답을 해야만 한다. 그는 실제로 이성보다는 감성, 원칙보다는 연민(pathos)에 더욱 호소하였다.[15] 많은 이들이 억압에 대한 그의 직관적 혐오에 동조한 것은 그의 견해가 이들에 의해 수용되었음을 말한다. 객관적 진리 내

---

15) Stanley Rosen, *Hermeneutics as Politics* (Oxford:Oxford University Press, 1987, 189-190

지 도덕성이라는 관념 자체가 도전받아야 한다는 푸코의 주장 이면에는 그 자신만에 의해 수용된 숨겨진 도덕관과 지식관이 있다. 이것에 근거하여 푸코는 관습적인 진리와 도덕에 대하여 가차없는 비판을 하고 있다. 그는 철학을 지배 현상에 대한 비판과 해방으로 본다: "철학은 엄밀히 말해서 정치, 경제, 성, 제도 등 어떤 차원 혹은 어떤 형태 등 모든 지배 현상에 도전을 제기하는 것이다. 철학의 이러한 비판적 기능은 어떤 지점까지는 소크라테스의 명령에서 비롯된 것이다. '너 자신을 알라.' 즉, 자아를 지배함으로써 자유의 기초를 배우라는 것이다."[16] 그러나 푸코는 그 자신이 암묵적으로 가지고 있는 입장에 대한 규범적 질문에 대한 정초를 하지는 못하고 있다.[17] 푸코의 논리에 의한다면 푸코의 해방의 주장 역시 새로운 형태의 억압과 지배를 위한 것이라고 말할 수 있다. 그러므로 벤 마이어(Ben F. Meyer)의 다음 논평은 적절하다고 할 수 있다: "니체와 푸코의 추종자들은 진리란 단지 억압을 위해 사용된 수사학적 기제일 뿐이라는 주장에 깊이 감복 받고 그런 식으로 장황하게 말한다. 그렇다면, 그들은 어떤 위치에서 그렇게 말하는 것일까? 그들은 선택해야 한다. 자신들의 주장은 거짓된 것인가? 아니면 억압을 위함인가?"[18]

---

16) James Bernauer and David Rasmussen (eds.), *The Final Foucault* (Cambridge, MA: Massachussets Institute of Technology Press, 1988), 20

17) Alister MacGrath, *A Passion for the Truth: the Intellectual Coherence of Evangelicalism*, IVP. 1996, 김선일 역, 『복음주의와 기독교적 지성』, IVP, 2001, 212

18) Ben F. Meyer, "The Philsopophical Crusher," in: *First Things* 12, April 1991, 10

여섯째, 푸코의 반억압적 윤리는 윤리의 무정부론으로 나아간다. 푸코는 윤리를 개인의 사사로운 창작물로 여기고 있다. 푸코의 윤리는 근본적으로 개인의 자유로운 창조물에 불과하다. 그러므로 보편타당성과 효력을 지니지 않는다. 여기에는 우리의 행위기 준거로 삼아야 할 보편성이나 합리성의 기준이 없다. 그렇다면 그가 비판한 전체주의, 나치주의나 스탈린주의를 반대할 수 있는 정당성을 제공할 수 없었다. 푸코의 반억압적 윤리도 그가 앞서 억압적이라고 비판했던 근원적 원칙들을 필요로 한다. 그리하여 그의 윤리는 전통적 윤리를 해체하고 그것을 자신의 윤리로 대체하여, 스스로 지배력을 행사함으로써 억압자의 역할을 한다. 이러한 사실은 그 자신의 전제와 모순된다.

II. 데리다의 해체적 세계관

데리다는 1960년대 후반 하이데거의 저작들을 읽고서 내린 결론으로부터 두 가지 텍스트 읽는 해체적 접근법을 제시하였다.[19] 이 접근법은 두 가지 원칙이 바탕을 이루고 있다. 첫째, 쓰인 내용 모두는 그 저자가 의도하지 않았고 의도할 수도 없던 의미들을 전달할 것이다. 둘째, 저자는 자신이 처음에 의미했던 바를 말로써 적절하게 담을 수 없다. 따라서 모든 해석은 똑같이 타당성이 있거나 아니면 똑같이 무의미하다.[20] 텍스트에는 고정된 의미가 없다. 그래서 텍스트 저자의

---

19) Christopher Norris, *Deconstruction and The Interests of Theory* (London: Pinter Publishers, 1988

정체성과 의도와 텍스트의 해석 사이에는 아무런 관계가 없다. 이것이 바로 데리다의 해체 개념이다.

데리다는 해체적 접근을 텍스트 읽기의 방법으로만 제시하는 것이 아니라 서구철학의 전통이 로고스주의에 입각해 있는 것으로 보고 서구철학사상 전체에 적용하고자 한다.

1. 서구전통적 사고의 해체

데리다는 플라톤과 아리스토텔레스에서 시작해서 루소와 하이데거를 거쳐 레비-스트로스에 이르는 서구철학이 만물의 창조자, 신(神)이라는 통일성의 원리 중심적 체계에 기초하고 있다고 본다. 이러한 절대적 중심이 되는 통일적 원리를 지향하는 사고는 "초월적인 신", "근원적인 진리", "궁극적 본질", "자의식", "고정불변한 진리" 등의 개념에서 잘 나타나 있다고 본다. 데리다는 이러한 사고가 절대적 기초나 제일의 원리에서 출발하기 때문에 형이상학적 사고라고 부른다. 어떤 유형이든 절대적 근원을 증명하고자 하는 형이상학적 사고는 마치 사막의 신기루처럼 부질없는 환상에 지나지 않는다고 본다.

데리다에 의하면 제일원리나 절대적 기초는 이항대립이나 이분법 위에 성립한다. 이항대립의 구체적 예는 파롤/랑그, 능기/소기, 통시성/공시성, 스피치/글, 객체/주체, 현상/본질, 내용/형식, 육체/영혼, 공간/시간, 수동성/능동성 등이다. 이항대립의 사고는 진리와 허위

---

20) Christopher Norris, "Kant Disfigured: Ethics, Deconstruction and the Text Sublime," in: *The Truth about Postmodernism* (Oxford: Blackwell, 1995), 182-256

사이에 엄격한 경계선을 긋고자 했다. 이 사고는 본질상 상호배타적인 두 구성요소 중 어느 하나에만 특권을 부여하고 나머지 하나는 부정하는 배중율의 사고이다.

데리다는 이항대립의 사고를 파괴하고자 한다. 해체란 이러한 서구 전통적 사고에 대한 비평적 작업의 꼬리표이다.[21] 데리다는 서구 정신사의 해체과정에서 백지 위에 숨어 있는 "흰 글씨"로 새로운 무엇을 읽고 있다. 데리다는 플라톤이 검은 글씨로 써 내려간 이데아 철학의 책 속에 문자화된 활자 곁에 있는 "자간"(字間)이나 "행간"(行間) 그리고 "난외"(欄外)에 흰글씨로 쓰여진 또 다른 사고가 있다고 본다. 데리다는 중심사상으로 드러나는 검은 활자보다도 변두리로 취급되는 가장자리가 중요하다고 본다. 이 가장자리에서 데리다는 책의 논리와는 다른 텍스트의 논리를 발견한다. 책의 논리가 결정과 진리의 논리라면 텍스트의 논리는 반결정과 반진리의 논리다.

그리하여 데리다는 전통적 철학적 로고스중심주의를 거부한다. 그리고 로고스주의가 전제된 현전(現前)의 존재론(형이상학) -"존재는 현전(現前) 속에서 항존(恒存)을 의미한다"[22]- 을 거부한다. 현재는 현전(現前)이 아니라 비존재 -"지금은 이미 없고 아직도 존재하지 않는다"[23]- 라는 차연(差延)의 사상을 주장한다. 또한 푸코와 데리다는 마르크스와 프로이드로부터 "회의의 해석학"(hermeneutic of sus-

---

21) 김욱동, "포스트모더니즘과 포스트구조주의", 『포스트모더니즘과 포스트구조주의』(편저), 현암사, 1991, 53

22) J. Derrida, *Marges de la philosophie*, 34 쪽 각주

23) op. cit., 43

picion)을 수용한다. 그러나 이들은 이를 극단화시켜 마르크스주의와 프로이드주의에 대하여도 긍정적 입장을 거부한다. 이들은 근대적 데카르트적 사고가 기초하고 있는 자아의 확실성을 파괴한다.

2. 끊임없는 해석

데리다(J. Derrida)에 의하면 철학이란 무엇보다도 읽기와 해석이다. 그는 텍스트에 대한 보편적 이해의 가능성을 부인한다. 의미의 통일성을 부인하기 때문에 철학이란 "끊임없는 해석"이다. 철학한다는 것은 여러 인용문과 주석들의 짜집기이다. 데리다는 유대-기독교라는 하이픈을 부정한다. 모리아 산이란 아브라함이 그의 아들을 드렸던 곳이요, 오늘날 유대인, 기독교인, 모슬렘이 모두가 공통적으로 각기 예배를 드리는 곳이다. 그러므로 이 거룩한 장소는 동시에 논쟁의 장소이다.

『죽음의 선물』에서 데리다는 체코의 철학자 얀 파토츠카(Jan Patocka)의 텍스트와 키에르케고르(Soeren Kierkegaard)의 『두려움과 떨림』을 주석한다. 여기서 데리다는 자기희생적 사랑의 기독교적 주제를 이해하고자 하나 이것을 사유적 차원에서만 다룬다. 그는 "계시의 사건이나 한 사건에 대한 계시를 필요로 하지 않는다."[24] 데리다는 한편으로는 이성에 근거하고 인간의 자율성을 중심으로 삼고 있는 일반 규칙과 의무의 영역을 인정한다. 다른 한편으로는 이성과 자율성이 탈중심화됨으로써 이러한 질서는 이미 극복되었다고 본다.

24) J. Derrida, *The Gift of Death*, 49

그래서 결정을 정당화할 수 있는 근거가 없다고 본다.

데리다는 현존의 형이상학을 비판한다: "절대투명한 의미는 불가능"한 데, "현존은 언어를 통하여 스스로를 말하고 있다."[25] 언어는 개연적이고 우연적인 의미를 지니고 있는데 서구의 형이상학은 언어를 통하여 현존과 의미의 가능성을 실현하고자 한다. 이것은 허구이며 꿈에 불과하다고 본다. 서구의 형이상학이 전제하는 현존이란 존재하지 않고 차연(la differance)만 존재할 뿐이다. 현존이란 분열하고 항상 연기(延期)됨으로써만 성취된다. 이것이 차연(差延)이다. "차연이란 우리가 여태까지 상상해 온 현존을 뛰어넘어 까닭없이 시간과 공간 속에 흩어져 버린다."[26] 그러므로 "차연은 가장 최초의 그리고 최후의 현존이 된다." 차연이란 "부재와 현존이 삭제된 기원이다."[27] 차연은 현존과 부재에 선행한다. 차연의 암시를 제공해주는 것은 끊임없는 말의 유희(the play of parol)이다. 이러한 차연은 현존이 지나간 자취이며 현존의 부재이며 동시에 모든 현존의 출현을 가능하게 한다. 그러므로 차연은 현존의 완전한 부재가 아니라 모든 현존이다.

이것이 데리다가 사용하는 차연이 갖는 역설의 논리이다. 이 역설이 지니는 언어의 양면성은 파마콘(phamarkon)의 논리다. 파마콘은 치료와 독이라는 양면성을 동시에 가지고 있다. 데리다는 산 기억

---

25) J. Derrida, *Speech and Phenomena*, trans. D. Allison (Evanston: Northwestern Univ. Press, 1973), 160

26) J. Derrida, *Margins of Philosophy*, trans. Alan Bass (Chicago: Univ. of Chicago Press, 1982), 67

27) J. Derrida, *De la Grammatologie* (Paris, 1967), *Of Grammatology* (Baltimoare, 1976), 143

을 보존하기 위하여 사용하는 글이 오히려 산 기억을 서서히 잠식시킨다고 주장한다. 글은 현존을 부재시키면서 현존의 자취의 자취…이기에 완전히 폐기할 수는 없다. 데리다는 플라톤을 서양철학을 거대한 미로에 빠뜨린 장본인으로 본다.[28] 플라톤이 대화라는 게임을 벌이면서 의미들을 끝없이 생성해 내었고, 그래서 이성 중심 그리고 음성 중심의 서구철학이 만들어졌기 때문이라고 본다.

3. 데리다 세계관 비판

데리다는 이성과 현존과 진리와 의미의 객관성이 있는 세계를 부인하고 있다. 언어란 의미를 갖게 되는 순간 의미를 잃게 됨으로써 결과적으로 기표(記表)만 끝없이 돌아다닌다는 것이다.[29] 의미란 기표가 미끄러지는데서 나오는 효과, 죽음의 종소리, 철자의 틀림, 멋지게 꾸민 철자의 행렬이라고 보고 있다.[30] 데리다는 글쓰기에서 이중 유희를 하고 있다. 그는 서구 이성주의의 글쓰기가 시도하는 이원구조에서 빠져 나오기 위해서 이중 유희를 하고 있다. 그러므로 데리다는 자기 텍스트는 서구 이성주의가 얽매어 있는 이원구조에 빠지지 않는다고 주장한다.[31]

---

28) J. Derrida, *Dissemination*, trans. Barbara Johnson (Chicago: Univ. of Chicago Press, 1981), 163

29) J. Derrida, *Glas*, trans. J. P. Leavey, Jr. / Richard Rand (Lincoln: Univ. of Nebraska Press, 1986), 78, 96

30) J. Derrida, op. cit. , 235

31) J. Derrida, *The Postcard*, 39

텍스트의 세계는 책의 세계와는 전혀 다른 세계에 속한다. 텍스트에는 "고정되어 있는" "현실적 중심이 없다." 텍스트 안에서는 어떤 고정된 중심이 없다. "중심의 부재는 주체의 부재, 저자의 부재이다."[32] 그러므로 "텍스트 바깥은 없다."[33] 책을 텍스트로 볼 때 모든 중심은 사라진다. 여백이나 간격이 중요시된다. 여기서 오히려 텍스트를 읽는다. 여기서 텍스트 세계는 폐쇄된 체계가 아니라 여백과 간격에 따라서 그 의미가 균열되는 세계이다. 텍스트의 의미는 고정불변하지 않고 항상 개방적 상태로 남아있다. 문학 텍스트는 오직 독자의 마음 속에 다양한 의미 작용의 유희를 유발시키는 흔적만을 남길 뿐이다.

데리다에 의하면 "내가 하나님이라고 부르는 분의 전능성은 나에게 절대적으로 사적인 언어로 해소된다."[34] 데리다는 계시, 선물, 구원, 희생, 신 등 기독교적 주제를 말한다. 그러나 그것은 하나의 주제일 뿐이다. 데리다는 그것을 사실로 다루지 않는다. 하버마스는 데리다를 다음과 같이 비판한다: 데리다는 "신은 부정하면서도 율법, 성경 또는 계명은 그들 나름의 왜곡되고 모호한 방법으로 영속화시키고 있다."[35] 데리다의 해체사상은 존재의 자기 감추기라는 하이데거의 사상을 현존과 부재가 유래하는 기원(起源)인 차연 개념 속에서 충실히 반복하고 있다. 하버마스는 이러한 하이데거의 사유에 충실한 데리다의 사상을 다음과 같이 표현한다: "원글쓰기와 그 흔적과 같은 은유

32) J. Derrida, *L'Ecriture et la difference*, 421

33) J. Derrida, *De la grammatologie*, 227

34) Bennington & Derrida, # 30, 155

35) J. Habermas, *The Philosophical Discourse of Modernity*, 406

에서 우리는 디오니소스적인 신의 모티브를 보게 된다. 이 모티브는 신이 서구의 아들과 딸들에게 자신의 부재를 고통스러운 것으로 느끼게 만듬으로써 자신의 예정된 현존을 더욱 명백하게 한다."[36)]

페리(L. Ferry)와 르노(A. Renaut)는 다음과 같이 데리다를 비판한다: "데리다의 저작에서는 내용의 측면에서 볼 때 존재론적 차이라는 하이데거의 문제틀을 그저 반복하는 것 말고는 하나도 알아들을 수 있거나 분명하게 설명된 것이 없다."[37)] 데리다는 사유에 독립된 대상의 존재를 부인한다. 데리다는 "텍스트 밖에는 아무것도 없다"는 극단한 텍스트주의에 빠지고 있다. 데리다는 칸트의 물자체의 자리에 차연을 놓고 주체를 현존과 부재의 유희 속에 해소시키고 있다. 그리고 노리스(Christopher Norris)의 비판과 같이 데리다도 언어와 이원구조를 떠나서는 어떤 철학적 사고도 불가능하다고 말함으로써 결국 논리와 이성의 전제 속에 안주하고 있다.[38)] 데리다는 이성과 논리를 부인하면서도 자기가 제시하고 있는 파마콘의 논리와 역설적 이성을 수단으로 하고 있다.

여기서 데리다가 제시하는 세계상은 인간의 역설적 논리가 만드는 차연(差延)의 세계요, 표상의 세계로서 전혀 건전한 상식적 인간이 도덕적으로 안주하고 살 수 없는 영역이다. 인간을 넘어서는 초월적이고 독립적인 신적 질서가 없는 세계속에서 인간은 끝임없는 방황과

---

36) J. Habermas, *The Philosophical Discourse of Modernity* (Cambridge, 1987), 180-181

37) L. Ferry and A. Renaut, *La Pensée 68* (Paris, 1985), 167-168

38) Christopher Norris, *The Deconstructive Turn: Essays in the Rhetoric of Philosophy* (New York: Metheun, 1983), 171

자기오류의 길을 밟고 만다. 이러한 해체적 세계상은 바로 인간의 자기 상실의 세계상이요, 오늘날 참 신을 떠나 방황하는 포스트모던의 정신적 상황을 그대로 반영해준다. 아모스의 예언은 이 시대의 정신적 상황을 바르게 말해준다: "주 여호와께서 가라사대 보라 날이 이를찌라. 내가 기근을 땅에 보내리니 양식이 없어 주림이 아니며 물이 없어 갈함이 아니요, 여호와의 말씀을 듣지 못한 기갈이라. 사람이 이 바다에서 저 바다까지, 북에서 동까지 비틀거리며 여호와의 말씀을 구하려고 달려 왕래하되 얻지 못하리니 그날에 아름다운 처녀와 젊은 남자가 다 갈하여 피곤하리라"(암8:11-13). 오늘날은 역사상 어떠한 시대보다 물질적으로 풍요한 시대이지만 역사의 어떤 시기보다도 가장 자살이 많고 삶에 대한 행복감이 적게 느껴지는 시대이다.

III. 료타르의 포스트모던 세계관

료타르(Jean François Lyotard)는 초창기에는 훗설 현상학의 영향을 깊이 받아 1954년에는 『현상학』을 저술하였다. 그는 1950년대 알제리 전쟁 경험을 통하여 청년 헤겔 좌파 마르크스 사상에 동조하는 급진적 좌파그룹의 회원이 된다. 료타르는 점차 사회를 마르크스적 개념을 가지고는 적합하게 파악할 수 없다는 회의에 빠지게 된다. 1966년에는 이 급진적 좌파그룹에서 이탈하면서 헤겔 좌파적 마르크스주의에서 다원적 존재론으로, 철학에서 미학으로 전환하였다. 그리하여 그는 푸코, 데리다, 라깡(Lacan), 들뢰즈(Deleuze)로 대변되는 포스트구조주의가 제기하는 이성비판의 맥락에 서 있다.

1. 거대담론의 불신

료타르는 1979년 발표된 그의 저서 『포스트모던적 조건』(*The Post-modern Condition, Das postmoderne Wissen*)이라는 저서에서 현대의 구조적 모순을 비판적으로 해체하고 재구성함으로써 이성의 새로운 패러다임을 잉태하는 현대의 포스트모던 조건을 밝히고 있다.[39] 료타르는 반현대적 또는 초현대적이라는 시대 구분을 요청하기보다는 오히려 현대의 구성적 요소인 "사후"(post festum)의 의미를 밝히는 데 초점을 맞추고 있다.[40] 료타르는 트렌, 벨과 같은 사회학자들이 분석한 후기산업사회에서 지식이 차지하는 위상을 연구의 대상으로 설정한다.

료타르는 근대를 보편을 실현하고자 하는 기획과 동일시한다.[41] 료타르는 근대의 정신을 데까르트에서 시작하여 헤겔에 와서 완성된 주체성의 철학이라고 본다. 근대성의 철학은 전체성의 체계로서 이성중심적이고 역사발전을 신뢰하는 거대담론이라고 본다. "전체만이 진리이다."라는 헤겔적 명제는 후기산업사회에 와서는 이제 더 이상 설득력을 가지지 못하게 되었다고 피력한다. "거대담론에 대한 회의"가 후기산업사회에서는 "탈현대적 조건"이 되고 있다.[42]

---

39) Jean-François Lyotard, *Das postmoderne Wissen. Ein Bericht* (Graz/Wien: Edition Passagen, 1986)

40) 이진우, "장 프랑수아 료타르의 탈현대의 철학", 김욱동 편, 『포스트모더니즘과 포스트구조주의』, 1991, 223

41) Jean-François Lyotard, *Le postmoderne explique aux enfants*, Paris: Galilee, 1986, 38

42) Ibid., 14

그리하여 료타르는 포스트모더니티의 도래와 더불어 보편을 실현하려는 노력이 무위에 끝났다고 말한다. 료타르는 현대화를 지식의 관점에서 사회의 정보화로 규정한다. 사회의 정보화는 지식을 정당화하는 거대담론의 관철을 의미한다. 료타르는 포스트모던 사회에서는 거대담론이 가지고 있었던 정당화의 힘이 사라졌다고 말한다. 여기서 거대담론이란 역사의 발전을 신뢰하는 헤겔이 전개한 이성중심의 정신현상학을 말한다.[43] 헤겔철학은 서양이성이 고대, 중세, 근대의 단계를 거쳐 완성되었다고 파악한다. 초월적 이야기에 대한 회의가 후기산업사회에서 탈현대적 조건이다.[44]

포스트모더니즘은 보편의 포기이다. 다시 말하면, "거대담론의 불신"(incredibility toward metanarratives)이다.[45] 그리하여 그는 많은 청중에게 자신의 뜻을 전하려고 하지 않고 매체 왕국의 벽에 낙서해대는 것으로 만족해 한다. 19세기의 휴머니즘은 세계의 지식화와 인간화로 이 땅 위에 평화가 오리라 확신했다. 이것이 헤겔이나 마르크스가 말한 거대담론(grand recits)이었다. 역사의 과정은 자연에서 문화로, 우연에서 질서로, 다원성에서 통일성으로, 지역주의에서 보편성으로 거대한 진보적 전환이 일어날 것으로 보았다. 료타르는 지식의 불안전한 체계, 불균형, 불확정, 상이성을 강조한다. 료타르는 이것이 지식의 예외적인 것이 아니라 정상적 상태로 받아들여야 한다

43) Jean-François Lyotard, *Das postmoderne Wissen. Ein Bericht*, 102

44) Ibid., 30

45) Jean-François Lyotard, *The Postmodern Condition: A Report on Knowledge*. Minneapolis : Univ. of Minnesota Press, 1984, XXiV, 비교 37

고 주장한다. 그는 거대 담론에 기대하는 것보다 작은 담론에 충실해야 한다고 주장한다.[46] 료타르는 과학의 보편타당성 상실을 다음 두 가지로 분석한다. 첫째, "과학은 과학의 고유한 유희만을 실행할 뿐이지 다른 언어유희들을 정당화할 수 없다." 둘째, "과학은 스스로도 정당화할 수 없다."[47]

료타르의 존재론이란 이질적이고 서로 교통되지 않는 다원성으로 만들어진 연계성이 없는 다도해의 세계이다. 여기에는 서로 상호비교와 소통이 불가능한 불가공약성(不可公約性, incommensurability)이 지배하고 있다. 료타르는 "대표불가능"(unrepresentable)을 말한다. 역사 속의 어떤 사건(예컨대, 아우슈비츠, 부다베스트 사건 등)도 구조화된 전체 속에 집어넣을 수 없다. 역사적 어떤 사건도 특별한 의미를 지니지 않는다. 그것은 사소한 것으로 취급될 수밖에 없다. 이들 사건들 사이에는 어떤 통로나 연관이 없기 때문이다. 다도해 사이의 통로들, 즉 사건들의 연계성과 통일성은 지독한 난국으로 끝나고 말았다. 이 난국이란 2차대전의 아우슈비츠, 1953년의 베를린 사건, 1956년의 부다페스트 저항, 1968년의 프라하 사건, 1980년의 폴란드 사태이다. 이러한 사건들은 "이성적인 것은 현실적이고 현실적인 것은 이성적"이라는 헤겔의 사변적 원리를 배격한다. 료타르는 개념과 실재 사이의 불일치를 강조한다. 과학기술에 의한 자연의 변화는 인간에게 있어서 개성과 자유의 파괴로 끝나게 된다.

46) J. F. Lyotard, *The Postmodern Condition*, 60-61

47) J. F. Lyotard, *Das postmoderne Wissen. Ein Bericht*, 119

2. 주체성의 분산

전체성의 상실과 다양성으로의 포스트모던 이행은 지식과 인식의 선험적 토대의 붕괴를 말하며 이것을 구성하는 주체성의 분산과 상실을 말한다. 모더니티의 시기는 인간 존엄성의 시대였으나 후기 현대성의 시기는 우연성, 불가공약성(incommensurability: 공통분모로 통합될 수 없음), 다원주의가 지배하는 시기이다. 모더니티의 약속이란 자유, 평등, 우주적 형제애, 과학과 기술의 발달, 해방, 화해 등이었다. 그러나 이 모든 약속들은 이제 포기되어 버렸다. 료타르는 증인은 배신자라고 말한다. "우리는 새길 수 없으니 낙서를 하기로 하자." "그는 증언을 하는 중에 또한 몰살시킨다. 증인은 배신자이다."[48] 이처럼 료타르의 포스트모던 세계관은 데카르트에서 시작하여 헤겔에와서 정점을 이룬 주체중심의 세계관에 반대한다. 포스트모던 세계관은 동일성과 전체성을 지향하는 서구 계몽주의의 세계관과 결별하는 것이다.

료타르는 근대성의 주체를 구체적인 사건에 대한 인식 관심과 망각된 과거에 대한 다양한 이야기의 맥락으로 분산시킨다. 료타르는 과학적 지식의 보편타당성이 의문시된 후기산업사회에서 "언어 유희의 분산을 통해 사회적 주체성 자체가 해체되고 있는 것 같이 보인다."[49]고 진단하고 있다. 이제 주체성은 근대성이 말하는 것처럼 다양한 언어 유희를 통합하고 전체화하는 것이 아니라 반대로 주체성이 맺는 다양

---

48) J. F. Lyotard, *The Inhuman*, 203

49) J. F. Lyotard, *Das postmoderne Wissen. Ein Bericht*, 119

한 관계에 의하여 형성된다. 그러므로 주체성의 중심은 이제 다양한 언어유희들의 그물망으로 분산된다. 료타르는 주체성의 원칙에 의해 억압되고 배제된 것을 상기하고 주제화하고자 한다. 료타르는 포스트모던 세계관을 원천적으로 망각된 것을 작업해내는 "분석, 상기, 재생 그리고 변형의 아나(Ana)과정"[50]으로 규정한다. 그리하여 그의 세계관에서는 보편적인 것으로부터 구체적인 것으로 시각이 전환하고 있다. 그의 세계관에서는 통일을 이루는 주체성은 붕괴되고 주체성은 그물망으로 분산되어 버린다.

3. 타자에 대한 수용

료타르는 하버마스의 수상 연설에 대한 응답 "포스트모더니즘이란 무엇인가? 질문에 대한 대답"에서 현대 미학으로부터 출발하면서 다음과 같이 제안한다: "전체에 대해 싸움을 하자. 서술 불가능한 것에 대해 증인이 되고 충돌과 차이를 활성화하자."[51] 료타르는 언어 유희의 다양성과 불가공약성을 토대로 하여 서술할 수 없는 것에 대한 감수성을 발전시킨다.

포스트모던 미학은 시각적인 아름다움으로 축소되지 않고 숭고함을 그 대상으로 삼는다. 료타르는 현대의 전위(前衛)(아방가르드,

50) J. F. Lyotard, "Notizen über die Bedeutung von 'post'," in: *Postmoderne für Kinder. Briefe aus den Jahren 1982-1985* (Wien: Edition Passagen, 1987), 105

51) Jean-François Lyotard, "Beantwortung der Frage: Was ist Postmoderne?", in: *Postmoderne fuer Kinder, Briefe und den Jahren 1982-1985*, 31

avantgrade)의 예술이 더 이상 아름다움을 표현하는 것이 아니라 숭고함을 표현의 대상으로 하는 것에서 출발한다.[52] 그는 전위예술이 아름다움이라는 감각적인 것만이 아니라 정신과 사유도 표현대상으로 파악한다고 지적한다. 여기서 정신과 사유란 “서술할 수 없는 것을 서술해야만 하는 태도”를 가리킨다. 료타르는 아름다움으로부터 숭고함으로 전환하는 것으로부터 포스트모던 인간의 현실에 대한 새로운 태도를 발견한다. 서술할 수 없는 것이 다양한 언어 유희들 사이의 갈등과 불일치를 통해서 표출된다는 것이다. 그리하여 료타르 사고의 초점은 “지금 일어나고 있는 것의 의미”가 아니라 “무엇인가 지금 일어나고 있다”는 사실의 감지이다. 여기서 료타르는 선험적으로 규정된 본질에 대한 존재의 우선성을 강조한다.[53] 이것이 바로 숭고함의 미학이다.

료타르는 여기서 칸트가 『판단력 비판』에서 발전시킨 숭고함의 개념으로 되돌아간다. 칸트에 따르면 숭고함이란 감각적 형식을 초월하기 때문에 어떠한 형식으로도 서술될 수 없는 것을 의미한다.[54] 숭고함을 서술하는 심미적 양식은 서술할 수 없는 것을 가시화하는 것이다. 서술할 수 없는 것은 합리적 이성에 낯선 타자이다. 료타르의 포스트모던 철학은 이처럼 타자에 대한 감수성에서 출발한다. 그는 칸트의 비판철학의 토대를 타자에 대한 감수성으로 본다: “칸트 비판철학의 토대는 논리학에 있는 것도 아니고 실용론에 있는 것도 아니고

---

52) Ibid., 22

53) Jean-François Lyotard, “Das Erhabene und die Avantgarde," 160

54) I. Kant, *Kritik der Urteilskraft*, B 77, B 115

주관적 명증성에 있는 것도 아니다. 그것은 주어진 것이 존재한다는 사건에 대한 원천적인 감수성에 있다."[55] 료타르는 다양한 언어 유희의 상호 갈등과 충돌을 통해 표출되는 서술할 수 없는 것의 현재를 드러냄으로써 감수성을 바탕으로 하는 새로운 존재론의 길을 열었다.[56] 따라서 료타르에 의하면 포스트모더니티는 타자와 서술할 수 없는 것에 대한 감수성을 통해서 모더니티의 합리성을 통해서 망각되고 억압된 것을 복권시키고자 하는 작업이다.

4. 세계상 : 다양한 관점의 단편들으로서 세계

료타르는 비트겐슈타인이 그의 『철학적 탐구』(*Philosophical Investigation*)의 머리말에서 피력한 성과: "동일한 관점일지라도 새 방향에서 접근하면 항상 새로운 모습을 그려낸다"[57]를 그의 세계상의 출발점으로 삼는다. 비트겐슈타인의 논구의도는 다양한 대상에 대한 자신의 사유 결과를 연속성 있는 하나의 전체로 종합하고자 하는 것이었다. 그러나 료타르는 다양한 대상들이 하나의 관점에 의해 포섭될 수 없다는 경험을 고백한다: "사상을 하나의 방향으로 강요하는 것은 사상의 자연적 경향에 대립한다." 료타르는 세계에 대한 하나의 전체적인 그림을 그리고자 하지 않고 다양한 관점들의 진리에

55) J. F. Lyotard, "Grundlagenkrise," *Neue Hefte für Philosophie*,26 (1986), 23

56) Wolfgang Welsch, "Die Geburt der postmodernen Philosophie aus dem Geist der modernen Kunst," *Philospophische Jahrbuch 97* (1997), 15-17

57) Ludwig Wittgenstein, *Philosophische Untersuchungen, Werke, Bd.I* (Frankfurt, 1984), 231

의존하는 단편적인 그림을 그리고자 한다.

료타르는 "현대를 다시 씀"(Das Moderne redigieren)이라는 논문에서 포스트모더니티를 "현대를 다시 쓰는 작업"[58]으로 규정한다. 현대를 다시 쓰는 작업은 다양한 인이 유희 속에서 주체성의 자율성을 확보하는 것이다. 그리고 현대를 다시 쓰는 것은 한편으로는 "모든 선입견으로부터 해방된 출발점으로의 복귀"[59]이며, 다른 한편으로는 과거의 선판단과 미래에 대한 투사를 통해 본질적으로 은폐된 것을 드러내는 작업이다. 여기서 료타르는 현대의 모순을 탐구하거나 그 모순을 극복하고자 하지 않는다. 료타르는 "여기에 그리고 지금 존재하고 있는 것, 즉 사태 자체를 파악하고 인식하는"[60] 모더니티의 세계상을 반복하고자 한다. 현재 일어나는 것에 대한 개방적 태도만이 포스트모던 사회에서 인간의 자율성을 정당화한다. 모더니티가 통시적인 관점에서 현재에 정당성을 부여하기 위하여 "시간을 원점으로 돌려놓고자"한 데 반해서, 포스트모더니티는 공시적인 관점에서 모더니티에 고유한 현재에 대한 관심을 다시 회복시키고자 한다. 과학적 지식과 서술적 지식 사이에는 서로 환원될 수 없는 "불가공약성"(incommensurability)[61]이 존재하는 것으로 밝혀진다. 과학적 지식을 검증하고 결정하는 것은 "전문가들의 합의"로 축소된다. 그리하여 과학적 지식의 합의 모델은 붕괴된다. 또한 다양한 언어 유희들 사이

---

58) J. F. Lyotard, "Das Moderne redigieren," in: *Wege aus der Moderne, hrsg.* Welsch, 204-214

59) Ibid., 206

60) Ibid., 205

61) J. F. Lyotard, *Das postmoderne Wissen. Ein Bericht*, 75

에도 불가공약성이 존재한다. 과학적 지식들 또는 다양한 언어유희들 사이에 공유된 기초가 없으므로 상호이해와 소통이 불가능하다는 것이다.

5. 료타르의 세계관 비판

1) 공헌

료타르의 공헌이란 과학적 지식의 선험적 타당성을 부정함으로써 지식의 상대성과 한계성을 드러내었다는 것이다. 과학적 지식도 서술적 지식처럼 하나의 믿음에 기초하고 있다는 사실을 밝혔다는 것이다. 료타르는 "과학도 하나의 믿음을 토대로 하기 때문에 전제조건이 없는 과학은 존재하지 않는다"[62]라는 니체의 인식을 수용하였다. 그래서 료타르의 지식론은 한 체계가 모순에서 완전히 해방되었는지는 그 체계의 수단으로는 증명될 수 없다는 괴델(Goedel)의 불완전성 원리를 포스트모던 지식의 패러다임으로 수용한 것이다. 그리하여 포스트모더니티는 모더니티가 주장한 지식의 정초주의 내지 토대주의를 극복하였다.

그러므로 료타르는 모든 공리를 하나의 체계로 통합하는 메타담론이 붕괴된 포스트모던 사회에서는 과학적 지식을 증명할 수 있는 다양한 공리적인 체계들이 존재한다고 본 것이다. 그리하여 료타르는 체계의 불안정성과 패러독스를 드러냄으로써 과학적 지식이 연속적

---

62) F. Nietzsche, *Das fröhliche Wissenschaft, V.* 344, KSA 3, 575

이거나 전체적이거나 검증되는 것이 아니라 근본적으로 비연속적이며 파편적이라는 것을 밝혔다. 료타르는 과학적 지식이 고전적인 의미에서 증명될 수 없는 패러독스라는 것을 역설하였다. 그리하여 포스트모너니티는 정초주의를 부너뜨린 것이다. 포스트모더니티는 이러한 정초주의의 붕괴와 더불어 그것을 정초한 이성주의를 무너뜨리는 데 공헌하였다.

2) 비판

첫째, 보편적 진리 인식의 다양성이 보편적 진리에 대한 회의(懷疑)와 동일할 수는 없다. 료타르는 1983년 10월 8일자 『르몽드』에 실린 그의 글 "지성인의 묘지"에서 보편적인 가치를 구현하는 주체로서의 지성인의 시대는 끝났다고 선언했다. 그리하여 료타르는 진리와 가치의 보편성에 대한 회의(懷疑)를 탈현대의 조건으로 규정하고 있다. 료타르는 논증을 통해 보편적 합의를 도출하고자 하는 하버마스의 의사소통행위를 정면에서 거부한다. 료타르의 입장에서 보면 합의(合意)는 담론의 상태이지 담론의 목표는 아니라고 본다. 보편적 진리와 가치를 우리 이성이 단번에 마음대로 인식할 수 있는 것은 아니다. 그런 의미에서 료타르의 이성주의 비판은 타당하다. 그러나 우리는 비록 보편적 진리를 이성에 의하여 단번에 마음대로 인식하지는 못한다 하더라도 이 보편이 있다는 사실을 부인할 수는 없다.

둘째, 이성의 한계가 있다는 것이 이성의 기능을 전적으로 불신하는 것으로 나아가지는 않는다. 1980년 아도르노 상 수상연설로 발표된 글 "현대, 미완의 사업"에서 하버마스는 모더니티가 미완성되고 있음을 주장하면서 모더니티를 변호하였다. 하버마스는 현대사회가 과학, 도덕과 예술의 자율적인 영역으로 분화되었지만, 이 자율화 과정을 통해 축적된 이성의 능력을 통해서 보편적인 메타언어를 창출할 수 있다고 주장하였다.[63] 이성의 능력을 통해서 보편적인 메타언어를 창출할 수 있는 능력이 인간에게 있다는 하버마스의 주장에 관하여 료타르처럼 회의할 수는 있다. 그러나 우리는 이성의 한계를 지적할 수는 있으나 이성의 기능을 전적으로 불신할 수는 없다. 우리는 적어도 보편적 메타언어(합의)에 대한 규제적 관념은 가질 수 있다. 이것조차 없다면 우리의 의사소통과 공동체 삶은 전혀 불가능하기 때문이다.

셋째, 료타르는 합의(合意) 관념을 포기하는 일은 강조하면서도 정의라는 관념을 포기하는 일에는 주저하고 있다. 료타르는 포스트모던 세계에서는 다양성이 야기하기 때문에 도덕적 내지 지적 합의라는 관념을 포기해야 한다고 주장한다.[64] 그런데 료타르는 정의가 보편적인 관념이 될 수 없다는 결론을 내리는 데는 주저한다. 합의라는 관념에 대해서는 단호하게 "한물가고 의심스러운 가치"로 여기고 거부했지만 그는 정의에 관해서는 이러한 판단을 유보한다.[65] 보편적 합의

---

63) J. Habermas, "Die Moderne - ein unvollendetes Subjekt," in: *Wege aus der Moderne. Schlusseltexte der Postmoderne-Diskussion*, hrsg. Welsch (Weinheim, 1988), 184

64) J. F. Lyotard, *The Postmodern Condition: A Report on Knowledge* (Manchester: Manchester University Press, 1984), 66

65) Alister E. MacGrath, *A Passion for the Truth: the Intellectual Coherence of Evangelicalism*, IVP. 1996, 김선일 역, 『복음주의와 기독교적 지성』, IVP, 2001, 216

를 거부한다면 정의 또한 보편적 가치가 될 수 없다. 그러나 료타르는 정의에 대해서는 보편적 관념이 될 수 없다는 결론을 내리지는 않고 있다. 여기서 료타르의 논리는 일관성을 상실하고 있다.

넷째, 료타르는 과학적 지식에 대한 이해를 상대주의적으로 몰아감으로써 실제 경험과학에서 일어나는 지식의 합의성을 무시하고 있다. 료타르는 포스트모던 과학을 불완전하고 불연속적인 것이라고 본다: "포스트모던 과학은 결정할 수 없는 것들, 엄밀한 통계의 한계, 불완전한 정보로 인한 갈등, 재난 그리고 실용주의적 모순과 같은 것들에 관여함으로써 스스로의 발전을 불연속적이며 파멸적이고 돌이킬 수 없으며 역설적인 것으로 이론화하고 있다."[66] 료타르는 자연과학은 역설논리(paralogy)에 근거하는 것으로 본다. 역설논리란 중앙통제적 내러티브에 의해 좌우되거나 그것을 소유했다는 주장을 모두 거부하는 모순적인 논법이다. 이러한 료타르의 자연과학 이해는 오늘날 날마다 발전하는 정보과학이나 천체 물리학 등의 경험적 사실과 부합하지 않는다. 오늘날 순수과학과 형이상학, 이론물리학 등은 실재 이해에 있어서 전체적으로 합리성과 합의 그리고 증명가능한 진리에 해당하는 모델을 제시하고 있다.[67]

다섯째, 역사종말에 대한 묵시론적 언급 역시 이성주의적 이해에 근거하고 있다. 헤겔 식(式)의 정-반-합이라는 변증법적 진행과 지양

66) J. F. Lyotard, *The Postmodern Condition: A Report on Knowledge* (Manchester: Manchester University Press, 1984), 60

67) Steven Conner, *Postmodernist Culture: An Introduction to Theories of the Contemporary* (Oxford: Blackwell, 1989), 35

을 통한 역사의 통합은 이성주의적이다. 그러나 료타르가 말하는 역사의 종말을 말하는 묵시론적인 현재도 역시 이성주의적이다. 헤겔은 이성을 신뢰하고 있으나 료타르는 이성을 더 이상 신뢰하고 있지는 않다. 그러나 료타르 역시 이성 외에 다른 해결책을 찾고 있지는 않다. 료타르는 현대 인간들이 "분산 속의 함께 있음"을 강조한다. 그러나 분산 속의 함께 있음이 무슨 의미가 있는가? 여기에는 공동체 이념이 실종하고 있다.[68] 우리는 인간으로서 역사를 완성할 수도 없고 역사를 뛰쳐나가서 역사 끝에 설 수도 없다. 역사의 종말을 말할 수도 없다. 역사의 종말은 하나님만이 말할 수 있기 때문이다. 역사의 종말을 주장하는 것 자체가 역사에 대한 불가지론이 아닌 하나의 해석과 소유의 방식을 나타내고 있다. 역사를 열고 닫는 자는 인간이 아니라 하나님이다. 예수 그리스도는 "열면 닫을 자가 없고 닫으면 열 사람이 없는 다윗의 열쇠를 가진 자"(계3:7)이시다. 그는 "알파와 오메가라 이제도 있고 전에도 있었고 장차 올 자요 전능한 자"(요1:8)이시다. 예수 그리스도는 역사의 종말에 오실 자이며 역사를 마감하실 것이다.

IV. 해체적 포스트모던 세계관 비판

해체적 포스트모던 사상은 한편으로는 종결될 수 없는 해석과 다른

---

68) Sander Griffioen, "Loss of Community in Lyotard and Derrida," in: *The 21st Century, Postmodernism and Christianity*, The 4th International Symposium on Christian Culture and Theology. SoongSil Univ. Korea Institute for Christian Culture Studies, 1995, 73-88

한편으로는 벽에 그린 그림처럼 묵시론적 진술을 쓰는 것으로 만족하는 최소의 철학이다.

1. 신은 살아 계신다 : 신의 죽음이란 우리의 신 관념의 죽음

신이 죽은 것이 아니라 신에 관한 우리의 관념이 죽었다. 니체는 『즐거운 학문』에서 "신은 죽었다"고 선언했다.[69] 신의 죽음은 니체에 있어서 서양 이성의 전체적 규범체계를 근거지었던 형이상학이 정당성을 상실하였다는 것을 의미한다. 데리다와 료타르는 헤겔이 선언한 형이상학의 죽음과 더불어 포스트모던 조건이 형성된 것으로 본다.

그러나 형이상학은 죽지 않았다. 리꾀르는 현대의 위기란 신화나 상징이나 형이상학에 관한 관심의 실종에서 현대 위기의 원인을 찾는다. 그러므로 리꾀르는 신화의 이성적 해석을 주장한 불트만의 실존 해석학적 착상을 비판하면서 비실존론적 작업이 아닌 상징 해석학을 주장한다. 리꾀르에 의하면 "신화와 상징은 불트만에서처럼 윤리화 내지 실존론화의 계기를 지니는 데서 끝나지 않고 그것의 사변적 계기, 곧 신비롭고 천착(穿鑿)할 수 없는 심연을 지니고 있다."[70] 상징은 실존에 해소될 수 없는 우주적으로 신성한 것을 우리 의식에 과제로 부여한다. 인간 의식은 상징을 해석함으로써 인간 존재의 신성한 원천에

69) F. Nietzsche, *Die fröhliche Wissenschaft*, 125, KSA 3 (München, 1980), 481

70) 김영한, 『하이데게에서 리꾀르까지』, 박영사, 2003, 전정판, 506

접근한다.

2. 자아는 실재한다

자아는 없는 것이 아니다. 자아는 실재한다. 자아는 언어를 통하여 이해될 수 있는 것이기는 하나 자아가 바로 언어의 산물인 것은 아니다. 자아가 언어와 권력의 영향을 받는 것은 사실이다. 그러나 자아를 언어 유희의 산물 또는 권력관계의 산물로 보는 것은 극단한 입장이다. 이 극단한 입장은 주체가 탈중심화되고 분산되었다고 말한다.

료타르는 주체가 주체를 구성하는 다양한 지식과 언어 유희를 통하여 비로소 형성된다고 주장한다. 여기서 주체는 다양한 관계에 의하여 형성된다. 우리는 이것을 인정할 수 있다. 그러나 우리는 자아가 없다거나 주체가 죽었다고 말할 수 없다. 우리가 인정할 수 있는 것은 단지 절대적 인식과 보편성과 전체성을 마음대로 장악할 수 있다고 주장한 절대적 주체에 대한 신념이 와해되었다는 사실이다. 실로 전체성과 보편타당성을 긍정한 모더니티의 신념이란 환상이었다. 포스트모더니즘은 그것을 깨달은 것이다. 그러나 포스트모더니즘은 주체나 자아의 죽음을 선언함으로써 절대주의의 한 극에서 상대주의의 다른 극으로 극단적으로 나아가고 있다.

주체로서 자아는 하나님의 형상으로 실재한다. 이 자아는 그러나 깨어진 모습으로 실재한다. 단지 왜곡되어 어그러졌을 뿐이다. 자아는 자기의 본래적 모습에서 소외되어 있다. 그러나 자아는 하나의 인격으로 인격적인 당신의 말씀을 청취함으로써 자기의 본래적인 모습으로 나아갈 수 있는 가능성을 가지고 있다. 개혁신학은 에밀 브룬너가 피력한 바와 같이[71] 이 사실을 인정한다.

3. 역사에 대한 합목적적인 가치와 기대

우리의 사유는 역사의 목적을 정립할 만큼 자율적이지도 않지만 그렇다고 역사과정에 관하여 모른다고 말할 만큼 전적으로 무지하지는 않다. 헤겔과 마르크스는 역사에 관하여 너무나도 낙관적으로 총체적인 서술을 시도하였다. 그들의 사고는 전체주의적 사고였다. 이에 반해서 포스트모더니스트들은 전체주의적 사고에 대하여 반대하나 역사의 무의미를 선언한다. 이것은 역사 과정에 대한 인간의 이해와 책임을 외면하는 것이다. 진정한 탈현대란 료타르 자신이 말하는 것처럼 과거와의 단절이 아니다. 그것은 과거의 회상과 반복이라는 성격을 갖는다.[72] 과거는 완전히 극복되거나 망각되는 것이 아니라 항상 현재의 모순과 위기를 이해하고 치료할 수 있는 단초를 제기하는 것으로 이해되어야 한다. 이런 의미에서 료타르가 포스트모더니즘이 "모더니즘의 종말이 아니라, 모더니즘의 지속적인 탄생"[73]이라고 해석한 것은 타당하다.

도이어베르트는 우리 시대인 현대의 문명에 관하여 비관과 낙관을

---

71) 김영한, 『바르트에서 몰트만까지』, 2003, 대한기독교서회, 제2장 에밀 브룬너 참조

72) 이진우, "장 프랑수아 료타르 탈현대의 철학", 김욱동 편, 『포스트구조주의와 포스트모더니즘』, 1991, 현암사, 235-236

73) Jean-François. Lyotard, "Beantwortung der Frage: Was ist Postmoderne?", in: *Postmoderne fuer Kinder, Briefe und den Jahren 1982-1985*, 26

동시에 말하고 있다. "우리의 문화가 가져올 수밖에 없는 명백한 결과 때문에 우리는 울어야 한다. 하지만 우리는 교차로에 서 있기 때문에 집단적으로 선을 선택할 수 있는 가능성이 여전히 있기 때문에 웃을 수 있다."[74] 우리는 모더니즘과 무조건 단절될 수도 없다. 모더니즘 안에 있는 창조적 가치를 다시 발견해서 계승해 나가야 한다. 모더니즘 안에 있는 창조적 가치란 비록 모더니즘이 신을 부정하고 있지만 진리와 가치와 인간성과 윤리와 역사의 목적에 대한 신념을 가지고 있기 때문이다.

4. 이성에 대한 비판적 이해

이성에 대한 계몽주의적 신념은 무너지고 있다. 근대의 계몽주의는 이성을 세계의 중심으로 설정하고 자기 자신에 대한 반성적 관계로부터 인간 행위의 규범적 토대를 도출하고자 했다.[75] 하버마스가 주장하는 이성의 자기확신에 대한 이러한 신념은 모더니즘이 초래한 각종 난관과 어려움에 의하여 좌초되었다. 이성에 대한 신앙은 세계대전의 살육과 나치즘과 공산주의의 수용소 군도에서 자행된 상상을 초월한 만행을 통하여 여지없이 종말을 고하고 있다. 이것을 비판하는 해체주의의 논거는 타당성을 갖는다.

포스트모더니즘은 인간이성에 내재하는 반-로고스(para-logos)

---

74) Sanders Griffioen & B.M. Balk (eds.), "Dooyeweerd' Theory of Social Institutions", in: *Christian Philosophy at Close of the Twenties Century*, Kampen (The Netherlands): Kok, 156

75) J. Habermas, *Der philosophische Diskurs der Moderne* (Frankfurt, 1985), 27

에 관하여 말한다. 오류추리의 원인은 바로 인간 이성 내에 내재하고 있다. 오류 추리의 근원이란 자기인식을 통한 이성의 한계규정과 이 한계를 넘어서려는 인간 이성의 자연적인 경향 사이의 불일치이다. 오류추리는 인간이 이성을 사용하는 네 일어나는 불가피한 현상이다. 공리적인 체계의 다양성 아래서 한 체계 내에서 오류 추리로 판단되는 것은 다른 체계 내에서는 이성적인 것으로 받아들여질 수 있다고 본다. 그리하여 다양한 언어 유희를 통해서 현실세계의 불일치를 드러내고자 한다.

료타르 등 포스트모더니스트들이 칸트가 사용한 이성의 오류 추리를 지적하는 것은 공헌이다. 그러나 이들은 이성의 신념을 반이성의 신념으로 대체하고 있다. 비록 이성의 현실인식이 불일치 속에 있다고 하더라도 현실 세계의 실재가 전혀 우리들에게 인식될 수 없다고 해서는 안 된다. 우리는 현실세계에 대한 상(像)을 가지고 우리의 인식을 교정함으로써 점차 현실인식에 가까이 접근할 수 있다.[76] 그런데 포스트모더니즘은 이성을 정초(定礎)하는 선험적 초월을 향하여 나아가지 않음으로써 허무주의에 떨어지고 있다.

5. 윤리적 규범의 인정

우리는 지켜야 할 윤리적 명제와 규범을 부인할 수 없다. 하버마스

---

76) 김영한, "기독교 문화의 세계관적 기초", 한국기독교철학회 2006년 춘계 발표회, 3월 18일, 자료집, 비교: Kevin J. Vanhoozer, *Is there a Meaning in This Text?*, Grand Rapids: Zondervan 1998, 김재영역, 『텍스트에 의미가 있는가?』 517

는 이성의 자율화 과정을 통해 축적된 윤리의 능력이 현대의 도덕적 모순을 극복할 수 있다고 믿는다. 그러나 현대가 과신한 윤리는 합리성의 이름 아래 엄청난 만행-종족주의, 민족주의 이름 아래 수많은 인명의 살해-을 저질렀다. 이것을 비판한 포스트모더니즘의 입장은 타당하다. 그러나 포스트모더니즘은 우리가 지킬 윤리적 명제나 규범까지도 거부하고 있다. 동성애, 자유로운 성관계, 동성결혼 등이 미국 등지에서는 허용되고 합법화되고 있는 실정이다.

포스트모더니즘이 제기하는 인식론적 상대주의는 필연적으로 윤리적 상대주의에 빠지게 된다. 인식론적 상대주의는 후발 국가들의 핵(核) 개발 저지를 둘러싸고 강대국 사이에 오가는 협박과 공갈, 정치 군사 문제를 둘러싼 정부의 도덕적 타락 등 모든 것을 정당화시켜 준다. 그러므로 진위를 가릴 수 있는 초월적 관점이 있어야 한다.

6. 역사에 대한 이야기 가능

우리는 역사의 종말에 대한 거대담론을 말할 수는 없다. 우리는 헤겔처럼 역사에 대한 거대담론(meta-narrative)의 입장을 가지고 있지 않다고 해서 데리다나 료타르처럼 역사에 대한 불가지론의 입장을 시인하는 것은 아니다. 우리는 지나온 현대성(modernity)에 관하여 비판적 서술을 할 수 있다. 중세 이후에 르네상스가 일어나고 계몽주의가 이어지면서 모더니티가 형성되어온 역사적 과정을 우리는 포스트모던 관점에서 모더니티의 형성과 발전과 붕괴에 관하여 서술할 수 있다. 그리고 이성에 관한 확신이 붕괴하고 근대 세계에 대한 환상이 깨어지면서 그 직접적인 결과로서 일어난 포스트모더니티에 관하여

말할 수 있다.[77)]

우리는 성경에서 역사종말에 대한 해석학적 단초를 발견한다. 우리는 역사를 섭리하시고 주장하시는 하나님은 그의 계시를 통하여 우리에게 역사의 종말에 내해 이야기 히신다. 우리는 그러한 이야기가 다니엘서: "내가 또 밤 환상 중에 보니 인자 같은 이가 하늘 구름을 타고 와서 옛적부터 항상 계신 이에게 나아가 그 앞으로 인도되매, 그에게 권세와 영광과 나라를 주고 모든 백성과 나라들과 다른 언어를 말하는 모든 자들이 그를 섬기게 하였으니 그의 권세는 소멸되지 아니하는 영원한 권세요 그의 나라는 멸망하지 아니할 것이니라"(단 7:13-14), 요한계시록: "또 내가 새 하늘과 새 땅을 보니 처음 하늘과 처음 땅이 없어졌고 바다도 다시 있지 않더라. 또 내가 보매 거룩한 성 새 예루살렘이 하나님께로부터 하늘에서 내려오니 그 준비한 것이 신부가 남편을 위하여 단장한 것 같더라"(계 21:1-2) 그리고 예언서에 나타난 묵시적 역사비전: "내가 지을 새 하늘과 새 땅이 내 앞에 항상 있는 것 같이 너희 자손과 너희 이름이 항상 있으리라 여호와의 말이니라"(사 66:22) 속에서 주어진 것에서 해석학적 단초를 발견한다.

7. 보편적 진리와 가치에 대한 긍정

포스트모더니즘은 주체의 상실과 더불어 지식과 인식의 선험적 토

---

77) Diogenes Allen, *Christian Belief in a Postmodern World* (Louville, KY: Westminster/John Knox, 1989); Thomas C, Oden, *After Modernity…What? Agenda for Theology* (Grand Rapids, MI:Zondervan, 1990)

대의 붕괴를 말하고 있다. 그리하여 진리와 가치의 보편성에 대한 포기를 선언하고 있다. 료타르는 다양한 언어 유희들 사이의 "불가공약성"(incommensurability)과 "서술할 수 없는 것" 때문에 보편성에 대한 포기를 선언하고 있다. 그리하여 포스트모더니즘은 이성의 완전한 자기인식과 지식체계의 완전성을 포기하고자 한다.

보편적 진리와 가치의 실재를 포기할 수 없다. 하버마스는 계몽주의 기획을 옹호하고 보편을 거부하는 포스트모더니스트들에 대항하여 이성과 진보의 담론을 주장하고 있다. 하버마스는 이성의 위기는 이성에 의하여 극복될 수 있다고 본다. 하버마스는 아직도 이성주의의 신념이 그대로 살아 있다는 것이다. 그러나 우리는 이성의 위기가 이성에 의하여 극복된다고 볼 수는 없다. 보편적 진리와 가치의 인식은 다양하지만 그것이 있다는 사실을 부정할 수는 없다. 만일 보편타당성에 대한 인식이 불가능하다고 하더라도 우리는 보편타당성에 대한 신념을 버릴 수는 없다. 포스트모더니즘은 보편타당성의 인식뿐만 아니라 그 실재까지도 회의함으로써 인식론적 상대주의에 떨어지고 있다.

8. 공동체 인정

공동체를 포기할 수 없다. 데리다나 료타르의 사상에는 주체성이 분산됨으로써 공동체가 실종된다. 데리다나 료타르의 해체적 사고에 있어서는 우리가 의사소통할 수 있는 보편적 이성이나 언어나 의미의 통일성이 실종하고 있다. 그리하여 공동체는 실종할 수밖에 없다. 공동체란 의사소통적 성격을 가지고 있기 때문에 이성과 언어와 의미의 통일성의 기반 위에서만 가능하기 때문이다. 이러한 의미의 통일성이 부정되는 곳에는 끊임없는 해석은 있을 수 있으나 의사소통의 공동체는 존재하지 않는다.

맺음말

칼빈, 어거스틴, 도이에베르트 등 개혁신학자들이 말하는 바같이 이성은 언제나 기본적인 신뢰(basic trust)에 의존한다. 그리고 어쩔 수 없이 궁극적 문제로 지향한다. 여기서 기본적인 신뢰와 궁극적 관심이란 선철학적인 관심을 말하고 있다. 이것은 신념이다. 인간 이성 그 자체가 거부되는 것이 아니다. 이성의 자기 충족성의 이념이 거부되어야 한다. 도이에베르트가 말하는 것처럼 선험적 비판(transcendental critique)이란 이성이 지닌 선철학적인 전제를 비판한다는 것이다.

포스트모더니즘의 진정한 방향이란 해체주의자들처럼 전통과의 단절이나 모더니즘과의 단절이 아니라 전통과 모더니즘에 대한 비판적 사고를 통하여 전통과 모더니즘을 새롭게 해석할 뿐만 아니라 그 속에 있는 창조적인 것을 새롭게 개발하고 발전시키는 데 있다. 모더니즘이 보편성과 전체성을 정당화하려는 세계관이라면 포스트모더니즘은 다양성과 개방성을 정당화하는 세계관이라고 말할 수 있다. 개혁주의적 복음주의는 이러한 합리성과 보편성에 근거한 전체성의 시각과 동시에 다양성과 개방성을 허용하는 개별성의 시각을 조화하는 세계관을 가지도록 방향을 잡아야 할 것이다.

| 이슬람의 세계관(1) |

머리말

20세기 말 동구의 사회주의가 무너지고 이어서 소련연방이 해체되면서 70년간 인류의 이데올로기 시험이 종식되었다. 후쿠야마는 자유주의 이데올로기의 승리로 역사가 종언되었다고 했다. 그러나 2001년 뉴욕 맨하탄과 백악관과 팬타곤을 향한 근본주의 무슬림의 자살테러 공격은 21세기를 테러와의 전쟁으로 바꾸어 놓았다. 이슬람이 세계역사에 사회주의를 대체하는 새로운 이데올로기로 등장하게 되었다. 이슬람의 경전인 코란에는 "6신과 5행"이 있다. 6신이란 6가지 교리와 5행이란 5가지 실천사항이 있다. 6가지 교리란 알라, 천사, 코란, 선지자, 내세, 정해진 운명이다. 5가지 실천사항이란 신앙고백, 기도, 금식, 봉사, 순례이다.[1] 필자는 이슬람과 기독교의 종교적 성격을 비교함으로써 이슬람의 세계관을 비판적으로 성찰하고자 한다.

---

1) 신앙고백이란 알라 외에는 신이 없으며 무함마드는 일라의 선지자라는 고백이다. 기도란 하루에 다섯 번씩 드리는 의례적 기도이다. 금식이란 일년에 한달 (이슬람력 9월 라다만 달) 동안 하는 금식, 구제란 수입의 1/40로 하는 구제, 순례란 평생에 한 번은 이슬람의 성지인 사우디의 메카를 방문하는 순례이다. 어떤 이들은 5행에 지하드(holy war)를 하나 더 추가하여 6행이라고 한다.

I. 아랍지역의 정령숭배, 유대교, 기독교를 혼합한 종교

이슬람은 아라비아에 이미 있었던 부족들의 종교인 정령숭배(animism)와 함께 유대교와 기독교와 기타 종교의 영향 아래 형성된 혼합종교이다. 마호메트(무함마드, Muhammad) 당시의 아라비아는 부족중심의 사회였다.[2] 이 부족들은 정령숭배를 하였다. 이 부족들은 메카의 카바(Kaaba)라는 사원에서 365개나 되는 신들에게 경배를 드렸고 일년에 두 번씩 메카(Mecca)로 순례를 하여 많은 우상들에게 기도하고 제물을 바쳤다. 그는 당시 아라비아의 민속종교에 회의를 품고 대상(隊商)으로 장사하던 중에 알았던 다른 종교, 유대교와 기독교와 비교를 하게 된다. 무하마드는 자신들의 민속종교에는 심판도, 예언자도, 경전도 없으며, 너무 많은 신을 숭배하는 것에 실망을 느낀다. 그러므로 이슬람은 아리비아 지역의 정령숭배를 기초를 하고 있다. 이슬람은 정령숭배의 기초에 유대교와 기독교의 혼합이라고 할 수 있다. 알라는 카바의 신으로 석신(石神)(god of stone)으로서 다른 신들보다 "높은 최고 신이며 참 신(神)"이었다.[3] 그러므로 카바 신전에는 검은 돌이 있다. 이것은 석신으로서의 알라를 상징하고 있다.

---

2) 이슬람을 등장시킨 아랍인종은 창세기 10장 24절 에벨로 거슬러 올라간다. 에벨은 셈의 증손자로서 벨렉과 욕단을 낳았다. 아랍이란 말은 사막을 뜻하는 에벨의 파생어이다. 예레미아 25장 24절에 "아라비아 오아들"이라는 말이 나온다. 아라비아란 평야 내지 사막을 뜻한다.

3) 김영한, "기독교와 이슬람, 문명의 공존" 『21C 문화변혁과 개혁신앙』, 예영, 2007, 90-92

따라서 알라는 마호메트 이전에 있었던 카바의 석신이었다. 마호메트는 다른 신들을 제거하고 알라를 지고의 신으로 높혔다.

그러므로 알라는 여호와와 다르다. 알라는 달신이나 여호와는 자연현상에 매인 신이 아니나. 이슬람 국가에는 초승달이 있다. 이것은 달신숭배의 흔적이다.[4] 마호메트가 속한 쿠라쉬 부족은 달신을 섬겼다. 아브라함이 나온 갈대아 우르지역도 난나(Nanna)라는 달신이 지배하는 곳이었다. 일반적으로 태양은 남신이고, 달신은 여신이지만 아라비아에서 달신은 남신이었다. 마호메트 자신이 메카 근처의 히라산의 동굴에서 기도하는 가운데 신령의 체험을 하게되고 이것이 이슬람 종교 형성의 기초가 된다. 이 기도는 불교나 힌두교의 영향이 아니라 당시 시리아의 기독교들이 실천하는 명상의식이었다.

마호메트는 당시 이러한 영의 체험을 하고 이 신이 누구인지를 알지 못했다. 마호메트는 15세 연상의 부인을 통해서 기독교와 접촉하였다. 그리고 당시 아라비아에는 많은 유대인들이 살았다. 그들은 회당에서 히브리어와 아람어 성경을 읽었다. 마호메트는 유대교와의 접촉을 하여 아람어 성경의 좋은 본문을 차용한다. 코란에 있는 성경과 유사한 본문들은 아람어 성경에 기초한 것이다. 특히 의식과 실천면에서 영향을 받는다. 마호메트는 직접 차용의 인상을 피하기 위하여 수정한다. 그 예가 유대교의 안식일인 토요일을 이슬람에서는 금요일로 바꾸었다. 유대교에서 음식에 대한 많은 금기가 있는데 돼지고기 금기로 극소화 한다. 이외에도 금식, 자선행위, 메카를 향한 기도는

4) 전호진, 『이슬람 종교인가? 이데올로기인가?』 서울: SFC, 2002, 82

유대교 의식의 변형이나 차용이다.

마호메트 당시 아라비아에는 기독교의 여러 종파들이 들어와 많은 신자들이 있었다. 그런데 이단논쟁을 하여 많은 분열이 야기되었다. 마호메트는 당시 기독교의 분열을 보고 깊은 실망을 하였다. 그는 대상(隊商)활동을 하는 가운데 유대교와 기독교의 유일신 사상에 접하게 된다. 당시 아라비아에는 북쪽지역을 통하여 비잔틴 정통교회, 경교(景敎, Nestorianism), 단성론 교회(Jacobite Monophysite church)가 들어왔다. 정통교회는 예수의 인성과 신성에 대한 "혼합됨없이, 변함없이, 불가분하게 나눌 수 없이"라는 칼케돈 교리를 그대로 수용하였다. 이에 대하여 네스토리안주의라고 불리우는 경교는 예수 그리스도의 인성과 신성을 분리시키는 교리를 주장하였고, 단성론은 예수는 오로지 인성을 신성으로 해소시키는 교리를 주장하였다. 그리하여 당시 아라비아에 들어온 기독교의 다양한 종파는 인류의 구세주를 전파하려는 진정한 선교의 모습은 없었고 정통교리와 이단 교리를 혼합하여 교리논쟁에 치우쳐 있었다. 이러한 내분과 교리논쟁에 있는 기독교에 대하여 마호메트는 환멸을 느낀 것이다. 정통교회는 마리아가 하나님의 어머니냐(the mother of God) 또는 예수를 낳은 자(the bearer of Jesus)에 불과하냐를 두고 논쟁에 휩싸였다. 그러나 마호메트는 기독교인들은 하나님, 마리아, 하나님의 영으로 알려진 이사(Isa)를 믿는 것으로 오해하였고 예수의 승천을 인정하면서도 그의 신성을 부인하였다.[5] 마호메트는 기독교의 삼위일체 교리를 부

5) 전호진, 『이슬람 종교인가? 이데올로기인가?』 서울: SFC, 2002, 84

인하였고 유대교의 유일신 교리를 선택하였다.

II. 알라는 달신, 여호와는 열조의 신

알라는 이슬람 신앙의 핵심이다. 알라는 창조주, 심판자이며, 상주는 존재이다. 알라는 유일한 단 한 분인 존재이다. 알라는 전능하고 자비로운 존재이다. 알라는 우주적 신이며 아주 높아서 아무것도 그와 견줄 수 없다.

이슬람 학자들은 알라를 구약의 여호와 하나님과 동일한 것으로 주장한다: 파키스탄의 이슬람학자 메몬은 "알라는 기독교와 유대교에서 말하는 아브라함, 이삭, 야곱, 예수 및 모든 선지자들의 하나님과 동일한 신이다"[6]고 주장한다. 한국어 코란에도 알라를 하나님이라고 번역하여 알라와 기독교 하나님과 동일하다는 인상을 준다. 그러나 이것은 사실과 다르다.

알라 신은 구약과의 연속선상이 아니라 아라비아 지역의 달신과 관련하여 이해해야 한다. 마호메트 시대 당시 아라비아인들은 달을 알라신으로 섬겼다고 한다. 이슬람 국가들의 국기(國旗)에 대부분 초생달이 그려진 것은 이슬람 문화와 달과의 깊은 상관관계를 암시한다.[7] 알라신은 중동사람들이 섬겼던 부족신들 내지 지역신들에서 유래하였다. 알라는 "메카의 카바 신전 안에 있던 360개 우상들 중의 하나였던 쿠라이쉬 종족신"[8]이다. 이러한 신들은 지역적 특수성 띠

6) Ali Nawaz Memon, *The Islamic Nation* (Lahore: Vanguard Books , 1996), 8

7) James Hasting's *Encyclopedia of Religion and Ethics*, vol. 1;326, "Allah"

었고 조상대대로 전해진 신들이다. 다신론에서 단일신론(henotheism)으로 발전한 것으로 보는 것이 옳다. 종교사적으로 보면 유대교, 기독교의 신도 이슬람 신처럼 지역 신이 일신론으로 발전했다고 볼 수 있다.[9]

로버트 머레이(Roert Murray)에 의하면 이슬람은 기독교의 뿌리를 가지고 있지 않으며 유대교와 뿌리를 같이하는 것도 아니라고 한다.[10] 그렇다면 기독교, 유대교도 아닌 다른 기원으로부터 온 것이라는 말인데 그 근원을 깊이 연구해 보면 이슬람이 생기기 오래 전부터 아랍의 달신을 섬기던 종교를 변형시킨 것이라는 사실을 알 수 있다는 것이다. 그것은 무슬림들이 지금 지키고 있는 모든 절기와 종교행위들이 이슬람 이전에 알라(Allah)라는 이름으로 달신을 섬기던 사람들의 풍습과 많은 부분에서 일치한다는 것에서 볼 수 있다. 왜 이슬람의 모든 모스크의 꼭대기에 초승달이 달려 있는지, 왜 이슬람국의 국기나 무슬림들의 장신구, 보석상에 초승달 형상이 많은지 봐야 한다는 것이다. 이보다 더 쉽게 확인할 수 있는 확실한 증거가 있는데 그

8) 이만석, "이슬람이란 어떤 종교인가?" 『신앙세계』 2008년 9월호, 통권 482호, 49

9) Bernard Lewis, *The Multiple Identities of the Middle East* (London: Phonix, 1998), 23-24

10) 머레이 박사의 책은 불어, 독일어, 이태리어, 덴마크어, 스웨덴어, 스페인어, 아랍어, 이란어, 폴란드어, 핀란드어, 등 여러 언어로 번역이 되어 있다. 이분에 대한 확인이 필요하면 인터넷 주소창에 다음의 주소를 쳐 보기 바란다(www.chick.com/information/religions/islam/allah.asp).
그 외에도 여러 인터넷 싸이트에서 이 사실을 증명해 주고 있다 (www.faithfreedom.org/Articles/skm30804.htm, www.biblebelievers.org.au/moongod.htm, www.bible.ca/islam/islam-moon-god-allah.htm).

것은 이슬람의 절기를 보면 명확해진다. 이슬람의 모든 절기는 달을 기준으로 시작하고 달을 기준으로 끝나게 된다. 즉 태양력이 아니라 월력이라는 말이다.[11] 마호메트는 자기가 계시받은 내용에 의거하여 메카의 쿠라이쉬 부족의 다신교 신앙을 거부하고 점차 유대교와 기독교의 유일신과 메카의 카바 신전(神殿)의 주신(主神) 알라를 동일시하게 된다. 그리하여 마호메트는 유대교와 기독교의 신과 아라비아 반도의 주신 알라를 접목함으로써 아라비안들에게 토착화된 유일신을 제시하게 된 것이다.[12] 비단 금식뿐 아니라 성지순례를 하는 하즈(Haj)라는 달도 아랍력으로 12월을 말하는데 아무 때나 사우디 아라비아의 카바 신전을 방문한다고 성지순례로 인정해 주지는 않는다.[13] 이렇게 모든 중요한 절기들이 달을 기준으로 결정되는 것을 보면 이슬람은 달과 관련이 있다는 것은 분명한 사실이다. 그들이 카바 신전을 향해 방향을 맞춰서 머리를 숙여 기도하는 것이나 순례 시 카바 신전을 빙빙 도는 것, 카바 신전에 박혀있는 검은 돌에 입을 맞추는 것도 이슬람 이전에 달신을 섬기던 풍습을 그대로 답습하고 있는 것이

11) 라마단도 9월 1일 부터가 아니라 9월 1일경이라고 한 이유는 바로 이날 0시에 초승달이 보일 것인지 안 보일 것인지는 가봐야 알 수 있기 때문이다. 0시에 관측소에서 초생들을 못 봤다고 하면 금식은 다음 날 부터 시작되며 그 다음 날에도 초승달이 안 보일 경우 하루 더 미뤄질 수도 있다. 그리고 한 달간 금식을 하고 금식을 마칠 때도 라마단이라는 아랍 달력의 9월 그믐달이 지나고 10월의 초승달이 보이는 첫날 금식이 끝나게 된다

12) 이광호, 이슬람과 한국의 민간신앙, 울산대학교 출판부, 1998, 85-86

13) 12월 초승달이 뜬 이후에 시작해서 다음 초승달이 뜨기 전에 순례를 마쳐야 한다. 그래야 'Mr.' 혹은 'Mrs.' 라는 칭호 대신에 존경의 의미로 '하지'(Haji)라는 호칭을 붙여 주는 것이다. 그 달 외에 다른 달에 메카를 방문하면 그저 관광객에 불과한 것이다.

고 보면 달신과의 관계를 아무리 부인하려해도 절대 관계가 없다고 말할 수 없을 것이다.

III. 코란과 하디스

1. 코란 - 마호메트가 받은 계시, 전설과 묵시문학의 혼합

코란(꾸란)은 마호메트가 610년부터 633년까지 23년 동안 알라가 보낸 천사 가브리엘로부터 받은 계시를 기록한 문서이다. 이슬람의 기본 가르침은 코란에 기반한다: "코란은 모든 세대의 사람들을 위하여 알라가 예언자 마호메트에게 계시한 알라의 이적이다."[14] 코란을 다른 언어로 번역하면 그것은 코란의 해석이지 코란의 경전이라고 하지 않는다. 그만큼 아랍어를 신성시한다. 무슬림들 사원 안에서는 우상이나 그림을 새기는 것은 금기 사항이므로 그 대신 코란 구절이 새겨져 있다.

코란은 114장 6,200여절로 나누어져 있고 가장 긴 장은 오늘날 인쇄체로 30여쪽이 되지만 짧은 것은 불과 3-4행인 것도 있다. 아랍어로 장은 수라(Sura), 절은 아야(Aya)라고 부른다. 코란 각 장의 배열은 마호메트가 20여년동안 받은 계시의 순이 아니다. 제1장을 제외하곤 대체로 가장 긴 장에서 짧은 장의 순으로 되어 있다. 각 장마다 독

---

14) Sura 20,5

15) 예컨대, 제 2장은 암소의 장이라고 부르는데 암소에 관한 것은 총 286절 가운데 몇 절에 불과하다. 장의 이름은 모세가 알라의 명을 받아 살인자를 찾기 위해 암소 한 마리를 죽은데서 나왔다(Sura, 2;73)

특한 이름이 있는데 그 내용과의 연관성을 찾기가 힘들다.[15] 메카 초기 받은 계시와 메디아 시기에 받은 계시가 그 내용과 문체에 있어서 확연히 다르다. 전자의 내용은 주로 인간의 내면적인 것, 알라와의 관계와 임박한 최후의 심판 등이며, 문체는 짧은 시의 운율로 되어 있으며 산문체이다. 후자의 내용은 주로 인간 외면의 것, 즉 움마(umma)라는 이슬람 공동체의 행정과 그 구성원들의 일상생활에 관한 것이며 문체는 서술적이고 좀 긴 문장이다.

코란이란 말은 아랍어 "읽다"(qa raaa)에서 나온 파생어이다. 코란은 읽는 것, 독경을 의미한다. 이슬람 국가에서는 새벽에 사원마다 확성기로 코란을 틀어 놓는다. 그리하여 아랍어를 알라의 언어로 절대화한다. 오늘날 아랍민족주의에 코란의 공헌이란 절대적이라고 볼 수 있다.

코란에는 마호메트가 받은 계시와 전설과 묵시문학이 혼합되어 있다. 코란은 마호메트가 받은 계시만 담겨 있는 것이 아니고 구약성서의 내용, 당시 아라비아 반도에서 유행하던 기독교 전설, 교리와 위경(僞經)에서 나온 자료들을 많이 포함하고 있다.[16] 그래서 코란에는 유대교적 특징과 기독교 이단적인 요소들이 많이 포함되어 있다.[17]

---

16) 공일주,『중동의 기독교와 이슬람』, 서울: 예영커뮤니케이션, 122

17) H. A. R. Gibb, Islam: A Historical Survey, 이희수, 최준식 역, 서울: 도서출판 주류성, 1997, 49

2. 하디스 – 선지자의 전승

하디스(hadith)는 선지자의 전승이다. 코란의 해석이 어려울 때 무슬림이 의존하거나 인용하는 권위가 하디스이다.[18] 하디스는 마호메트의 언행을 기록한 것으로 코란에 버금가는 권위로 간주된다. 하디스의 형식은 마호메트 개인에 관한 것이다. 그의 추종자들이 마호메트에 관해 전해주는 이야기를 문장으로 다듬어 간추린 것이다. 마호메트 사후 1세기까지의 전승은 이슬람 공동체의 형성과 법의 발전에 중요한 역할을 하였다. 하디스는 이슬람 공동체의 결속의 틀이 되었다. 사후 2세기에 들어서면서 하디스는 더욱 체계를 갖추었다. 하디스의 자료들은 방대해지고 날조되기까지 한다. 그리하여 사후 3세기에 들어서면서 이를 분류하고 편집할 필요를 갖게 되었다. 이슬람교도들은 6가지 권위 있는 하디스를 편찬하였다. 따라서 하디스의 형성과정에는 많은 갈등이 있었다. 해석 방법에도 갈등이 있다. 수니파와 시아파의 하디스는 이슬람 초기부터 서로 달랐다.

3. 코란과 성경 : 메시지의 차이

코란의 아브라함은 메카를 다섯 차례나 방문을 하고 마지막 방문 때는 이스마엘과 카바 신전을 지었다고 하나[19] 성경의 아브라함은 메카에 간 적이 없고 성전을 지은 적이 없다. 코란에 나오는 이슬람의 모

18) 전호진, 『이슬람 종교인가? 이데올로기인가?』 서울: SFC, 2002, 72

19) Sura, 2:127

세(무싸)는 십계명을 받지 않았으나 성경의 모세는 십계명을 받았다. 이슬람에서는 벽돌 비가 내려서 성이 멸망당했다고 하나[20] 성경의 소돔과 고모라는 유황불로 멸망을 당했다. 코란의 알라는 한 방울 정액으로 인간을 창조했다고 하나[21] 성경에는 하나님께서 흙으로 사람을 지으시고 하나님의 생기를 불어 넣으시고 창조하셨다. 그리고 코란의 알라는 4명까지 아내를 허락하고 있으나[22] 성경의 하나님은 일부일처를 말씀하신다. 코란의 알라는 '이혼은 두 번까지니라'[23]고 말하나 성경의 하나님은 '하나님이 짝지어 주신 것을 사람이 나누지 못할지니라' (마19:6)고 하신다. 코란의 알라는 원수를 죽이라고 하나[24] 성경의 하나님은 원수를 사랑하라고 하셨다. 코란의 알라는 노예 여성들을 상대로 하는 성행위는 부담없는 행위라고 말하고 있으나[25] 성경의 하나님은 노예나 자유자나 동일한 인격을 인정한다(갈3:28). 코란의 알라가 예비한 천국에서는 아름다운 처녀들이 술잔을 들고 침상에서 기다리고 있다고 하나[26] 성경의 하나님은 천국에서는 천사들처럼 시집가고 장가가는 일이 없다고 한다. 코란은 마호메트가 최후의 심판 때 중보자의 역할을 한다고 하나 성경은 예수 그리스도께서 심판자요 동시에 중보자가 되신다고 가르친다.

---

20) Sura, 15:74

21) Sura, 80:19

22) Sura, 4:3

23) Sura, 2:229

24) Sura, 4:89

25) Sura, 4:3, Sura, 4:24

26) Sura, 56:35-37

코란은 알라라는 단일신론을 주장하고 삼위일체를 비난하고 있다: "하나님이 세 중의 하나라 말하는 그들은 분명 불신자라 하나님 한 분 외에는 신이 없거늘 만일 그들이 말한 것을 단념치 않는다면 그들 불신자들에게는 고통스러운 벌이 가해지리라."[27] 이에 대하여 성경은 성부, 성자, 성령이 삼위일체 되심을 여러 곳에서 함축적으로 시사하고 있다: "너희는 가서 모든 족속으로 제자를 삼아 아버지와 아들과 성령의 이름으로 세례를 주고" (마28;19), "주 예수 그리스도의 은혜와 하나님의 사랑과 성령의 교통하심이 너희 무리와 함께 있을찌어다"(고후13;13),

코란은 수시로 취소하고 새로운 계시를 준다고 말한다: "우리가 이전에 계시한 계시를 취소하였거나 혹은 망각하게 했을 경우에, 그 이상 또는 그와 동등한 것을 주려하고 있다. 알라가 전지전능하시다는 것을 그대는 모르는가?"[28] 이러한 코란의 구절은 코란이 말하는 계시의 연속성을 부인함으로써 코란의 신빙성을 떨어뜨리고 있다.[29] 이에 반하여 기독교의 경전인 구약과 신약은 근 천 5백 년 동안 수십 명의 저자에 의하여 쓰여졌으나 계시가 취소되거나 폐기된 것이 없다. 구약에서 시작하여 신약에 이르는 계시의 연속성을 말함으로써[30]

---

27) Sura 5, 73

28) Sura, 2. 106

29) 이만석, "이슬람이란 어떤 종교인가?" 『신앙세계』, 2008년 9월호, 통권 482호, 48

30) Susanne De Dietrich, God's Unfolding Purpose, A Guide to the Studuy of the Bible, Westminster Press, 신인현역, 『성서로 본 성서』, 8, 참조: 김영한, 『기독교신앙개설』, 형설출판사, 1995, 238

기독교는 유대교의 구약을 그대로 경전으로 받아들이고 있다. 구약의 하나님은 폐기된 것이 아니라 신약의 하나님 안에서 그 계시가 완성된 것이다.

IV. 마호메트와 예수

코란에는 예수(Isa)란 말이 19회나 나온다. 그런데 코란은 예수의 신성을 부인한다: "알라에게 자식이 있다고 하는 자들이 있다. 이러한 망령된 자들과 상종하지 말라." "알라는 단 한분이시고, 알라는 영원하시고, 성자와 성부도 두지 않으시고, 그분과 동등한 것 세상에 없도다."[31] 이슬람은 예수를 마호메트보다 낮은 선지자 중의 하나로 볼 뿐 신으로 간주하지 않는다. 이슬람은 예수 대신 마호메트를 숭상한다. 이슬람 신앙고백(shahdah)의 핵심은 "알라에는 다른 신이 없고 마호메트는 그의 선지자라는 것이다."

이슬람교는 역사적 예수의 세 가지 중요 사실을 왜곡하고 있다.

첫째, 예수는 신이 아니라 성스러운 예언자라는 것이다. 이슬람교는 예수를 마호메트와 같은 예언자의 반열에 두나, 마호메트는 28명의 예언자들(아담, 노아, 모세, 예수 등) 가운데 "최종의 예언자"라고 주장한다. 예수는 자신 뒤에 아흐맏(여기서 무함마드라는 이름이 파생됨)이라는 분이 오실 것을 알려주기 위하여 온 알라의 선지자 중의 한 사람이라는 것이다: "마리아의 아들 예수가 말하길 이스라엘 자손들이여, 실로 나는 너희에게 보내어진 선지자로서 내 앞에 온 구약과

31) Sura 112,1-4

내 후에 올 아흐맏이란 이름을 가진 한 선지자의 복음을 확증하노라."[32] 마호메트의 메시지는 그 이전의 예언자들에게 내려진 계시들을 완성시키거나 폐기시킨다고 한다. 따라서 마호메트는 그가 세운 종교도 지금까지의 모든 종교들 가운데 마지막 종교라고 주장한다. 그러나 신약성서는 예수를 단지 예언자 이상으로 보고 있다. 예수를 하나님이요 로고스라고 보고 있다. 사도요한은 태초에 말씀이 계셨는데 이 말씀이 하나님이며, 이 말씀이 인간이 되셨다고 증언하고 있다(요1:15).

둘째, 예수는 하나님의 아들이 아니라는 것이다. 코란은 다음과 같이 말한다: "하나님이 마리아 아들을 메시야라 칭하니 그들은 분명 불신자들이라."[33] "예수는 마리아 아들로서 선지자일 뿐 이는 지나간 선지자들과 같음이라."[34] 이것은 성서에 대한 결정적인 왜곡이다. 예수님 자신이 스스로 하나님 아들(요5:19-23)이라고 증언하셨다고, 네 복음서 기자들은 증거하고 있다. 예수님은 당시 어느 유대교 전통에서 찾아 볼 수 없는 호칭, 하나님을 아바 아버지라고 호칭하였다. 이것은 특히 예수님이 바로 하나님과의 독특한 관계를 말하고 있는 것이다. 이 관계란 그가 하나님의 독생자라는 것이다. 성경의 하나님은 인류를 구하시기 위해서 그 아들을 세상에 보내셨는데 이슬람의 알라는 아들이 없다고 한다. 그러나 마호메트 당시의 아랍인들과 그 조상들은 알라에게 알-라트, 웃짜, 마나트라는 세 딸이 있었다는 것

32) Sura 61,6

33) Sura 5, 72

34) Sura 5, 75

을 다 알고 있고 마호메트도 코란에서 이 사실을 인정했다.[35] 물론 마호메트는 알라가 세 딸이 있다는 사실을 부인하지만 그 당시의 아랍인들과 아랍의 조상들이 그 세 여신들을 알라의 딸이라고 불러온 것을 코란에서 인정하고 있는 것이다.[36]

셋째, 예수는 십자가에 못 박히지 않았다는 것이다. 또 성경의 예수는 인류의 죄를 대신 감당하기 위해서 십자가에 못 박혀 돌아가셨는데 코란이 말하는 이슬람의 예수(이싸)가 십자가에 죽지 않았다고 말한다. 이것도 신약 복음서에 대한 영지주의자들의 왜곡이다. 초대교회 영지주의자들은 예수가 아니라 다른 사람이 대신 못 박혔다고 주장한다. 이슬람교가 말하는 십자가에 못 박힌 자는 예수가 아니라 다른 사람(유다)이었다는 사실은 영지주의자들의 견해를 받아들이고 있는 것이다. 그러나 신약 4복음서는 예수가 십자가에 못 박혀 죽으심으로써 인류의 죄를 속죄하셨다고 증거해주고 있다(막10:32-34).

넷째, 이슬람교는 중보자를 배격하여 마호메트를 최후의 선지자로 보나 기독교는 예수를 중보자로 만들었다고 왜곡한다. 중보자의 교리는 마호메트와 예수가 각기 다른 독특성을 가진데서 비롯된다. 마호메트는 종교의 설립자요 정치인이었고, 심지어는 칼을 사용하여 반대자를 응징하였다. 마호메트는 이슬람이라는 종교적인 국가를 창건하였다. 이슬람의 경전인 코란은 적대자에 대하여는 경우에 따라서는 응징해야 한다고 가르치고 있다. 이에 반하여 예수는 기독교의 창시

35) Sura 53:19-23

36) 『이만석 칼럼』 라마단의 시작을 보면서, 『2008-09-03 06:38』, chtoday.co.kr

자가 아니다. 예수님은 기독교를 창립하지 않았다. 그는 십자가에 못 박히시고 죽으시고 부활하시고 승천하셨다. 다메섹에서 역사적 예수를 만나 개종한 바울과 베드로 등 12제자들 그리고 120신자들이 마가의 다락방에서 오순절 성령을 체험한 후에 "십자가에 못 박힌 예수가 부활하셨다"는 복된 소식을 증거하였고 이들은 매일 모여서 하나님을 찬양하였다. 그리하여 예루살렘에 자발적인 예배공동체가 생겨났다. 이것이 기독교의 시작이다. 기독교는 역사적 예수가 의도적으로 창립한 것이 아니다. 역사적 예수는 당시 정치적 저항에 나서지 않았다. 그는 칼을 쓰는 자는 칼로 망한다고 가르쳤다. 역사적 예수는 원수를 사랑하고, 핍박하는 자들을 위하여 기도하라고 말씀하신다. 그는 죄와 사망의 권세를 깨뜨리시고 부활승천한 성자 하나님으로 오늘날에도 살아계시고 성부 하나님 우편에서 역사와 우주를 통치하시고 구속하신다.

V. 이슬람 – 율법종교

이슬람은 유대교처럼 율법종교이다. 이슬람의 가르침에 따르면 선지자 직무는 마호메트와 함께 정점에 도달했기 때문에 마호메트의 말씀에 권위를 부여한다. 마호메트의 업적은 메시지의 선포에만 있지 않고 신정국가를 세우는데 있으므로 신정정치의 공동체는 규정된 질서에 의하여 규제되어야만 한다. 이슬람의 법은 따라서 이슬람의 본성에 일치한다.

1. 이슬람 의무론의 사실적 원천

이슬람교도의 의무론의 사실적 원천은 코란, 순나, 이지마, 키야이다.[37] 코란은 이슬람의 도덕적인 규례의 원천이다. 순나(Sunna)는 마호메트의 관습이다. 그의 관습은 코란 다음으로 계시의 두 번째 원천이 되었다. 책의 종교는 율법종교가 된다. 이지마(idima)는 각 율법교사들이 각기 자기의 견해를 제시하는 동안 마호메트의 본래적인 가르침은 항상 일치하지 않는다. 따라서 이들의 견해는 합의에 도달해야 한다. 이지마는 교리의 합의(consensus doctorum)이다. 이지마는 계시의 세 번째 원천이다. 키야(kiyas)는 유비추론이다. 논의의 질문에 있어서 해당하는 지역에 대해 규범적인 타당성을 갖는 교리결정(fatwa)을 한다. 직책이 대답을 주는 것이 아니라 방법이다. 이것이 유비추론이다. 이 키야는 계시의 네 번째 원천이다.

2. 이슬람 의무론의 문헌적 원천

이슬람 의무론의 신학사적인 발전이란 문헌사적인 측면에서도 고려되어야 한다.

문헌적 원천은 코란, 하디스, 사히, 피크, 사리아이다.[38] 코란(Koran)은 이슬람법의 첫째 원천이다. 여기서 알라의 뜻은 문자적으로(verbaliter) 발견된다. 코란은 경전으로 계시의 천상적 원본의 지

37) Emmanuel Kellerhals, *Der Islam. Geschichte, Lehre, Wesen*, Gütersloh, 1981, 95

38) Ibid., 98

상본이다. 지상본과 천상원본은 일치한다. 하디스(hadith)는 마호메트의 언행록이며 두 부분으로 되어 있다. 하나는 전통자체이고 다른 하나는 전승자들의 사슬이다.

사히(sahih)는 전승 모음(die Traditonssammlungen)이다. 이것은 이슬람 제3세기에 이루어졌으며, 코란 외에 제이의 경전으로 인정받는다. 피크(fikh)는 통찰, 합리성이란 뜻이다. 피크는 윤리체계(das ethische System)이다. 전승모음 그 자체로는 가르침이나 상담에 실제적으로 사용될 수 없다. 그것은 체계 속에 넣어야 한다. 이것이 피크다. 샤리아(sharia)는 길(Weg, Way)인데 영적 법이다. 샤리아는 이슬람의 "영적 의무론"이라고도 한다.[39] 이 법은 신앙, 덕성론, 의식서, 민법과 형법으로 나누어진다. 신앙은 교의학의 여섯 부분이다. 덕성론은 코란과 전통이 추천하는 12가지 도덕적 우선에 관한 이론, 의식서는 경건서의 5가지 요체이며, 민법은 상법과 가족법을 포함한다. 형법은 범죄에 관한 법이다.

3. 사회질서 : 공법

공법으로는 지하드, 형법, 상법, 노예법, 혼인법 등이 중요하다.[40] 지하드(jihad): 지하드라는 말은 거룩한 전쟁이란 뜻이다. 지하드는 초기에 한정된다. 초기 메디나시대에 마호메트는 유대교와 메카의 대적자들과 싸울 때에 종교적 전쟁, 거룩한 전쟁을 수행했다. 그러나 이

39) Ibid., 99

40) Ibid., 101

슬람의 후기 전쟁은 정복전쟁이었다. 이슬람은 피정복자들이 조공을 바치고 지배에 복종할 때 그들의 신앙을 보존하여 주었다. 따라서 이슬람은 타종교인들에 대하여 이들이 정치적으로 복종하는 한 관용을 배제하지 아니하였다. 이슬람의 구분에 의하면 이슬람 지역과 전쟁 지역으로 나누어진다. 이슬람 지역은 이슬람이 지배하는 지역이며, 전쟁 지역은 지배권을 쟁취해야 하는 곳이다. 그래서 이슬람의 세계관에는 전 세계를 이슬람화하는 선교전략에 맞추어져 있다.[41]

형법(das Strafrecht): 옛 아랍형법은 "눈은 눈, 이는 이로"라는 탈리오법(jus talionis)에 기초한다. 탈리오법에서는 지파와 종족에게 피의 보복의 권한을 위임하였다. 마호메트는 근본착상을 받아들이면서 본질적으로 완화시켰다. 보복의 권한을 혈연체에서 가져와 공적 판사(kadi)에게 위임하였다. 그런데도 형벌은 아주 엄격하다: 간음자는 투석당하고, 신성모독에는 채찍을 맞고, 도둑질에는 손이 절단 되고, 이슬람에서 떠날 시 사형이다. 오늘날 이슬람 국가에서 개종자들은 생명을 위협 받는다.

상법(das Handelsrecht): 과도한 이자금지는 유대법에서 빌려온 것이다. 코란은 고리대금과 폭리를 금하고 있다: "알라는 이자의 폭리로부터 모든 축복을 앗아가시며"[42] "고리업으로 다시 돌아가는 자 그들은 불 지옥불의 동반자로서 그곳에서 영주하리라."[43] 모스크, 교

---

41) William Wagner, *How Islam Plans to change the World*, Kregel 2004, 노승현 역, 『이슬람의 세계변화전략』, 서울: Apostolos Press, 2007

42) Sura 2, 276

43) Sura 2, 275

육기관, 병원, 수도시설, 우물 등 경건시설, 즉 시민의 소유는 사거나 팔거나 저당잡거나 할 수 없다.

노예법(das Sklavenrecht): 마호메트는 이슬람 이전 시대에서 내려오는 노예제도를 인정했다. 그러나 주인에 의한 무제한적 소유와 명령권한을 제한하였고 노예의 처지를 개선하였다. 노예에 대한 인간적 처우, 적당한 음식, 옷, 주거, 휴식시간을 요구하였다. 그는 노예 해방의 방식을 만들었고 그것이 선한 일이라고 권장하였다.

혼인법(das Eherecht): 마호메트는 신부를 사오는 옛 아랍의 혼인법을 수용하면서 완화하였다. 지참금은 시댁(媤宅)이 아니라 신부에게 돌려지고 신부의 소유가 되어야 한다. 여자는 자기 의사에 반하여 결혼할 수 없다. 남편은 단 두번씩만 동일한 부인을 내쫓고 받아들일 수 있으며 성냄이나 사소한 일로 이혼하거나 이혼을 취소할 수 없다.[44] 마호메트는 아랍의 일부다처를 용인했으나 4명의 정부인, 첩 그리고 여자 노예는 무제한으로 거닐 수 있도록 했다. 이러한 혼인법은 일부일처제를 가정의 원리로 말하는 구약과 신약의 정신에 위배되며, 그리스도 안에서 남녀가 동등하다는 신약의 원리와는 거리가 멀다.

VI. 종말 사상

1. 죽음과 중간 상태

코란에 의하면 죽은 후에 영혼은 꿈이 없는 술 취한 상태와 비슷한

44) Sura 2, 229-230

잠에서 생각한다(Sura 6,60, Sura 10,46, Sura 30, 54; Sura 20,103). 영혼은 느낌 없이 꿈 속으로 들어간다. 영혼의 거주지는 알라 가까이 있다(Sura 39, 43). 시간 감각은 사라진다. 영혼은 무덤 속의 체류나 지상의 삶의 지속에 대하여 알지 못한다. 전통은 두 천사 문카르(Munkar)와 나키르(Nakir)가 장례 후에 바로 지구를 그들의 이빨로 찢고, 구덩이로 내려가서 죽은 자들에게 네 가지 시험질문을 하였다. 너의 신은 누구인가? 너희 선지자는 누구냐? 너의 종교는 무엇인가? 너의 키브라(Kibla), 즉 기도 방향은 어디인가? 이에 상응하는 대답은 알라, 마호메트, 이슬람, 메카이다. 이 대답은 죽기 전에 임종하는 자의 귀에 들려주어야 한다. 사자가 바른 대답을 할 경우 그의 영혼은 일반 부활 때까지 안정된 처소에 보존될 것이다. 한편으로 심판 천사의 나팔 소리 후에는 다른 편으로 낙원에서 푸른 새들의 머리에서 보존될 것이다. 여기서 그들은 미래의 복락에 대하여 미리 보게 될 것이다.

2. 재림

마호메트는 부흥설교에서 항상 다시 다가오는 시간을 선포한다.[45] 강력한 나팔 소리는 부활을 개통한다.[46] 그 후에 강력한 우주적 표적이 따른다. 지구는 진동하며,[47] 산들이 요동하며[48], 해가 접히며[49],

---

45) Sura 6, 31, Sura 21, 40

46) Sura 78,18-20

47) Sura 73,14)

48) Sura 27,90

별들이 떨어지며[50], 달은 균열된다[51]. 이러한 사건 후에 일반 부활이 일어나게 된다. 종말의 징조로는 적(敵)그리스도(al-dadial)가 출현하고, 메시아적인 특성을 가진 종말적인 미혹자들(그가 탄짐승은 나귀)이 출현한다. 이들은 승리적인 정복자로서 세상을 종속시키고 40일간 다스릴 것이다. 부요와 기적행위를 통해서 미혹자는 사람들을 마비시킨다. 그러나 미혹자는 결국에는 예수나 마디(Mahdi), 즉 아라비아 종족에서 나온 종말의 지배자에 의하여 멸절될 것이다. 미혹자가 신체적으로 드러나는 모습은 눈은 하나요, 이마에 화인 맞은 자로 묘사된다.[52]

여기서도 이슬람의 종말론은 기독교 종말론과 아라비아 민속종교의 종말론을 혼합시키고 있다. 종말시에 일어나는 우주적 재난은 마태복음에 기록된 내용과 유사하다. 미혹자가 각종 기적을 행한다는 것도 복음서의 기록과 같다. 그런데 미혹자가 이마에 화인을 맞고 눈이 하나인 괴물인 것은 황당하다는 느낌을 준다. 이슬람이 말하는 미혹자는 요한계시록이 말하는 적그리스도와는 전혀 다르다. 미혹자가 예수나 마디에 의하여 멸절된다는 것은 기독교 종말론에 아라비아 민속종교의 종말론을 갖다 붙인 것이다. 갑자기 아라비아 종족에서 나온 지배자란 아랍인의 인종주의를 말하는 것이다. 종말론에 이러한 민족주의 지배란 종말론과 아랍 종족주의를 혼합시키는 것이다.

---

49) Sura, 81,1

50) Sura 81,2

51) Sura 54,1

52) Emmanuel Kellerhals, *Der Islam. Geschichte, Lehre, Wesen*, 91

3. 심판

알라 자신은 하늘의 구름을 타고 웃는 얼굴로 나타난다. 천년의 침묵 가운데서 그는 그 자신에 대한 찬양을 연주하실 것이다. 사람들은 지옥다리에 내몰려 곤경 속에서 중보자를 부른다. 그러나 아담, 아브람, 모세 예수 자신은 거절한다. 마호메트만 인간을 중보하는 허락을 받는다.

심판날에 여덟 보좌 천사들은 알라의 보좌를 받든다:. "여덟 천사가 그날 알라의 권좌를 받들고 있노라. 그날에는 너희가 심판을 받은 날로 너희의 어떤 행위도 숨겨질 수 없노라"[53] 수호천사가 사람들의 행위를 기록한 책들이 날아온다. 책의 장들이 큰 저울에 재어진다. 선한 행위들로 기술된 장들이 나쁜 행위로 가득 찬 장들보다 더 무겁다. 겨자씨 크기만한 무게라고 할지라도 여기서는 지극히 자세하다. 사람들은 칼처럼 날카롭고 머리카락처럼 엷은 시라트(Shirat)다리를 건너야 한다. 불신자들은 거기서 미끌어져 심연에 떨어진다. 신자들은 다리를 건넌다. 부분적으로는 순간에 번개의 속도로 건넌다. 또는 적어도 좋은 말의 빠름으로 그리고 안전하게 낙원에 이른다.

심판으로부터 누구도, 선지자라도, 예수라도 배제되지 않는다. 마호메트는 이미 낙원에 있기 때문에 심판에 종속되지 않는다. 선지자들은 계시를 선포한 추종자들에 대하여 적대적으로 증언한다. 예수는 기독교인에 적대적으로 나서고 그를 버린 유대인에 대하여도 적대적으로 나선다: "심판의 날에 예수는 그들(책의 사람들)에 적대적으로

53) Sura 69,17-18

증인이 될 것이다."[54)]

사람들의 행위에 관하여 묻게 된다. 최종의 결단은 신앙고백에 달려 있다. 이슬람 전통에 따르면 마호메트는 말한다: "일곱 하늘과 일곱 지구가 한 저울에 달고 다른 저울에 고백의 말씀이 달면 이 말씀은 저 행위들을 평가할 것이다."[55)] 이슬람은 모든 사람들의 예외 없는 행복을 가르치지 않는다. 그러나 모든 무슬림의 예외 없는 행복을 가르친다. 무슬림이란 알라와 선지자들을 고백하는 자들이다. 신앙은 행위보다 우선이다. 그러나 신앙은 기독교가 말하는 칭의하는 은혜에 대한 신앙이 아니라 고백의 결정적인 교의를 진리로 여기는 것이다. 여기서 신앙이란 좋은 행실이며 구원을 가져다 주는 행실이다.

이 중요한 처소에서 마호메트의 중보가 행해지고 모든 무슬림의 행복이 오로지 중보기도에 빚지고 있다는 것은 주목할 만하다. 중보기도 없이 회개하지 않고 죽음의 죄에서 죽는 것은 불신자의 숙명이 되어야만 했다. 이슬람 전통은 말한다: "나의 중보기도가 큰 죄를 범한 나의 추종자들을 위해 있다. 나의 백성이며 나는 중보기도를 위해 있다."[56)]

여기서 이슬람은 예수가 중보자인 것을 마호메트로 왜곡하고 있다. 여기서 이슬람은 예수를 심판자에서 평가절하고 있다. 여기서 이슬람은 칭의신앙을 제대로 알지 못하고 있다. 여기서 이슬람은 진정한 중

54) Sura 4,159

55) Emmanuel Kellerhals, *Der Islam. Geschichte, Lehre, Wesen*, Gütersloh, 1981, 92

56) Ibid., 92

보자인 예수를 거부하고 대신 마호메트를 중보사로 보고 있다. 이것은 성경의 왜곡이다.

4. 지옥과 낙원 : 세속적인 열락

이슬람 전통은 피안의 기쁨에 대한 묘사에 있어서 단지 감성적이고 지상적인 표상들을 사용하고 저주받은 자들의 고통을 거의 신체적으로 고문당하는 고통으로 설명한다: "그들은 그곳에서 시원함도 맛보지 못할 것이며, 마실 음료수도 없으며, 오직 끓어 오르는 액체와 검고 어두운 혹독한 액체 뿐으로 이것이 그들을 위한 적절한 보상이다."[57] 여기서 이슬람은 정신적 기쁨 내지 정신적 고통을 명백히 표상할 수 없다거나 거기에 관하여 말할 수 없다는 인상을 받는다.[58] 이슬람 신비주의는 알라와의 영적 연합인데 여기서 묘사된 종말에 대한 언어는 피안적인 것이 아니며 아주 차안적이며, 종말론적 것이 아니며, 신체적인 복락의 일이라는 것이다.[59]

이슬람의 종말론적 그림에 대한 그림 재료는 주로 구약과 신약에서 나오고 있다. 그러나 차이는 간과될 수 없다. 심판이란 알라의 주권적이고 자유로우신 행위에 근거하지 않는다. 오히려 인간의 행위에서 이미 일어나는 결정에 근거한다. 여기서 인간의 고백이 그의 본질적인 행위로서 다가온다. 이슬람에 의하면 마호메트의 중보기도는 죽을

---

57) Sura 78, 24-26

58) Sura 78, 35, Sura 56, 24-25

59) Emmanuel Kellerhals, *Der Islam. Geschichte, Lehre, Wesen*, 92

죄에서 회개하지 않고 별세한 무슬림의 죽은 자들을 낙원에 들어가게 할 수 있다. 최후에는 알라와의 영적 연합이 아니라 행복의 약속된 목적이다: "천국과 포도들이 있고, 나아가 같은 청군한 배우자가 있으며, 넘치는 잔이 있도다."[60] "영원히 사는 소년들이 그들 주위를 돌며, 술잔과 주전자와 깨끗한 물 그리고 가득찬 잔들로 봉사하리라… 눈이 크고 아름다운 배우자가 있으매, 잘 보호된 진주와 같노라."[61] 이것은 물리적인 행복이다. 여기서 우리는 이슬람의 내세론이 현세적인 행복을 피안에 투명시킨 세속적인 행복을 벗어나지 못하는 인상을 받는다. 코란은 내세에서의 새로운 결혼에 대하여 말하고 있다: "알라는 그들을 위하여 새로운 배우자를 두시고, 그녀들을 순결케 하셨으며 나이가 같으며 사랑받게 하셨느니라. 이는 우편의 동료들을 위해서라. 그 곳에는 옛 선조들도 많으며 후세의 사람들도 많이 있노라."[62]

이러한 코란의 말은 마태복음의 말씀과는 다르다. 예수님은 내세에는 결혼하지 않고 천사와 같이 된다고 하였다: "부활 때에는 장가도 아니가고 시집도 아니가고 하늘에 있는 천사들과 같으니라"(마 22:30). 여기서 우리는 코란이 말하는 물리적 행복과 성경이 말하는 신령한 행복의 차이를 발견한다. 천국은 이슬람이 말하는 것처럼 먹고 마시며 열락하는 것이 아니라 성령 안에서 열락이요 하나님과의 신령한 연합이다.

60) Sura 78,32-34

61) Sura 56, 17-23

62) Sura 56, 35-40

VII. 한국 내 이슬람의 상황, 근본주의 이슬람 유입에 대한 경계

한국 내 이슬람 기구와 선교활동은 재단법인 한국 이슬람교(KIF: Korea Islam Foundation)를 중심으로 이루어지고 있다. 그리고 한국이슬람교중앙회(KMF: Korea Muslim Federation)도 한국 내 이슬람 선교를 펼치고 있는 중용한 단체이다. 2007년 아프칸 인질사건 때 이슬람중앙협회는 한국에도 이슬람인구들이 14만 명이나 있다고 발표하였다. 전문가의 일치된 견해로는 한국 내 50만 근로자 중 적어도 20%는 무슬림으로 추산하고 있다.

한국이슬람교중앙회는 국내 유일의 이슬람 선교기구로 서울 용산구 한남동 모스크에 본부를 두고 있다. 그리고 부산, 경기도 광주, 전주, 안양, 부천, 제주 등 전국에 8개 지회와 60여 개의 임시성전을 운영하고 있다. 2007년에 서울대학교에 무슬림 학생회가 조직되었다. 아시아나 유럽, 동남아에서 이슬람은 하층의 소외계층을 중시하는데, 한국에서는 대학가가 중점이 되고 있다. 한국 지성계를 공략하려는 전략이 숨어 있다고 한다. 이슬람은 중동의 에너지자금, 경제력, 그리고 외교를 최대한 이용하고 있다.[63] 대학가에서 무슬림 학생들은 기독교 선교단체의 집회방식으로 선교활동을 하고 있다. 그리고 "문화이해"라는 강연과 초청형식으로 간접적으로 이슬람 포교활동을 벌이고 있다. 이슬람 중앙회가 발표한 2006년 자료에 의하면 한국에서

63) 전호진, "한국내 이슬람의 도전", 『신앙세계』, 2008년 9월호, 통권 482호, 50

타종교에서 이슬람으로 개종한 사람이 80명으로 보고되었다. 이슬람은 이민과 결혼을 통하여 선교를 하고 있다. 2007년에만 무려 2천 명 이상이 무슬림과 결혼한 것으로 조사되었다. 국내 대학가에서 이슬람 기도실이 설치되고 매일 메카를 향하여 기도하는 학생들이 증가하고 있다고 한다. 안양시는 최근 외국인 근로자들이 20억 원 규모의 모스크를 세웠다. 그리고 인천시가 부지와 자금을 제공하여 이슬람 종합센터를 건설 중에 있다. 국내대학이 중동에 가서 학생들을 유치한 결과 2009년부터는 매년 천명 이상의 중동 유학생들이 한국대학에 유학올 것으로 예상된다. 적지 않은 이슬람 선교사들이 국내에 들어와 선교활동을 하고 있다. 선교자금은 사우디 아라비아가 제공하고 선교사는 터키와 파키스탄이 파송한다고도 한다.[64]

최근 영국 대주교가 이슬람법을 영국법에 반영시켜야 한다고 발언하여 서구사회에 큰 논란을 야기시켰다. 문제는 이슬람 국가들이 자기들은 전혀 기독교를 이슬람 사회에서 인정하지 아니하는데, 서구국가가 일방적으로 이슬람법을 서구 기독교 사회에 반영시키고자 하는데 있다. 2007년 아프칸에 단기선교 갔던 분당의 샘물교회 교인들이 납치되어 2명이 처형되고 정부간의 협상에 의하여 풀려났다. 이처럼 이들 이슬람 국가들은 기독교 선교사들을 추방할 뿐 아니라 자국 내에 기독교 선교는 인정하지 않고 있다. 그러므로 한국에 이슬람이 들어온다면 한국도 이들 이슬람 국가에 종교적 상호주의 원칙을 요구하도록 해야 한다.[65] 그리고 한국에 들어온 이슬람은 종교와 문화의 다

64) Ibid., 52

65) Ibid., 55

원성을 인정하고 다른 종교들과 평화공존의 정신을 갖도록 해야 한다. 그리고 9.11 자살테러와 세계 곳곳에서 폭력을 사용하는 이슬람 근본주의의 국내 유입을 철저히 규제해야 한다. 그리고 이슬람은 한국 내에서는 한국의 법에 따르도록 해야 한다. 정교분리의 헌법을 따라서 종교가 정치 위에 군림하는 이슬람 근본주의가 국내에 자리잡지 못하도록 해야 한다. 그렇지 않을 때 우리 한국에서도 이슬람 근본주의에 의한 2001년 테러가 미국의 9.11 테러와 2005년 영국의 지하철 테러 사건처럼 일어나지 않으리라고 낙관할 수 없다.

맺음말

이슬람교는 유대교와 기독교에서 유래한 것이 아니라 아랍 지역의 달신인 석신숭배에서 유래하였다. 그러므로 알라신은 여호와 하나님과 아무런 관계가 없다. 단지 이 석신이 나중에 단일신론으로 발전한 과정에서 유대교와 기독교의 영향을 받았음을 부인할 길이 없다. 이슬람의 세계관은 기독교 세계관과 다르다. 그것은 신관이 다르기 때문이다. 이슬람의 신관은 단일신관이며, 그 기원은 아라비아 지역의 달신이다. 이에 반해서 기독교의 신관은 삼위일체 신관이며, 그 기원은 아브라함과 열조의 신앙이다. 이슬람교는 중보자가 없다. 그러나 기독교는 중보자가 있다. 예수 그리스도가 중보자이다. 그런데 종말론에는 이슬람교는 마호메트가 내세에 중보자의 기능을 한다고 주장한다. 인간이요 선지자에 불과한 마호메트가 어떠한 근거로 중보자의 역할을 하는지 명료하지 않다. 그러나 기독교는 예수 그리스도는 하나님의 아들로서 그가 십자가에서 흘리신 보배의 피로 그의 생명을 우리를 위하여 쏟으셨으므로 우리의 중보자가 되실 수 있다. 이슬람의 낙원은 순결한 처녀와 소년들과 결혼하는 물리적 행복을 말하고 있으나, 기독교의 천국은 장가가거나 시집가는 것이 아니라 성령 안에서 열락하고 하나님과 합일하는 신령한 지복이다.

| 이슬람의 세계관(II) |

머리말

9.11 테러 이후 이슬람이 21세기 세계관의 논점으로 부각되었다. 9.11 테러범들이 이슬람 근본주의자들이었기 때문이다. 이들이 저지른 테러는 단순한 정치적 테러가 아니라 종교적 확신으로 무장되었다. 이들은 무고한 수천 명의 생명을 죽어가게 하면서도 자기들은 지하드를 통해서 순교한다고 생각했다. 이것은 이슬람의 세계관에서 나온다. 물론 근본주의 이슬람은 이슬람의 과격형태이지 이슬람과 동일시할 수 없다. 그런데 이들 근본주의 이슬람은 근원적으로는 이슬람의 세계관에서 유래한다. 이슬람 전문가들은 이슬람 교리나 코란의 내용을 연구하면 이슬람은 그러한 지하드(jihad)로 나아갈 개연성이 크다고 말하고 있다: "9.11 이슬람 테러는 일부 잘못된 광신자들이 저지른 역사적 실수나 정치적 보복 행위가 아니라 무함마드의 가르침과 코란의 계시를 철저히 이행하고 있는 순수한 무슬림들의 전형적인 지하드 실천의 모델인 것이다."[1)]

---

1) 『이만석 칼럼』 9.11 테러 7주년을 맞아, 지하드 하는 자들이 통치하면 어떻게 될까? 2008-09-15 11:30
chtoday.co.kr

Ⅰ. 이슬람 공동체의 6가지 기둥

마호메트(무함마드)는 "이슬람은 다섯 기초 위에 세워진다: 그것은 신앙고백, 기도, 구제, 순례 라마단 달의 금식이다"라고 말했다.[2] 그래서 신앙고백, 기도, 금식, 봉사, 순례를 이슬람의 다섯 기둥이라고 하고 지하드를 여섯 번째 기둥이라고 한다.[3]

1. 신앙고백shahda

이슬람이 가장 중요하게 여기는 것이 유일신 알라에 대한 신앙이다. 이슬람의 가장 중요한 신앙고백은 "알라는 한 분이며 마호메트는 그의 보내신 자"이다. 이 신앙고백은 모든 무슬림이 해야 할 의무이다. 무슬림은 알라에 대한 사랑이나 은혜보다는 절대복종을 중시한다. 무슬림은 이 고백을 예배에서 암송하며 동시에 내용에 대해 반복적으로 인정한다. 13억 무슬림을 하나로 묶는 끈이다. 그래서 이 신앙고백은 구약 유대의 세마 이스라엘(Shema Israel), "이스라엘아 들으라. 우리 하나님 여호와는 오직 유일한 여호와이시니"(신6:4)로 거슬러 올라간다. 경건한 유대인은 하루 세 번 기도에 암송하고 유일신에 대한 분명한 신앙고백을 내포한다.

---

2) Emmanuel Kellerhals, *Der Islam. Geschichte, Lehre, Wesen*, Gütersloh, 1981, 105

3) 전호진, 『이슬람 종교인가? 이데올로기인가?』 서울: SFC, 2002, 68

2. 기도salat

무슬림이 가장 중요하게 실행하는 종교 의식은 기도이다. 기도는 하루에 다섯 번 행한다. 해뜰 무렵, 정오, 오후 4시경, 해질 무렵, 잠자기 전에 기도 드린다. 이들은 메기를 향하여 얼굴은 땅에 댈 정도로 고개를 숙인다. 기도나 예배는 혼자서 할 수도 있으나 모스크(mosque)에서 행하는 것을 장려한다. 금요일 정오에는 집단 예배를 각 지역 중앙 이슬람 성전에서 드린다. 예배 전에는 손, 발, 얼굴을 씻으며 메카를 향한다. 모스크에서 기도할 때에는 반드시 신발을 벗는다. "실로 나는 너의 주님이라. 너희는 신을 벗어라"[4] 는 알라의 명령을 준행하는 것이다. "알라는 위대하시다"(Allah akbar)라는 문장을 말한다. 금요일 정오 시간 때 모스크에서 예배 모임이 개최된다. 여기는 남자들만 참여가 허용되고 여자는 금지된다. 강단(minbar)에서 설교(khutha)가 행해지나 이것은 코란의 해석이 아니라 의식적이고 권면하는 말씀이다

3. 금식sawm

금식은 이슬람의 중요 실천이다. 코란은 라마단 달 금식의 근거를 다음과 같이 말한다: "사람을 위한 복음으로 그리고 옳고 그름의 기준으로 라마단 달에 꾸란이 계시되었나니 그날에 일하는 너희 모두는 단식을 하라."[5] 이슬람 전통의 격언은 다음과 같다: "금식은 알라가

---

4) Sura 20, 13
5) Sura 2, 185

기뻐하는 일들 중 최고의 일이다. 금식하는 자는 과거의 모든 죄가 용서받는다."[6] 그래서 무슬림은 이슬람력으로 아홉 번째 달인 라마단 한달 동안에는 매일 해가 떠서 질 때까지 먹는 것, 마시는 것, 피우는 것, 성적 욕구를 자제한다. 해가 진 후에는 먹을 수 있다. 라마단 기간 동안에는 낮에는 금식해야 하지만 밤에는 먹고 마실 수 있다. 그리고 병자, 임산부, 여행자는 다른 날에 금식을 행하며 미성년자는 금식을 하지 않아도 된다.

4. 구제zakat

구제는 자카트라고 한다. 마호메트는 메카 시기에는 구제를 지상의 보화에서 돌아서는 표시라고 하였다. 메카 시기에는 구제는 개인윤리적 권면이었다. 그러나 메디나 시기에는 개인의 자유로운 좋은 행실과 나란히 공동체의 필요를 위한 의무적인 납부가 새로운 신정정치의 황금률이 되었다: "예배를 드리고 이슬람 세를 받칠 것이며 다 같이 고개 숙여 알라를 경배하라."[7] "예배를 드리고 이슬람 세를 바치라. 너희 스스로를 위해 자선을 베푸는 사람에게 알라께서 보상할 것이라"[8] 구제는 일종의 종교세로서 구약의 십일조와 유사하다. 이슬람은 봉사를 강조한다. 무슬림들이 바치는 자카트는 중요 자원이 된다.

---

6) Emmanuel Kellerhals, *Der Islam. Geschichte, Lehre, Wesen*, Gütersloh, 1981, 108

7) Sura 2,43

8) Sura 2,110

5. 순례hadj

순례(헤지)는 가장 중요한 실천이다. 무슬림은 일생에 한번 이상 메카를 순례해야 한다. 순례는 이슬람 력으로 12월 7일부터 10일 사이에 행하며 많이 할수록 더 좋다. 순례자는 먼저 신성한 카바 신전을 일곱 번 돈다. 그리고 난 후, 조그만한 검은 돌에 입을 맞추고 손을 쓰다 덮는다. 그 다음 메카에서 미나(Mina)를 거쳐 아라파(Arafa) 평원으로 간다. 끝으로 돌아오는 길에 무즈다리파에서 밤을 보내면서, 소, 염소들의 제물을 바침으로써 순례는 끝난다. 해마다 2백만 명의 무슬림들이 순례를 하며 순례기간 중 금요일에는 희생의 잔치(Feast of Sacrifice)를 벌린다. 이때 백만 마리의 소, 양, 약대를 제물로 바친다.

6. 지하드jihad

이슬람은 세계를 평화와 전쟁으로 구분한다. 평화란 이슬람의 거주지요, 전쟁이란 비이슬람 거주지이다. 이슬람 근본주의자들은 이슬람은 항상 비이슬람과는 전쟁을 해야 한다고 믿는다. 이것을 거룩한 전쟁, 지하드(jihad)라고 부른다. 코란에 이 지하드에 대한 부름이 있다: "그리고 박해가 없어질 때까지 그리고 종교가 온전히 알라만을 위한 것일 때까지 그들과 싸우라"[9] "불신하는 무리들과 접전할 때는 분명하게 그들의 목을 쳐라. 그들을 이기게 되면 족쇄를 단단히 채우

9) Sura 8,40

도록 하라"[10) 여기서 이슬람은 지하드를 영적 내면적 투쟁이 아니라 적을 격파하는 것으로 이해한다

일반적으로 "알라(Allah) 외에 신은 없으며 무함마드는 알라의 선지자"라는 신앙고백을 하면 무슬림이라고 한다. 그리고 여기에 이슬람의 다섯 기둥 즉, 하루 다섯 번씩 하는 기도, 구제, 일 년에 한 달씩 라마단 금식을 하고 평생에 한 번은 메카에 성지순례를 하고자 하는 사람을 무슬림(Muslim)이라고 정의한다. 일반적인 상식으로 보면 그 말은 맞는 말이다.

그러나 지하드 운동을 하는 근본주의자들의 기준은 이와는 차원이 다르다.[11) "믿는 자(무슬림)란 알라와 그 사도를 믿어 결코 의심을 품지 않으며 재산과 생명을 걸고 알라의 길에서 성전(聖戰:Jihad)하는 자이리라. 이런 자야 말루 진실한 자이니라."[12) 이 구질에 의하면 지하드 운동에 반대하는 사람들은 진정한 무슬림들이 아니며 이런 자들은 죽여야 한다는 것이다. 이들을 죽인 것은 알라의 심판을 대신 한 것이라는 것이다: "믿는 자들이여 너희가 싸움터에서 불신자들을 만날 때 그들로부터 너희의 등을 돌리지 말라. 그러한 날에 등을 돌리는 자는… 분명 하나님의 분노를 자아낼 것이며, 그의 주거지는 지옥이 되리니 최후가 저주스러우리라. 그들을 살해한 것은 너희가 아니라 알라께서 그들을 멸망케 하였으며, 그들에게 던진 것은 그대가 아니

10) Sura 47,5

11) 『이만석 칼럼』 9.11 테러 7주년을 맞아, 지하드 하는 자들이 통치하면 어떻게 될까? 2008-09-15 11:30
chtoday.co.kr

12) Sura 49;15

라 알라께서 던지셨음이라."[13]

II. 삶의 제도로서의 이슬람

이슬람의 수니파는 알라 신에 대한 신비적 경험을 중요시하나 일반적으로 무슬림은 종교적 경험을 중요시하지 않는다. 무슬림들은 하루에 다섯 번씩 기도한다. 대체로 기도문은 이미 지정된 내용을 외우는 것이다. 개인기도도 있다. 이슬람은 법을 중시하는 종교이다. 특정의 식과 법을 준수하고 행동하는 것을 강조한다. 이슬람법은 일종의 집단 윤리와 행동강령이다.[14]

1. 샤리아–삶의 규범

이슬람의 더 깊은 의미 내용은 알라의 뜻을 충족하고 그의 신적인 뜻에 내맡기는 것에 있다. 이슬람 신자는 그의 생애에 있어서 전적으로 알라에게 의탁하고 그의 뜻에 복종하는 자이다. 개별적인 법의 외면적이고 형식적인 충족이 결정적인 것이 아니다. 결정적인 것은 알라의 지혜와 자비와 긍휼의 표현인 알라의 규례를 이행하는 것이다. 신적 규례의 총체는 이슬람에 있어서 삶의 규범(Lebensordnung)으로서 넓은 의미에서 "샤리아"(Scharia, Sharia)이다. 사와(Ghulam Sarwar)는 그의 저서 『이슬람, 신념, 가르침』(Islam, Beliefs and

---

13) Sura 8;15-17

14) 전호진, 『이슬람 종교인가? 이데올로기인가?』 서울: SFC, 2002, 56

Teachings)에서 샤리아에 관하여 다음과 같이 규정하고 있다. "샤리아는 이슬람의 생활방식을 위한 법전으로 알라가 인간을 위해서 계시했다고 전해진다. 무슬림이라면 누구나 알라의 명령에 따라 이 법을 따라야 한다… 시리아 또는 이슬람 법은 무슬림의 행동법전이며 무하마드의 코란과 수나(Sunna)라는 두 가지의 주된 출처에 기초하고 있다. 그것은 현재와 내세에서 인간의 성공과 복지를 목적으로 한다."[15)]

사와는 샤리아를 다음 여섯 가지로 특징짓는다:[16)] 첫째, 이슬람 법은 완전무결하고 인간생활의 모든 면을 보여준다. 둘째, 샤리아는 모든 시대의 모든 사람들에게 영속적이다. 이것은 시간과 상황에 따라 변하지 않는다. 예를 들면, 음주와 도박은 이슬람 법에서는 허용되지 않는다. 아무도 이것을 바꿀 수 없다. 이것은 모든 시간과 장소에서 유효한 법이다. 셋째, 알라는 전지전능하다. 알라는 가장 지혜롭고 그의 법은 가장 선하며 완전하다. 넷째, 알라는 창조자이며 그의 법은 피조물인 인간을 위한 것이다. 다섯째, 알라의 법은 모든 민족과 나라와 시대를 위한 것이며 보편적이다. 여섯째, 알라는 모든 필요를 넘어서 있다. 알라는 어떤 무엇에도 의존해 있지 않고, 그의 법은 모든 사람들의 선을 위한 것이지 소수의 이기적인 사람을 위한 것이 아니다.

샤리아란 유대교와 기독교에 있어서 십계명과 같은 성격을 갖는다. 샤리아는 사람들을 억제하는 짐이 아니라 오히려 개별적이고 공동체적인 삶의 성공을 위한 도움으로서 이해된다. 샤리아의 어원적 의미

15) Ghulam Sarwar, *Islam, Beliefs and Teachings* (Chicago: Kazi, 1993), 161

16) Stephen Schwartz, *The Two Faces of Islam* (New York: Doubleday, 2002), 42

는 사막에서 "물 마시는 곳으로 가는 길"(Weg zur Tränke)이다. 사막에서 물 마시는 곳은 오아시스요, 삶의 구원과 소생을 의미한다. 샤리아는 종교적인 맥락에서 알라에 의해 정해지고 규례로서 인간에게 제공된 삶의 길이다.[17] 이슬람에서는 '법=샤리아'라는 등식이 성립된다.[18]

샤리아는 본질적으로 두 가지 원전에 기초한다. 하나는 코란(Koran)이요 다른 하나는 순나(Sunna)이다. 코란에는 놀랍게도 덜 구체적인 법적 규제나 사회적 규정들이 포함되어 있다. 이 부분들은 이슬람이 정치적 공동체를 형성하고자 하는 과제에 직면한 메디아 시대에 유래한다. 순나는 예언전통이며 전승된 마호메트(무함마드)의 이야기와 행위를 근거한다. 모델의 의미에서 마호메트는 모방해야 하는 좋은 모범이다.[19] 무함마드의 길은 "알라와 그의 보내신 자를 공경하라"[20]고 코란의 흔한 요구를 이해시키는 알라의 길이다.

샤리아는 이슬람 법에만 관계하지 않는다. 따라서 형법에만 관계하지 않는다. 그것은 알라에 의해 주어진 길에 대한 상위개념이다. 샤리아는 모든 종교적인 실천, 종교교육, 윤리와 법을 총괄한다.[21]

---

17) T. Nagel, *Das islamische Recht, Eine Einführung*, Westhofen 2001

18) William Wagner, *How Islam Plans to Change the World*, 2004: Kregal, 노승현 역, 『이슬람의 세계변화 전략』, 서울: Aposolos Press, 2007, 142

19) Sura, 33, 21

20) Sura 3, 32

21) Andreas Renz, Stephan Leimgruber, *Christen und Muslime. Was sie verbindet, Was sie unterscheidet*, München: Kösel, 2004, 216

2. 이슬람의 법체계

좁은 의미에서 샤리아는 코란과 순나의 기반에서 발전한 이슬람 법체계이다. 발전과 형성을 관찰한다면 법 발명의 다양한 방법을 통해서 제약되는 이슬람 법의 근본적인 복수성과 신축성은 명료해진다. 코란에는 한편으로는 아주 분명하고, 명료한 법 규정들과 다른 한편으로는 해석을 필요로 하는 많은 불명료한 다의적인 규정들이 포함되어 있다. 이에 대해 순나는 명료한 여러 개의 규칙을 내포하고 있다. 그리고 전승에 있어서 진정성이 의심되거나 또는 일반적으로 인정되지 않는 것들이 많다. 많은 것들이 원전을 통해서 규제되지 않는다.

알라에 의해 주어진 길은 구체적인 역사적인 환경에 대한 인간적인 해석과 적응을 필요로 한다. 이러한 필연성이 더 이상 허락되지 않는 곳에서 샤리아는 일정한 이해단체의 손에서 이용당하는 수단이 될 수 있다.

고전적 샤리아는 무엇보다도 형법의 영역, 특히 결혼, 가정, 유산법 부분에서는 모든 인간의 위엄과 동등권에 대한 오늘날 이해와 상충된다. 그리하여 근본주의 이슬람의 경우에는 서양인들과 연애한 딸에 대해 명예살인 등이 자행되고 있다. 이슬람 사회는 아직도 80%가 문맹이며 여성이 차별(2007년에만 1,800명이 명예살인으로 가족에게 처형)을 받고 있으며, 무지와 정치적 억압이 결합되어 서구 기독교 사회보다는 개화되지 못하고 있다. 아브라함이 이스마엘과 함께 카바 신전을 건축하고 그 주변을 시계 반대방향으로 일곱 번 돌았다고 한다. 이슬람은 이것을 무슬림의 메카 성지순례(Haji)의 기원으로 본다.[22] 순례자들이 아라파트 산에 있는 하얀 바위에 섬으로써 최후의 심판에 신

앞에 설 수 있다고 믿는다든지, 악마의 기둥에 돌을 던짐으로써 악마로부터 해방 받으며, 카바신전을 시계반대 방향으로 일곱 번 돌고 신전기둥을 손으로 만짐으로써 구원을 받는다고 생각하는 것은 아직도 이슬람교의 신앙이 무하마드의 6세기 때의 신앙의 틀에서 더 이상 발전하지 못한 모습을 보여주고 있다. 이슬람교는 이러한 면에서는 윤리적으로 발전하지 않고 주술적인 요소를 털어내지 못하고 있다. 무슬림 사회에서 기독교로 개종하면 사형에 처한다. 이것은 이슬람의 신앙이 강압적인 것을 보여주고 있다. 영국 등 서구사회에서 자라난 무슬림들은 샤리아법을 영국 등 서구사회의 법보다 우선시하기 때문에 반서구적인 태도를 가짐으로써 사회적으로 갈등의 원인을 제공하고 있다. 2001년의 미국 뉴욕 맨하턴 쌍둥이건물의 자살테러, 2005년에 있었던 지하철 테러 등이 서구사회에 살아왔던 무슬림들에 의한 것이었다.

III. 인간상, 인간 존엄과 인간 권리를 분리

이슬람은 인간이 알라에 의하여 창조되었고, 남녀 동등하게 창조되었다고 주장한다. 코란과 순나는 모든 인간의 동등한 존엄(gleiche Würde)을 인정한다. 그런데 문제는 존엄에서 동등한 권리를 이끌어내는 데 문제가 야기한다. 전통적 이슬람에게는 알라 앞의 동등한 존엄이란 결단코 필연적으로 남자와 여자에 대한 동등한 권리(gleiche Rechte)를 의미하는 것은 아니라는 것이다.[23] 이슬람은 남녀의 구체적인 권리와 의무에 있어서 생물학적 비동등성을 주장한다.

22) Sura, 22,:27

남성과 여성은 알라로부터 부여받은 역할과 과제, 그리고 성별적인 권리와 의무를 갖는 것을 정초하기 위하여 남자와 여자의 생물학적 비동등성을 천명한다. 1990년 이슬람 회의기구는 이슬람에 있어서 인권에 대한 카이로 선언(Kairoer Erklärung der Menschenrechte im Islam) 6항은 "여자는 존엄에 있어서 남자와 동등하며 권리와 의무를 갖는다"고 천명한다.[24] 그러나 어디에 이 권리와 의무가 있는가에 대해서는 어디에도 언급이 없다.

전통적인 이슬람의 권리에 따르면 남자와 여자의 불평등 대우는 유산법, 결혼법, 이혼법 등에 있어서 나타난다. 현대 인권이해의 관점에서 여성의 차별을 설명하는 법적인 불평등 대우는 문화적 전통과 가부장주의의 사회구조를 통해서 더욱 강화되고 있다.[25]

종교의 자유도 남녀동등의 질문과 같이 문제가 되고 있다. 종교자유는 고전적 이슬람법에 따르면 단지 비무슬림을 이슬람으로 개종시키는 권리, 그리고 소위 성서의 소유자들인 유대인들과 기독교인들이 그들의 신앙을 보유하고 일정한 구역 내에서 실행하는 권리에 보장한다. 이러한 고전적 이해에 따르면 종교자유는 이슬람에서 다른 종교로 개종하거나 다신론적 종교에 속하는 것이나 종교적 신앙고백으로부터 벗어나는 것으로 확대되지 않는다.

카이로 인권선언 12항에 의하면 사상, 신앙 그리고 담화자유에 대한

---

23) Andreas Renz, Stephan Leimgruber, *Christen und Muslime. Was sie verbindet, Was sie unterscheidet*, München: Kösel, 2004, 221

24) Ibid., 222

25) F. Mernissi, *Die vergessene Macht. Frauen im Wandel der islamischen Welt*, Frankfurt/ M. 1997

권리는 샤리아가 규칙을 정하는 일반적인 한계 내에서 허용된다. 움마(Umma)라는 이슬람 신앙공동체의 약화를 야기시키는 것은 허용되지 않는다: "각자 신앙과 종교실행의 자유를 그의 신앙에 상응하게 가진다. 너희는 너희의 종교를 가지고 나는 나의 종교를 가진다."[26)]

그러나 이슬람도 수십 년 전 이래 개혁과정 속에 있다. 중도적 이슬람은 종교 자유에 대하여 유연성을 보인다. 예컨대, 2002년 독일의 이슬람 중앙회의 정관선언 1항은 "종교를 바꾸고, 다른 종교를 가지고 무종교를 갖는 것에 대한 권리를 수용한다. 코란은 각 폭력사용을 거부하고 신앙의 일에 있어서 모든 강요를 거부한다."

IV. 이데올로기로서 이슬람

이슬람은 다음 네 가지 의미에서[27)] 이데올로기라고 말할 수 있다.

첫째, 종교와 정치를 일치시킨다. 이슬람은 반드시 국가권력을 장악한다. 신정국가를 지향한다. 이슬람은 국가가 이슬람법(sharia)에 기초한 이슬람 국가가 되기를 추구한다. 경건한 무슬림들은 이슬람 신정국가(Islam theocracy)를 건설하고자 한다. 신정국가의 근본사상은 종교가 정치 위에 있어야 한다는 것이다. 이슬람 국가들은 이슬람을 국가 통치이데올로기로 하고 있다. 이란의 호메이니는 정치 지도자 위에 부상한 종교 지도자였다. 인도네시아 스마트라 북쪽에 위치한 아체(Aceh)의 독립투쟁은 부드러운 이슬람 국가 인도네시아에

---

26) Sura 109,6

27) 전호진, 『이슬람 종교인가? 이데올로기인가?』 서울: SFC, 2002, 46-53

대한 불만을 품고 이슬람 신정국가를 설립하려는 것이다.

둘째, 국가는 이슬람이라는 하나의 종교만을 믿어야 한다는 종교적 획일주의를 실천한다. 이슬람은 종교적 다원성을 철저히 거부한다. 사회와 문화의 다원성을 거부하고 비이슬람적인 종교와 문화를 배격하고 심지어는 핍박한다. "이슬람은 완전한 종교이고 코란은 완전한 본문"이라는 종교적 절대주의는 사회적 배타성으로 나타난다. 이슬람은 사회를 이슬람이라는 종교로 독점화하고자 한다. 그리하여 경직된 이슬람 국가는 민주주의, 자유, 인권이라는 인류의 보편적 가치관을 외면한다.

셋째, 세속 이데올로기의 몰락에 대한 대안 이데올로기로 부상하고 있다. 1970년대 후반 이란의 호메이니의 등장에서부터 이슬람의 부흥이 이어진다. 이슬람 국가들은 이슬람을 실패한 자본주의와 공산주의의 대안으로 받아들이고 있다. 1990년대 소련연방의 해체와 함께 공산주의는 붕괴되었다. 그러나 아랍 국가들은 미국과 서구의 반감을 가지고 있으며, 자본주의를 세속주의, 사회적 불의와 부정부패의 원인으로 단정하고 있다. 여기서 이슬람은 하나의 정치 이데올로기로 기능하고 있다. 칼리드(D. Kalid)는 이슬람을 자본주의와 공산주의의 중간에 놓여 있는 "제3의 길"(the third way), 칸딜(F. Kandil)은 이슬람을 중동지역 토산의 이데올로기(nativistische Ideologie), 파리드자데(A. Faridzadeh)는 이슬람의 부흥을 이슬람이 정치적인 천년왕국 사상과 토착 문화보호주의로 변형된 것으로 해석한다.[28)]

넷째, 미국이나 서구 세계에 대한 적대감정을 지니는 것도 종교영역을 벗어난 정치적 행동이다. 이슬람은 자기들의 문제를 모두 미국과 서구 세계에 돌리고 있다. 그리하여 반서구 및 반미감정(sentiment)을 유발시킨다. 오늘날 이슬람은 1960년대 1970년대 남미의 종속이론을 종교의 이름으로 반복하고 있다.[29] 이란, 아프간 등이 이슬람 국가로서 실패한 예이다. 이들 나라에서 추구하였던 이슬람 혁명, 이슬람 국가, 이슬람 경제는 신화에 불과하였다.[30]

기독교는 정치와 종교를 분리시킨다. 진정한 기독교는 성직자가 정치권력을 가지지 않는다.

중세기에는 정치와 종교가 일치되어, 종교권력이 절대화되어 부패하고 말았다. 이 절대화된 종교권력에 대항한 것이 바로 루터의 종교개혁이다. 루터의 종교개혁은 종교권력의 상대화요, 다원화이다. 이 지상 위에서 완전한 신정정치는 있을 수 없다. 정치와 종교는 서로 긴장관계를 이루어야 한다.

V. 근본주의 이슬람

1. 근본주의 이슬람의 대두와 특징

이슬람 근본주의는 20세기에 갑자기 등장한 것이 아니라 오랜 역사를 통하여 발전한 것이다. 와하브, 아프가니, 압두흐 등이 19세기의 선구자들이다. 이슬람 근본주의의 기원은 아라비아에서 일어난 와하

---

28) Hossein Moabaher, *Vom Nationalstaat zum Gottesstaat: Islam und sozialer Wandel im Nahen und Mitteleren Osten* (Berlin: Verlag W. Kohlhammer, 1995), 160, 전호진 Ibid., 50 재인용

29) 전호진, 『이슬람 종교인가? 이데올로기인가?』 서울: SFC, 2002, 52

30) Oliver Roy, *The Failure of Political Islam*, trans. Carol Volk, (London: L. B. Tauris Pub., 1994), 27

비 운동(Wahhabi movement)과 이집트, 시리아, 인도, 파키스탄에서 일어난 유사한 개혁운동이다.

무하마드 이븐 압둘 와하브(Muhammad Abdul Wahhab)는 와하비운동의 창시자이다. 그는 수피(Sufi) 이슬람을 연구하고 아라비아로 돌아와서 자신이 해석한 초기 이슬람으로 복귀하는 교리를 설교하였다. 그로 인하여 그는 고향에서 내쫓겼으나 그의 옹호자 사우드(Saud) 가족의 특별한 보호를 받았다. 그의 개혁운동의 특징은 반서구, 반식민주의 그리고 초기 이슬람으로의 복귀이다. 그의 가르침으로 신속하게 번져나가 와하비운동을 일으켰다.

자아루딘 알 아프가니(Jamal al-Din Al Afghani, 1839~1897)는 자연스러운 이슬람의 발전운동을 제창하고, 이슬람이 서구문명에 의하여 오염되는 것을 경계하였다. 아프가니의 제자인 무함마드 압두흐(Muhammad Abduh, 1845~1905)는 이집트인으로 아프가니의 유산을 계승하여 유럽의 제국주의와 동양의 전제정치를 반대하고 초기 이슬람으로 복귀를 강조하였다.

20세기에 와서는 1970년대 이란의 호메이니의 이슬람 혁명이 시작이다. 호메이니는 선과 악이라는 우주적 전쟁의 도식으로 폭력을 정당화하였다. 그는 기독교와 세속주의를 "불경건" 세력으로, 미국을 사단으로 간주하였다. 현대 이슬람 근본주의의 본격적 시작은 이집트의 무슬린 형제단(Muslim Brotherhood)과 파키스탄의 자마트 이슬라마(the Jamaat-i Islami, 이슬람 협회)이다. 전자는 철저한 이슬람 평신도 운동이다. 그리고 레바논에 있는 히즈볼라, 하마스(the Islamic Resistancer Movement), 이슬람 구원전선(Islam Salvation Front, FTS), 그리고 가장 무서운 근본주의 집단 빈 라덴

(Osma Bin Laden)과 알카에다(Al-Qaida, 지도자 자와하리)와 탈레반(Taleban, 지도자 오마르)이 있다. 이들은 모두 지하드가 이슬람의 중심 교리라고 믿고 있다.

이슬람 근본주의 특징은 다음과 같다.

첫째, 열렬 지지층이 교육 받은 청년과 엘리트계층이다. 이들은 서구에서 교육을 받고 서구화를 알면서도 서구화와 근대화를 세속주의라고 보고 거부한다.

둘째, 이들은 복고주의자들이다. 초기의 종교적 이상향을 지향한다. 이들은 과거에 있었던 이슬람의 황금시대를 동경한다. 그리고 이슬람 이상국가를 건설해야 한다고 주장한다. 과거 이슬람의 황금시대로 되돌아가고자 한다. 그리하여 현재의 이슬람을 개혁하고자 한다. 이들은 자기들에게 동종하지 않는 이슬람을 배교자로 여긴다. 현재를 거부하고 과거의 이상향을 전파하며 세속주의와 상대주의에 반대되는 이슬람적 세계관을 전파한다,

셋째, 문자주의자들이다. 코란 경전에서 자기들의 주장을 뒷받침하는 내용을 임의로 취사선택하여 문자적인 해석을 감행한다. 그리하여 코란이 가르치는 원리적인 가르침과 교리들을 왜곡한다. 그 예가 샤리아의 엄격한 실천이다. 간통을 저지른 자는 목베임에 처해진다. 1977년 사우디 왕가의 공주가 목베임을 당했다. 도둑에게 손을 자르는 벌을 거한다.

넷째, 지나친 배타주의이다. 근본주의자들은 자신들이 알라의 선택을 받았다고 생각한다. 그리하여 다른 종교를 믿는 사람들을 배제시킨다. 그리고 자기들의 견해를 쫓는 자만이 의로운 사람이고 그렇지 않는 자들은 불의한 자로 본다. 자기들만이 선이며 다른 사람은 악으

로 보면서 우주적 이원론에 빠져 있다.

2. 근본주의 이슬람 사상 : 이슬람 신정국가 건설과 지하드

이슬람 근본주의는 코란(꾸란)으로의 복귀를 주장한다. 코란만이 절대적 진리이며, 정치 사회적 규범이므로 국가는 철저히 코란의 진리를 실천해야 한다. 그런데 이슬람 근본주의 운동은 "종교운동이 아니라 본질적으로 정치운동이다."[31)]

이슬람 근본주의자들은 이슬람의 세계관에 근거한 이슬람 신정국가 건설을 지상의 목표로 삼는다. 이들은 과거에 이슬람의 황금시대가 있었는데 현재 그것은 재현해야 한다고 주장한다. 복고주의자들이다. 이들은 일반 이슬람 같이 천국과 지옥을 믿으며, 의인은 천국에, 악인은 지옥에 간다고 믿는다. 근본주의자들은 천국에 들어가기 전 지상에서 이슬람의 이상사회 실현을 목표로 삼으며, 이것은 샤리아의 실천을 통해서만 가능하다고 본다.

이슬람 신정국가 건설을 위해서는 지하드(Jihad)가 필요시된다. 지하드는 영적 내면적 투쟁이 아니라 폭력이 수반되는 전쟁이다. 신정국가 건설을 위하여 장애되는 세력을 제재하기 위하여 물리적인 힘을 동원해야 한다고 본다. 따라서 지하드는 폭력 사용을 정당화한다.

근본주의는 서구와 미국의 세속주의를 반대한다. 서구의 계몽주의와 합리주의가 세속주의를 초래한다고 보고 서구를 증오한다. 특히

---

31) 요제프 보단스키, 『오사마 빈 라덴』 최인자, 이윤섭 공역, 서울: 명사, 2001, 25

세속주의를 확신시킨 세력이 미국이라고 본다.[32] 그래서 근본주의는 반서구운동이며, 반미운동이며 반근대화, 반세속화 운동이다. 서구의 개인주의와 물질만능주의가 이슬람 사회에 도덕적 위험이 되는 것으로 본다. 근본주의자들은 반서구감정을 가지고 서구와 미국에 대한 지하드를 선언한다. 9.11 자살테러는 이러한 배경에서 이루어졌다. 그래서 이슬람 근본주의는 유대교, 기독교, 근대화, 세속화, 서구화를 이슬람의 철저한 적으로 간주한다. 근본주의자들은 과거에 있었던 이슬람의 황금시대를 위하여(fighting back), 이슬람 공동체를 위하여 투쟁하며(fighting for), 다른 이슬람 공동체와 함께 투쟁한다(fighting with). 근본주의자들은 이슬람의 법인 샤리아를 강제화하고자 한다. 그리하여 냉혹한 율법주의가 시행되고 있다.

메카 시기의 코란은 유대교와 기독교에 대하여 동정적이다: "믿음을 가진 신앙인들과 유대인들과 사비사람들과 기독교인들이 하나님과 내세를 믿고 선행을 실천할 때 그들에게는 두려움과 슬픔이 없노라."[33] "꾸란을 믿는 자들이나 구약을 믿는 자들이나 그리스도인들과 천사를 믿는 사비안들이나 하나님과 내세를 믿고 선행을 행하는 자에게는 주님의 보상이 있을 것이며 그대들에게는 두려움도 슬픔도 없을 것이라."[34]

그러나 메디나 시기의 코란은 유대교와 기독교에 대하여 적대적인 감정을 나타내고 있다: "믿는 자들과 유대인들과 사비아인들과 기독

32) 전호진, 『이슬람 종교인가? 이데올로기인가?』 서울: SFC, 2002, 171

33) Sura 5:69

34) Sura 2:62

교인들과 마주스인들과 불신자들이 있나니 실로 알라께서는 심판의 날 그들을 분리하나니 알라께서는 모든 것을 지켜보고 계심이라."[35] 여기서 "사비아인"이란 하늘의 별들을 숭배하는 무리요, "마주스인들"이란 불을 숭배하는 배화교인들이며, 불신자들이란 우상을 숭배했던 아랍인들을 말한다. 이 구절에서는 메카시절의 코란과는 달리 유대교와 기독교에 대하여 적대적인 입장에 있다.

그래서 무슬림들은 세상을 무슬림 지역과 비무슬림 지역으로 나누고 있다. 무슬림 지역은 이슬람의 집(Haus des Islams)으로 샤리아(이슬람의 법)와 평화가 다스리는 곳이다. 비무슬림의 지역은 전쟁의 집(Haus des Kriegs)으로 지하드(jihad, 거룩한 전쟁)를 통해서 이슬람화해야 하는 곳이다. 그때까지는 평화가 없다. 이 두 개 지역은 엄격히 분리되며 결코 타협이 이루어질 수 없다.[36]

VI. 이슬람 근본주의 비판

이러한 근본주의는 종교적 문화적 다양성을 허용하지 않는 종교적 문화적 획일주의이다.

1. 종교적 전체주의

이슬람 근본주의는 근대화, 세속화, 서구화에 대한 반항운동이기

35) Sura 22:17

36) 전재옥, "한국의 무슬림 공동체에 대한 선교신학적 접근", 『아시아의 무슬림 공동체』, 예영커뮤니케이션 1998, 14

때문에 순수한 종교운동으로 볼 수 없다. 이슬람을 이데올로기화하는 정치사회 운동이다.[37] 표면적으로 신정국가를 건설한다고 하면서도 그 동기와 방법은 세속적이다. 이것은 민주주의 장애물이다. 민주주의는 모든 인간에게 적용되는 보편적 가치체계이다. 근본주의는 자기들의 종교적 가치체계를 사회와 정치에 강요한다. 이것은 종교적 전체주의를 만드는 것이다. 다양한 견해나 개개인의 자유와 양심의 소리를 인정하지 않는다. 모든 교육기관들을 통제한다. 그리하여 어린 학생들에게 전투적 이슬람을 주입한다. 이슬람의 해석, 하디스(무함마드의 언행록), 꾸란 주석, 이슬람 철학, 이슬람 역사, 이슬람 사법권을 배운다. 어린 학생들이 다른 종교에 대해 배울 기회를 갖지 못한다. 이들은 자기 영토 내에서 다른 종교의 선교활동을 금지한다. 이슬람을 세계에 전파하려고 하면서도 다른 종교의 전파는 금지한다.[38]

2. 종교적 절대주의 – 개인 종교 자유와 인권 침해

코란에는 기독교인들과의 관계 개선을 하지 말라는 지침이 있다. "무슬림들이여 유대인과 기독교인들을 친구로 그리고 보호자로써 택하지 말라. 그들은 서로가 친구들이라. 그들에게로 향하는 너희가 있다면 그는 그 무리의 일원이거늘 알라께서는 이 우매한 백성들을 인도하지 아니하시니라."[39] "무슬림들이여 너희 종교를 조롱하는 자들

37) 전호진, 『이슬람 종교인가? 이데올로기인가?』 서울: SFC, 2002, 181

38) William Wagner, *How Islam Plans to change the World*, Kregel 2004, 노승현 역, 『이슬람의 세계변화전략』, 서울: Apostolos Press, 2007

을 친구로 삼지 말라. 이들은 너희 이전에 성서를 받은 자들로 믿음을 배반했노라. 너희가 믿는 자라면 알라만을 두려워하라."[40] 위의 두 코란 구절은 기독교인들을 친구로 삼지 말라는 것이다. 즉 화해하지 말라는 것이다. 무슬림들은 하루에 다섯 번씩 기도할 때마다 '알라로부터 저주받은 자들과 방황하는 자들이 가는 길이 아닌 바른 길로 인도해 달라' 고 기도하고 있다.[41] 이 구절에 대해 이슬람의 모든 주석가들은 한결같이 '저주받은 자들' 은 유대인들을 말하는 것이며 '방황하는 자들' 은 기독교인들을 말하는 것이라고 해석한다.[42]

이슬람 근본주의는 개개인이 종교를 선택할 권리와 자유를 주지 않는다. 근본주의는 공동체 내에서 소수의 종교의 자유는 허용할 수 없다고 주장한다. 이들은 종교적 선택과 실행이 집단적이며 개인적이지 않다는 것을 말해준다. 사우디아라비아에서는 이슬람의 알라 외에 다른 신을 믿는 것은 불법으로 간주한다. 사우디아라비아는 비이슬람 종교를 불법으로 간주하는 유일한 나라이다. 이슬람의 샤리아 개념과 종교적 절대주의는 개인이 선택할 수 있는 종교 자유에 대하여 제약을 가하고 인권을 침해하고 있다. 이러한 종교적 절대주의는 종교적 반체제 신자들을 종교와 신의 이름으로 고문하고 심지어는 죽이기까지 한다. 실제적으로 근본주의자가 정권을 잡은 이란은 2008년 9월 9일 이슬람을 배신한 자는 코란에 기록된 대로 사형에 처하며 인터넷

39) Sura, 5:51

40) Sura, 5:57.

41) Sura 1:7

42) 『이만석 칼럼』, 이슬람권에서 종교의 자유를 인정한다고? -기독교와 이슬람의 종교 자유 지지 성명에 대해, 2008-08-14 05:44, chtoday.co.kr

사이트를 통해 이슬람을 떠나도록 선동하거나 다른 종교를 권하는 자는 사형에 처하며 도둑질하면 손을 자르고 간음하면 돌로 쳐 죽이고 무함마드를 모독하면 사형시킨다는 법을 국회에서 통과시켰다. 중세로 되돌아가는 종교적 전체주의가 실천되는 것이다.

3. 종교적 집단주의

이들은 집단 공동체의 종교를 주장한다. 이슬람 신정국가를 건설한다는 명목으로 이슬람의 샤리아가 사람들의 삶의 모든 영역을 통제한다. 그 구체적인 예가 탈레반 근본주의나 이란의 종교경찰이다. 종교적 교리와 제도가 시민들에게 종교공동체와 국가에 대한 충성을 요구한다. 1970년대 이란의 호메이니 혁명 이후에 이슬람 근본주의는 아시아에서 공산주의 이후 새로운 형태의 집단주의를 도입하였다.[43] 개인은 공동체의 종교에 헌신할 자유만을 가지고 있고, 그 종교를 떠날 자유는 없다. 개인을 이슬람의 가치 체계, 생활방식, 관습, 행동패턴에 묶는다. 종교적 집단주의는 오늘날 지구촌이 근대화를 통하여 함께 가고 있는 세계화와 세속화를 거부하고 이슬람 문화의 특수성(particularity)을 강조한다. 종교적 집단주의는 가치체계의 공유, 국

43) 이란 호메이니 혁명시절 1994년 마르지에라는 이란의 여가수가 파리로 망명하였다. 그녀의 증언에 의하면 여자가 머리채를 내놓고 다니면 74대의 태형을 받으며, 립스틱을 하면 혁명수비대가 입술을 도래내고, 화장을 하면 얼굴에 산을 뿌릴 수 있다. 사형선고를 받은 소녀들은 처형에 앞서 강간을 당해도 무방한데 그 이유는 소녀인채로 사형을 당하면 천당에 가기 때문이라는 것이다. (You can't Stop Canary, *Newsweek*, April 19, 1995, 전호진, Ibid., 186)

가, 인종, 문화, 종교를 넘어선 지구촌의 시민으로서 서로에 대한 상호이해에 대하여 배타주의를 선언한다.

4. 성차별, 여성 인권 유린

이슬람 근본주의는 심각한 성차별을 관행적으로 하고 있다. 북아프리카와 일부 이슬람 국가에서는 오늘날에도 여성할례를 자행하고, 탈레반 근본주의자들은 모든 여성들을 직장에서 추방하고 가정에 감금시킨다. 이란의 호메이니 지지자들에게 여성들은 아무런 사회적 지위를 인정받지 못한다. 여성의 자리는 가정이다. 가정에서 여성들은 순종적인 아내, 가족을 돌보는 어머니 그 이상의 역할은 없다. 베일을 착용하지 않는 여성들은 범죄자로서 채찍으루 형벌을 받는다. 아프가니스탄의 탈레반 근본주의자들의 성차별은 더욱 끔찍하다. 어떤 도시에서는 여성이 지나치게 노출하거나 목소리가 크면 벌을 받고 심지어 죽임을 당한다. 사우디아라비아에서 여성은 아버지, 남자형제, 남편 외에 다른 남성을 만나서는 안 된다. 여성은 혼자 살아서도 안 되고, 혼자서 호텔, 레스토랑에 가서도 안 된다. 여성은 혼자서 집을 떠날 수 없고 꼭 남성과 동반해야 한다.

이에 대하여 기독교는 여성의 권리를 존중한다는 점에서 여권신장에 큰 기여를 했다고 볼 수 있다. 구약성경은 남자와 여자가 동등하게 하나님의 형상으로 지음을 받았다. 그리고 바울은 그리스도 안에서 남자와 여자의 차별이 있을 수 없다고 말했다. 한국에 기독교가 들어와 여성을 위한 교육기관(이화, 정신, 보성학교 등)을 세웠다.

5. 폭력의 정당화

근본주의의 해결 방식은 종교적이라기 보다는 세속적이다. 근본주의자들은 폭력을 정당화한다. 이것은 공산주의가 폭력을 정당화했던 것과 유사하다. 이슬람 근본주의가 폭력을 정당화하는 명분은 우주적 전쟁(cosmic jihad)이다. 이슬람은 선이고 타종교나 세속적 서구는 악(惡)이기 때문에 폭력을 악을 제거해야 한다는 것이다. 그리하여 이슬람의 지하드는 테러를 정당화하고 있다.[44]

코란은 이슬람 전사들이 지하드를 하는 것에 반대는 하지 않지만 자신이 지하드에 참여하는 것을 거부하는 자들을 불신자들이라고 한다.[45] 그러나 진정한 신자인 무슬림은 성전에 참여하는 자들이다: "알라와 내세를 믿는 이들(무슬림들)은 그들의 재산과 생명으로 성전(지하드)하는데 제외시켜 달라고 그대에게 요구하지 않나니 알라는 의로운 자들을 아시고 계시니라. 그러나 알라와 내세를 믿지 아니한 자들은 그대에게 허락하여 줄 것을 요구하매 그들의 마음은 의심으로 가득 차 있어 그들은 의심 속에서 방황하고 있노라."[46]

기독교 근본주의는 이슬람 근본주의와 차이가 있다. 기독교 근본주의는 교리적 배타주의이지 이슬람 근본주의처럼 사회적 배타주의는 아니다. 미국의 저리 폴웰을 중심으로 하는 근본주의 운동은 보수적 가치를 강조함으로써 도덕적으로 사회를 변화시키고자 하였다. 미국

---

44) 폭력은 모든 종교적 근본주의의 공통현상이다. 이슬람 근본주의만이 아니라 힌두교 근본주의, 스리랑카의 불교 근본주의도 폭력을 사용한다.

45) Sura 9:38~45

46) Sura 9:44-45

에서 1930년대 발전했던 신근본주의(neo-fundamentalism)는 지나친 분리적 사고와 부정적 사고 때문에 조직적으로나 사회적 운동으로서 결집력을 상실하여 와해되고 말았다. 이를 극복하기 위하여 나온 것이 신복음주의(neo-evangelicalism)이다.

VII. 타종교와의 대화

최근에 미국 예일(Yale)신학대학에서 획기적인 일이 일어났다. 전 세계의 기독교와 이슬람 지도자들이 모여 '하나님과 이웃 사랑하기' 라는 주제로 컨퍼런스를 개최했는데 여기서 상상을 초월하는 결과물이 나온 것이다. 전 세계의 이슬람교를 대표한다는 지도자들과 실질적으로 세계 기독교인들을 대표하는 유명 인사들이 '기독교와 이슬람교의 종교 자유를 지지한다' 는 공동성명을 발표한 것이다.

이번에 참석한 기독교 지도자들은 국제단체 대표나 교단 총회장, 대형교회 목사, 대학 총장 등이었다. 이들 한 사람이 갖는 영향력이란 대단한 것이다. 이들이 살고 있는 나라에서는 헌법과 법률 조항들을 통해 완벽한 종교의 자유를 보장하고 있기 때문에 그 자리에서 서명하면 최소한 자신이 속한 단체나 교단, 교회, 대학에서 이를 실천하는데 아무런 장애 없이 곧바로 실시할 수 있는 것이다.

그러나 이슬람 지도자들은 과연 자신들이 서명한 것을 자기 나라에서 실천할 수 있는 능력이 있는 인물들일까? 절대로 아닐 것이다. 이에 대하여 이슬람 선교 전문가는 심지어 대통령이라고 해도 불가능하다고 본다.[47] 왜냐하면 이슬람 국가에서 어떤 법의 효력이 발생하려면 반드시 코란과 샤리아의 기준에 맞는 것인지를 검토하고 이 과정을 통과해야만 하는 것이 원칙이기 때문이다. 그러나 어떤 이슬람 국가도 기독교인들에게 완벽한 종교의 자유를 주자는 안건에 찬성할 수는 없을 것이다. 왜냐하면 이는 코란과 샤리아의 정신에 위배되기 때문이다.

이슬람 전문가는 가까운 예로 알카에다가 2008년 7월 스페인 마드리드에서 세계 종교 간 회의를 주재한 사우디아라비아 압둘라 국왕을 살해하겠다고 협박하고 다른 무슬림들에게도 그를 살해할 것을 촉구한 사실을 든다. 세계 종교간 회의에는 유대인들도 참석하는데 코란에 의해 돼지와 원숭이라고 저주받은 유대인[48]과 테이블에 마주 앉아 협상을 하는 자체가 알라를 모독하는 행위라는 것이다. 이만석은 또 한 가지 예로 이스라엘과의 관계 개선을 원했던 이집트의 안와르 사다트 대통령 암살 사건을 든다.[49]

이슬람 전문가는 다음과 같이 본다: "무슬림들은 신앙이 깊어질수록, 코란을 더 잘 이해할수록, 무함마드의 행동 모범인 하디스에 대해 더 많은 지식을 가지게 될수록, 이슬람의 역사를 더 잘 이해하게 될수록 무슬림이 아닌 이교도들을 눈에 보이는 대로 죽이라는 코란 9장 5절이 진정한 지하드라는 것을 깨닫게 된다. 이런 지하드는 지구상에 무슬림 아닌 사람은 한 사람도 남아 있지 않을 때까지 계속 싸워야 한다는 코란 8장 39절과도 통하는 것이다. 이것이 알라가 선지자 무함마드를 통해서 자신에게 준 지상명령이라는 사실을 알게 되었다면 기

---

47) 『이만석 칼럼』, "이슬람권에서 종교의 자유를 인정한다고? -기독교와 이슬람의 종교 자유 지지 성명에 대해" 2008-08-14 05:44, chtoday.co.kr

48) Sura, 2:65, Sura 5;60

회만 되면 기꺼이 이런 지하드를 실천에 옮기겠다고 다짐하는 진짜 무슬림이 되는 것이다."[50]

맺음말

이슬람이 코란의 정신에 철저하면 할수록 세계의 이슬람화를 향한 지하드를 실행해야 하며, 그것은 비무슬림을 개종시킴으로써만 가능하다. 그때까지 지하드는 중지될 수 없다. 코란이 종교적 전체주의와 절대주의를 가르쳐주고 있다. 그러므로 이슬람과 타종교 사이에 진정한 종교대화가 있을 수 있는지 회의하지 않을 수 없다. 이슬람 근본주

---

49) 이스라엘의 베긴 수상과 평화협정을 맺은 이집트의 사다트 대통령은 아랍연맹과 이슬람회의기구(OIC)에서 제명을 당했으며 결국 1981년에 이슬람 과격분자인 칼레드 이슬람볼리에게 암살당하게 된다. 칼레드 이슬람볼리는 대통령 암살범으로 체포되어 사형을 당했는데 이란에서는 그의 영웅적 행동(?)을 길이 보존하기 위해서 테헤란 북부의 한 도로를 그의 이름으로 명명했으며 그의 얼굴을 담은 기념우표를 발간하는가 하면 최근에는 그를 순교자로 기리는 영화를 제작, 상영해 이집트와의 관계가 악화되고 있다. 대통령 암살을 직접 지시한 '쉐이크 오마르 압돌 라흐먼' (Sheikh Omar Abdul Rahman)이 체포되었는데 그는 세계최대의 이슬람 신학교인 알 아자르(Al Azhar)대학에서 코란과 샤리아를 가르치는 교수였다. 법정에서는 그에게 대통령 암살을 사주한 간접살인죄를 적용하여 처벌하고자 했다. 그런데 그는 이스라엘과 평화협정을 맺은 자를 죽여야 하는 이유에 대해 코란을 근거로 강력하게 주장하여 결국은 무죄 혐의를 받았다.(Mark Gabriel, *Islam & Terrorism What the Quran Really Teaches About Christianity, Violence and the Goals of the Islamic Jihad*, Front Line A Strang Company, 2002, 162) 어떤 이슬람 국가의 법도 코란과 샤리아를 뛰어넘지는 못하는 것이다(이만석, Ibid.).

50) 『이만석 칼럼』 9.11 테러 7주년을 맞아, 지하드를 하는 자들이 통치하면 어떻게 될까? 2008-09-15 11:30
chtoday.co.kr

의는 경계해야 한다. 이슬람 근본주의는 코란에서 나온다고 결론지을 수밖에 없다. 코란의 정신에는 불신자에 대한 긍휼보다는 증오와 분노가 가득 차 있다. 이에 반해서 성경은 불신자에 대하여 긍휼과 사랑으로 가득 차 있다. 그러므로 이슬람은 비무슬림에 대한 투쟁의 종교라면 기독교는 비신앙자에 대한 사랑의 종교라고 말할 수 있다.

| 생태학적 세계관 |

머리말

근대화가 기계기술에 의하여 정원(庭園)인 지구를 무분별하고 과도하게 개발함으로써 오늘날 포스트모던 사회에 와서 근대화가 초래한 후유증이 도처에서 나타나고 있다. 탄산가스의 과도 배출, 지구 온난화, 오존층 파괴, 기후의 변화, 북극 얼음이 사라질 위험에 직면하고 있다. 이러한 생태계의 위기는 기계기술주의 세계관에서 생태학적 세계관으로 사고의 패러다임을 바꾸는 것을 요청하고 있다. 생태주의와 생태학을 구분하고자 한다. 생태주의란 생태계를 가이아처럼 절대시하여, 생태 신비주의 내지 생태종교로 나아간다. 그러나 생태학이란 생태계의 중요성을 인식하면서 생태계에 대한 깊은 성찰을 하는 삶의 태도를 말한다. 생태학이란 생태계에 대한 과학적인 성찰을 중요시하면서 여기에 성경적이고 신학적 관점을 발전시킨다. 이것이야말로 기독교적 생태론이며 신학적 생태론이다.

I. 오늘날 생태계의 위기

2005년 3월 밀레니엄생태계평가위원회는 세계 95개국 과학자 1,360명의 연구 내용에 근거해 작성한 환경 보고서에서 “지난 50년간 지구 생태계에 일어난 변화는 인류 역사상 그 어느 시기보다도 속도가 빠르고 정도가 심각하다"고 지적하고 이로 인해 기상 변화, 새로운 질병 출현, 동 · 식물 멸종, 삼림 훼손, 수질 오염 등의 결과가 초래될 수 있다고 경고했다.

이 보고서에 따르면 인구 증가와 함께 인간의 활동으로 인해 생명체의 기반이 되는 생태계의 60%가 오염되거나 과잉 자원 개발됐다. 예를 들어 1945년 이후 개간된 토지는 18~19세기에 농경지로 개간된 토지를 모두 합친 것보다 더 넓다. 지구 표면의 24%가 인간의 손에 개척됐으며, 지구상에 흐르는 물의 40~50%가 인간에게 이용되고 있다.[1)]

중국의 황하, 아프리카의 나일강, 북미의 콜로라도강은 지류가 말라붙었고, 참치, 황새치, 상어 등은 전체의 90%가 감소했다. 동 · 식물은 10~30%가 멸종 위기에 놓여 있다. 1980년 이전에 전세계 산호의 20%가 이미 사라졌고, 홍수 방지 역할을 하는 맹그로브(열대산 홍수과)도 30% 감소했다. 보고서는 "향후 50년간 생태계 파괴가 더 심각해질 수 있다"고 경고했다.[2)] 인류가 당연하게 누려왔던 물과 공기, 땅의 혜택을 50년 뒤 후손들은 누리지 못할 수도 있다. 지난 50년 동안 인류의 활동으로 인해 이미 지구상 생태계의 약 3분의 2가 손상되거나 고갈됐기 때문이다.

---

1) 『조선닷컴』 "지구 생태계 40%밖에 안남아" 밀레니엄委 '지난 50년의 환경' 보고서 "참치 · 상어 90% 줄어… 신종질병 발생 우려" 이자연기자 achim@chosun.com, 입력 : 2005.03.31 19:28 53' / 수정 : 2005.04.01 04:57 25'

2) Ibid.

보고서는 지난 40년 사이에 급격히 진행된 지구 온난화가 100년 뒤에는 환경 훼손의 주요 원인이 될 것이라고 지적했다. 지구 온난화로 인한 해안선 상승과 동 · 식물의 서식지 변화는 지금도 기존 생태계의 파괴에 영향을 끼치는 주된 요소다. 또한 지구 온난화의 영향으로 아프리카 대형 호수들은 콜레라 확산의 온상이 됐다. 생태계 파괴는 말라리아와 콜레라의 발병 위험을 높이는 것은 물론, 신종 질병까지 예고한다고 보고서는 경고했다.

기후학자들의 연구조사에 의하면 2025년까지는 약 섭씨 1도, 21세기 끝나기 전까지는 약 섭씨 3도 정도 상승할 것으로 내다 보았다. 이러한 온도 상승은 해수면을 높이고 있는데, 2030년까지는 약 20cm 정도를, 21세기 끝날 무렵에는 약 60cm에 달하는 정도까지 해수면 높이를 상승시킬 것으로 예상하고 있다.[3)]

환경관리공단 등이 2008년 5~9월까지 5개월 동안 충남 서천군 일대 2,000여개 지점을 선정해 토양오염 현황을 정밀 조사한 결과, 장암리를 비롯해 굴뚝에서 반경 4㎞ 안의 토양이 각종 중금속으로 오염된 것으로 나타났다. 국제암연구기구(IARC)와 미국환경청(EPA) 등이 맹독성 발암(發癌) 물질로 규정한 비소의 경우, 토양환경보전법상 '토양이용 금지'를 규정한 기준치보다 최대 1,189배나 높은 곳도 있었

---

3) Howard Snyder, *The Earthcurrents, The Struggle for the World' Soul*, 1995: Abingdon Press, 김현석 역, 『2000년대 지구동향』, 아가페, 1998, 130

4) "죽음의 땅 부른 '환경 역습' 장항제련소 있던 서천 장암리 들녘엔 무슨 일이… 굴뚝 19년전 폐쇄 불구 "반경 4㎞ 중금속 오염" 올들어 농사 중단… 주민들은 쌀 사다 먹을 판", 서천=박은호 기자 unopark@chosun.com unopark@chosun.com 기자의 다른 기사보기 입력 : 2008.10.28 04:48

다. 땅속 30㎝까지의 표토(表土)는 물론 지하 1~3m까지 파도 환경기준의 최대 8배까지 오염돼 있었다.[4]

정부 관계자는 "특히 오염이 심한 반경 2㎞까지는 사실상 '죽은 땅'이라 농경지로 쓸 수 없는 상태"라며 "주민들을 다른 곳으로 집단 이주(移住)시키고, 정부가 땅을 매입해 토양을 정화하는 방법 외엔 다른 수가 없다"고 했다. 장항제련소가 가동된 1936년부터 1971년까지는 정부가 제련소를 운영했다. 1936년 금이나 은, 동, 백금, 납 같은 비철금속을 생산하는 장항제련소 설립과 동시에 세워진 굴뚝은 현재는 가동 중단된 '남한 제1의 비철금속 제련소'의 높이 90m짜리 굴뚝이다. 제련소 용광로에서 나오는 배출가스를 바깥으로 뿜어내던 이 굴뚝은 한때 교과서에 사진이 실릴 정도로 우리나라 산업화와 경제성장의 상징물 가운데 하나로 꼽혀왔다. 그러다 1989년 "굴뚝에서 배출되는 납이나 비소 같은 중금속이 환경을 오염시킨다"는 이유로 폐쇄된 뒤 지금은 가동이 완전히 중단된 상태다.[5]

환경오염의 후유증은 세워진 지 70년이 넘은 작년부터 본격적으로 불거졌다. "한두 집 건너 한 명씩 (주민들이) 암(癌)에 걸려 죽어가고 있다"는 확인되지 않은 흉흉한 소문이 돌면서 "농작물이 얼마나 오염됐는지부터 조사해야 한다"는 요구가 주민들 사이에서 터져 나왔다. 이 중 농산물 오염은, 작년 가을 서천군 등이 실시한 조사에서 납과 카드뮴 같은 맹독성 중금속이 환경 기준치보다 몇 배 이상 검출되면서 사실로 확인됐다. 그 이전에도 오염된 농산물이 생산됐을 가능성

5) Ibid.

이 컸지만 확인은 불가능했다. 이것이 70년 만에 불거진 환경 부메랑의 구체적인 실례이다.

1967년에 발표한 논문 "생태학적 위기의 역사적 뿌리"(On the Historical Roots of our Ecological Crisis)[6]에서 린 하이트(Lynn White)는 오늘날 생태학적 위기의 주된 책임은 기독교의 장조명령에 있다고 주장하였다. 유대-기독교 전통에 대한 비판가들의 해석처럼 창세기에 나오는 이 명령은 오늘날 생태학적 위기에 대한 정신적 기초가 되었으며, 그리하여 무제한의 생육, 지구의 과잉인구, 자연의 억압이 일어나게 되었다.[7] 하이트는 "기독교를 세계에 유래없는 가장 인간중심적인 종교"로 보고 기독교의 창조신학을 인간중심의 세계관이라고 본다. 그리고 그는 기독교의 창조신학이 인간과 세계의 대립이라는 이원론을 야기하고 오늘날 생태계 위기의 주범이 되었다고 주장하였다. 일부 기독교가 창조를 인간중심으로 이해한 측면이 있는 건 사실이나 그것은 기독교의 주류사상은 아니다. 하이트의 견해는 분명히 기독교 창조신학에 대한 오해이다.

1장 28절: "하나님이 그들에게 복을 주시며 하나님이 그들에게 이르시되 생육하고 번성하여 땅에 충만하라, 땅을 정복하라, 바다의 물고기와 하늘의 새와 땅에 움직이는 모든 생물을 다스리라 하시니라"의 "정복하라"는 성서의 뜻은 착취하라는 의미가 아니다. 일부 신학

---

6) Lynn White, "On the Historical Roots of our Ecological Crisis",(1967), reprinted in *This Sacred Earth: Religion, Nature and Environment*, edited by R. Gottlieb ,184-193

7) C. Amery, *Das Ende der Vorsehung. Die Gnadenlose Folgen des Christentums*, Hamburg 1972, 15ff.

의 전통은 이 명령을 "땅의 통치"(dominum terrae)로서 지배의 명령으로 이해온 것은 사실이다. 그러나 이것은 구약학자 스텍(O. H. Steck)의 생태학적 해석에 의하면 오히려 음식물에 대한 명령이다. 즉 인간은 동식물과 함께 땅의 식물과 나무들이 생산하는 열매로 살아야 한다는 것이다.[8] 여기에는 자녀에 대한 지배의 의미가 없다. 지배에 대한 명령은 창세기 1장 26절: "하나님이 이르시되 우리의 형상을 따라 우리의 모양대로 우리가 사람을 만들고 그들로 바다의 물고기와 하늘의 새와 가축과 온 땅과 땅에 기는 모든 것을 다스리게 하자 하시고"에서 발견된다. 여기서 지배란 "다스리라"는 뜻이며, 창조자요, 관리자가 되시는 하나님에 대한 상응과 결부되어 있고, 이 상응이 하나님의 형상으로 표현되어 있다.[9] 인간은 땅이 생산하는 열매들을 먹고 살아야 하기 때문에 자연에 대한 인간의 지배는 평화의 지배를 뜻한다.

1장 28절은 2장 15절: "여호와 하나님이 그 사람을 이끌어 에덴 동산에 두어 그것을 경작하며 지키게 하시고"와 연관하여 해석해야 한다. 창세기 2장 15절은 하나님이 에덴 동산의 정원사로 인간을 데리고 오셔서 경작하게 하시는 장면을 말해주고 있다. 창세기 2장 15절은 인간이 만물의 영장으로서 돌보고 유지해야 할 에덴동산에 관하여 말하고 있다. 땅에 대한 인간의 지배란 동산을 돌보고 유지하는 일에

---

8) O. H. Steck, *Welt und Umwelt*, Stuttgart 1978, 그리고 Moltmann, *Gott in der Schöpfung*, 김균진 역, 『창조 안에 계신 하나님』, 46

9) Moltmann, *Gott in der Schöpfung*, 김균진 역, 『창조 안에 계신 하나님』, 46

10) Ibid.

상응해야 한다.[10] 인간은 만물의 영장이면서 동시에 만물의 청지기이다. 1장 28절의 땅의 통치 명령은 땅에 대한 정복 사상이 아니라 땅에 대한 영장으로서의 보존과 가꾸는 사명을 말해 주고 있다. 이것이 바로 문화적 위임(cultural mandate)이다. 창세기가 말하는 하나님의 형상(imago dei)과 땅의 통치(dominium terrae) 사상이란 인간 중심이 아니라 하나님 중심을 기초로 하고 있다. 기독교는 가장 신중심적인 종교(the most God-centered religion)이다. 성경은 창조의 목적이 인간이 아니라 하나님의 안식과 영광이라고 가르친다. 하나님의 안식은 창조의 목적이었다. 이 안식일에 하나님은 그의 창조의 영광을 보시고 기뻐하셨다. 우리는 창세기의 창조명령을 인간중심이 아닌 신주권적인 것으로 이해해야 한다.

II. 생태학적 세계관의 기본 개념들

1. 창조 신앙은 자연과 은혜의 이분법을 거부

1) 자연의 비신성화

모든 자연은 하나님의 창조물이므로 은혜에 대립되지 않는다. 모든 자연은 하나님의 일반 은총의 표현이다. 피조물 전체와 각 부분은 하나님의 일반 은총의 장이다. 창조의 영역에 하나님의 사랑과 은혜가 나타난다. 하나님의 영광이 마치 아침 해처럼 나타난다. 바르트가 말하는 것처럼 우리는 창조와 은혜를 이분법적으로 생각해서는 안 된다. 구속은 창조의 타락을 치유하는 점에서 특별은총이다. 이것은 말씀과 성례전을 통하여 우리들에게 전해진다. 이러한 사고는 자연의

영역을 세속의 영역이라고 포기하는 것을 막는다

창조신앙은 자연을 비신격화한다. 어떤 위대한 자연도 신성하지는 않다. 그것은 단지 자연일 뿐이다. 이집트의 황금송아지, 신성한 숲이나 바다나 수천년 된 고목, 거대한 산이나 화산, 무서운 짐승이나 귀신, 가이아(Gaia) 대지의 모신(母神) 등 어떤 것도 신적인 존재가 아니다. 다신론, 정령숭배, 점성술, 토템신앙 등 모든 자연숭배는 우상숭배일 뿐이다. 또한 창조신앙은 자연이나 세상을 신적인 것으로도 또는 마귀적인 것으로 이해하지도 않는다.[11] 자연을 하나님의 창조로 이해하는 것은 자연은 하나님의 소유이며 인간에 의하여 소유될 수 없다는 것을 말한다.

2) 가이아 가설에 대한 비판

창조신앙은 따라서 자연을 신성시하는 가이아 가설에 대하여 비판적 태도를 취한다. 가이아 가설은 자연을 살아 있는 유기체로 신적 존재로 여긴다. 라이엔 아이슬러(Riane Eisler)는 피력한다: "가이아 가설에서 가장 놀라운 것은 본질적으로 그것이 여신을 숭배하는 선사사회의 신념체계의 과학적 최신화라는 사실이다. 그 신념체계에서 세계는 거대한 어머니, 즉 하나의 살아있는 존재, 현세적이고 영적인 현

11) Moltmann, *Gott in der Schöpfung*, 『창조 안에 계신 하나님』, 47

12) Riane Eisler, "The Gaia Tradition and the Partnership Future: An Ecofeminist Manifesto," in Irene Diamond and Gloria Feman Orenstein, eds., *Reweaving the World: The Emergence of Ecofeminism* (San Francisco: Sierra Club Books 1990), 26

시를 통해 온갖 형태의 생명체를 만들어 내고 양육하는 살아있는 실체로 간주되었다."[12] 가이아 사상은 영국의 대기과학자인 제임스 러블락(James Lovelock)에 의하여 대중화되었다. 러블락은 지구가 단지 수많은 생명체를 내포하고 있는 물체라기 보다는 그 자체가 하나의 거대한 생명체로 본다. 그는 "바위와 공기와 대양, 그리고 모든 생명은 이 지구를 계속 살아 있도록 작용하는 분리할 수 없는 하나의 시스템"[13]으로 본다. 러블락은 "생명이 오직 지구의 범위 내에서만 존재할 수 있다"고 믿는다. 지구는 자연발생적이고 우연한 지질학적인 진행과정에 의해서 지탱되고 있는 바위나 토양과 같은 무생물계처럼 움직이는 것이 아니다. 지구의 생명체들, 곧 동물과 식물과 미생물은 놀라운 상호작용의 방식으로 지구 표면의 환경을 통제한다. 지구는 "하나의 생물학적인 초유기체(a biological superorganism), 혹은 하나의 지구적 육체(a planetary body)와 같이 움직이면서"[14] 스스로를 조정하고 조절한다. 이러한 가이아 가설은 지구를 거룩한 존재요 모신(母神. mother god)으로까지 숭배하는 신이교주의(neo-paganism)의 행태를 지니고 있다.[15]

자연은 하나님의 창조물로서 하나님으로부터 부여 받은 존재의 가

---

13) James Lovelock, *The Ages of Gaia: A Biography of Our Living Earth* (New York: Bantam Books, 1990), Lawrence E. Joseph, *Gaia: The Growth of an Idea* (New York: St. Martin's Press, 1990) 3에서 인용

14) Lawrence E. Joseph, *Gaia: The Growth of an Idea* (New York: St. Martin's Press, 1990), 1

15) Ted Peters, *The Coming Self: A Penetrating Look at Today's New Age Movements* (San Francisco: Harper, 1991), 45

치를 지니고 있다. 그것은 신성한 가치이다. 따라서 창조신앙은 자연을 비신성화시키지 않는다: "자연은 하나님이 창조한 것이고, 하나님이 좋다고 선언하신 것이며, 하나님의 궁극적인 주권 아래 놓여 있는 것이기에 여전히 신성한 가치를 지니고 있다."[16] 그러나 창조신앙은 자연을 오늘날 가이아 가설이 주장하는 것처럼 지구를 세계 영혼(aninma mundi)[17] 내지 대지 여신으로 신격화하지 않는다. 범신론(pantheismus)을 거부한다. 범신론은 만물을 신과 동일시하기 때문이다. 범재신론도 거부한다. 범재신론(panentheismus)은 모든 것을 신 안에 있다고 하면서 신을 만물 속에 내재시키면서 신의 초월성을 약화시키기 때문이다. 무로부터의 창조 사상은 물질과 정신을 이분법화시키는 이원론과 세계와 신을 일치시키는 범신론이나 양자의 구분을 애매하게 하는 범재신론을 궁극적으로 거부한다. 창조신앙은 인간의 이성을 넘어서 있는 창조질서의 궁극적 신비에 직면케 함으로써 인간을 겸손하게 한다.

3) 몰트만과의 비판적 대화

몰트만은 『창조 안에 계신 하나님』에서 하인리히 하이네를 인용하면서 양자를 다음과 같이 구분한다: "단순한 범신론이 모든 것을 차별없는 것으로 만드는 반면, 만유재신론은 구분할 수 있는 능력을 가

---

16) Conrad Hyers, *The Meaning of Creation: Genesis and Modern Science* (Atlanta: John Knox, 1984), 47

17) Howard Snyder, *Earthcurrents*, 302

지고 있다. 단순한 범신론은 단지 영원하고 신적인 현재를 보는 반면, 만유재신론은 미래의 초월과 진화와 목적성을 인식할 수 있는 능력을 가지고 있다."[18] 몰트만은 범(만유)재신론을 다음과 같이 비판한다: "상세한 만유재신론은 하나님의 세계 내재를 그의 초월과 결합시킬 수 있는 능력을 가지고 있지 않다."[19] 몰트만은 세계 내재와 세계 초월을 결합시킬 수 있는 개념이 "영 안에 있는 창조"와 "창조자 영에 대한 삼위일체론"이라고 제시한다: "영은 생물들과 그들의 사귐을 보호하며 그것으로 하여금 자기 자신을 넘어서게 한다. 창조의 사귐에 대하여 기초적인 것은 창조 안에 거하는 창조자의 영이다." 몰트만은 "관련들의 일치 그리고 아직 이루어지지 않은 완성에 대한 영의 동경"이 영의 "자기초월의 활동"[20]으로 본다. 그리하여 몰트만은 그의 삼위일체적인 창조 개념으로써 하나님의 세계초월과 하나님의 세계내재를 결합시키고자 한다. "일신론이 가진 진리의 요소들과 범신론이 가진 진리의 요소들이 삼위일체적 창조 개념 속에서 통합된다."[21]

여기서 몰트만은 하나님과 세계의 통합을 강조하면서 하나님을 세계 안으로 몰입시키고나 있지는 않는지? 이러한 몰트만의 의도는 다음 명제에서 나타나고 있다: "세계를 창조한 하나님은 이 세계 속에 거하시며, 거꾸로 하나님이 창조한 세계는 하나님 안에 존재한다고 보는 범신론은 사실상 삼위일체적으로만 생각될 수 있다고 표현되어

18) Moltmann, *Gott in der Schöpfung*, 『창조 안에 계신 하나님』, 132

19) Ibid.

20) Ibid.

21) Ibid., 125

22) Ibid.

질 수 있다."[22] 정통개혁주의 사고는 하나님과 세계와의 관계를 범신론적으로나 범재신론적으로 이해하려고 하지는 않는다. 그럴 때 하나님 존재의 주권적인 초월이 간과되기 때문이다. 몰트만은 다음과 같이 신과 자연의 통합을 강조한다: "창조자 하나님과 그의 창조로서의 세계 사이에 비판적 구분은 인간에게 해방을 가져다 주었다. 그러나 세계는 너무나 비신격화되어 하나님 없는 자연에 대한 견해와 자연에 대한 인간의 파멸적인 관계가 만연되었다. 그러므로 오늘날 하나님과 자연에 대한 통일적 개관이 필요하다."[23] 몰트만이 하나님과 세계의 비판적 구분을 시도한 세속주의를 비판하는 것은 옳다. 그러나 양자의 통합을 강조하는 것은 범재신론의 의혹을 씻지 못한다. 이러한 의혹은 그가 『창조 안에 계신 하나님』의 부록에서 세계의 상징들로서 "세계 어머니", "어머니 땅" 상징을 수용하면서 기이아 이론(Gaia-hypothesis)에 대하여도 공감적인 태도를 표명하는 데에서도 나타난다: "'세계 어머니'의 상징으로부터 구원하는 '우주적 인간'인 그리스도의 상징에 이르기까지 생겨나는 세계 이해는 모든 생명체들을 위하여 품어주고 양육하는 신적인 환경인 '세계에 대한 만유재신론적 이해'이다: '우리는 하나님 안에서 살고 움직이며, 또 하나님 안에서 존재하기 때문이다"(행17;28)."[24] 몰트만의 생태론적 창조론은 하나님과 세계를 분리시키는 세속주의를 비판하고 모든 것이 하나님 안에 있다는 범(만유)재신론을 주장하면서 하나님과 세계의 구분이 불명료하게 되는 위험성을 지니고 있다. 더욱이 몰트만의 생태론적 삼위일

---

23) Ibid.

24) Moltmann, Gott in der Schöpfung, 『창조 안에 계신 하나님』, 352

체론은 한편으로는 영을 통한 세계 속의 내재적 초월을 말하면서 지속적인 창조(creatio contina)행위를 통해서 창조세계를 완성으로 이끌고 나간다고 말한다: "우주는 폐쇄된 체계가 아니라" "하나님과 그의 미래에 대하여 개방된 체계"로 이해되기 때문이다.[25] 여기서 하나님은 창조세계의 개방성으로 나아가면서 자신을 완성할 수밖에 없는 것이다. 하나님은 그 존재를 역사의 과정 속에서 실현시키며 진화하며 완성하고 있다는 것이다. 그리하여 몰트만은 범재신론의 굴레에서 벗어나지 못하고 있다: 몰트만은 생명의 영에서 다음과 같이 말한다: "우리는 유한한 것을 무한한 것 안에서, 시간적인 것을 영원한 것 안에서, 지나가 버리는 것을 지나가 버리지 않는 것 안에서 인식한다. 우리는 세계의 경험을 하나님의 경험과 결합한다"[26]

4) 신 주권적 창조

창세기의 창조 이야기는 인간에게 경외감을 유발하는 하나의 신비를 느끼게 한다.[27] 창조 이야기는 하나의 자연과학이나 형이상학이나 자연사를 설명하지 않는다. 창조 이야기는 사변적인 우주론이 아니라 하나님의 계시의 말씀이다. 창조 이야기는 하나님의 주권과 다스림 그리고 모든 피조물과의 관계를 시적인 표현으로 선언하고 있

---

25) Ibid., 132

26) Moltmann, *Geist des Lebens*, München: Kaiser, 1991 김균진 역, 『생명의 영』, 대한기독교서회,1992, 60

27) Claus Westermann, *Genesis 1-11: A Commentary*, trans. John J. Scullon, S. J. (Minneapolis: Augsburg, 1984), 173-174

다. 브리지만(W. Bruggemann)이 천명하는 바같이 창조 이야기는 "그야말로 자연과학적일 뿐, 과학을 가장하여 신학적인 주장을 가장하지만 않는다면, 어떤 자연과학적인 견해라도 허용하는" 신학적 확인이다.[28)]

창세기 1장에서 인간과 동물은 같은 날 창조되었다, 창세기 1장은 인간과 동물이 흙으로 지음을 받았다는 식으로 모든 피조물의 친족관계를 시사하고 있다. 모든 피조물들은 서로 의존하고 있으며 공생관계 속에 있다. 인간과 다른 피조물들은 서로 공존관계 속에 있다. 이것은 생태학적으로 크나큰 의미를 갖는다. 기독교 생태론은 하나님의 주권성을 유지하면서 생태학적으로 만물이 친족됨을 고려하여 윤리적인 책임을 각성하는 것이다.

창조신앙은 선한 창조를 천명한다. 창세기에서 하나님은 그의 창조물을 보고 "좋다."(창1:4, 10, 13, 18, 25) "심히 좋다"(창1:11)고 말씀하신다. 이러한 선한 창조 선언은 악의 배제를 함축한다. 하나님이 창조하신 자연에는 악이나 하나님에게 낯선 고통이 없다는 것을 말한다. 창세기의 "좋다"는 단어에는 도덕적 의미와 미학적인 의미가 모두 들어 있다. 베스트만(C. Westermann)이 말하는 것처럼 그것은 제작자가 설계대로 작품을 완성하고 그 결과가 성공적임을 나타낼 때 쓰는 말이다. 창조물은 설계된대로 작동할 뿐 아니라 창조의 목적을 성취할 수 있다.[29)]

창조세계에는 정해진 혼돈, "목적에 합치되는 무질서"(purposive

---

28) Walter Bruggemann, *Genesis: Interpretation* (Atlanta: John Knox,1992), 17
29) Claus Westermann, *Genesis 1-11*, 113, 166

randomness) 등이 내포되어 있지만 그래도 생태계는 가치의 근원이 되시는 분에 의하여 가치를 부여받고 있다.[30] 그래서 창조 안에 있는 모호함까지도 하나님의 신비한 목적에 기여한다. 우주는 인간을 위해서 창조된 것이 아니다. 그리고 하나님의 가치부여는 인간 중심적인 것이 아니라 인간 위주로 해석해서도 안 된다. "좋다"는 선언은 인간이 창조되기 이전이었다. 창조와 피조물들은 인간 이익과는 독립적으로 하나님으로부터 부여받고 있다. 그것은 인간에 의하여 발견되기 이전에 존재한다.

하나님의 세계 평가는 인간중심적이 아니라 신중심적이다. 그는 세계를 인간 뿐만 아니라 생명있는 모든 존재의 거주지로 정하셨다: 베스트만은 이 관점을 다음과 같이 피력한다: "성서의 첫 페이지가 하늘과 땅, 해, 달, 별 그리고 새, 고기, 동물에 관해서 이야기 하고 있다는 단순한 사실은 우리가 신조(信條)에서 예수 그리스도의 아버지로 인지하고 있는 하나님은 단지 인간에게만 관심을 갖고 계신 것이 아니라, 모든 피조물에 대해서 관심을 갖고 계신다는 확실한 표가 된다. 인류의 신만으로 이해된 하나님은 더 이상 성서의 하나님이 아니다."[31] 성서의 하나님은 인간만이 아니라 피조된 세계 전체와 그 모든 만물 각각에 대하여 관심을 가지시고 섭리하시는 분이시다. 하나님에 충성한다는 것은 하나님이 귀하게 여기시는 모든 피조물에 대하여 존중하고 양육하도록 부름을 받는 것이다. 우리는 이 세상을 멸시하거나 거부해서도 안 되며 초월하려고 해서도 안 된다. 창조세계가 하나님의 선함

---

30) Conrad Hyers, *The Meaning of Creation:*, 165-193

31) Claus Westermann, *Genesis 1-11*, 176

을 반영하고 있는 것으로 인식하고 그것을 수용해야만 한다.

2. 생태학적 언약

창세기는 노아언약(창9:8-17)을 통해서 생태학적 언약을 주셨다. 하나님은 언약을 깨뜨리고 사악하게 된 인간들을 홍수로 쓸어버리신다. 그 후 하나님께서 다시는 인간을 물로 심판하지 않으시겠다고 작정하신다. 하나님은 무지개로 언약의 상징을 보이신다. 무지개 언약이란 인간 때문에 자연을 홍수로 쓸어버리지 않겠다는 언약이다: "내가 너희와 언약을 세우리니 다시는 모든 생물을 홍수로 멸하지 아니할 것이라 땅을 침몰할 홍수가 다시 있지 아니하리라."(창9;11) 이것은 하나님의 긍휼의 언약이다.

노아에게 무지개를 언약의 징표로 주신 하나님은 모든 인류와 피조물 그리고 땅 위의 모든 종과 환경을 영구히 보존하시겠다고 언약을 주신다. 모든 종들은 생육하고 번성하는 복을 받았다. 노아 방주 이야기와 함께 생태학적 언약이란 생태계 안에 형성된 모든 피조물들의 상호의존 관계를 내적으로 확인하고 있다. 이 생태학적 언약은 창조세계, 즉 자연과 인간의 수없이 오랜 역사 속에서 모든 육체, 땅에 사는 모든 생명체, 그리고 모든 생명있는 존재가 하나님의 영으로 보존된다는 것을 의미한다. 모든 생명체들이 땅과 함께 공유하도록 하고 모든 생명체가 살 수 있는 공간을 허락받았다. 노아언약은 창조주와

32) James A. Nash, *Loving Nature. Ecological Integrity and Christian Responsiblity*, Abingdon Press, 1991, 이문균 역, 『기독교적 생태윤리』, 서울: 한국장로교출판사, 1997. 157

피조물 사이에 생태학적 결속이 이루어졌음을 상징한다.[32]

이러한 생태학적 언약은 생태계의 미래에 대한 인간의 책임을 시사한다. 그것은 생태학적 유지가능성을 보존하는 것이다. 생태학적 언약은 생태환경에 대한 인간의 관심과 돌봄을 요구한다. 오존 감소, 지구 온난화, 희귀종 멸종, 기후변화 등으로 나타나는 환경파괴는 무지개로 상징되는 생태학적 언약을 파기하는 것이다. 오늘날 과학기술발전과 더불어 심각하게 파괴되고 있는 자연환경에 대하여 인간은 '생태학적 유지가능성'(ecological sustainability)에 대한 책임을 지고 있다. 언약의 파기란 하나님에 대한 불성실이며 다른 동료 피조물과 우리 자신에게 불성실한 것이다.[33] 생태학적 관계성을 존중한다는 것은 종말론적 새로운 질서의 표이며 피조물의 상호의존적인 관계성을 누리는 것을 말한다.[34]

생태학적 언약에는 창조의 구속(救贖)에 대한 언약이 내포되어 있다. 노아언약에도 하나님은 본래적인 창조의 복을 폐지하지 않으시고 인간에게 생육하고 번성하며 심고 거두는 복을 주실 것을 약속하셨다. 창조세계를 다시는 홍수로 멸하지 않겠다는 하나님의 언약에는 다가오는 종말론적 새로움이 함축되어 있다. 창조는 구속과 연결되어 있다. 그리스도는 창조의 매개자(요1:1-5, 고전8:6, 골1:15-17, 히1:2-20)이시다. 만물이 그리스도를 통해서 지음을 받았다면 그리스

---

33) ":The General Deliverance," in Albert C. Outler, ed., *The Works of John Wesley*, vol. Sermon II: 34-70 (Nashville: Abingdon Press, 1985), Sermon 60, 446, 448

34) James A. Nash, *Loving Nature*. 157

도는 태초부터 만물의 구속 받을 것을 목적으로 지음을 받았다. 창조는 그리스도 안에서 궁극적인 완성을 향하여 나아가고 있다.[35)]

3. 하나님의 형상과 통치권 : 책임있는 청지기

창세기 1:26-28에 있는 하나님의 형상으로 지음을 받은 인간에게 주어진 통치권 때문에 오늘날 기독교는 생태학계로부터 많은 비난을 받아왔다. 일반적으로 유대 기독교 비판가들은 이 통치권을 착취를 허용하는 통치권으로 해석해 왔다. 창세기의 형상과 통치권이야 말로 반생태적인 개념이라는 것이다. 그러나 이 두 가지 개념을 구약성서의 원어와 맥락에서 해석한다면 기독교에 대한 오해에 기인한다.

계몽주의 시대와 그 이후 기독교 역사를 보면 통치권을 착취의 의미로 해석하는 경향이 나타난 것은 사실이다. 이러한 해석에는 새로운 영토를 차지하고 발달된 과학기술을 이식하는 것을 합리화시키는 세속화의 동기가 두드러지게 작용하고 있다.[36)]

미국 코넬대학의 교수 코헨(J. Cohen)은 창세기 1장 28절에 대한 고대부터 종교개혁까지 유대교와 기독교 해석에 관한 연구에서 다음과 같은 결론을 내렸다: “근세 이전의 유대교나 기독교에서 이 구절이 환경을 이기적으로 착취해도 좋다는 면허장 발부처럼 해석된 경우는 거의 없다. 만일 있었다 하더라도 극히 드물다. 비록 대부분의 독자들이 하나님께서는 인간의 유익을 위해 물리적인 이 세계를 지으셨

---

35) James A. Nash, op. cit., 155

36) James A. Nash, op. cit. 160, J. Moltmann, op. cit., 75-76

다고 별 생각없이 받아들일지라도, 창세기 1장 28절은 자연에 대한 통치권의 문제에 대하여 상대적으로 관심이 적다는 점을 환기시켜준다."[37] 여기서 통치권이란 착취가 아니라 자애로운 통치권이다. 이 자애로움은 에덴동산의 규범으로 받아들여졌다. 착취 자행의 통치권이란 창세기 1장 28절에 대한 잘못된 해석이다. 중도적인 복음주의자들은 통치권을 폭군처럼 잔인하게 함부로 자행하는 태도가 아니라 피조물에 대한 보호와 자애로운 보살핌으로 해석하였다.[38] 히브리어 카바쉬(kabash)에는 짓밟고 정복하는 뜻이 함축되어 있기는 하다. 그러나 창세기 1장 28절은 창세기 2장 15절과 연관하여 해석되는 것이 바람직하다. "카바쉬"라는 히브리어에 함축된 의미는 관리자, 보호자, 내지 청지기의 뜻을 함축하고 있다.

이 구절은 자연에 대한 억압적인 횡포나 착취를 명령하고 있지 않다. 인간 역시 피조물로서 항상 하나님의 통치 아래 종속되어 있다. 땅은 하나님의 소유이다. 에덴동산은 "경작하고 돌보도록" 하나님이 인간에게 맡겨 놓으신 것이다. "돌보라"는 명령에는 땅은 매 7년마다 쉬게 함으로써 땅의 비옥성을 보존하라는 명령도 포함되어 있다(레 25:3-5, 출23:10-11). 땅에 대한 명령은 음식물에 대한 권리이기도 하다. 에덴동산에서 인간은 채식을 하도록 하였고 육식은 홍수 이후에 허용된 것이다. 다른 피조물들이 인간을 두려워하게 되었다는 것

---

37) Jeremy Cohen, "Be Fertile and Increase: Fill the Earth and Master It," : *The Ancient and Medieval Carrier of a Biblical Text* (Ithaca, N. Y.:Cornell University Press, 1989), 5, 268, 309-314

38) Keith Thomas, *Man and Natural World: A History of the Modern Sensibility* (New York: Pantheon, 1983), 149-181

은 인간에게 포악한 지배를 허용한 것이 아니라 인간이 동물들에게 이름을 부여하고 이들을 규제할 수 있는 만물의 영장임을 인정하는 것이다.

인간이 자기 중심적으로 자연을 억압하고 착취하는 것은 하나님의 통치권을 대변하기 보다 오히려 하나님의 통치권을 교만하게(in hubris) 찬탈하는 것이다.[39] 창세기 1장 28절에 명령된 통치권의 의미란 자연을 남용하는 근거가 될 수 없으며 하나님을 대리하여 자연에 대하여 자애, 즉 돌봄과 가꿈을 실천하라는 뜻이다.

하나님의 "형상"이란 단어도 책임적인 존재, 도덕적인 자유의 존재로 이해되어야 한다. 그러므로 히브리 사고에서는 땅의 통치자는 하나님의 정의로운 통치에 종속한다. 통치는 정의로운 다스림을 함축한다.[40] 사람은 책임있는 대표자로 행동할 때 하나님의 형상으로 행동하게 된다.[41] 형상이란 생태학적으로 다음을 말한다: 인간만이 하나님의 관심과 가치를 책임있게 대표하는 자이다. 그리고 인간만이 자신을 억제하며 생태계를 보호할 수 있는 기능을 가진 존재라는 것이다.

4. 생태학적 혼란으로서 죄

생태학적 관점에서 죄란 하나님의 창조 질서를 교란하는 것이다. 죄

39) George M. Landes, "Creation and Liberation," in Bernard Anderson, ed., 146

40) James A, Nash, op, cit., 162

41) Jürgen Moltmann, *God in Creation* (San Francisco: Harper & Row, 1985), 188-189

란 생태학적 상호연관성을 파괴하는 것이다. 하나님은 창조물을 생태학적 연관 속에서 상호의존하고 공존하고 공생하도록 지우셨다. 이것은 하나님이 창조 질서로 제정하신 생태학적 언약이다. 생태학적 죄란 인간이 하나님이 지으신 창조의 공동체에서 월권행위를 하는 것이다. 하나님이 부여하신 청지기 사명을 하지 않고 창조물을 착취하는 것을 말한다. 그리고 창조물이 갖는 상호의존 관계를 인정하지 않는 것을 말한다. 하나님이 검소하게 사용하도록 만드신 것을 인간중심적으로 남용하는 것이다. 이것이 생태학적 교만이다. 이 창조물을 마치 자기 것인양 마음대로 사용하고 남용하는 것이다. 2007년 12월 서해안 앞바다에서 기름 유출 사고로 태안 해변 및 주변 모래사장은 검은 기름으로 오염되었고 수많은 물고기와 조류가 죽었다. 이것은 인간이 범하는 생태학적 죄다. 이러한 생태학적 죄는 인간의 탐욕과 연결된다. 자연에 대한 지나친 개발과 남용은 인간의 탐욕에서 기인하기 때문이다.

미국의 기독교 윤리학자 라인홀드 니버는 『인간의 본성과 숙명』에서 이러한 생태학적 죄에 대하여 시대에 앞서 선구적으로 고발하고 있다: “인간은 자연의 순환과 계절에 따른 불확실성을 극복하기 위하여 필요 이상으로 지나치게 열심히 축적하려고 함으로써 자연을 파괴한다. 간단히 말해서, 탐욕은 자연 속에서 느끼는 자신의 불안정성을 숨기려는 인간의 과도한 야심의 표현 외에 다른 것이 아니다.”[42] 인간의 탐욕이 자연의 파괴를 유발함으로써 생태학적 죄를 유발한다. 내쉬(James Nash)가 말하는 바같이 결함을 갖고 있는 과학기술, 이

42) Reinhold Niebuhr, *The Nature and Destiny of Man, vol. I* (New York: Charles Scriber's Sons, 1949), 191

데올로기나 사회-경제 체제가 생태계 위기의 원인이라고 사회학적으로 환원해서는 안 된다.[43] 일차적인 원인은 그러한 과학기술, 이데올로기와 사회 경제체계를 운영하는 인간의 탐욕에 있다.

5. 생태계의 대표성으로서의 성육신

그리스도의 성육신은 생태학적 반성에 있어서 중요한 의미를 갖는다. "말씀이 육신이 되어 우리 가운데 계셨다"(요1:14). 그리스도의 성육신이 갖는 생태학적 함축성은 너무나 풍성하다. 하나님이 인간이 되신 나사렛 예수는 하나님을 대표할 뿐 아니라 인류를 대표한다. 하나님은 나사렛 예수 안에서 온 인류를 대표하셨을 뿐 아니라 연대하시고 인간이 신체적으로 의존하고 있는 창조세계와 연대하고 계신다. 하나님을 대표하면서 나사렛 예수는 인간성을 대표하시며 생태계를 대표하시며 우주를 대표하신다.[44]

인간의 참된 본성은 이 세계에 대하여는 세계의 형상(imago mundi)[45]으로 존재한다. 인간은 생명-물리적인 세계를 구현하고 반영한다. 이것이 세계의 형상이다. 세계의 형상을 빼놓고 인간의 참된 본성을 생각할 수 없다. "인간은 다른 모든 피조물과 공동체를 이루어야만 존재할 수 있고, 그 공동체 속에서만 자신을 이해할 수 있으며, 앞서 존재했던 모든 피조물이 그 안에 존재하는 소우주이다."[46]

---

43) James A. Nash, *Loving Nature*. 191

44) Ibid., 167

45) Jürgen Moltmann, *God in Creation*, (San Francisco: Harper & Row, 1985), 225-228

인간이야말로 온 피조물이 발견되는 소우주라는 것이 "세계 형상"의 의미다. 흙으로 지음을 받은 인간은 다른 모든 피조물과 같은 존재의 친족성을 가졌다. 그리고 몸을 지닌 인간은 다른 피조물과 상호의존인 공생관계 속에서 존재한다. 성육신 하심으로써 하나님은 나사렛 예수 안에서 인간성의 대표자로서 인간과 연합하심으로 창조 물질세계에 깊이 들어오시고 물질세계를 자기 안에 끌어 안으셨다.

이러한 성육신의 이해는 창조세계, 인류와 연대 속에 있는 하늘과 땅과 바다에 있는 모든 피조물에게 존재 가치와 존엄성을 부여한다. 희랍적인 세계관에서 물질적인 것은 가멸적인 것으로 멸시되었다. 물질적인 것은 영원한 이데아가 갇혀 있는 무덤과 같이 여겨졌다. 그러나 나사렛 예수 안에서 하나님이 인간의 몸을 입으시고 창조세계에 들어오시고 스스로 피조물과 연대성에 계심으로써 창조세계 안에 있는 모든 형태의 생명의 존재가 가치를 인정받는다. 생명사랑(biophilia)이 정당화된다.[47] 7-8세기의 교부 다마스커스의 성 요한(St. John of Damascus, 675-749)은 어거스틴 이래로 기독교 전통에 잔존하고 있는 신플라톤주의의 금욕주의와 물질 천시사상에 대하여 다음과 같이 물질 찬미사상을 피력하고 있다: "나는 물질을 경배하지 않는다. 나는 물질의 창조자를 경배한다. 그는 기꺼이 물질 안에 머무르셨으며 나를 위해 물질이 되셨다. 그는 물질을 통해서 나를 구원하셨다. 나는 나의 구원을 이룬 물질에 영예를 부여하기를 그치지 않을 것이다. 나는 하나님을 숭배하는 것처럼 물질을 숭배하지는 않지만

---

46) Ibid., 186-190

47) Edward O. Wilson, *Biophilia* (Cambridge: Harvard Univ. Press, 1984), 85

물질을 존귀하게 생각한다. 하나님이 물질을 그의 은혜와 능력으로 가득 채우셨기 때문에 그리고 물질을 통해 나를 구원하셨기 때문이다. 나는 존경심을 가지고 모든 물질에 경의를 표한다. 물질을 통해 구원이 내게 이르렀다."[48].

그리스도의 성육신은 그의 우주와의 연대성을 보여줌으로써 우리 인간이 다른 피조물과 연결되어 있어 있다는 사실을 알려준다. 그럼으로써 인간의 겸비를 확인시켜준다. 몸을 통한 인간의 다른 피조물과의 연대성은 인간의 물질적인 의존성과 연대성을 드러냄으로써 인간의 배타적인 오만성을 무너뜨린다.[49] 리처드 니버(R. Niebuhr)는 그리스도의 성육신은 다른 피조물의 도덕적인 가치를 인식케 함으로써 피조물의 지위를 높여준다고 말한다. 니버가 말하는 바같이 하나님의 계시는 모든 피조물과 사물이 "도덕적인 관계성의 그물 안에" 놓이게 함으로써 도덕률에 변화를 가져왔다.[50] 니버의 철저한 유일신론(radical monotheism)에 의하면 하나님은 모든 존재와 가치의 원천이기 때문에 모든 존재는 그것이 어떤 것이든 소중하여 사랑받을 가치를 지니고 있다.[51] 다른 피조물은 인간으로부터 도출된 존엄성이 있는 것이 아니라 하나님으로부터 부여된 본래적인 존엄성을 지니고

---

48) St. John Damascus, On the Divine Images I: 16, Myroslav Tataryn, "The Eastern Tradition and the Cosmos," *Sobornost*, vol II, nos. 1-2 (1989), 49

49) James A. Nash, op. cit., 169

50) Richard Niebuhr, *The Meaning of Revelation* (New York: Macmillian, 1962, 1941), 167

51) Richard Niebuhr, *Radical Monotheism and Western Culture* (New York: Harper & Row, 1970), 32-39, 126

있다.[52] 도출된 존엄성은 오로지 창조주로부터 모든 피조물에게 주어진다.[53]

6. 생명의 영, 성령의 성례전적 현존

1) 하나님의 성례전적 현존

창조세계는 하나님의 창조의 신비와 그의 위대하심을 보여준다. 세상은 하나님의 영광과 위대하심으로 가득 차 있다(시19:1, 엡4:6). 자연으로서 창조세계는 초자연적인 것을 내포하고 있다. 생명의 영으로서의 성령은 창조세계 안에 내재하신다. 창조세계 안에 내재의 영으로서 성령은 피조물에 생기를 부여하시고, 화해시키며, 위로하시며, 함께 고통받으시며, 새롭게 하시고 거룩하게 하신다. 개인, 문화, 자연의 역사 안에 표를 남기시고 하나님의 현존을 느끼게 하신다. 이러한 하나님의 현존이 바로 성례전적 현존(sacramental presence)이다.

윌리엄 템플(William Temple)이 피력한 바같이 인간은 "성례전적 우주"(sacramental cosmos)속에 살고 있다. 이 우주 안에 물질적 존재 전체는 근본적으로 거룩하다. 물질적 존재 전체는 계시의 효과적인 매개물이며, 하나님과의 교제를 이루는 수단이요, 은혜의 방편(means of grace)이 되기 때문이다. 창조는 하나님의 성례전적 자기

52) Ted Peters, "Creation, Consummation and the Ethical Imagination," in *Joranson and Butigan*, eds., 422-423

53) Gabriel Fackre, "Ecology and Theology, "in Ian G. Barbour ed., *Western Man and Environmental Ethics* (Reading, Mass., : Addison-Wesley, 1973), 121

표출이다. 세계는 하나님의 전, 즉 성령의 전이다. 그러므로 하나님의 성례전적 임재는 그리스도의 성육신의 연장이다.[54] 자연은 하나님의 위대하심과 영광을 경험하는 지고의 장소이다. 성령의 편재는 모든 장소를 거룩하게 한다. 자연에서 드러나는 거룩한 것(das Heilige)은 우주적인 감각, 친밀감, 위엄이 가득한 분 앞에서 갖게 되는 두려움으로 가득한 피조물적 의식을 불러일으킨다.[55] 자연에서 드러나는 하나님의 성례전적 현존으로 말미암아 생태계는 거룩한 질서, 거룩한 교제의 처소로 이해된다.

자연의 성례전적 특성이란 자연적인 것 안에 기적인 것이 가득 차 있으며, 일상적인 것 안에 비범한 것이 가득 차 있다. 우리는 일상적인 것 안에서 헤아릴 수 없이 많은 생태학적 경이를 경험한다. 단지 문화적 허식에 가려서 보지 못할 뿐이다. 혼돈스러운 것처럼 보이는 자연의 현상 가운데서도 설비로 가득 찬 질서를 감지한다.

자연의 성례전적 이해는 자연의 멸시나 평가절하가 아니라 자연의 신성화이며 동시에 비신격화이다. 만물은 하등의 가치가 없거나 더구나 악한 것도 아니다. 만물은 하나님의 선하신 창조의 작품이기 때문이다. 하나님은 그가 창조하신 만물 속에 섭리자로 내주하신다. 하나님의 영은 모든 만물 속에 편재하시기 때문에 모든 창조세계와 그 속에 있는 만물은 성스럽다. 그러므로 하나님의 영광을 드러내는 성례전적 존재가 된다. 자연세계는 하나님의 일부분이 아니다. 자연의 성

---

54) James A. Nash, op. cit., 172

55) Rudolf Otto, *The Idea of the Holy*, 2nd ed. (London, Oxford, New York: Oxford Univ. Press, 1958), 12-20, 28, 52-53

례전적 성질은 범신론적인 것이 아니다. 하나님은 모든 것 안에 있으며, 모든 것은 하나님의 일부분이 되지 않으면서 하나님 안에 있다. 그러므로 범재신론적(pan-en-theistic)이라고 말할 수 없다.[56] 범재신론은 세계를 하나님의 몸으로 봄으로써 하나님과 창조 사이의 경계를 허물어 버리기 때문이다. 세계는 하나님의 몸이 아니다. 그럴 때 창조주와 피조물이 합치되어 버린다. 이것은 정령숭배와 우상숭배를 조장할 수 있다. 내쉬가 피력하는 바같이 "기독교적 성례전적 세계이해는 자연을 성스럽게 하지만 신격화하지는 않는다."[57]

2) 창조를 성만찬 공동체로 재인식

생태계의 위기에 직면해서 창조질서의 회복이 요청된다.[58] 그것은 세계를 하나님의 창조로 인식하고 세계를 하나님의 숨어 있는 현재의 성례전(das Sakrament der verborgenen Gegenwart Gottes)으로 이해하는 것이다. 그리고 세계를 인간의 자의적 놀이터가 아니라 하나님과의 사귐의 처소로 파악하는 것이다. 창조를 성만찬의 공동체로 받아들이는 것은 인간이 성만찬적 존재(das eucharistische Lebewesen)라는 데 기인한다.[59] 인간은 다른 생물처럼 단순히 이

56) 이점에서 필자는 제임스 내쉬가 전개한 자연의 성례전적 이해는 "범재신론적으로 묘사될 수 있다는 표현"은 개혁신학적으로 수용하기 어려운 것이라고 본다. 내쉬는 몰트만의 범재신론적 입장을 수용하고 있다. (James A. Nash, op. cit., 176)

57) James A. Nash, op. cit., 177

58) 김영한, 『개혁신학의 생태론』, 21세기와 개혁신학 III, 1998, 한국장로교출판사, 411

세계 안에 살지 않으며 그리고 세계를 단지 지배하거나 소유하지 않는다. 인간은 하나님의 창조에 대해 감사드리면서 찬양하며 하나님께 헌신하는 존재이기 때문이다.

하나님의 모든 피조물은 그의 은사로서 근본적으로 성만찬적 존재이다. 자연은 말없이 하나님께 영광을 돌린다. 그러나 인간은 그의 언어와 사고를 가지고 있기 때문에 고차원적인 언어와 감정으로 피조물을 대신하여 하나님을 찬양한다. 이런 의미에서 인간은 성례전적 행위에 있어서 피조물을 대리한다. 여기에 인간의 제사장적인 차원이 있다. 구약성서의 "창조의 시편들"(시편 8편, 19편, 104편)이 해와 빛, 하늘과 땅의 수확에 대하여 감사드릴 때, 인간은 자기 자신에 대해서가 아니라 해와 빛, 하늘과 땅의 수확의 이름으로 하나님께 감사를 드린다. 해와 달과 하늘과 땅, 동물과 식물은 그 자체의 존재로서 창조자를 경배한다. 창조를 찬양하는 인간은 창조물의 존재에 경탄하면서 우주적 예배 의식(儀式)(kosmische Liturgie)을 드린다. 우주는 인간을 통하여 창조의 영원한 노래를 부른다.[60)]

인간은 만물의 청지기이지 지배자가 아니다. 만물은 인간 없이도 하나님의 영광을 자연의 원(原)언어로써 선포하기 때문이다. 시편 19편은 자연이 하나님의 영광을 찬양하고 노래하는 존재론적 언어를 말하고 있다. 이 존재론적 언어에 대하여 시편 기자는 다음과 같이 노래

---

59) H. H. Guthrie, *Theology as Thanksgiving. From Israel's Psalms to the Church's Eucharist*, New York 1981, Th. Runyon, "The World as the Original Sacrament", in: *Worship*, Vol.54, No. 6, Nov. 1980, 495ff.

60) J. Moltmann, *Gott in der Schöpfung. Ökologische Schöpfungslehre*. München 1985. 84

한다: “언어가 없고 소리가 없으나 그 소리가 온 땅에 통하고 그 말씀이 세계 끝까지 이르도다”(시 19:3-4).

여기서 창조의 성만찬 공동체가 이루어진다. 이 창조 사귐은 창조자 앞에서 이루어진다. 이러한 창조의 성만찬 공동체에서 인간은 더 이상 자연을 지배하거나 소유하지 않는다. 여기서 인간은 자연과 진정한 교통을 하고자 한다. 여기서 자연은 하나님의 창조로서 인식되고 인간은 자연에 대한 책임성을 인지하게 된다.

III. 생태학적 세계관을 위한 사고의 전환[61]

1. 데카르트적 이원론적 사고의 극복

근대적 데카르트적 사고는 맹목적 진보신앙(blinder Fortschrit-tsglaube)에 의하여 지배되었다. 진보신앙은 무제한한 생산, 절대적인 자유와 무제한적 행복의 세 가지 요소에 의하여 주도되었다. 진보신앙은 인간의 지배요구를 자연에 대한 더 나은 지식의 근거 위에서 정당화하기 위해 자연에 대한 새로운 해석의 길을 찾고자 했다. 18세기의 기계론적 세계상에 대하여 근대적 사고는 하나님의 활동을 세계창조에만 제한시키는 이신론(Deismus)을 제시했다. 이신론은 자연과 세계에 대한 인간의 지배와 착취를 가능하도록 했다. 이런 맥락에서 린 하이트(Lynn White)가 수행한 생태위기의 주범으로서의 기독교에 대한 비판은 부분적으로 타당하다. 그러므로 이제 현대의 기계기술

61) 이 부분은 필자의 저서 『21세기와 개혁신학』 제3부의 개혁신학의 생태론(411-415)의 부분에 근거하고 있음

적 세계상을 가진 인간에 의하여 초래된 자연의 파괴에 직면해서 기독교 신학은 성경적인 창조신앙을 새롭게 증명하도록 도전받고 있다.

몰트만은 그의 『창조 속에 계시는 하나님』(*Gott in der Schöpfung*)에서 생태학적 사고를 제시하였다. 생태학적 사고에 있어서 "인간은 지배하기 위하여 더 이상 인식하지 않고 재구성하기 위하여 분석하거나 환원하지 않는다. 인간은 오히려 참여하고 생명있는 것의 상호관계 속에 들어가기 위하여 인식하고자 한다."[62] 생태학적 사고는 하늘과 땅이 오로지 인간만을 위하여 만들어졌다는 데카르트적 세계상을 극복한다.

근세 이래 여태까지의 역사는 공작(工作) 인간의 세계상징(das Weltsymbol des homo faber)이었다. 근대적 사고가 제시한 지식의 길은 생태학적 사고가 제시하는 지혜의 길로 대체되어야 한다. 지식이 힘의 획득과 지배를 추구한다면, 지혜는 세계의 실재성의 압박 아래 그리고 사실의 양심 아래 오늘날 병들고 어려움 속에 있는 것을 밝히고 드러낸다. 지혜는 명상적인 인식(meditative Erkenntnis)의 새 형식을 추구한다. 지혜는 세계를 하나님의 창조로서 파악하며 세계를 더 이상 관조자와의 소원(疏遠)으로부터 보지 않는다. 다시 말하면, 외부로부터가 아니라 점차적으로 내면으로부터 세계와의 참여적인 관계 속에서 파악하고자 한다.

62) J. Moltmann, *Gott in der Schöepfung*, 18

2. 생태학적 시각

미국의 부통령 엘 고어(Al Gore)는 『균형 속의 지구』(Earth in the Balance)라는 저서에서 환경 생태학적 시각을 제시하고 있다: "생태학적 시각은 전체에 대한 전체로부터 시작한다. 그것은 곧 자연의 여러 부분들이 어떻게 오랜 세월동안 생태학적인 균형을 유지하려는 패턴 가운데 상호작용하고 있는지를 이해하는 것이다. 그러나 이러한 시각이 인간 문명과 동떨어진 것으로서의 지구를 다루는 것일 수는 없다. 우리도 역시 그 전체의 한 부분이며, 결국 그 전체를 바라보는 것은 우리 스스로를 바라보는 것이다. 그런데 만약 우리가 자연에서 인간의 몫이 점차적으로 자연 전체에서 엄청난 영향을 끼치고 있다는 점과 우리 인간이 사실상 마치 바람이나 조류와 같은 자연력과 같다는 사실을 깨닫지 못한다면, 우리가 생태학적인 균형을 깨뜨리고자 얼마나 위험스럽게 지구를 위협하고 있는지를 자각할 수 없을 것이다."[63] 이러한 고어의 언급은 오늘날 인간으로 하여금 인간은 생태계의 한 부분이면서 생태계에 엄청난 영향을 끼치는 존재임을 각성시켜 주고 있다. 이제 인간 문명은 인간 존재가 의존하고 있고 그 한 부분인 전체로서의 생태계와의 조화로운 균형 속에서 발전되어야 한다. 이를 위하여는 생태학적 사고가 요청된다.

생태학적 사고는 과학적 사고와 다르다. 과학적 사고는 자연현상에 대한 부분적 관찰에서 출발하여 귀납적으로 자연현상의 제일성

---

63) Al Gore, *Earth in the Balance: Ecology and the Human Spirit* (Boston: Houghton Mifflin, 1992), 2

(齊一性) 내지 법칙적 개연성을 탐구한다. 그러나 생태학적 사고는 자연을 전체와의 연관에서 본다. 생태학적 사고는 다음 두 가지로 특징지워진다.

첫째, 전체를 보는 시각이다. 전체에 대한 전체로부터 시작한다. 그것은 곧 자연의 여러 부분들이 어떻게 오랜 세월동안 생태학적인 균형을 유지하려는 패턴 가운데 상호작용하고 있는지를 이해하는 것이다. 생태학적 인식은 세계의 존재(das Sein der Welt)보다는 세계의 되어감(das Werden der Welt)을 질문한다. 창조공동체(**Schöpfungsgemeinschaft**), 전체성(Ganzheitlichkeit) 또는 연대성(**Solidarität**)의 사고이다,

둘째, 전체에서 우리 자신을 바라보는 것이다. 우리도 역시 그 전체의 한 부분이며, 결국 그 전체를 바라보는 것은 우리 스스로를 바라보는 것이다. 세계는 생태학적 관점에서는 공동세계(Mitwelt) 내지 환경(Umwelt)이다. 자연과 인간의 만남을 통하여 자연은 공동자연이 되며 이 만남은 시간 속에서 이루어진다. 생태학적 현실이해는 창조의 연대공동체에 우리 인간이 불가피하게 귀속하고 연결되어 있다고 본다. 이러한 사고는 인간주도적 세계상을 극복하는데 첫걸음이 된다. 생태학적 사고란 인간의 현실이해란 우리가 세계놀이에 참여하는 사실에 의존한다는 것이다. 자연이해란 자연을 우리의 소유로 갖는 것이 아니다. 그것은 자연을 중립적인 세계로 알지 않는다. 자연을 역사적인 시간의 지평 속에서 지각한다. 그것은 자연의 인간을 주관으로서 대상에 마주 세우는 가능성을 거부한다. 인식하는 자로서 인간은 근대과학이 주장하는 바같이 세계사건의 단순히 중립적이고 비참여적인 관조자가 아니다. 인간은 자연과 세계과정 속에 참여해 있다.

생태학적 사고는 인생과 우주를 이해하기 위한 의미심장한 모델을 제공한다. 생태학은 장래 일을 내다 보는 방식을 제시하는 사실과 전망 중 가장 심오한 것이다. 세계관은 우리 자신과 우주, 사회, 사회적인 관계와 심지어는 정치와 경제분야까지 영향을 미친다.

3. 창조 신앙의 각성과 생태학적 사고

생태학적 시각이란 성경의 창조이야기에서 가장 잘 발견해준다. 생태학적 인식에서, 다시 말하면, 세계가 하나님의 창조의 명령에 일치하는가 아니면 모순되는가 질문한다.

세계는 그 자체적으로 하나님의 창조로 인식되지는 않는다. 세계를 하나님의 창조로 경험하는 것은 이스라엘 역사에 나타난 창조자 하나님의 계시에 대한 신앙을 통하여 가능하다.[64] 세계는 그것의 창조자, 유지자, 구원자로서의 자기계시를 통하여 창조로서 드러난다. 주(主)되신 하나님의 자기계시에 근거한 하나님에 대한 특별한 경험, 곧 구속경험은 세계에 대한 보편적 경험, 창조의 경험을 가능하도록 한다. 구원의 사건과 창조의 경험은 상호간에 규정하는 관계 속에 있다. 창조경험은 이스라엘의 하나님을 온 세계의 주와 창조자로 증명하고 하나님의 보편성을 드러낸다. 온 세계와 민족들과 사람들은 이스라엘이 희망하는 구원의 역사에 포괄된다. 이스라엘은 구속의 경험을 통해서 세계를 하나님의 창조로서 경험하였다. 창조는 이스라엘의 역사적 경

64) Jürgen Moltmann, "Schöpfung als offenes System", in: *Zukunft der Schöpfung*, München 1977, 123-139

험의 우주적 지평이다. 창조는 태초의 창조와 종말의 창조를 포괄하고 있다. 태초의 창조란 우주의 시작에 있어서 하늘과 땅의 시작이라는 의미에서 창조이다. 종말의 창조란 우주의 마지막에 있어서 새 하늘과 새 땅의 시작이라는 의미에서의 창조이다.

전자는 따라서 창조에 대한 시원(始原)적 이해(protologisches Verständnis)이며 후자는 창조에 대한 종말론적 이해(eschatologisches Verständnis)이다. 이 두 가지 창조 이해는 창조사역에 대한 구원론적 이해 속에 필연적으로 함께 정립되어 있다. 이 양자는 모두 성서적인 자연신학의 영역에 속한다.[65]

생태학적인 관점에서 창조 신앙은 세계의 근원에 대한 신앙으로 축소되어서는 안 된다. 일반적으로 창조라는 말은 "태초의 창조"로서 세계의 생성을 이미 끝난 상태로 표상한다. 그리하여 낙원, 원상태, 무죄, 에덴동산 등으로 표상하여 왔다. 이러한 창조 이해는 과거지향적이고 현재와 미래에 대한 이해가 설정되어 있지 않다. 성경적으로 창조에 대해 말할 때는 본래적 창조(creatio originalis), 지속적 창조(creatio continua), 새 창조(cratio nova)가 언급된다.[66] 본래적 창조란 태초의 창조로서 시간의 시작이다. 태초의 창조는 거기에서 끝나지 않고 역사에 연관되면서 지속적으로 전개되고 있다.

태초의 창조는 또한 몰트만이 주장하는 것처럼 처음부터 구원의 역사를 향하여 열려 있는 것이 아니다. 태초의 창조는 완성된 하나님의

---

65) J. Moltmann, *Gott in der Schöpfung. Ökologische Schöpfungslehre*. Kaiser: München 1985, 67

66) J. Moltmann, *Gott in der Schöpfung*, 68

영광의 나라이다. 그러나 이 영광의 나라는 인간의 불순종으로 그 원래적인 창조 관계의 조화에서 깨어졌다. 그래서 그것은 그 자신을 넘어서 메시아를 가르키고 있으며 그 역사적 실현을 위하여 아브라함과 이삭과 야곱의 약속의 역사를 가르키고 있다. 이 약속의 역사는 그리스도 복음의 메시아 역사를 가르키고 있다. 이 약속의 역사가 지속적 창조요 역사적 창조이다. 이 메시아 역사는 다가오는 새로운 창조인 하나님의 왕국을 가르키고 있다. 이 하나님의 왕국에서 깨어진 창조는 비로소 완성되고 본래적 창조의 영광을 회복한다.

4. 생태계에 대한 종말론적 관점

생태학적 사고는 현재의 창조를 다가오는 메시아왕국의 빛 아래서 창조의 회복과 영광을 선취한다. 창조의 회복과 창조의 종말론적 새로움을 기대한다. 바울은 로마서에서 십자가에 달린 그리스도의 부활과 함께 죽은 자의 부활과 세계의 종말론적 새 창조의 과정이 시작한다고 증언한다.

"예수를 죽은 자 가운데서 살리신 이의 영이 너희 안에 거하시면 그리스도 예수를 살리신 이가 너희 안에 거하시는 그의 영으로 말미암아 너희 죽을 몸도 살리시리라"(롬 8:11). 예수를 죽음에서 부활시킨 생명의 영이 신자의 몸도 죽음에서 부활시킬 것이다. 예수의 부활의 생명이 죄 뿐만 아니라 죽음도 극복하기 때문에 신자의 죽을 몸도 다시 살 수 있게 된다. 신자는 그리스도의 부활을 통하여 자신과 세계에 다가올 새 창조의 빛 속에 있다.

바울은 신자가 몸으로 당하는 고난과 피조물의 고난을 연결시킨다:

"피조물이 다 이제까지 함께 탄식하며 함께 고통을 겪고 있는 것을 우리가 아느니라 우리까지도 속으로 탄식하여 양자 될 것 우리 몸의 속량을 기다리느니라" (롬 8:22-23). 인간이 신체적으로 당하고 있는 죄와 고통은 피조물에게도 해당한다. 피조물도 허무와 죽음의 고통에 빠져 있다. 창조 세계는 인간처럼 자기의 죄 때문에 타락한 것이 아니라 인간의 죄 때문에 허무에 종속되어 있다.

여기서 바울은 피조물을 의인화(擬人化)하고 있다. 창조 속에는 슬픔과 탄식이 감추어져 있다. 이 슬픔과 탄식 속에서 창조의 비극적 운명과 메시아적 구속의 동경이 함축되어 있다. 창조의 비극적 운명이란 하나님의 영광을 드러내도록 지음 받은 완전한 창조가 인간의 교만(superbia)으로 말미암아 낙원의 조화로움을 상실하고 대립과 갈등의 상태로 들어가게 된 것을 말한다. 창조는 구속을 통해서 허무와 썩어짐의 종노릇에서 해방될 것을 바라고 있다. 이 해방은 메시아 나라의 도래에서 실현된다. 장차 다가올 하나님의 왕국에서 신자들은 영광의 자유를 얻게 되며 피조물도 하나님 자녀들의 자유를 통하여 허무와 썩어짐에서 구속함을 얻게 된다. 몰트만은 피력한다: "태초의 창조는 자연과 함께 시작하여 인간으로 끝났다. 종말론적 창조는 반대로 인간의 해방과 함께 시작하여 자연의 구원으로 끝난다."[67] 종말론적 창조는 태초창조 질서의 회복이요 더 풍성한 복구이다. 노예상태에 있는 피조물은 직접 그리스도가 영광 가운데서 나타나는 것을 기다리지 않고 그리스도가 나타날 때 하나님의 자녀들의 자유의 회복

67) J. Moltmann, *Gott in der Schöpfung*, 82

을 기다린다. 피조물은 이 하나님 자녀들의 자유를 통하여 구속된다. 메시아의 도래는 그의 성령을 부으심을 통하여 인간을 죄와 사망의 노예상태로 부터 해방할 뿐 아니라 피조물을 노예상태로부터 해방시킨다.[68]

5. 창조에 대한 새로운 관계 : 공감적 세계상

미래학자 루쯔(Rüdiger Lutz)는 "부드러운 전향"(sanfte Wende)에 관하여 말한다. "발전하는 인류는 그의 유일한 생명근거인 항성 지구에 대한 관계를 천명해야 한다. 문화간의 엮임은 나라의 한계를 깨뜨린다. 오염과 자원문제의 생태학적인 상호작용은 연결된 경계를 넘어서는 행동을 요구한다. 새로운 공감적 세계상(neues konsensuales Weltbild)이 전제이다."[69] 공감적 세계상이란 여태까지 우리에게 낯설었던 것과 공감(Mitgefuehl)을 갖는 세계상을 말한다. 우리 인간 사이 그리고 비인간인 자연에 대한 우리의 관계에 있어서 공감을 회복해야 한다. "부드러운 전향"이란 태도의 변화를 말한다. 그것은 미래를 보지 않는 근본태도의 지양이고 인간의 힘과 소망에서 솟아나는 미래의 신뢰를 말한다. 부드러운 전향이란 소극적으로는 산업주의자들의 개발사고와 기계기술주의자들의 팽창사고로부터의 전

68) 김영한, "구원의 대상으로서의 자연", 『예수 그리스도와 창조』. 예장총회 교육부, 1992, 117-119

69) Herbert A. Gornik (Hrsg.), *Damit die Erde wieder Gott gehört. Plaedoyer für einen neuen Umgang mit Mensch und Natur*. Offenbach und Freiburg 1986, 54

향을 말한다. 이 전향은 적극적으로는 창조 세계에 대한 신뢰적인 개방을 말한다. 그것은 근대과학적인 자연개념의 변화를 의미한다. 근대적인 세계상에 있어서 자연은 단지 물질, 사물, 객관으로서 계산할 수 있고 이용할 수 있는 것이었다.

이러한 자연개념에서 근대 서구적 사고에 깊이 스며든 자연에 대한 착취사고(Ausbeutungsmentalität)가 유래하였다. 공감적 세계상이란 이러한 지배적이고 객관적인 세계상에서 결별하는 것이다. 이러한 결별이란 그러나 문명도피나 석기시대로의 퇴각이 아니라 내면의 변화를 통하여 파괴적인 행위강요의 해소를 말한다. 그것은 기술, 산업과 소비의 생태학적인 전향을 말한다. 그리고 피조물과 인간의 필요 사이의 조심스런 일치를 말한다. 자연과의 공감을 갖는다는 것은 새로운 기술, 근본적으로 변화된 산업, 다른 삶의 방식, 변화된 국제 정치 그리고 새로운 다른 모럴을 의미한다.

새로운 모럴은 옛 지배와 착취 이상(理想)의 포기를 위험한 소유강요로부터의 해방으로 느끼고, 그리고 이웃사랑을 넘어서서 동료창조물성(Mitkreatürlichkeit)으로 나아가는 공감에의 능력(Befähigung zu einer Sympathie)으로 느끼는 것이다.[70] 이 새로운 모럴은 인간의 원죄성에 속하는 교만(hybris)을 인정하고 이것을 경계하는 것이다. 이 교만이란 우리 인간을 자연에 대한 청지기로 부르신 하나님의 부르심을 망각하고 자연에 대한 지배자가 되고 우주에 대한 지배자가 되려는 원죄를 말한다. 이러한 근대이성의 신(神)콤프렉스(Gottes-

---

70) Günter Altner, "Mitgefühl mit allem geschaffenen. Ein neues Verhältnis zu Erde und Schöpfung". in: op.cit. 58

komplex)가 자연을 총체적으로 착취함으로써 생태계의 총체적 파괴와 위기를 산출하기에 이른 것이다.

새로운 생태학적 모럴은 자연에 대한 지배가 아니라 자연에 대한 책임을 말한다. 이 책임이란 수용에서 오며 공감과 나눔에의 능력을 말한다. 그리고 자연과의 일치를 추구한다. 그러나 이 일치나 공감은 범신론적인 융합이 아니라 창조자와의 관계 안에서 자연을 하나님의 선물이요 창조로 수용하는 것을 말한다.

맺음말

포스트모던 시대는 환경오염으로 인하여 인간이 생태학적 위기를 경험하는 가운데서 생태계를 중시하는 생태주의가 나타나고 있다. 생태주의는 하나의 세계관으로 나타나고 있다. 가이아 세계관이 그 대표적인 세계관이다. 생태주의는 과학기술에 대하여 비판하면서 생태계에 대한 개발이나 과학기술의 발전에 대하여 비판적 입장을 취하고 있다.

그러나 인류는 과학기술의 발전을 중단할 수는 없다. 과학기술을 생태계가 유지 가능하도록 하는 발전이 되도록 규제하는 것이 요청된다. 환경친화적인 기술이 요청된다. 이를 위하여는 생태학적 사고의 각성과 개발이 요청된다. 생태학적 사고로의 전환, 그리고 생태학적 윤리의 실천만이 다가오는 시대에 인간이 자연환경과 더불어 살 수 있는 길이다. 환경을 개발하되 유지 가능한 자연으로 개발해야 한다. 여기에 창세기 이야기는 생태학적 사고를 가지는 중요한 신학적 근거를 제공해준다. 자연을 신격화하거나 단지 물질로 보지 않고 자연을 성례전적 존재로 보는 것이 바로 기독교 생태학적 사고의 핵심이다. 자연은 신성을 가진 것도 아니며, 단지 세속적 물질로서 우리가 마음대로 이용하거나 착취할 수 있는 것이 아니다. 자연이란 우리가 하나님 앞에서 책임있게 사용해야 하고 그것을 통해서 하나님과 교통하고 영광을 돌려야 할 성례전적 존재라는 것이다. 생태학적 세계관의 정립과 개발은 포스트모던 시대를 사는 인류의 새로운 과제이다.

| 포스트모던 기독교 세계관 |

머리말

포스트모던 세계관은 다원주의적 사고, 타종교에 대한 기독교의 지배 한계, 기계기술화에 의한 세속화 촉진, 이에 따른 그리스도인의 신앙 상실, 과학주의의 문화적 지배종식, 성경언어의 일식, 탈전통과 탈권위 확산으로 특징지워진다. 그리하여 포스트모던 세계관은 위기상황에 직면하면서 한계를 경험하고 그 대안을 요청한다. 여기에 개혁신학의 세계관은 그 대안을 제시해 줄 수 있다.[1)]

미국 프린스턴 신학대학원 기독교철학 교수 디오게네스 알렌(Diogenes Allen)은 포스트모던 세계에서의 기독교 신앙의 타당성을 다음과 같이 피력하고 있다: "포스트모던 세계에서 기독교는 지성적으로 타당성을 지닌다. 기독교는 다음과 같은 근본적인 질문들에 대답할 수 있다. 세상은 왜 존재하는가? 그리고 왜 다른 질서가 아닌 현재와 같은 질서를 가지고 있는가? 특별히 기독교는 인간 존재를 중요하게 다루기 때문에 도덕성과 사회적 기반에 대한 논의에 참여할 수 있다. 기독교가 우리 사회전반에 관여하여 마음뿐만 아니라, 정신에도 관여한다는 인식은 우리의 문화적 상황에서 중요한 변화이다."[2)]

---

1) 김영한, "포스트모던 시대의 개혁신학"(1), 『기독교 사상』, 1994년 1월, 122-128

여기서 개혁신학은 기독교 세계관의 한 유형으로서 후기 현대를 향한 타당한 세계관을 제시할 수 있다.[3] 유일한 절대불변의 기독교 세계관은 하나님만이 아시고 이 지상에서 각 기독교 교파나 기독교 철학자들이나 신학자들은 각기 자기들이 원하고 추구하는 관점에서 기독교 세계관을 제시할 수 있다. 이 가운데 개혁신학자들이 제시하는 기독교 세계관은 개혁주의 세계관이라고 말한다.[4] 이것의 근본특징어란 창조-타락-구속이라는 도식에서 세계를 해석하는 것이다. 이 세계관은 바울-어거스틴-종교개혁자(루터와 칼빈 등)-낙스-아브라함 카이퍼-헤르만 바빙크-도이어베르트-브룬너,본회퍼, 틸리케 등에 의하여 지지된 세계관이다.

본장에서 우리는 개혁신학의 관점에서 포스트모던 세계관의 대안으로서 기독교 세계관을 제시하고자 한다. 후기 현대에서 개혁신학이 제시하는 기독교 세계관의 방향이란 다음과 같이 특징지어진다. 첫째, 하나님 절대주권의 세계관이다. 둘째, 유신론적 일원론의 세계관이다. 셋째, 창조론적 세계관이다. 넷째, 문화명령의 세계관이다. 다섯째, 구속사적 세계관이다. 여섯째, 변혁주의 세계관이다. 일곱째, 종말론적 세계관이다.

---

2) Diogenes Allen, Christian Belief in a Postmodern World (Louiville, KY: Westminster/John Knox, 1989), 1

3) 김영한, "포스트모던 시대의 개혁신학" (II), 기독교사상, 1994년 2월호, 139-170쪽

4) 이승구,『기독교 세계관이란 무엇인가?』SFC 출판부, 2003, 232-235

I. 하나님 절대주권의 세계관

개혁주의적 세계관은 하나님의 절대주권에 입각한 세계관이다. 하나님은 이 우주와 역사의 창조주요 섭리자시다. 하나님은 그의 절대주권적인 섭리와 경륜으로써 우주와 인간을 그의 영광을 위하여 창조하셨다. 그러므로 이 우주와 자연은 창조자 하나님의 창조물이요 그 존재를 그의 말씀에 의존하고 있다. 우주를 지탱하시는 하나님의 섭리가 없을 때 이 우주는 혼돈과 무질서로 떨어지고 만다. 바울이 증언하는 것처럼 만물은 하나님으로부터 나와서 하나님에게로 돌아간다. 이것은 우주적인 영의 영원한 주기적인 자기순환을 말하지 않는다. 인격적인 하나님의 우주와 역사 섭리에 의하여 만물이 창조되고 전개되고 결국에는 그의 뜻이 이루어진다는 것이다. 하나님의 절대주권은 카이퍼(Abraham Kuyper)가 피력한 바같이 우주에서 뿐만 아니라 우리 삶의 모든 영역 속에서 수행된다.[5] 카이퍼는 사람, 사상과 문화, 등 실재의 모든 측면에 관한 성경적 하나님의 주권 중심의 세계관을 제시하였다. 화란 자유대학의 창립 기념사에서 그의 다음 문장은 이러한 그의 사상을 잘 나타내고 있다: "인간 실존의 전 영역에서 모든 것의 주권자인 그리스도께서 나의 것이라고 부르짖지 아니한 어느 땅도 없다."[6] 이러한 신학적 공리에서 카이퍼는 그의 삶의 전 목표를 위한 영감을 이끌어 내었다. 그러므로 기독교 세계관에는 하나님의

---

5) Abraham Kuyper, *Lectures on Calvinism*, Eerdmans, 1898, 9th printing 1976, 9-40

6) Abraham Kuyper, "Sphere Sovereignty," in: *Abraham Kuyper: A Centennial Reader*, ed. James D. Bratt (Grand Rapids: Eerdmans, 1998), 488

섭리와 뜻이 있을 뿐이지 운명이나 자연의 맹목적인 장난이나 우연이란 없다.

1. 열린 유신론의 세계관에 대한 대안

1980년대 클라크 피녹(Clark Pinnock)을 중심으로 해서 미국 복음주의자들 가운데서 제기되고 있는 열린 유신론은 하나님을 현대인에게 맞추고 가까이 접근될 수 있는 자, 즉 내재적인 존재로 표상하고자 한다. 그리하여 군주적인 모습을 지니는 고전적 하나님 상을 수정하고 인간과 더불어 고난을 받고 인간의 자유의지의 결정과 더불어 협력하는 동반자 하나님의 상을 제시하고자 한다. 피녹은 열린 하나님 모델, 말하자면, 현대인들에게 관대하고, 품어주고, 대화하고, 협력하며 사랑하는 하나님 모델이 현대문화에 적합하다[7]고 말한다.

열린 유신론은 전통적 유신론이 주장하는 하나님의 전지(全知) 개념에 수정을 가한다. 하나님은 과거와 현재는 다 알지만 미래의 일부 사건은 알지 않기로 결정했다.[8] 하나님은 미래에 대한 세부적인 그림은 인간의 자유의지에 맡기고 자신은 큰 그림만을 그린다. 그래서 피녹은 하나님의 세부적인 섭리보다도 일반적 섭리를 지지한다.[9] 피녹

---

7) C. Pinnock, "Systematic Theology," in: Clark Pinnock, et al., *The Openness of God*, 1994, 103-104

8) W. Hasker, "A Philosophical Perspective," in: Clark Pinnock, et al., *The Openness of God, A Biblical Challenge to the Traditional Understanding of God*. Downers Grover, Ill.: Carlisle: IVP, Paternoster, 1994, 136

9) C. Pinnock, "Systematic Theology", in: Clark Pinnock, et al., *The Openness of God*, 1994, 123-4

에 의하면 하나님은 인간 자유의지의 능동적 역할을 허용하시는 분이다. 하나님은 인간의 자유로운 미래결정 때문에 자신의 큰 계획에 손상을 입는 위험을 감수하는 분이시다. 인간 자유의지의 우연적 결정 때문에 하나님은 자신의 섭리에 차질을 가져오기를 감수하시는 신이다. 그래서 하나님은 모든 것을 다 아시는 분이 아니라 과거와 현재에 대하여 다 아시나 다가오는 미래에 대하여는 알지 못한다. 미래에 대해서는 과거와 현재의 지식에 근거하여 아신다. 그러므로 미래에 대한 하나님의 지식은 불확실하다.

열린 유신론은 종교개혁의 기독교가 말하는 하나님의 주권과 인간의 철저한 무능, 하나님의 전적 구원과 은혜의 필요성을 부인하고 있다. 열린 유신론은 존엄하신 하나님의 상(像)을 현대인에게 만족스러운 사용자 편의 하나님(consumer friendly deity)의 상으로 그리고 있다. 하나님의 영광보다는 인간의 자유의지와 인간의 행동을 강조함으로써 하나님을 인간보다 약간 나은 분으로 격하시키고 있다. 열린 유신론은 하나님의 주관, 전지, 전능, 예지를 부정하고 있다. 그럼으로써 열린 유신론은 하나님의 초월성을 약화시키고 내재성을 지나치게 강조하여 하나님과 피조물 사이의 질적 차이를 허물고 정도의 차이를 인정하는 것으로 보고 있다. 이런 의미에서 열린 유신론의 하나님 상은 전통적 기독교가 증언하는 성경적 하나님 상을 현대인의 기호에 맞게 왜곡하고 있다.

개혁신학의 세계관은 인간 자유의지와 하나님의 주권, 역사의 미래의 열림과 하나님의 주권적 섭리, 하나님의 내재성과 초월성을 균형있게 다룬다. 그럼으로써 개혁신학의 세계관은 열린 유신론의 세계관이 초래하는 인간자유의 허용으로 인한 하나님의 주권과 전지의 제한, 미래의 인간 행동으로 인한 미래과정의 끝에 대하여 알지 못하는 신 존재의 상, 인간의 자유의지의 자율적 행위에 지나치게 의존함으로써 역사 초월성을 상실하는 하나님 상을 극복한다.[10)]

II. 삼위일체론적 유신론적 일원론의 세계관

개혁주의적 세계관은 삼위일체론적 유신론적 일원론의 세계관이다. 하나님은 세 위격을 지니시나 하나의 신성의 본질을 지니시고 계신다. 성부, 성자, 성령의 위격을 지니신 하나님이 세분이나 세신이 아니라 한 하나님을 이루시는 삼위일체 하나님이시다. 그러므로 그리스도의 신성을 믿지 않았던 아리우스(Arius)의 오류를 배제하는 성부와 동질성(homoousios), 그리스도의 신성와 인성을 분리시킨 네스토리우스(Nestorius)의 오류를 배제하는 "불가분하게, 나눌 수 없이"(without division or separation)의 공식, 그리스도의 두 본성을 혼합시킨 유티케스(Eutyches)의 오류를 배제하는 "혼합됨 없이 변함없이"(without confusion or change)의 공식을 수용한다. 이러한 니케아 회의의 그리스도 신성교리와 칼케돈 회의의 그리스도 양성교리에 기초한 삼위일체 교리는 개혁신학이 계승하는 삼위일체론의 뿌리가 된다. 이러한 삼위일체론은 유일신론으로서 일원론적 세계관을 제시한다.

이러한 삼위일체론적 유신론의 세계관은 하나님과 악마, 선과 악,

10) 김영한, "열린 유신론의 신관에 대한 비판적 성찰", 『신앙과 학문』 제 13권 제 2호(2008. 8), 기독교학문연구회, 108-128

정신과 물질의 이원론을 받아들이지 않는다. 하나님과 사단, 선과 악 사이의 대립은 있으나 이 대립은 잠정적 대립이요, 과정적이지 영원한 대립과 갈등은 아니다. 악은 독립적으로 존재하지 않는다. 그것은 깨어진 관계요, 창조의 타락이며, 선의 왜곡이다. 그것은 어두움이요 속임이며 죽음의 원천으로서 빛과 진리와 생명의 변질로서만 존재한다. 선은 영원하고 악은 부수적으로 발생한 것이다.[11] 물질과 정신의 이원론을 말하지 않는다. 이 세계는 신과 동일하지도 않고 신에 대해 대립하여 존재하지도 않는다. 이 세계는 하나님으로부터 창조된 우연적 존재이요, 동시에 하나님의 주권적 섭리에 의해 상태를 지탱할 수 있는 의존적 존재이다. 그러므로 성경적 유신론적 일원론은 정신이나 물질의 자율성을 인정하지 않는다. 정신도 신에 의해 창조된 피조물이다. 인간의 정신이든 천사의 정신이든 악마의 정신이든 모든 정신은 신의 절대 정신에 의하여 창조된 것이다. 악마 정신의 실재란 신에 의해 선하게 창조된 천사의 타락을 말한다. 악마까지도 하나님의 절대주권 안에서만 그 일을 하게 된다. 악마가 역사 속에서 하나님의 섭리를 방해하는 일을 꾀하지만 결국에는 하나님의 섭리를 이루는 일에 봉사하게 된다. 여기에도 하나님의 절대주권이 작용한다. 기독교 세계관에는 선한 신과 악한 신의 영원한 대결이나 영원한 분리가 존재하지 않는다. 모든 악과 죄와 하나님에 대한 대항세력은 종말론적 심판에 직면하고 영원한 불 못에 떨어진다.

---

11) Paul Hiebert, *Anthropological Reflections on Missiological Issues*, Baker Books, 1994. 김영동, 안영권 옮김.『인류학적 접근을 통한 선교현장의 문화이해』, 로이선교회출판부, 1994, 276

1. 이슬람 세계관에 대한 대안

개혁신학의 유신론적 일원론은 삼위일체론적 유일신론으로서 이슬람의 단일신론과는 다르다. 이슬람 신앙고백은 "알라 외에는 다른 신이 없다"고 선언한다. 이슬람은 오직 단일하고, 유일한 신(der eine und einzige Gott)을 믿는다.[12] 마호메트(무함마드)는 삼위일체 신, 하나님의 세 위격의 통일(Einheit Gottes aus drei Personen)을 다음과 같이 부정한다: "셋이라고 말하지 말라. 그런 말을 그치라. 그것이 너희에게 더 좋을 것이다."[13] 이슬람에 의하면 알라는 항상 하나이고 둘이나 셋일 수가 없다. 마호메트는 알라는 한 분이니 그에게 아들이 있을 수 없다고 주장한다: "실로 이사 그리스도는 마리아의 아들이다. 알라의 선지자로서 마리아에게 말씀이 있었으니 이는 알라의 영혼이었느니라. 알라와 선지자들을 믿되 삼위일체설을 말하지 말라 하니 이는 너희에게 복이 되리라. 실로 알라는 단 한 분이시니 그분에게는 아들이 있을 수 없음이니라."[14] 이슬람에게는 아버지도 아들도 성령도 없다.[15] 알라가 아들을 "낳는다"(zeugen)는 것은 불가능하다.[16] 이슬람은 예수의 동정녀 탄생을 부인하며, 더욱이 알라가 인간인 마리아와 성(性)관계를 통해 예수를 낳았다는 것은 천벌을 받을 신

---

12) Hans Küng/Josef van Ess, *Christentum und Weltreligionen, Islam*, Gütersloh 1991, 111

13) Sura 4:171

14) Sura 4:171

15) Sura 112:1-4

16) Hans Küng/Josef van Ess, *Christentum und Weltreligionen, Islam*, Gütersloh 1991, 111

성모독으로 여긴다. 창조자를 신의 아들이나 신의 영으로 인정한다는 것은 알라와 그의 모든 천사들의 적(敵)에 해당하는 것이다.[17] 무슬림은 알라를 인간으로부터 완전히 멀리 떨어진 초월적 존재로서 표상한다. 그래서 알라를 아버지로서 이해할 수 없으며 더구나 아버지가 아들을 낳는다는 것은 있을 수 없다. 그러한 주장은 초월적 존재인 알라에 대한 모독이라고 여긴다. 이러한 이슬람의 단일신론(monar-chism)주장은 기독교의 삼위일체론을 극단적으로 반박하고 수정한 데서 나온 것이다.[18]

이슬람은 기독교의 삼위일체를 성부 하나님, 성모 마리아, 성자 예수라는 "삼신 가족"(Dreigütterfamilie)으로 구성되는 다신론이라고 오해하고 있다.[19] 이에 반해서 니케아-콘스탄틴노블 신조(Nicaeno-Constantinpolitanum)는 기독교의 삼위일체 교리진술에 있어서 하나님의 본질에 대해서는 ousia(*οὐσία*)라는 단어를 사용하고 하나님의 위격 구별에 대해서는 hypostasis(*ὑπόστασιζ*)라는 단어를 사용했다. "하나의 본질에 세 위격"(mia ousia, treis hypo-stasis, *μία οὐσία, τρεἰζ υπόστασιζ*)이라는 공식은 "파괴될 수 없는 일체"요 "동시에 파괴될 수 없는 구별"로서 "상호내재"(perichoresis)로서 이해된다. 성부, 성자, 성령은 독립적이거나 서로 바뀔 수 없는 하나의 본질이시며 세 인격이시다. 여기서 그리스도와 성령이 지니신 신성이

17) Sura 2:97-98; 5:73

18) Emanuel Kellerhals, *Der Islam. Geschichte, Lehre, Wesen*, Gütersloh 1981, 73

19) Ibid,, 86

성부의 신성과 동일하다는 동질(homoousios) 개념이 중요하다.

III. 창조론적 세계관

개혁주의 세계관은 창조 세계에 대한 긍정적인 세계관이다. 이것은 세계의 비신성화의 교리를 우리들에게 제시해준다. 세계는 하나님의 창조물이므로 세계는 신이 아니며 신성하지 않다는 것이다. 세계는 신적 존재가 아니라 신에게 의존해 있으며, 신과의 성례전적 관계를 지닌다. 세계는 인간을 위하여 지으신 것이 아니라 하나님의 영광을 위하여 지음을 받았다. 창조는 질서를 가지고 있으며 서로 연결되어 있다. 세계는 생태학적 공동체를 이루고 있다. 세계 속의 창조물들은 서로 의존하고 연결되어야만 살 수 있도록 지음을 받았다. 물질은 단지 세속적인 자료로 끝나는 것이 아니라 의미와 목적을 지니고 있다. 그것은 남용되거나 착취되어서는 안 된다. 그것은 선하게 연결되어야 하고 선한 목적으로 이용되어야 한다. 세계는 신의 영광을 드러낼 때 그 존재가치를 지닌다. 하나님은 이 세계의 관리와 운영을 그의 형상으로 지음 받은 우리 인간에게 맡기셨다. 이것이 바로 문화적 명령이다.

1. 범신론적 세계관에 대한 대안

범신론 사상 내에서 가장 근본적인 구분은 종교적 범신론과 철학적 범신론 사이의 구분이다. 종교적 범신론(religious pantheism)이란 신적 현재를 강하게 감지하여 신적 초월을 희생하면서 신적 내재성을 강조한다. 독일계 미국신학자 폴 틸리히의 종교적 실재주의(religious pantheism)가 종교적 범신론의 대표적 형태라고 할 수 있다. 철학적 범신론(philosophical pantheism)이란 일원론(monism)에서 나왔다. 모든 것은 통일이라는 것, 즉 모든 것은 하나라는 철학적 세계관이다. 이것은 종교적 경건의 형태로서 나타나기보다는 철학적 사유의 형태로서 나타난다. 헤겔의 범신론적 철학이야말로 철학적 범신론의 대표적 형태라고 볼 수 있다.

범신론은 다양한 방식으로 발전하였다. 두 가지 극단적 존재로, 하나는 신을 총체적 실재(total reality)요, 세계는 현상(appearance)이요, 궁극적으로 비실재(ultimately unreal)라고 본다. 이것은 비우주적 범신론(acosmic pantheism)이다. 이것의 예는 힌두교의 범신론이다. 니르구나 브라만(Nirguna Brahman)의 힌두교는 니르구아 브라만(nirgua Brahman, 인격 범위를 초월하는 속성이 없는 브라만), 소승불교의 트리카야 교리는 다르마카야(the Dharmakaya, 인간의 사고 형태로 표현할 수 없는 실재)를 실재로 본다. 그리고 불교는 "선(禪) 속의 무(無)"(nothingness in zen)를 존재론적인 궁극자로 이해하고 있다.[20] 다른 하나는 하나님을 세계의 부분(part of the world)으로 세계 안에 내재한다고 보는 견해이다. 이것은 내재적 범신론(immanent pantheism)이다. 구체적인 예는 헤겔의 범신론이다.

개혁주의 창조론적 세계관은 범신론적 세계관의 대안이다. 범신론적 세계관에서 세계는 신과 동일시되며 세계는 신격화 된다. 세계의 세속적 의미가 상실되고 물질의 의존성, 비자율성이 상실되고 있다.

20) 김영한, "종교다원주의와 그리스도의 유일성", 『21세기와 개혁신학』(II), 서울: 한국장로교출판사, 1998), 51

세계는 인격신의 창조에 의하여 존재하며, 그 의미와 목적은 창조자에 의하여 주어진다. 그러므로 세계는 무의미한 것이나 신적인 것도 아니라 창조주와의 관계 속에서 그 의미와 목적을 갖는다. 세계는 그 자체의 독립성을 지닌 것이 아니라 인간의 활동에 의존하며, 궁극적으로는 신적 섭리에 의존하고 있다. 개혁주의적 창조론적 세계관은 이러한 세계의 의미와 목적을 범신론적 세계관에 대하여 제시해준다.

IV. 문화명령의 세계관

문화에 대한 창조명령(creation madate)을 시인한다. 문화는 하나님의 역사섭리 가운데서 그 가치와 한계를 가진다. 문화는 하나님의 일반 은총으로 인간에게 선물된 것이다. "하나님은 인간에게 복을 주시고 생육하고 번성하여 땅에 충만하라. 땅을 정복하라. 바다의 고기와 공중의 새와 땅에 움직이는 모든 생물을 다스리라"(창1:28) 라는 창조의 명령을 주셨다. 이 명령은 바로 문화명령(cultural mandate)이다. 하나님은 인간에게 역사를 문화창조의 시공간으로 허락하셨다. 오늘날 첨단과학기술과 정보화 기술, 생명공학의 기술의 문화야말로 하나님의 창조의 축복이 실현된 것이라고 볼 수 있다. 이러한 인간의 문화창조의 기준은 인간 자신에게 있는 것이 아니라 인간에게 문화창조의 재능과 역사라는 시공간을 부여하신 하나님에게 있다. 창세기는 근본적으로 인간의 문화사역을 긍정한다. 그것은 하나님의 일반적 축복이며 창조의 명령(creation mandate)이기도 하다.

인간 문화적 활동에 대한 긍정적인 입장과 비판적인 입장을 갖는다. 문화업적이 하나님의 심판 앞에 있음을 인정한다. 인간은 문화의 청지기이다. 인간은 하나님으로부터 창조에 대한 청지기로서 삶의 환경을 보다 살기에 좋도록 개발하고 개간하는 자유를 부여받았다. 그러나 이 모든 것에 있어서 인간은 하나님에 대하여 책임을 져야 한다. 성경은 인간의 문화사역이 하나님을 거역하는 방향으로 나아가고 있음을 지적해주고 있다. 그 구체적인 예가 장세기 11상에 기록된 바벨탑의 사역이다. 이 탑은 단순한 탑이라기보다는 지그랏(Ziggrat)이라고 불리우는 제단의 일종이었고 그 꼭대기에는 난나(Nanna)라는 달신을 섬기는 제단이 있었을 것으로 추정하고 있다. 여기서 인간은 하나님 대신에 우상을 숭배할 뿐 아니라 인간 자신을 신격화하고 있다. 고대인간의 문화적 타락은 “성과 대를 쌓아 대 꼭대기를 하늘에 닿게 하고 우리 이름을 내고 온 지면에 흩어짐을 면하자”고 하는 표현에서 드러나고 있다. 여기서 문화사역에 나타난 인간의 교만과 명예추구와 하나님에 대한 반역을 찾아 볼 수 있다. 그래서 하나님은 강림하셔서 인간의 언어를 혼잡케 하시므로 바벨탑 사역을 중단시키신다. 이것은 하나님을 반역하는 인간 문화에 대한 하나님의 심판이다. 인간 언어의 혼잡에 의하여 인간들은 같은 언어의 그룹끼리 공동체를 형성하고 다른 언어그룹과는 결별하게 된다. 이것이 역사상 인류 종족의 이동이라고 이해할 수 있다. 여기서 우리는 “세계사는 곧 세계심판이다”(Die Weltgechichte ist das Weltgericht)는 쉴러(Schiller)의 말처럼, 인간의 문화사역이 역사의 내적 심판에 맡겨지는 것으로 이해할 수 있다. 바벨탑 사건은 비록 하나님의 개입으로 인한 수직적인 사건의 측면이 있지만 그 결과는 인간언어의 혼란이라는 역사적이고 경험적인 사건으로 나타났기 때문이다.

문화의 종말론은 하나님의 나라를 예시한다.[21] 일본계 미국인 이론물리학자 미치오 카쿠(Michio Kaku)는 그의 책의 『비전 2003』(*Visions: How Science revolutionize the 21st Century?*)말미에서 "무한한 가능성으로 가득 찬 새로운 미래가 열린다"[22)]라는 명제로 끝나고 있다. 그런데 이제 소멸된 우주로부터 탈출해 나온 인류가 정박해가야 할 곳은 어딘가? 여기에 대하여는 카쿠는 언급하고 있지 않고 막연한 "광대한 미지의 진리의 바다"에 인류가 나와 있으며 이것이야말로 21세기 새로운 문명의 전망이라고 보고 있다. 여기에 과학의 한계가 있다. 카쿠는 아인슈타인이 논구했던 통일장 이론, 모든 것의 이론이 "신의 마음을 읽는 것"이며, "우주에서 살고 있는 지능있는 생명체들의 구원"이 될 것으로 상정한다. 통일장 이론이 있다면 그것은 하나님의 우주섭리의 하나에 불과할 것이다. 그것으로 우주에 대한 무한하신 하나님의 마음을 인간이 알 수 없는 것이다. 소멸된 우주에서 탈출해 나온 인류가 정박해야 할 곳은 어딘가? 창조주 하나님의 품을 떠나서 인류는 우주의 블랙홀 속으로 무한히 추락할 수밖에 없는 것이 아닌가?

1. 근본주의 세계관에 대한 대안

포스트모던 사회에서 문화변혁의 세계관은 근본주의 세계관에 대한 대안이다. 오늘날 보수교회가 지니는 근본주의적 경향은 교회와

---

21) 김영한, "어거스틴의 신학적 문화론", 『한국기독교 문화신학』, 성광문화사, 1995, 159-162

22) Michio Kaku, isions: *How Science Will Revolutionize the 21st Century*, 1997, 김승욱 역, 『비전 2003』, 작가정신, 2000, 605

세계, 신앙과 이성, 거룩한 것과 속된 것을 상호대립적인 것으로 이해하는 이원론적 세계 이해이다. 이러한 이원론적 신앙 이해는 신앙의 삶을 세속의 삶과 엄격히 분리하는 데 이르렀고, 염세주의적 세계관 내지 현실도피적 세계관을 형성시키고 있다. 교회는 거룩한 선택된 자들이 모이는 "도피의 방주"로 이해된다. 교회는 구체적 역사적 삶의 환경과 현실에서 소외 내지 고립되었다. 여기서 기독교인은 선택된 자로서 멸망할 세상에 사는 자요, 천국을 위해서만 있으며, 이 세속을 위해서는 존재하지 않는다. 신앙화와 인간화 내지 사회화는 모순과 대립적 관계로 이해되어지고, 복음의 의미는 개인 영혼의 구원에 그치는 개인주의적이고 경건주의적 협착성에 빠져 버리게 된다. 따라서 교회는 사회생활 속에서 구체적, 기본적 인간의 존엄성과 생존권에 관해서도 전혀 기여할 자세를 가지고 있지 않으며, 교회와 사회 사이에 획일적인 경계선을 그음으로써 교회는 사회의 중심이 아니라 사회의 고립된 한 외각이 되어 버리고, 사회에 대해 부정하는 무리들의 집단으로 간주되어 버린다. 여기서 한국교회는 독일의 신학자 본훼퍼가 피력한 신앙의 세속화 사상을 긍정적으로 수용할 수 있어야 한다.[23)]

칼빈은 피조된 자연과 세계가 하나님의 영광을 내포하고 있다고 인정하면서, 이 자연과 인간 문화는 동시에 원죄에 의해서 하나님으로부터 타락된 것을 강하게 역설하였다. 칼빈은 신적인 것과 세속적인 것의 대립과 상호분리가 아니라, 이 세속적인 것, 특히 인간의 문화는

23) 김영한, "본훼퍼의 세속적 기독신앙", 『목회와 신학』 창간호 1989년 7월, pp. 228-235

하나님의 주권 아래 있으며, 이 죄의 오염 속에 있는 문화는 하나님의 복음에 의해서 변형되고 개조되어야 함을 역설하였다. 카이퍼는 이 문화에 복음으로 침투하는 과제가 개혁신앙을 지닌 기독교인의 지상과제라고 선언했다.[24] 성서의 "창조의 메시지"도 결단코 이원론적으로 신적인 것과 세속적인 것을 대립시키지 않는다. 창조의 메시지는 칼빈이 하나님의 절대주권의 사상으로 표현한 것처럼 모든 것이 하나님으로 나왔고, 그에게로 되돌아가는 것을 표현하고 있다. 하나님이 지으신 것은 선하며 속되지 않다. 자연이나 물질은 하나님의 피조물이며, 그것은 몬타니스트(Montanist)들이나 영지주의자(Gnosticist)들이 주장한 것 같이 정신에 대립되거나, 하나님에 대항하는 것이 아니다.[25] 창조의 신앙은 오히려 창조의 모든 영역에 대한 인간의 관리자로서의 책임을 강력히 시사한다.

V. 구속사적 세계관

개혁주의 세계관이란 구속사적 세계관이다. 구속사적 세계관이란 실낙원(失樂園)한 세계관이며 메시야적 역사구속의 세계관을 내용으로 한다.

첫째, 개혁주의적 세계관은 실낙원한 세계관이다. 우주와 역사는 그 창조 본연의 상태에 있지 않다. 창조 본래적인 상태는 선한 상태였

24) A. Kuyper, *Lectures on Calvinism*, Eerdmans Publishing Company, Michigan, 1976, pp. 9-40.

25) Otto Weber, *Grundriß der Bibelkunde*, 1970, 27-32

다. 현재의 우주와 세계는 원초적인 선한 상태에서 타락된 것이다. 그러나 개혁주의 세계관은 베다 힌두교처럼 이 세상을 마야(maya) 내지 환상(幻像, illusion)으로 보지 않으며, 역사는 어떤 의미도 가지지 않는다고 보는 극단적 관념론 견해를 거부한다.[26] 하나님의 창조는 선한 것이었다. 이 선한 창조의 세계에 악마의 꾀임에 의해 악이 들어 왔다. 악마의 꾀임이란 선과 악을 알게 하는 실과를 먹게 될 경우 인간의 눈이 밝아져 하나님처럼 된다는 것이다. 악마의 꾀임이란 악의 유출이나 불가항력적인 침투가 아니다. 그것은 인간 의지의 결정을 통하여 들어온 것이다. 인간은 하나님처럼 선과 악을 스스로 분별하고자 했다. 이것은 인간의 신격화를 뜻한다. 이것이 인간의 원죄이다. 원죄란 창조주 하나님에서 분리될 뿐만 아니라 스스로 하나님의 자리에 서고자 하는 것이다. 원죄란 교만(superbia)이요 피조물의 신격화이다. 이 원죄 때문에 본래적인 조화와 질서와 선의 세계는 무질서와 혼돈과 갈등 속에 빠지게 되었다. 그러므로 후기 현대의 뉴에이지 운동이 주장하는 인간의 신격화 사상은 성경의 신론과 인간론, 그리고 세계관에 정면 대립하는 것이다.

둘째, 개혁주의적 세계관은 메시야적 역사구속의 세계관이다. 성경은 이 세계의 타락 그리고 이 세상의 죄악상, 그리고 비관적인 세계상의 증언에서 끝나지 않는다. 성경은 이와 동시에 예수 그리스도의 메시아적 보내심과 그의 수난과 십자가 상에서의 죽음을 통한 인류와 역사의 구속에 관하여 증언하고 있다. 세계사의 진행은 이 하나님의

26) Paul G. Hiebert, *Anthropological Reflections on Missiological Issues*, 번역본, 34-35

구속의 경륜을 성취하기 위하여 진행한다. 보편적인 역사는 그 자체가 목적이 아니라 그리스도의 구속을 이루기 위한 수단에 불과하다. 구속사는 보편사의 의미요 목적이다. 그리스도는 시간의 중심이요 시간의 의미이다. 그리스도는 때의 충족이다. 구약시대의 약속이 예수 그리스도 안에서 비로소 성취되고 충족되었다. 이 타락되고 소외된 우주와 역사는 오로지 하나님의 메시아, 예수 그리스도에 의하여 구속된다. 인간은 구속자 그리스도를 믿음으로써 하나님과 화해하며 인간의 화해를 통하여 우주와 자연도 그 썩어짐의 종노릇에서 해방되어 하나님의 구속의 영광에 참여한다.

1. 인본주의 세계관에 대한 대안

구속사적 세계관은 유니테리안니즘을 비롯한 인본주의 세계관에 대한 대안이다. 개혁신학의 구속사적 세계관은 유니테리안니즘(uinitarianism)의 세계관과도 다르다. 유니테리안은 삼위일체와 그리스도의 신성을 부인한다. 하나님은 단일한 위격을 가진 것으로 본다. 그러므로 이들은 나사렛 예수의 가르침을 믿으나 그를 단지 모범으로 본다. 엄격한 유일신론을 고수하여 예수는 위대한 사람이며 하나님의 선지자이며, 초자연적 인간이라고 하더라도 하나님 자신은 아니라고 본다. 유니테리안주의자들은 예수의 도덕적 권위를 믿으나 신성을 믿지 않는다. 그래서 이들은 예수에게 기도하지 않는다. 이들의 신학은 삼위일체를 믿는 정통기독교의 신앙과는 구분된다.[27] 이들은

27) Unitarianism, From Wikipedia, the free encyclopedi

신앙을 "예수에 관한 종교가 아니라 예수의 종교"로 요약한다. 이들은 정부가 종교적 일에 관여하지 않는 세속사회의 가치를 신봉한다.[28] 이들은 인간이 신앙의 도움으로 책임있고 건설적이고 윤리적인 방식으로 자유의지를 행사할 능력이 있다고 믿는다. 이들은 현재 인간 본성의 상태가 본유적으로 부패하고 타락되었다고 보지 않으며 하나님이 원하는 선과 악을 행사할 수 있다고 본다. 어느 종교도 성령이나 신학에 대한 진리를 독점할 수 없다고 본다. 이들은 그리스도의 선재, 영원한 징벌, 삼위일체, 대속적 죽음 등을 믿지 않는다.

VI. 변혁주의적 세계관

개혁주의 세계관이란 변혁주의적 세계관이다. 성경적 개혁주의 사상은 역사와 문화에 대한 변혁적인 책임을 창조하고 있다. 이 세상의 문화와 사상은 인간의 원죄라는 권력의지의 소산이기 때문에 이기적이고 부패할 수밖에 없다. 역사 속에서 어떠한 사회나 단체도 온전할 수 없다. 여기에는 인간의 이기적 권력의지가 표현되어 있다. 역사 속에 있는 어떠한 문화라고 할지라도 이러한 부패성과 비리와 모순성을 피할 수 없다. 그러나 변혁주의적 세계관은 역사와 문화에 대한 도피주의나 염세주의에 빠지지 않는다.

역사와 문화에 대한 변혁적 사명이 부여되고 있다. 왜냐하면 부패와 타락은 역사와 인간의 본래적인 성질이 아니고 그 원천적인 선한

28) Wade E. Cox, *Socinianism, Arianism and Unitarianism* (No. 185) CCG, 1996.

성질에서 소외되고 변질되었기 때문이다. 하나님의 왕국이란 단지 초월적으로 다가오지만 않고 인간의 역사 참여와 변혁적 행동을 통하여 파편적으로 이루어진다.[29] 여기서 변혁이란 뉴에이지 사상이 주장하는바 인간 속에 잠재되어 있는 신적 본질을 드러내기 위한 내면적 의식의 개혁이 아니라 하나님의 말씀과 성령의 역사에 의한 부패되고 자율성을 지향하는 인간 존재의 실존적 변혁이다.

개혁신앙의 공동체는 세계를 해석하는 데 자비와 겸손을 바탕으로 하는 해석학, 말하자면 신앙의 해석학(hermeneutics of faith)을 사용한다.[30] 신앙의 해석학은 교조주의(dogmatism)나 회의주의(skepticism)를 모두 거부한다. 교조주의는 자기의 해석을 절대화하는 입장이며, 회의주의는 자기의 해석을 신뢰하지 않고 의심하는 태도이다. 신앙의 해석학은 주어져 있는 텍스트를 존중한다. 그러나 자기의 해석학을 절대화하여 원 텍스트의 자리의 입장에 서려고 하지 않는다. 자기 자신의 목소리보다는 텍스트의 목소리를 경청하고 존중한다.

1. 운명론적 세계관에 대한 대안

변혁주의 세계관은 운명론적 세계관의 대안이다. 운명론이란 고대 사회부터 오늘날 포스트모던 시대에 이르기까지 존속해 왔으며, 여전

---

29) 김영한, 『한국기독교문화신학』, 특히 10장 후기 현대사회의 개혁신학, III. 문화신학으로서의 개혁신학, 불과 구름, 2005, 282쪽 이하

30) Kevin J. Vonhoozer, "세계는 과연 무대로서 적합한가?", Ibid., 56

히 하나의 세계관으로 존속하고 있으며 영향을 주고 있다. 1950년대 미국에서 대중적인 인기를 얻은 노래중 하나가 "케세라 세라"(Que será, será, 될대로 대라)가 있었다. 이것은 운명을 찬양하는 노래이다. 미래를 알 수 없으며 미래를 염려할 것이 없다는 것이다. 무엇인가 일어날 것이라면 그것은 일어나게 될 것이고 운명은 그 길을 가고 있다는 것이다. 이것은 대중적 운명론이다. 1970년말과 1980년대에 "별의 전쟁들"(Star Wars)이 세계적으로 인기리에 상영되었다. 그 이유는 이 영화가 이면에 있는 힘(The Force)에 관하여 주제화("너에게 힘이 있기를") 했기 때문이다. 이 힘은 애매모호한 성질의 것으로 도덕적인 중력 내지 어두운 면도 가지면서 모든 것에 영향을 미치는 비가시적인 힘이었다. 대중적인 운명론을 주장한 사람 가운데 대표적인 사상가는 라프 왈도 에머슨(Ralph Waldo Emerson, 1803-1882)이다.

에머슨은 그의 글 "운명"(fate)에서 다음과 같이 피력한다: "자연이라는 책은 운명의 책이다. 운명은 그 거대한 책의 페이지를 한 장씩 넘기며 결코 거꾸로 넘기지는 않는다."[31] 인간 삶은 진화과정에서 왔으며 진화 그 자체도 보다 근본적인 운명에 의해 강요된다. 인간 삶에 궁극적인 의미는 없다. 운명은 종종 변덕스럽고 불의하기도 한다. 그는 개신교 유니테리언 가정에서 자랐지만 결국은 개신교의 하나님 이해를 거부하였다. 그러나 그의 운명론은 기능적으로 하나님을 대체한 것이다.

---

31) Ralph W. Emerson, "The Fate", *The Prose Works*, rev. Ed., 3 vols. (Boston Houghton Mifflin, 1883), 2:319

운명론에 의하면 인생의 목적이란 인간 자신의 경험으로부터 강요된 것에 불과하다. 그리하여 결국 "개인주의와 원자론(atomism)이 남는다." 하워드 스나이드(Howard Snyder)가 말하는 바같이 "운명론적 세계관과 함께 지구는 결국 운명의 화살이 우리를 피하고 있는 동안에 40-50억의 사람들이 의미를 찾으려고 노력하는 소굴이 되어 버렸다"[32] 운명론적 세계관은 오늘날 환생과 뉴에이지 사상과 함께 사주, 관상, 각종 역학으로 우리 가운데 침투하고 있다.

2000년대 들어와 롤링의 해리포터 시리즈 6권이 지구촌을 강타하면서 지구촌의 문화를 마술사 문화로 가져가고 있으며, 그녀는 출판수입으로 벼락부자가 되고 있다.[33] 그리고 '스타워즈 에피소드 시리즈' 영화 3편도 선정성과 폭력성에 있어서 무해하다는 평가를 받고 신화적 세계로 어린 아이에서 어른에 이르기까지 사로잡고 있다.[34] 2007년 7월 7일 미국 뉴욕타임스(NYT)는 세계에서 기술적으로 가장 발전한 나라의 하나인 한국에서 무속신앙(shamanism)이 부활하고 있다고 보도했다: "한국인들은 무속신앙을 한국문화의 중요한 부분으로 받아들이며, 특히 올해와 같은 선거철에는 기독교 신자든 불교 신자든 무속인과 점집을 찾는 정치인들이 끊이지 않는다."[35]

---

32) 357

33) "해리포드 시리즈", (토론토=연합뉴스) 박상철 통신원 입력시간 : 2005-07-14 10:22

34) 강진구, "조지 루카스 감독의 스타워즈 에피소드 III", 『신앙세계』, 2005. 8월, 118-122

35) 김영민, "다음 대통령은? 역술인.무속인들 입을 열다", 『조선일보』, 토일섹션, 2007년 7월 14-15일, B12

2007년 전국에 무속, 역술인 등록회원 약 15만 명, 미등록자 약 15만 명 해서 약 30만 명에 이르고, 대통령선거를 5개월 앞두고 정치인, 기업인들의 발길로 유명 점집은 문전성시를 이루고 있다.

한국에서 퍼지고 있는 환생문화도 오늘날 지구촌의 이러한 마법사 문화와 무관하지 않다. 오늘날 한국 사회에 번지고 있는 전생(前生), 환생(還生) 신드롬이 출판, 가요, TV드라마 등 대중문화의 단골주제로 등장하고 있다. 현생의 삶을 뛰어넘어 전생과 환생을 다룬 책들이 쏟아져 나오고 있다.[36] 이러한 증후군이 "제3의 미신"으로 사회의 독버섯으로 커져 번지고 있으며 젊은이들을 미혹(迷惑)하고 있다. "환생 신드롬"이 청소년과 대학생은 물론 중년층에까지 확산되고 있다. 젊은 이들이 전생에 관한 정보를 얻는 것은 공영방송에서 나오는 드라마이다. '왕꽃선녀님,' '환상 넥스트,' '태왕사신기' 등이 불교권의 세계관으로서 전생이나 환생을 줄거리로 하고 있기 때문이다. 청소년들 사이에는 전생을 보게 한다는 자기 최면유도 테이프와 잡귀를 막아준다는 장신구 등이 유행하고 있다. 최면술로 환자의 전생을 비춰줌으로써 정신질환을 치료하는 "전생퇴행요법"을 맹신하는 사람들까지 나타나고 있다.[37]

운명론적 세계관은 개인주의적이다. 각 개인이 찾아 낼 수 있는 배후에 있는 어떤 의미에 근거하지 않으며, 함께 나눌 수 있는 삶의 기초를 제공해주지 않는다. 운명론적 세계관은 인간적 관계, 공동체적 관계에 대한 해답을 지니고 있지 않다, 운명은 원자적이다. 각자는 각

---

36) " '前生엔…還生할까' 호기심", 『조선일보』, 1996년 10월 4일 25면

37) "환생 신드롬 심각", 『국민일보』, 1996년 10월 12일 1면

기 자기의 운명의 몫을 져야 한다는 것이다. 그러므로 운명론적 세계관은 자기중심적이다. "비인격적이고 비감각적인 중력과 같은 것으로 정의된 운명의 힘은 인간에게 평안함과 목적을 제공해주지 않는다. 운명이라는 힘은 분명히 우주적인 것이다. 그러나 실제적인 의미는 결국 나 혼자 남게 된다는 것이다."[38] 이에 반해서 개혁주의의 변혁적 세계관은 하나님의 주권을 믿고 역사와 세계와 나의 실존의 의미와 목적의 실재가 있다는 확신을 줌으로써 주어진 현실에 체념하는 것이 아니라 주어진 어려운 부조리와 난관을 운명으로 받아 들이지 않고 하나님의 주권 아래 있다는 신념으로 극복하도록 한다.

VII. 종말론적 세계관

개혁주의 세계관은 메시아적 종말론적 세계관으로서 모든 인본주의적 세계 이상향이나 세계 혁명성취를 거부한다. 메시아적 종말론적인 세계관은 역사 내에서 역사의 구속이 인간의 사회적 개혁이나 인간의 내면적 자아의식의 확장에 의하여 성취된다고 보지 않는다. 인간의 구원과 역사의 구속은 인간 스스로의 내면성 개발을 통한 자기의식의 혁명 내지 확장으로도, 그리고 사회적 혁명으로도 도래하지 않는다. 인간은 결단코 신적 의식을 선천적으로 소유하지도 아니하고 역사 자체도 스스로 신적 성향을 지닌 존재가 아니기 때문이다. 개인과 역사의 진정한 구속은 다시 오시는 메시아에 의하여 종말론적으로 성취된다. 하나님의 아들 그리스도의 재림에 의하여 세계와 역사의

---

38) Howard Snyder, *Erathcurrents*, 363

진정한 종말은 성취된다. 그러므로 이러한 기독교적인 종말론은 인간 스스로 신격화되고 우주와 합일한다고 주장하는 뉴에이지 사상을 단호하게 거부한다.

세계관의 투쟁에서는 해석의 기준이 중요하다. 여기에 두 가지가 언급된다. 첫째, 해석은 성경 텍스트에 적합해야 한다. 이것이 바로 텍스트 적합성(text-appropriatedness)이다. 둘째, 해석은 이론에만 머물지 않고 바르게 실천되어야 한다. 이것이 올바른 실천(ortho-praxis)이다. 복음의 실천이란 하나님이 주시는 성령의 은총에 대한 순종적 응답에 의해서만 가능하다. 여기서 하나님은 말씀과 성령 안에서 "문화의 창조자"(the civilizer)이시다.[39] 개혁신앙의 공동체는 오늘날 포스트모던 시대의 각종 세속적 사상에 대항하여 예언자적 대응문화(prophetic counterculture)를 창조해야 한다. 개혁신앙의 공동체는 진리와 가치와 신에 대한 회의의 담론이 팽배한 시대에 하나님과 진리와 가치에 대한 문화적 성육신(cultural incarnation)을 실천해야 한다.[40]

1. 환생신드롬에 대한 대안

환생 신드롬은 포스트모더니즘에 속하는 하나의 증후군이다. 전통적 기독교가 무너지고 현대의 합리주의 전통까지도 무너진 후 인류는

39) Donald Bloesch, "God the Civilizer," in: *Christian Faith and Practice in the Modern World: Theology from an Evangelical Point of View*, ed. Mark A. Noll and David F. Wells (Grand Rapids: Eerdmans, 1988), 176-198

40) Kevin J. Vonhoozer, "세계는 과연 무대로서 적합한가?", Ibid., 58

거대한 정신적 공황에 직면해 있다. 이 시대를 지배하는 사상이나 지도이념이 없다. 여기서 해체주의적 소용돌이 속에서 인류는 가야할 방향을 알지 못하고 있다. 여기서 탈출구를 찾고자 하는 것이 전생과 환생이라는 신비주의다. 참 인격신을 알지 못하는 현대인들은 영매를 통해서 인생의 한을 풀어내려고 한다, 영매를 통해 죽은 사람과 만나고 죽은 이의 목소리를 그대로 흉내내는 영매를 통해서 실재로 죽은 이와의 만남을 경험하면서 그 동안 풀지 못했던 한(恨)을 풀고자 한다. 한국에서는 굿놀이로서 상사병으로 죽은 딸의 넋이라도 만나고자 하는 이의 한을 풀어주는 '배뱅이 굿' 은 민간 신앙으로 이미 알려져 있다. 주도적인 이념이 사라진 이 시대는 신-사사시대라고 불리운다. 구약성서의 사사시대에는 지도자가 없어서 사람들이 각자 옳다고 생각하는 소견대로 행했다. 오늘날 포스터모던 시대는 각자 자기가 옳다고 생각하는 대로 행한다. 그리하여 동성애 옹호자들이 그룹으로 나타나고 종교적 혼합주의자들이 자기 목소리를 높이고 있다. 더욱이 기독교 이후 시대를 맞이하는 서구와 미국사회에서는 전통적 기독교가 쇠퇴한 틈을 타서 힌두교, 불교, 뉴에이지운동 등 동방종교들이 유입되고 있다.

모든 문제를 전생이나 환생과 관련시켜 안일하게 해결하려는 환생설은 현실도피적 뉴에이지 사고에서 나온 것이다. 현실에서 해결하지 못한 문제를 전생 등 영혼의 세계로 넘겨버리는 것은 현실도피이다. 윤회환생 사상은 자기가 현재 당하는 어려움과 저지른 잘못에 대하여 그것을 전생의 업보(業報)(karma)로 간주하여 지금 생에서 자기의 책임을 회피하려고 한다. 이것은 하나님이 우리 인간에게 부여하신 도덕성과 책임성에 대한 회피요 도피이다. 현실의 문제에서 도피하지 말고 이것에 직면하면서 자기정신이 성숙해지는 계기로 삼아야 한다. 성경은 단 한 번 뿐인 삶을 최선을 다해 살라고 가르친다. 시간을 아끼라고 말한다. 성경은 종말론적 사고를 가르쳐 주고 있다. 이것은 하나님 앞에서 우리는 자기행위에 대하여 심판을 받고, 상급(賞給)도 받게 될 것이라는 것이다.

2. 과정신론의 세계관에 대한 대안

과정신론의 세계관은 하나님을 세계에 내재적인 존재로 보며, 세계의 항구적인 과정을 주장하면서 무로부터의 창조교리를 부정한다. 과정신론은 창조, 종말 등, 초자연적 기적을 인정하지 않고, 악을 이길 수 없다고 보고, 하나님의 섭리를 인정하지 않고, 존재론적으로 독립적인 신의 존재를 인정하지 않는다. "신 없이는 세계를 생각할 수 없으며, 세계 없이는 신을 생각할 수 없다. 세계라는 용어와 마찬가지로 신이라는 용어는 관계적 용어이다."[41] 과정신론은 창조행위를 비신화론화 한다: 하이트헤드에 의하면 창조란 "무에서의 창조가 아니라 무한한 경험의 현실 사태들의 순간순간적인 출현"[42]이다. 그래서 신은 시간적으로 우주의 존재와 공존하는 하나의 참된 실체이다. "세계는 신의 영속적 본성에 실체성을 기여하므로 세계는 신을 실재적으로 만든다. 그러므로 세계 없이는 신은 실재적인 신일 수 없다."[43] "신

41) Robert B Mellert, *What is Process Theology?*, New York: Paulist Press, 1975, 홍정수역, 『과정신학 입문』, 대한기독교서회, 1989, 70

42) Ibid., 75

의 참 실재성은 모든 경험의 현실 사태들이 신에게 기여하는 바에 전적으로 의존되어 있다"[44] 그러므로 세계가 형성되어 가고 있기 때문에 신도 형성되어 간다.

이러한 과정신론의 세계관은 신을 세계경험과 세계과정에 의존하게 함으로써 열린 유신론처럼 신을 세계과정에 의존적인 존재로 만든다. 그럼으로써 신의 존엄성과 주권성과 창조행위가 부정된다. 신의 주권적 독립성이 부정된다. 신의 존재는 세계의 존재에 의존하게 된다. 신의 경험은 세계경험에 의존하게 된다. 세계의 과정은 신 자신의 과정이며 "이 과정은 미완성적이며 언제나 증가하고 있다."[45] 세계의 과정이란 신이 "자신과의 끊임없는 화해과정"이다. 신의 과정은 무한하다. 그것은 완결되지 않는다. 그러므로 세계는 과정 속에 있으며, 이 과정 속에서 신도 과정 속에 있다.

그러면 하나님의 영원전 작정과 예지와 예정도 불가능하게 된다. 이러한 하나님은 더 이상 전지전능한 주권적인 신이 아니라 세계의 과정과 더불어 고통받고 세계의 목적에 대하여도 끝이 되어 보아야 알게 되는 신, 즉 전능을 상실한 신이 되어 버린다. 이러한 신은 더 이상 말씀으로 천지를 무에서 창조하시고, 영원전부터 만대를 명정하시고 모든 것을 그의 영원한 섭리와 경륜 속에서 예정하신 전지전능한 하나님은 아니다. 그러므로 세계를 그의 주권적인 작정과 예정과 섭리 속에서 창조하신 신인 개혁신학의 신만이 전정한 의미에서 과정신

---

43) Ibid., 78

44) Ibid., 79

45) Ibid., 81

론의 세계화되어버린 신을 참다운 자리로 복권시킬 수 있다.

3. 과학기술의 세계관에 대한 대안

미치오 카쿠는 그의 저서 『비전 2003』에서 현대과학의 첨단기술이 진화를 신앙하면서 우주의 새로운 차원으로 발전을 예시하고 있다. 그는 인류가 발전시킨 3가지의 기술혁명, 양자이론, 컴퓨터공학, 생명공학의 결합으로 "신의 마음을 읽을 수 있는 모든 것의 이론"을 향하여 나아가고자 한다. "모든 것의 이론은…벌레구멍의 존재여부, 타임머신의 가능성 여부, 블랙홀의 중심부에서 벌어지고 있는 일, 빅뱅의 근원 등을 해결하는 데에도 엄청난 도움이 될 것이다. 우주학자 스티븐 호킹이 밝혔듯이 이 이론은 우리에게 '신의 마음을 읽을 수 있는' 능력을 줄 것이다."[46] 그는 양자 우주론에 의거하여 "우주가 여러 개의 평행한 상태에 존재할 수 있다"는 '다중우주'(multi-universe)를 상징한다. 그리고 "태초에 우주는 작은 거품이었다"고 상정한다. "태초에는 아무것도 없었다. 공간도 없었다. 시간도 없었다. 물질도 에너지도 없었다. 그러나 양자원칙들은 존재하고 있었다. 양자원칙에 의하면 반드시 불확정성이 존재해야 하므로, 아무것도 없는 무의 상태조차 불안정해져서 무엇인가 작은 입자들이 형성되기 시작했다."[47]

카쿠는 우주의 궁극 미래, 운명에 관하여 예측한다. 우주가 팽창하

---

46) Michio Kaku, Vision. *How Science will Revolutionize the 21st Century*, 500
47) Ibid., 600

든지 수축하든지 어느 상태든 우주에 사는 인간은 우주와 함께 종말을 고할 수밖에 없다: "어느 쪽이든 우주는 죽을 것이다. 그리고 지능이 있는 모든 생물들도 운명을 같이 할 것이다. 우주 그 자체의 죽음으로부터 탈출할 수 있는 것은 아무것도 없는 것처럼 보인다."[48] 그러나 카쿠는 과학기술 IV 타입의 발전[49]에 탈출구를 제시한다. 그것은 "과학의 네 번째 기둥, 즉 시공연속체를 마음대로 조작할 수 있는 힘을 갖게 될 가능성의 존재"가 되는 것이라고 본다. "타입 IV의 문명은 다양한 우주들을 항상 연결하고 있는 현미경적인 벌레 구멍들을 넓혀서 우주와 우주 사이를 오갈 수 있게 될 것이다. 만약 타입 IV 문명이 우주와 우주 사이를 오갈 수 있는 커다른 벌레 구멍을 만드는데 필요한 엄청난 에너지를 마음대로 다룰 수 있다면, 이 벌레 구멍을 통해 우주의 죽음으로부터 탈출할 수 있을지도 모른다."[50] 이 탈출을 가능하게 해주는 수단이 바로 양자역학, DNA이론, 컴퓨터공학이라는 것이다. 그리하여 그는 과학기술에 의한 진화론적 우주관을 제시하고 있다.

성경은 과학기술의 이상향을 하나님 나라와 동일시하지 않는다. 미

48) Ibid., 604

49) 미치오 카쿠는 네가지 타입의 문명을 다음과 같이 설명한다. '타입 0 문명' 이란 화석연료를 사용하는 오늘날의 문명단계다. '타입I 문명' 이란 문화적 장벽과 국가적 장벽이 사라진다. '타입 II 문명' 은 어떤 자연적인 재해에도 끄떡없는 단계, '타입III 문명' 은 은하계를 정복하는 단계, '타입 IV 문명' 단계는 인간이 시간과 공간을 지배하는 단계이다. 이 네 단계에 인류가 이를 수 있다면 인류는 소멸하는 현존 우주를 탈출하여 무한한 가능성의 대양에 도달할 수 있다고 본다.

50) Michio Kuku, Ibid., 605

치오 가쿠가 제시한 기계기술적 이상향은 장밋빛에 조명된 미래상이나 오늘날 문명은 문명비평가들에 의하여 비극적으로 평가받고 있다. 미국의 문명 비판가 제레미 리프킨(Jeremy Rifkin)은 그의 『21세기 보고서』에서 21세기를 유토피아가 아닌 "디스토피아"(dystopia)로 진단하고 있다. 그는 『노동의 종말』에서 "정보화 사회의 빛에 홀려 그늘을 보지 못하는 우를 범해서는 안 된다"고 역설하고 있다. 첨단기술 사회는 밝은 면으로는 인간을 노동에서 해방시켜 보다 많은 향유의 시간을 제공하는 유토피아가 될 수 있는 측면이 있으나, 어두운 면으로는 소수의 첨단 기술자와 다수의 영구 실업자로 갈등을 빚는 디스토피아가 되는 측면을 배제할 수 없다. "미국에서는 매년 2백만 개 이상의 일자리가 사라지고 있다. … 미국에서 새로이 창출되고 있는 일자리들은 대부분 저임금 부분이거나 임시직들이다".[51] 이러한 그의 현실적 견해는 토플러 류(類) 그리고 미치오 가쿠 등의 낙관적인 미래학자들이 제시하는 비전과는 상반되고 있다.[52]

성경은 단지 기계기술적 파멸을 말하지 않고 위로부터 오는 묵시록적 종말론을 말한다. 기독교 종말론은 메시아에 의한 역사 심판을 말한다. 하나님의 아들 그리스도의 재림에 의하여 세계와 역사의 진정

---

51) 제레미 리프긴, 『노동의 종말』, 이영호 역, 민음사 간, 1996 "기술론으로 점쳐본 「21세기 보고서」", 조선일보 1996년 3월 15일 25면

52) 리프킨은 대안적 비전을 제시한다. "제3부문"의 역할 증대가 그가 제시하는 실체가 있는 대안적 비전이다. "제3부문"이란 공적 영역(정부)과 사적 영역(기업체)의 중간부문으로 "자원봉사에 의한 공동체 서비스 조직"이다. 그는 건강, 교육, 예술, 종교, 변호, 구호활동 등에서 자발성에 의한 다양한 조직들이 생겨나야만 디스토피아의 병리현상을 완화할 수 있다고 주장한다.

한 종말이 성취된다. 기독교적인 종말론은 과학기술 자체가 발전하는 나머지 이상향을 이룬다고 하는 과학기술적 유토피아 사상이나 인간 스스로 신격화되고 우주와 합일한다고 주장하는 뉴에이지 사상을 단호하게 거부한다. 성경적 종말론적 사고가 활성화되어야 한다. 종말론은 신학의 말미에 달라붙는 하나의 부록이 아니다. 그리스도 교회의 사고는 철저히 종말론적이어야 한다.[53] 우리는 인간의 제한적 신학적 사고 너머서 우주론적 사건으로써 인간의 세계와 자연을 완전히 새롭게 하시므로 새 하늘과 새 땅을 창조하실 하나님 나라의 종말론적 사건에 신앙의 눈을 돌려야 하겠다.[54]

맺음말

세계관은 인간이 역사 속에서 세계 이해의 방식에 따라서 역사적 과정 속에서 변천한다. 세계관은 역사를 통하여 변천하나 하나님의 말씀은 변하지 않는다. 역사의 과정 속에서 세계관은 고대의 자연주의 세계관, 중세의 기독교적 세계관, 계몽주의 이후의 현대주의 세계관으로 변천했고, 오늘날에 이르러 포스트모던 세계관이 형성되고 있다.

여기서 기독교는 영원불변하는 하나님 말씀에 근거하여 후기 현대

53) J. Moltmann, *Theologie der Hoffnung. Untersuchungen zur Begrüdung und zu den Konsequenzen einer christlichen Eschatologie*. München: Kaiser, 1965 Vorwort.

54) 김영한, “개혁신학의 종말론”(I), 『월간 목회』, 145-154쪽, 1993년 2월 “개혁신학의 종말론”(II), 『월간 목회』, 178-190쪽, 1993년 3월

의 여러 사상과 대화하면서 성경적이고 기독교적 세계관을 후기 현대를 사는 시대인들에게 제시해야 한다. 하나님 절대주권의 세계관은 열린 유신론의 세계관에 대한 대안이다. 삼위일체론적 유신론적 일원론의 세계관은 이슬람 세계관에 대한 대안이다. 창조론적 세계관은 과학기술주의 세계관에 대한 대안이다. 문화명령의 세계관은 근본주의 세계관에 대한 대안이다. 구속사적 세계관은 인본주의 세계관에 대한 대안이다. 변혁주의 세계관은 운명론적 세계관에 대한 대안이다. 종말론적 세계관은 환생신드롬, 과정신론의 세계관, 그리고 과학기술주의 세계관에 대한 대안이다. 이러한 7가지 세계관들은 서로 다른 세계관이 아니라 하나의 기독교 세계관의 다양한 표현들이다.

| 개혁주의 문화와 세계관 |

머리말

문화란 세계관에서 나온다. 세계관의 뿌리는 종교이다. 문화란 단지 시대적 흐름이나 패션이나 유행만이 아닌 삶의 총체적 방식(카이퍼)이다.[1] 문화는 역사적 삶 속에서 형성되는 것이며 열려 있는 것으로서 다양한 세계관과의 교류에서 형성된다. 모든 문화는 그 시대의 세계관의 기초 위에서 형성된다. 서구 유럽문화는 기독교 세계관 위에서 희랍 및 동양문화는 자연주의 세계관 위에서 형성되었다. 우리 한국에서도 삼국시대 및 고려시대는 불교적 세계관 위에서, 조선시대는 유교적 세계관 위에서 형성되었다.

문화는 삶의 형성이요 결단으로서 중립적이거나 관조적인 태도를 허락하지 않는다. 기독교문화의 기초로서의 세계관은 기독교 세계관이다. 기독교 세계관은 자연주의적 세계관과 인본주의적 세계관과 구분되어야 한다. 기독교 세계관은 삼위일체적 유신론적 세계관에 기초한다. 이것은 개혁신학의 전통에서 가장 명료하게 체계적으로 표현되고 있다. 이러한 기독교 세계관은 기독교 문화의 사상적 기초로서 모든 형태의 자연주의 세계관 그리고 인간중심주의 세계관과 구별된다.

---

1) 김영한, 『한국기독교 문화신학』, 성광문화사, 1995, 27-29

후자의 세계관은 범신론적 내지 무신론적 세계관에 기초하기 때문이다. 미국의 개혁주의 기독교철학자 알빈 프란팅가(Alvin Plantinga)도 역시 오늘날 기독교철학이 헤쳐 나가야 할 반(反)기독교 사조(思潮)로서 자연주의와 반실재론(인간중심주의)을 들고 있다.[2)]

본 장(章)은 기독교 문화 정립은 세계관적으로 기독교 세계관의 정립에 기초해야 하기 때문에 모든 형태의 자연주의 세계관과 결별하는 사유의 정화작용을 거쳐야 한다는 것을 논증하고자 한다.

I. 자연주의 세계관과 결별

자연주의는 모든 것을 자연적인 것으로 본다. 자연주의 유형은 세계를 창조주와는 무관한 스스로 독자적으로 있는 존재로 본다. 이 유형은 자연주의적 관점으로서 하나님과 인간을 모두 자연의 한 부분으로 환원시킨다. 그래서 이것을 환원주의적 시도라고 부른다. 과학주의, 낭만주의 등이 자연주의 세계관에 기초하는 사상체계이다.

1. 과학주의

자연주의 세계관의 전형적인 형태가 오늘날의 과학주의(scientism)이다. 과학주의는 오늘날의 우주공학과 컴퓨터공학과 염색체 공학을 이끄는 과학기술주의를 말한다. 이러한 과학은 르네상스의 기계론적 과학에 기원을 둔다. 이는 세계를 기계론적 관점에서 이해하고자 하였

---

2) 하종호, "알빈 프란팅가", in: 『하나님을 사랑한 철학자 9인』, IVP, 2005, 258

다. 그것은 세계를 당구공 우주(billiard ball universe)라는 장치로 이해하고자 하였다. 뉴톤(Issac Newton)에 의하여 발전되었고, 데까르트(Rene Descartes), 홉스(Thomas Hobbes), 로크(John Locke) 등의 사상가에 의하여 논의되었다. 뉴톤이나 데까르트는 기독교적 마음을 가진 사상가들이었고 과학적 사고와 기독교 신앙의 조화를 생각하였다. 그러나 더욱 더 세속적으로 생각하는 지식인들(홉스와 로크 등)은 전혀 창조자와는 상관없이 이 우주를 하나의 자족적으로 움직이는 기계로 이해하기에 이르렀다. 이들은 계몽주의 시대에 하나님의 창조 행위를 이전에는 없던 사물을 존재하게 하며, 또한 자연질서를 주재하는 힘을 작동시킨 초자연력으로 보았다. 그리하여 신 존재에 대한 우주론적 증명이나 목적론적 증명을 시도하였다.

(문제점)

기계론적 세계관은 창조의 유목적성, 지속적인 창조행위, 사실과 가치의 유관성이라는 세 가지 관점을 설명하지 않았다. 그럼으로써 기독교 하나님을 기계론적 철학의 하나님으로 변형시키고 그를 창조의 세계에서 퇴출시킴으로써 이신론의 신으로 만들었다.

이신론의 신은 볼테르(Voltaire), 페인(Thomas Paine), 제퍼슨(Thomas Jefferson), 프랭클린(Benjamin Franklin) 등 18세기의 지식인들의 견해였다. 하나님을 단지 첫 원인으로 보았다. 이것은 성경의 창조주에 대한 충분한 설명이 아니다. 더욱이 동시대인들은 더 극단적으로 나아가서 첫 원인에 대한 개념을 의심하고 거부하여 물질주의와 회의주의로 나아갔다. 가치와 규범과 도덕적 원리에 대한 인정없이 역사에 대한 결정론적 설명의 길로 나아갔다.

2. 낭만주의 – 자연주의의 다른 형태

자연주의의 다른 형태는 낭만주의이다. 낭만주의는 자연의 생동적인 것을 모든 것의 원천으로 본다. 과학주의에 대한 반발로서 나온 것이 낭만주의다. 19세기의 낭만주의는 외면화된 문화의 인위성과 화석화된 사회제도를 비판하였다. 루소는 자유로운 정신, 자기신뢰적인 태도를 옹호하고 자기 신뢰에 이르는 필수적인 수단으로 자연과의 교제를 역설하였다. 19세기 영국의 낭만주의자 워즈워스(W. Wordsworth)는 "우리는 분석함으로써 해체해 버린다"(we murder to dissect)고 말하였다. 그는 본능과 직관, 감정이 더 가치있고 더 치하할 만하다고 하였다

20세기의 심리학자 매슬로우(Abraham Maslow)는 행동주의 심리학과 프로이드의 정신분석학의 양대 흐름에 대하여 제3의 심리학을 개척하였다. 이것이 인본주의 심리학이다. 그는 인간적인 것과 인간적인 가치에 관심을 가졌다. 그의 강조점은 자아성취(self-fulfillment)에 있다. 자아성취란 존재의 본래적인 가치를 파악하고, 최고절정의 순간을 특징짓는 것들(진리, 선, 온전함, 생동성, 완성, 쉬움)을 의식하는 것이다. 그는 인간은 삶을 객관적으로 다루는 세속화하는 습관(desacralize)을 버리고, 삶을 다시 거룩화(resacralize)하기를 배워야 한다고 주장한다.

엑스타시(ecstasy)와 지복의 절정경험은 섹스(sex)와 운동경기에서의 승리, 예술적 공연관람, 철학적 통찰력에서 얻을 수 있다고 본

다.[3] 이러한 매슬로우의 낭만주의는 경험을 낭만화하는 자연주의적이고 인간중심주의적이며 자연 신비주의적 성격을 띠고 있다.

이러한 낭만주의는 문명과 그 제도들이 본질적으로 선한 사람들의 삶을 부패시킨다는 가정에 있다. 그리고 낭만주의도 과학주의 같이 인간도 자연의 산물이며 모든 가치는 인간에게서 나온다는 전제를 가지고 있다. 그리하여 희망을 자연의 자원을 사용하는 인간의 풍요성(resourcefulness)에 있다고 본다. 그러나 낭만주의는 인간의 한계성과 죄로 인한 부패성을 바로 보고 있지 못하다.

3. 가치와 실재의 초월성 부정

자연주의는 가치와 실재의 초월적인 것을 인정하지 않는다. 인간 실존과 운명은 물리적 세계의 한 부분으로 순전히 물리적으로 설명될 수 있다고 본다: "자연은 인간의 목적에 대해 맹목적이며, 인간의 이상과는 전혀 관계없다."[4] 세속적 휴머니즘은 인격을 물리적 현상의 산물로 보고 가치를 사람에게만 제한시킨다. 희랍의 철학자 프로타고라스의 말처럼 인간이 만물의 가치척도가 된다. 이러한 세속적 휴머니즘은 자연주의적이고 인간중심주의적이다. 이것은 희망을 초월적 존재가 아닌 자연과 인류에 내재한 것에만 두기 때문에 초월적 하나

---

3) Abraham Maslow, *The Further Reaches of Human Nature* (New York: Viking Press, 1971,
________________, *Religions, Values and Peak-Experiences* (Columbus, OH: Ohio State University Press, 1964

4) Paul Kurtz, ed., *Moral Problems in Contemporary Society, Essays in Humanistic Ethics* (Englewood Cliffs, NJ: Prentice-Hall, 1966), 3

님의 존재를 인정하지 못하고 자연의 한계를 초월하지 못한다.

알빈 프랑팅가는 악의 문제가 바로 선과 악을 판단하는 초월적 기준인 하나님의 존재를 입증하는 근거라고 본다.[5] 항의 무신론자들(protest atheists)이 이 세상의 악이 있다는 것을 근거로 하여 하나님이 없다고 주장하는 판단의 근거에는 이 선악 평가의 궁극적 기준이 전제되고 있다.

4. 플라톤과 아리스토텔레스와의 결별

자연주의 세계관에 있어서 가치와 실재의 초월적인 것의 인정은 이신론(플라톤)이거나 범신론(아리스토텔레스)에 그친다. 그러므로 기독교 세계관은 인류사상사에 있어서 고전적 형식으로 자연주의 세계관을 제시한 플라톤과 아리스토텔레스의 사상과 결별해야 한다.

1) 플라톤과의 결별

플라톤의 세계관은 자연주의적 세계관이다. 그것은 물질과 형상의 이원론이다. 플라톤에 의하면 물질은 피조되지 않은 혼돈이며, 형상은 이 혼돈에 질서를 부여하는 영원한 형식이다. 구체적인 사물은 물질에 질서있는 외형을 부여하는 형상으로 조성되어 있다고 본다.

플라톤의 『티메우스』(Timaeus)에서 나오는데 미르구스(Demiurge)는 이미 존재하는 물질을 영원한 형상에 따라 조성한 세상의 원인

---

5) Alvin Plantinga, *God, Freedom and Evil* (Grand Rapids: Eerdmans, 1974), 하종호, Ibid., 263

자이며 조물주이다. 그러므로 물질과 형상은 피조물이 아니다. 이 희랍의 신들은 무시간적이지도 않고 완전하지도 않다. 이 신들은 변덕스럽고 가변적이며 형상보다도 열등적인 자연적 존재와 유사하다.

가상 완전한 존재는 사물에 질서와 통일을 부여하는 선(善)의 이데아(Idea of Good)이다. 선의 이데아는 비인격적인 이상으로서 궁극적인 완전성, 조화로운 통일성의 이상(理想)이다. 그러나 그것은 무반응적이며, 무력하며, 초월적이다. 그래서 소원(訴願)하거나 기도할 수 없다. 종교적인 헌신의 대상이라기 보다는 합리적인 소수 귀족들의 지적 성찰의 대상이다.

어거스틴은 창조교리(creatio ex nihilo)를 명료화하였다. 그에 의하면 형상 없는 물질과 형상도 하나님의 창조물이며 하나님에 의존한다. 그의 창조교리는 신플라톤적 유출설을 극복한다. 하나님은 필연적이 아니라 자유롭게 창조하신다. 자연의 질서와 위계는 스스로가 아니라 하나님이 창조로 부여한 것이다. 하나님은 모든 것을 선하게 창조하셨다. 악이란 유한한 존재의 본질적인 부분이기보다는 일탈(aberration)이다. 어거스틴은 이원론적인 선악의 대립을 부정하였다.[6]

(플라톤 사상의 평가)

플라톤 전통의 긍정적 측면은 창조의 질서를 설명하는 형이상학을 제공한 것이다. 그리고 가치의 객관적 근거를 제공하였다. 그는 불변

6) Arthur F. Holmes, *Contours of a Wolrd View*, Eerdmans, 1983, 이승구 역, 『기독교 세계관』, 엠마오,108

하는 질서, 고정된 위계구조를 도입하였다. 그리고 영원한 것을 가치 있는 것으로 인정하였다,

부정적 측면은 시간적인 것을 평가절하한 것이다. 플라톤은 변화를 악으로 보고 불변성을 선이라 보았다. 그는 불변하는 진리와 하나님 지식에 관한 관조를 강조하였다. 지상경험의 다양한 과학적 탐구를 평가절하하였고 일상과제를 청지기답게 처리함과 삶의 물리적 향유를 등한시하였다. 기독교 세계관은 자연주의적 세계관에 머무는 플라톤의 세계관과 결별할 수밖에 없다.

2) 아리스토텔레스와의 결별

플라톤의 제자인 아리스토텔레스는 신플라톤주의가 제시한 존재의 위계적 구조와 불변하는 형상 개념은 그대로 보존하였다. 그러나 플라톤이 생각한 부정적으로 본 변화를 더 이상 혼돈적인 것이나 비목적적인 것으로 간주하지 않았다. 플라톤은 변화를 썩음과 같이 보았으나, 아리스토텔레스는 변화를 운동으로 보고 더 좋은 목적을 위해 질서 있게 배치되는 것으로 보았다. 그의 형이상학은 목적론적 형이상학이었다. 모든 존재와 모든 변화의 과정은 "물질적인 원인"이거나 그것을 만들어 낼 "유효한 원인"이다. 그리고 이 과정은 그 구조를 설명하는 "형상적 원인"이며 동시에 "최종의 원인"이다. 모든 존재는 선한 목적을 지니고 있다.

(아리스토텔레스의 평가)

아리스토텔레스의 공헌은 유한한 것과 변하는 것도 선하게 보는 적

극적인 견해이다. 그는 현세적인 것과 시간적인 것을 더 이상 평가절하하지 않는다. 그에 의하면 모든 존재가 거룩하며, 하나님의 축복을 받은 것이며, 하나님의 목적과 사랑에 참여한다. 플라톤적 고행과 신비직 경향이 안화되고 학문과 예술에 대한 적극적인 결과가 나타나게 되었다. 문학과 예술이 활발하게 되고 자연의 합목적적인 질서에 대한 확신은 과학적 탐구를 가능케 하고 과학의 발흥을 가져왔다.

14세기 오캄(William of Occam)은 보편의 실재성을 부인하였다. 구체적인 사물인 개체가 보편적 형상이라는 원형에 의하여 지배된다면 개체가 가진 개성, 개인의 자유는 어떻게 설명되는가? 이것은 바로 아리스토텔레스 세계관의 문제점이다. 합리적 질서와 의미 있는 목적을 지닌 세계에서 다양한 개성과 개인의 자유가 들어설 수 있는 여지를 설명할 수 없게 되었다. 기독교 세계관은 자연주의적 세계관에 머무는 아리스토텔레스의 세계관과 결별할 수밖에 없다.

3) 토미즘과의 결별

기독교 세계관은 계시론적 사고를 통해서 토미즘이 제시한 자연과 은총의 종합 사고를 거부한다. 아리스토텔레스의 세계관은 중세기의 13세기에 재발견되었다. 이것은 중세의 교부신학의 대부 토마스 아퀴나스에 의하여 계승되었다. 아퀴나스는 자연계와 인간계, 영원계의 모든 존재 사이에는 유비(analogia natura)가 있다고 보았다. 하나님은 자신의 능력으로 창조하시는 "유효한 원인"이시고, 존재하는 모든 것의 "최종원인"이시다. 창조는 하나님의 선하시고 자유로우신 사랑과 의지에서 이루어진 것이다. 창조에는 물질이나 형상이 있었던 것이 아니라 무로부터의 창조이다. 토마스의 사상은 은총의 질서와 자연의 질서를 제시했으나 양자는 일반이성을 통해서도 연속성과 교류가 가능하다고 봄으로써 자연신학의 길을 열었다. 그리하여 인간이성과 도덕성을 통해서도 능히 은총의 질서에 도달하고 신인식이 가능하다는 신인협력설을 주장하기에 이른다.

4) 범신론 내지 범재신론과의 결별

단일론은 모든 구체적인 것들이 파생하는 전포괄적인 실재를 추구한다. 신플라톤주의 같은 단일론(monism)은 악이 단지 유한성 때문에 생기는 것으로 본다. 악은 선의 결여이다. 악이란 유일자(the One)로부터의 유출의 과정에서 피할 수 없이 생기는 현상이다.

그리고 이러한 합리주의에 의하여 낭만주의는 더 조직적이고 역동적인 전망을 갖게 되었다. 그러나 이신론이 표상한 이성과 법으로 통치하는 초월적인 신은 창조적으로 투쟁하시는 전혀 역사내재적인 형성 가운데 있는 신으로 대치되고 말았다. 그리하여 피조계 내에서 자유롭게 행동하실 수 있는 초월적으로 살아계신 하나님께 대한 성경적 희망은 사라져 버렸다. 여기에 대표적인 사상가들로서는 스스로 "철학적 루터교 신자"라고 주장하였던 독일 예나 대학의 철학교수 헤겔(F. Hegel)과 베를린대학의 신학부교수 슐라이에르마허(F. Schleiermacher)였다. 그리고 인간본성과 역사에 대한 낙관만이 지배하게 되었다. 낭만주의에서는 인간 인격도 자연의 일부가 되어 버린다. 인간 실존의 의미와 희망도 초월적인 하나님에게서가 아니라 자연에서 찾을 수 있다고 보기에 이른다. 여기서 낭만주의는 범신론과 연결되기에 이른다.

II. 인간중심주의humanitarianism와의 결별

기독교 세계관은 모든 인간중심주의와 결별한다. 기독교 세계관은 근본적으로 신주권적이고 창조론적이기 때문이다. 그러나 기독교 세계관은 휴머니즘을 부정하지 않는다. 진정한 휴머니즘은 신본주의 안에서만 가능하다고 본다. 인본적인 것은 신본적인 것을 포섭할 수 없으나 신본적인 것은 인본적인 것을 포섭한다고 본다.

1. 인간중심주의는 인간적인 것을 궁극적으로 본다.

인간중심주의는 가치란 독립적으로 존재하는 것이 아니라 인간이 설정하는 것으로 본다: "가치란 사람에 대해 상대적인 것이다. 따라서 사람이 그 경험 중에서 가치 있는 것으로 경험하는 것"[7]이다. 인간중심주의적 휴머니즘은 오늘날의 세속적 휴머니즘으로 나타난다. 그리고 물리적 세계를 모든 것으로 보는 자연주의 입장을 옹호한다. 그리하여 하나님을 모든 존재와 가치의 궁극적 원천으로 보는 초자연적 세계관을 부인하고 있다.

이러한 자연주의적 휴머니즘은 모든 것을 자연으로 귀결시킨다. 그러므로 이것은 단일론적 세계관으로 귀결한다. 단일론적 세계관은 인

---

7) Ibid., 4

간의 개성을 부정하고 악의 문제를 극복할 수 없다.

첫째, 인간이 자연의 과정으로서 자연의 인과적 과정으로부터 산출된 존재라면 인간 개인에게 가치의 존엄성과 책임을 돌릴 수 없게 된다.

둘째, 악이 자연과정의 필연적 산물이라면 인간이 이 세상에 일어나는 악을 극복할 수 있다는 희망을 가질 수 없게 된다. 자연과 인간이 지속적으로 그것이 자연재해든 각종 테러든 산출하고 있는 한 이러한 악을 극복할 수 있는 희망은 없다.

셋째, 인간 존재에 대한 초월적 근거를 물을 수 없다면 인간의 존엄성은 약화된다. 인간존재가 자연의 한 부분이요, 자연의 산물이라면 인간은 자연과정과 다름없이 그 존재의 존엄성을 보장받을 수 없다. 힌두교의 윤회설처럼 인간이란 죽고 난 뒤 짐승 등으로 다시 태어난다. 지금 우리가 기르는 가축들이 전생의 업보를 치룬 인간이라고 한다면 가축을 존귀하게 여겨야 되는 모순이 일어난다.

이러한 현대 세속주의는 인간이 인간 자신의 주인이요, 인간의 최고 목적이며, 다른 모든 것을 측정하는 척도라는 것이다. 이에 반해서 기독교의 휴머니즘은 인간은 하나님의 종이요, 하나님은 주권자이시요, 만물의 주인은 인간이 아니라 하나님이라고 주장한다.

2. 신본적 휴머니즘 - 진정한 휴머니즘

진정한 휴머니즘은 자연주의적 휴머니즘이 아니라 신본적 휴머니즘이다. 프랑스의 카톨릭 철학자 작 마리땡은 휴머니즘을 신본주의 휴머니즘(theocentric humanism)과 인간중심의 휴머니즘(anthropocentric humanism)으로 나누었다. 그는 신본주의 휴머니즘만이 참으로 통합적인 전체(the integral whole)가 될 수 있고 참으로 인간적인 것이 될 수 있다고 논의한다.[8)]

멕그레고르(Geddes MacGregor)는 자연주의 휴머니즘을 인간주의(hominism)라고 명하였다. 이는 자연주의 휴머니즘은 인간적인 것에 대한 본질적 독특성을 부인하기 때문이다. 자연주의 휴머니즘은 인격을 전혀 물질적인 것으로 자연의 일부로 다룬다. 그리고 인격을 순전히 우연적인 것으로 본다. 그래서 인간의 본성과 운명을 다른 물질적인 것들의 본성과 본질적으로 동일시해 버린다.[9)]

오늘날 세속적 휴머니즘이 내걸고 있는 인류박애주의(humanitarianism)는 기독교 전통과도 합치한다. 오늘날 과학기술사회에서 인간의 비인간화, 전쟁, 기아, 쓰나미와 지진, 조류독감 등으로 인한 인류의 재난에 직면하여 인류박애주의는 이 문제들을 해결할 수 있는 합리적 방도를 찾고자 한다.

3. 하나님의 절대주권 – 가치의 최종적 근거

기독교는 최종적인 가치를 하나님의 절대주권에 두고 있다. 기독교 세계관은 그러므로 유신론적 삼위일체 하나님론에 근거한다. 그러므로 이슬람의 유일신론과는 다르다. 범신론적 구조를 지니고 있는 단

---

8) Jacque Maritain, *Integral Humanism*, trans. J. W. Evans (New York: Scribner's, 1968)

9) Geddes MacGregor, *The Hemlock and the Cross* (Philadelphia: Lippincott, 1963)

일론과도 다르다. 정신과 물질, 신과 세상을 분리시키는 이원론과도 다르다. 창조주 하나님은 모든 존재 뿐만 아니라 가치와 소망, 목적의 원천이다. 인간도 그의 존재근거와 삶의 가치와 목적을 자기 자신이나 자연환경이나 역사 속에서 찾을 수 없고 오로지 창조주와의 관계에서 찾아야 한다. 그러므로 하나님은 기독교 세계관의 알파와 오메가이다.

III. 유신론적 인격주의

기독교 세계관은 유신론적 인격주의의 태도를 갖는다. 유신론적 인격주의란 삼위일체 하나님을 믿으며, 인식활동에 있어서 중립적이지 않고 가치적 태도와 윤리적 태도를 견지하는 것을 말한다. 그리고 인간을 도구가 아니라 목적으로 대하며 인식활동에 있어서 책임과 헌신의 태도를 갖는 것을 말한다. 이러한 유신론적 인격주의는 인식활동에 있어서 비판적 실재론, 인식론적 겸허와 인식론적 소망과 해석학적 실재론의 입장, 그리고 인식론적 헌신의 태도를 갖는다.

1. 비판적 실재론 : "인식론적 믿음"

칸트의 항구적인 공헌이란 그의 비판주의적 인식이념이다. 인간인식의 한계를 인정하는 칸트의 비판적 이념은 기독교적 시각을 가진 인식이념이라고 볼 수 있다. 그러나 칸트는 우리가 경험하는 세계는 그대로 있지 않고 우리의 관념에 의하여 구성되는 것으로 보았다. 그리하여 그는 경험을 있는 그대로 지각하는 것이 아니라 구성하는 주관의 범주적 산물로 보았다. 그리하여 칸트는 선험적 관념론에 빠져 버렸다.

이에 반해서 우리는 스코틀랜드 상식적 실재주의(common sense realism)를 수용하고자 한다. 토마스 리드(Thomas Reid)를 따르면 우리는 경험하는 실재가 그대로 있다는 신념을 가진다. 이것은 외부 세계 실재에 대한 기초적 신념이다. 우리는 이 기초적 신념을 정당화하기 위하여 정초주의적 증거에 호소할 필요가 없다.[10] 알빈 프란팅가 역시 개혁신학의 전통을 이어받으면서 정초주의를 무너뜨린다.[11] 월터스톨프는 이러한 개혁주의적 전통을 이어받으면서 이성이 종교적 신념의 한계에 머물고 있다는 사실을 밝혔다.[12]

비판적 실재론은 이론들이 존재하는 사물들을 기술한다고 주장한다. 따라서 실재론이다. 동시에 그 이론들이 참이거나 거짓일 수 있다고 주장한다. 그러므로 비판적이다. 이러한 실재가 무엇이냐 하는 것은 우리의 해석에 따라서 달라진다. 여기서 해석학적 실재론이 나온다. 인지적 무정부주의(cognitive anarchism)나 인지적 전체주의(cognitive totalitarianism)는 둘 다 일면적인 견해이다. 전자는 모든 사람이 각자가 원하는 대로 믿는 상태대로 실재가 있다는 것은 아

10) Vanhoozer, op. cit., 464

11) Alvin Plantinga, "Reason and Belief in God," in: ed., Alvin Plantinga and Nicholas Wolterstorff, *Faith and Rationality* (Notre Dame: University of Notre Dam Press, 1983), 16-93

12) Nicholas Wolterstorff, *Reason within the Bounds of Religion*, second wdition(Grand Rapids: Eerdmans, 1984)

13) Ibid., 471

니라고 부정한다. 후자는 절대관념론처럼 각 개인을 넘어서서 국가나 교회가 실재에 대한 지식을 총괄하고자 한다.[13]

비판적 실재론은 "실재"와 "실재에 관한 지식" 사이에 구별을 짓는다. 지식은 실재의 영상이 아니라 실재에 관한 지도나 설계도이다. 비판적 실재론은 실재를 이해하기 위해서는 많은 설계도와 지도가 있어야 한다고 본다. 지도나 설계도가 나타내는 지식은 청사진이 보여주는 지식과 다르다. 문화학자 기어츠(Clifford Geertz)는 지도는 실재의 상징일 뿐 아니라 우리로 하여금 행동의 과정을 선택하게 하는 안내자의 역할을 한다고 말한다.[14] 로던(Larry Laudan)은 비판적 실재론을 제안하면서 과학의 중심부에 형이상학을 부활시키며 실재와 정신적 이미지 사이에 복합적이고 변증법적인 관계를 추론한다.[15]

2. 인식론적 겸허

비판적 실재론자는 자신이 피조물이라는 사실을 자각함으로써 지식과 윤리에 있어서 절대적인 관점을 가지는 자리에 서지 않는다. 그리고 또한 인간의 죄성이 우리의 인식 능력에 왜곡 내지 오류를 가져다주는 것을 인정한다. 이러한 태도가 인식론적 겸허이다. 이러한 태도는 이성적 절대관념론을 배격한다. 그러므로 서구의 플라톤 이래 이성

---

14) Clifford Geertz, "Religion as a Cultural System", in: William A. Lessa and Evon Z. Vogt, eds., *Reader in Comparative Religion: An Anthropological Approach*, 3d. ed., (New York: Harper and Row, 1972), 168-169

15) Larry Laudan, *Progress and Its Problem*, 3

주의자들에 의하여 지지되어온 정초주의를 배격한다. 데카르트가 말하는 의심불가능성(indubitability)이 이론을 정당화하는 것은 아니다. 내가 의심한다는 사실 역시 감각을 통해서 입증되는 것뿐이다. 그런데 감각과 실재는 다르다. 그렇다고 감각과는 독립된 실재가 있다는 것을 부인할 수는 없다. 비판적 실재론은 오직 하나의 정확한 해석의 도식만이 존재한다고 주장하는 인식론적 절대주의를 거부한다.

이러한 입장은 정초주의적 증거나 가치와 무관한 입장을 전제하지도 않고 그렇다고 자의적이며 가치의존적인 읽기를 전제로 하지 않는다. 의미에 있어서 우리는 절대적인 중심이나 토대를 가질 수 없다. 단 하나의 해석상의 열쇠를 가진 것은 아니다. 그럼에도 불구하고 실재 내지 텍스트의 의미는 상호간의 규정적인 관계 속에 존재한다. 그러므로 독립적인 실재 내지 규정적인 의미는 확보할 수 있다.

3. 인식론적 소망

따라서 비판적 실재론은 인식론적인 회의주의에 빠지지 않는다. 각각의 모든 해석 도식은 다른 도식과 마찬가지로 좋다고 주장하는 인식론적 상대주의를 인정하지 않는다. 폴 파이어아벤트(Paul Feyerabend)는 인식론적 무정부주의를 옹호하고 있다: 지식은 "항상 증대하고 있는 …상호양립가능한 …대안들의 대양이다."[16] 그에 의하면 우리는 세계에 대한 비전(vision)을 가지고 있는 것이 아니라 버전들(versions)을 가지고 있다. 그 버전들은 해당 시기에 득세하게 된 어

16) Paul Feyerabend, *Against Method*, 30

떤 가설들에 따라서 산출된 버전들이다. 그러나 해석학적 실재론자들은 비전(vision)이 없다는 인식론적 회의에 빠지지 않는다.

해석학적 실재론은 오늘날 포스트모더니즘이 말하듯이 실재를 인식할 수 없다고 주장하지 않는다. 실재와 가치를 인식할 수 있다는 것이다. 우리는 유한한 인식기능을 가지고 있기 때문에 누구도 정확한 해석을 완전히 소유했다고 주장할 수는 없다. 그러나 텍스트에 하나의 정확한 해석이 있다고 믿는다. 그러나 텍스트 의미에 관한 우리의 해석은 다양하기 때문에 해석에는 갈등이 존재한다. 그러나 이 해석의 다양성은 의미의 무정부나 해체로 나아가지 않는다. 규정적인 텍스트의 의미라는 독립된 의미가 존재하기 때문이다. 그러므로 우리의 해석은 최종적이 아니라 잠정적이며 해석의 오류는 정정될 수 있다.

4. 해석학적 실재론

케빈 벤후저(Kevin J. Vanhoozer)는 『텍스트에는 의미가 있는가?』(Is There Meaning in This Text?) 라는 그의 저서에서 "세계를 하나의 텍스트"로 볼 수 있다고 말하면서 비판적 해석학적 실재론을 피력하고 있다.[17] 아더 홈스(Arthur Holmes)도 그의 『기독교 세계관』(Contours of World View)에서 해석학적 실재론을 주장하고 있다.[18] 밴후저가 말하는 바같이 "하나님이 우리를 창조하시되, 다른

17) Kevin J. Vanhoozer, *Is there a Meaning in This Text?*, Grand Rapids: Zondervan 1998, 김재영역, 『텍스트에 의미가 있는가?』 517

18) Arthur F. Holmes, *Contours of a World View. Studies in a Christian World View*, 1983, 이승구 역, 218

사람들과 커뮤니케이션을 하고 서로 이해하도록 언어적 기능을 지니도록 창조하였다"고 말할 수 있다. 이것은 바로 해석하는 인간(homo interpretans)[19]이다.

비판적 실재론은 해석학적 실재론이다. 과학사학자 토마스 쿤(Thomas Kuhn)이 발견하였듯이 우리의 지식 활동은 관점에 의한 것이다. 그는 과학공동체는 패러다임들(paradigms), 즉 기술의 틀들(the frameworks of technics)을 가지고 작업한다고 보았다.[20]

세계에 대한 하나의 진리가 있다 (사상 그 자체의 있는 그대로의 모습)는 사실과 그 진리를 기술하기 위한 다양한 해석의 틀(다양한 해석들과 해석의 갈등)이 있다는 사실은 모순되지 않는다. 여기서 해석이란 칸트나 훗설처럼 구성이 아니라 규정(規整)이다. 우리가 구성하는 것이 아니라 있는 것을 드러내는 것이다. 드러내는 데는 그러나 완전히 있는 그대로의 모습을 파악하는 것이 아니라 부분적으로 파악할 뿐이다. 그러므로 온전한 이해로 나아가는 데는 새로운 시도가 필요하고 다른 사람들의 이해를 참고할 수도 있다.

5. 인식론적 헌신(사랑) : 해석학적 실재론을 지탱하는 동력

해석학적 실재론은 인신론적 헌신을 지니고서 진리와 가치의 실재성을 믿고 소망하면서 결단코 교만하거나 좌절하지 않는다. 진리는

---

19) Kevin Vanhoozer, *Is there a Meaning in This Text?*, 김재영 역, 『텍스트에 의미가 있는가?』 465

20) Thomas Kuhn, *The Structure of Scientific Revolutions*, 2nd. ed. (Chicago: University of Chicago Press, 1970

존재하며 가치는 인간을 독립하여 존재한다. 그것은 하나님의 뜻에 일치한다. 그러므로 기독교 유신론은 회의주의나 허무주의에 진리탐구를 물러주지 않는다. 동시에 이러한 진리와 가치의 탐구는 우리들의 사유나 소박한 믿음에 그대로 들어오지 않는다. 이것은 우리 인식의 유한성과 죄성 때문이다. 우리들의 사유가 유한하며 죄에 물들어 있으며 우리들의 믿음조차도 죄에 물들어 있어서 경신(輕信)에 빠져들기 때문이다. 객관적인 진리와 가치는 우리들의 신념체계와 사고방식에 따라서 해석되어진다. 그러나 상대주의에 빠지지 않는다. 왜냐하면 우리가 정상적 인지기능을 가지고 부단히 노력하면 우리는 진리와 가치에 대한 합의성에 도달할 수 있다는 인식론적 헌신을 지니고 있기 때문이다.

IV. 개혁주의 세계관

개혁주의적 세계관은 인간의 피조성과 죄성을 인정하고 인간 문화에 대한 하나님의 일반 은총으로서 문화적 사명을 강조한다. 그리고 인식론에 있어서는 칼빈의 객관주의 인식론 경향과 웨슬리의 주관주의 인식론 경향을 종합하고자 한다. 인간의 마음은 적절한 언어적이고 문학적인 환경에서 적절하게 기능할 경우 해석하도록 설계되어 있다는 것이다. 이것은 정초주의나 신앙주의, 자연주의와 반실재론을 넘어서는 입장이다.

반실재론은 텍스트에 관한 정확한 유일한 이론 같은 것은 존재하지 않으며 여러 다른 해석들이 있을 뿐이라고 본다. 이러한 유형은 바로 데리다나 로티 같은 자들이다. 실재의 존재를 인정하면서도 이 실재를 인식하기 위해서는 소박한 실재 그대로의 인식이 아니라고 본다. 실재를 왜곡하지 않으면서 그것을 있는 그대로 드러내는 최소한의 기술의 틀이 필요한 것을 인정한다. 실재(텍스트의 의미, 세계의 의미 등)는 우리의 해석과는 별도로 존재한다. 그러므로 우리는 의미(진리)를 발명하는 것이 아니라 발견하는 것이다.

여기서 필자는 이러한 개혁주의 세계관의 입장을 제시한 학자로서 독일권의 헬무트 틸리케, 미국권에서 아더 홈스와 알빈 플란팅가의 관점을 소개하고자 한다.

1. 헬무트 틸리케의 관점

틸리케에 의하면 역사란 '하나님 앞의 인간 역사(Geschichte des Menschen vor Gott)' 이다.[21] "인간이 역사를 수행하는 것이 아니라 하나님의 행위에 힘입어 역사는 인간에게 수행된다." "그럼에도 불구하고 하나님은 역사가 인간의 역사가 되도록 하신다." 인간의 역사성은 그의 실존의 이중적 관계를 말한다. 즉 그것은 하나님과의 관계 그리고 세상과의 관계다.

실존의 이중 방식은 그가 처한 역사의 두 차원, 즉 '수직적 차원' 과 '수평적 차원' 이다.[22] 역사의 수직적 차원은 인식론적 영역으로 하나님의 역사가 인간에게서 수행되는 차원이다. 하나님은 역사의 주체이다. 이 수직적 차원의 대표적인 예가 이스라엘 백성의 역사요 그리스도

21) H. Thielicke, *Geschichte und Existenz*, Gerd Mohn, 1964, 35

22) Ibid., 35

의 성육신의 사건이다. 즉 수직적 역사의 흐름은 모두 '구속사 (Heilsgeschichte)' 로서 이해된다.[23]

하나님의 무조건적 명령은 역사와 인간을 심판할 뿐만 아니라 인간을 '역사로부터' 자유롭게 부른다. 무조건적인 명령의 심판 속에서 "나는 오로지 그리스도의 의(義)로서 주어지는 의인(義認, Rechtfertigung) 아래서 세상 질서로부터 벗어난다."[24]

하나님의 무조건적인 요구는 단지 그의 '심판하시는 의지(der richtende Wille)' 뿐만 아니라, 그의 '의롭다 인정(義認)하시는 의지(der rechtfertigende Wille)' 를 담고 있다. 그러므로 이 요구는 변증법적이다. 하나님은 심판받은 기독교인들의 실존을 '의인(義認)의 질서(Rechtfertigungsodrnungen)' 로 부르신다.[25] 의인의 질서, 즉 칭의(稱義)의 질서란 기독교인들이 갖는 '새로운 종이 신분' 을 말한다.[26] "하나님은 우리를 그리스도 안에서 좋은 행위로 만드시면서 …선한 행위를 요구하신다."[27]

틸리케는 역사의 의미를 심판과 은혜의 변증법으로 이해한다. 심판이 수행되고 있는 현재의 역사 안에서도 하나님의 은혜가 지배한다. 이러한 역사의 두 가지 의미를 통해 하나님 나라가 숨겨진 채 지배하고 있다. "이런 의미에서 역사는 심판으로부터 은혜로의 도피요, 은

23) Ibid., 38
24) Ibid., 232
25) Ibid., 232
26) Ibid., 232
27) Ibid., 232-3
28) Ibid., 245

혜 아래에서 심판 속의 삶이다."[28]

틸리케는 예수가 산상설교에서 제시한 무조건적인 요구를 '불가능한 가능성(eine unmögliche Möglichkeit)' 으로 본다. 예수의 무조건적인 요구는 타락한 인간으로는 결코 실천할 수 없으나 하나님의 은총으로는 가능하기 때문이다.

2차 세계대전이라는 시대적 비극을 경험한 틸리케는 이론적 사유의 질문보다는 실제적이고 냉혹한 현실의 경험 속에서 다음과 같은 근본적인 질문을 제기한다. 전쟁, 폭력, 기근, 병과 죽음이라는 생의 궁극적 대답을 요구하는 현실에 직면한다. 틸리케 자신은 나치독일의 출현과 사회적 긴장과 전쟁의 폐허 속에서 자연을 맹목적으로 보거나 세계를 숙명론적으로 읽지 않는다. 그것에서 심판과 은총으로 다가오시는 하나님의 섭리를 직관한다. 고난에 대한 바른 질문 속에서 틸리케는 궁극적으로 그리스도의 십자가에서 나타난 하나님의 심오한 섭리(攝理)와 목적에 참여하는 해방을 경험할 수 있었다.[29]

2. 아더 홈스의 관점

지식의 유신론적 근거는 하나님의 자기 계시의 가능성과 그 현실성도 포함한다.[30] 우리 인간은 하나님을 아는데 있어서 지식의 객관적

29) G. Bromiley, "Helmut Thielicke", in: edited by Martin E. Marty & Dean G. Peerman, *A Handbook of Christian Theologians*, Abingdon Press Nashville 1984, 546.

30) Arthur F. Holmes, *Contours of a Wolrd View*, Eerdmans, 1983, 이승구 역, 『기독교 세계관』, 엠마오,192

인 조건과 주관적인 조건도 하나님에 의존한다. 이 세상에 대한 일반적인 지식의 조건도 하나님이 창조하신 것을 우리들에게 알려주신 일반계시에 의존한다. 일반계시는 지식의 객관적인 조건이다. 그러나 이 일반계시가 구속자 하나님을 아는데 충분하지 않기 때문에 하나님은 구속계시를 우리들에게 주셨다.

유신론적 세계관은 이 세상의 진리를 탐구할 때 진리의 통일된 관점을 제시해준다. 하나님이 이 세상을 창조하셨기 때문에 모든 사물의 지식은 하나님과 관계하고 궁극적으로는 그것을 지으신 하나님의 목적과 관계한다. 그러므로 이 세상의 모든 진리는 서로 분리되거나 파편적이지 않고 하나님을 향하여 통일된 전체(the unified whole)를 형성한다. 하나님은 이 세상과 우주의 모든 진리의 초점이며 우리 인간이 진리를 추구하는 데 있어서 정위해야 할 궁극적인 준거점이다.

홈스는 인식의 객관주의와 주관주의의 대립을 극복하기 위하여 "해석적 실재론"(interpretative realism)을 제안한다. 그는 이것을 다음과 같이 정의한다: "이는 사물의 객관적인 성질, 즉 그 형이상학적 객관성이 알려질 수 있다고 확언한다는 점에서 '실재론적'이다. 그러나 안다는 것은 항상 주어진 사실을 해석하는 것이므로 인식론적인 주관성이 작용하게 된다는 의미에서는 '해석학'이다."[31] 우리의 인식이란 사물의 객관적인 성질을 안다는 점에서 실재론적이다. 그러나 안다는 것은 주어진 사실을 해석하는 것이므로 인식적인 주관이 항상 작용한다는 것이다. 그러므로 해석학적이다.

---

31) Arthur Holmes, *Contours of a World view*, 이승구 역, 218

3. 알빈 플란팅가의 관점

알빈 플란팅가(Alvin Plantinga)는 개혁주의적 세계관을 제시한다. 그것은 헤르만 도이어베르트가 제시한 창조-타락-구속이라는 관점에서 역사를 이해하는 것이다. 그는 오늘날 기독교 세계관이 헤쳐나가야할 반기독교사조로서 자연주의와 반실재론(인간중심주의)을 들고 있다. 어거스틴적 양태 가운데 존재하는 기독교 세계관은 신념과 불신 사이, 하나님의 도성과 세상의 관심 사이에 반립(antithesis)을 인정하고 있다. 플란팅가는 현재 벌어지고 있는 세계관의 논쟁들을 서구 문명의 영혼을 놓고 벌이는 전쟁터에 비유한다:[32] "기독교 철학자들은 우리 주변에서 소용돌이치고 있는 다양한 철학적 및 유사 철학적 추세들이 지니고 있는 영적인 연관성을 분별할 수 있어야 한다."[33] 플란팅가는 통상적인 해석절차가 반드시 적절한 해석절차가 아니라는 것을 밝히고 있다: 통상적으로 기능하는 것은 적절하게 기능하는 것과 결코 똑같지 않다. 적절한 기능이란 설계 계획에 해당하는 것이다. 그에 비하면 통상적인 기능이란 통계의 문제다. 플란팅가는 다음 예를 든다: "아마도 대부분의 숫고양이는 거세되었을 것이다. 그렇지만, 그렇다고 해서 거세되지 않은 숫고양이들이 비정상적이며 제대로 기능할 수 없다고 말할 수 없다."[34] 플란팅가는 개혁주의적 전통을 이어받으면서 오늘날의 정초주의, 신앙주의, 자연주의와

---

32) Alvin Plantinga, "Augustinian Christian Philsophy," 295

33) Ibid., 307

34) Alvin Plantinga, *Warrant and Proper Function*, 9, 199 ff.

반실재론에 대하여 기독교 세계관의 타당성을 제시하고 있다.

V. 기독교적 문화이념 : 신본적 휴머니즘

휴머니즘은 결단코 희랍 로마전통의 전유물이 아니다. 창세기는 인간을 하나님의 형상으로 지음을 받은 존엄성을 말하고 있다. 그리고 시편 8편은 이 창세기를 해석한 인본주의의 대헌장이다. 중세기 초기에는 어거스틴에 의하여 기독교의 희생적 사랑(아가페)의 이상을 희랍적 휴머니즘의 이상에 주입시켰다. 중세기의 절정기에는 토마스가 희랍적 이상을 기독교적 덕목으로 보충하였다. 기독교 휴머니스트들(Christian humanists)은 스토아적 자연법 개념을 기독교 윤리사상에 적용하였다. 이들은 계시의 독특성, 그리고 이성의 역할을 인정하였고 하나님의 선하심과 하나님의 법을 자연과 역사에서 찾았다. 이러한 사고가 이 유명한 중세적 종합(medieval synthesis)이다.

개혁사상의 전통은 중세적 종합이 갖는 긍정적 측면을 성경적 종교개혁주의적 전통에서 발전시킨다. 중세적 종합의 긍정적 측면은 인간 이성과 도덕성이 갖는 구원과 신 인식의 접촉점의 역할을 중요시한다는 것이다. 토마스의 종합은 이성과 계시를 하층구조와 상층구조라는 하나의 깨어지지 아니한 연속적인 구조물로 봄으로써 자연신학의 길로 나아갔다는 데 있다. 그러나 개혁사상은 양자의 질서는 불연속성이며 하층구조에서 상층구조로 이성이나 도덕으로 올라갈 수 없다는 것이다. 여기에는 인간의 유한성만이 아니라 죄의 부패성이 걸림돌로 작용하는 것이다.

계몽주의가 주장하듯이 신본주의는 과학을 부인하는 것이 아니다.

과학지상주의를 거부하는 것이지 건전한 과학적 탐구를 결코 무시하지 않고 존중한다. 그것은 하나님의 창조질서를 밝히는 신앙적 헌신에 속하는 일이기 때문이다. 예컨대 17세기 초 영국의 경험주의자 프란시스 베이컨(Francis Bacon)은 "지식은 힘"이라고 말했다. 그러나 베이컨은 이 주장을 유신론적 근거에서 말했다. 그는 피조계와 그 안에서 일어나는 모든 과정은 하나님께서 합리적으로 운영하신다고 보았다. 때문에 인간은 이성을 가지고 탐구하고 지식을 인간의 유익을 위하여 사용하여야 한다고 역설했다.

우리는 이상의 기독교 세계관에 기초해서 기독교 문화이념을 다음 다섯 가지로 특징지을 수 있다.

1. 학문과 지식에 중립성은 없다.

기독교 유신론은 가치 이해에 있어서 플라톤주의나 자연주의적 휴머니즘 그리고 해체주의를 거부한다. 그 이유는 기독교 유신론은 하나님의 절대주권과 하나님 중심주의를 선언하기 때문이다. 이 세상에 존재하는 모든 가치는 궁극적으로는 모든 것의 주권자인 창조주요 구속자이신 삼위일체 하나님과의 관계 속에서만 존재하기 때문이다. 가치란 자연적으로 형성되어 독자적으로 존재하는 것이 아니고 (플라톤주의), 인간이 공동선을 위하여 설정하는 것(휴머니즘)이 아니고, 각자가 임의로 설정하는 것(해체주의)도 아니다. 모든 것은 궁극적으로 인격적인 하나님의 선하신 뜻과 그가 설정하신 목적과 관련해서만 가치를 가진다. 그러므로 인간이 설정한 것이나 자연적으로 있는 어떤 것이 아니라 하나님이 설정하신 뜻과 목적만이 인간과 세상이 추구해야 할 가치가 되는 것이다. 가치평가의 주체는 인간이나 자연이 아니라 하나님이시다. 도이어베르트(Herman Dooyeweerd)는 그의 『이론이성의 신비판』에서 모든 이론이 종교적 토대를 지니고 있다는 사실을 명료히 밝히고 있고,[35] 월트스톨프(Nocholas Walterstorff)도 이 점을 그대로 계승하고 있다.[36]

2. 신앙의 관점을 적극적으로 활용

기독교 유신론은 사실과 당위, 사실과 가치 사이를 분리시키지 않고 연결시킨다. 그러므로 창조세계는 자연주의자들의 주장처럼 목적이 없거나 가치중립적이 아니다.

자연주의에 영향 받은 오늘날의 자연과학이나 사회과학이나 인문과학은 물리현상이나 사회현상이나 인간행위에 대하여 가치중립적인 연구를 시도한다. 그리하여 가치중립적인 학문의 영역에서 자연(인간배아 복제 등), 사회(인종, 빈부 갈등), 인간(인권과 존엄)문제에 대한 도덕적 태도는 무의미한 일이 되어버렸다. 가치중립설의 대표자들은 프랑스의 실증주의자 꽁뜨(Ernst Comte), 과학적 휴머니스트 제임스 밀(James Mill), 실존주의 철학자 사르트르(J. P. Sartre) 등이다. 이들은 이 세상을 그 나름대로 독자적인 가치와 의미가 없는 곳으

35) H. Dooyeweerd, *A New Critique of Theoretical Thought* (Amsterdam & Philadelphia, 1953), vol. I,

36) Nicholas Wolterstorff, "Introduction ," in: Hart, Hoeven, Wolterstorff eds., *Rationality in the Calvinian Tradition* (Lanham: University Press of America, 1983), v-vii

로 보았다. 이러한 가치중립성을 주장하는 자들은 이 세상에 대해 비관주의에 빠진다. 이들은 이 세상이 인격적 하나님에 의하여 선하게 창조되었다는 사실을 간과한다.

지식과 신념을 플라톤처럼 무오와 유오로 이분적으로 분리시킬 수 없다. 지식일지라도 전적으로 무오(無誤)할 수 없으며, 신념이라고 하더라도 인격적인 관계는 유오(有誤)할 수 없다. 지식과 신념은 서로 연결되고 통합되어 있다. 지식은 확신되고 믿음으로 수용된다. 바울은 다음과 같이 양자를 연결시킨다: "내가 믿는 자를 내가 알고 또한 내가 의탁한 것을 그 날까지 그가 능히 지키실 줄을 확신한다"(딤후 1:12). 칼빈도 이해의 첫 번째 행위는 믿음이라고 본다.[37] 지식과 믿음을 분리시킨 플라톤과 계몽주의자들은 지식을 전혀 인지적인 행위로 보고 지적인 행위로만 본다. 여기에 관련된 정서적인 차원을 도외시하고 있다. 믿음이란 단순히 편견이나 억견으로만 보아서는 안 된다. 믿음에는 전인격적 차원(wholistically personal)이 들어 있다. 양자의 관계는 한 부분과 다른 부분의 관계가 아니라 부분과 전체의 관계이다.

오늘날의 지식론은 양자를 더 이상 분리시키지 않고 연결시킨다. 지식도 하나의 신념체계로 본다. 쿤(Helmut Kuhn)과 포이어아벤트(Paul Feyerabend)가 공리에 작용하고 있는 가치체계를 지적하고 있다.

37) 벧후1:20에 대한 칼빈의 주석, Joseph Haroutunian,, ed., Calvin: *Commentaries, The Library of Christian Classics* (Philadelphia: Westminster, 1958), 98

3. 인간문화의 부패성

피조물인 우리 인간의 인식능력은 유한하여 제한성을 지니고 있다. 인간의 인식능력은 유한하다. 유한성이란 정보의 제한성, 시간의 부족, 객관성의 결여, 인지능력의 결여이다. 인지능력의 부족으로 명료성과 집중성이 결여되고 있다. 유한성은 도덕성의 결여로도 나타난다. 그리고 지적 태만과 성급한 판단, 조심성 없는 논리로 인한 인지의 오류가 나타난다. 도덕적 실패는 인간의 타락성을 보여준다. 이것은 유한성을 넘어서서 인간의 죄성을 보여준다.

아브라함 카이퍼(Abraham Kuyper)는 죄가 미치는 인간지식에 대한 영향에 대하여 언급하였다.[38] 폴 리쾨르(Paul Ricoeur)가 현대 철학에서 그의 학위 논문 『자유와 본성』(Freedom and Nature)에서 인간의 오류가능성을, 그리고 『악의 상징』(Symbolism of Evil)에서 악의 실재를 가장 명료히 보여주었다. 에밀 브루너는 그의 『계시와 이성』(*Offenbarung und Vernunft*)에서 관계근사의 법칙을 제시하였다: "실존의 핵심에 가까이 갈수록 죄로 인한 지식의 혼란은 심하다. 이 핵심에서 멀리 있으면 멀수록 그 혼란은 덜 느껴지며 신자와 불신자들의 인식차이는 덜 하다."[39]

---

38) Abraham Kuyper, "Science and Sin", in: *Principles of Sacred Theology* (new York: Scribenrs, 1898), II,ii

39) E. Brunner, *Revelation and Reason*, trasn. Oiver Wyan (Philadephia: Westminstr Press, 1946, 383

4. 문화에 대한 종말론적 조망

미치오 가쿠는 그의 저서에서 "21세기의 약속"을 말하고 있다. 20세기에 이미 놀라운 발전을 이룩한 첨단 기술은 21세기에도 지속적으로 발전하면서 인류가 상상도 하지 못했던 새로운 세상을 가져다 줄 것을 약속하고 있다. 물론 그는 첨단 기술이 인류에게 유토피아적 미래를 가져다 준다고 주장하지는 않으나 미래에 대한 긍정적인 전망을 하고 있다.[40] 인류를 복지적 이상향으로 이끌게 될 도구는 다음 세 가지 첨단 기술이다. 그것은 컴퓨터 혁명, 생체 분자 혁명, 양자 혁명이다. 세 가지 과학혁명에 의해 컴퓨터가 종이처럼 흔해지고, 각종 난치병의 치료법이 발견되고, 분자처럼 작은 기계들이 사람 대신 우주를 누비고 낯선 세계를 탐험하게 될 것이다.

미치오 가쿠는 2050년에서 22세기가 밝아 올 무렵 과학과 기술은 비약적인 발전을 하게 될 것으로 예측하고 있다. 로봇이 서서히 어느 정도는 자기의식과 나름대로의 의식을 갖게 될 것이다. 로봇들은 스스로 결정을 내리고 비서, 하인, 조수 등의 역할을 할 수 있기 때문에 사회에서 로봇은 더욱 쓸모있는 존재가 될 것이다. DNA 혁명도 상당한 수준까지 진행하여 생체 유전학자들은 단순한 몇 개가 아니라 수백 개의 유전자들을 전이시켜 새로운 유형의 생명체를 만들어 낼 수 있을 것이다. 2100년 이후에는 인간 두뇌의 신경계를 컴퓨터에 복제할 수 있게 된다. 그리하여 인류는 새로운 생명체를 설계할 수 있는

---

40) Michio Kaku, *Visions: How Science will revolutionize the 21st Century*. 1997, 비전 2003, 8쪽

능력을 가지게 될 것으로 내다보고 있다.[41] 그러나 여기에는 많은 윤리적 문제가 도사리고 있다.

미치오 가쿠는 앞으로 지구가 대규모 혜성 충돌 같은 거대한 천재지변을 겪지 않는다면 또는 천재지변을 미연에 방지 할 수 있는 기술을 갖춘다면 인류는 궁극적으로 지구를 벗어나 은하계를 향해 뻗어나가는 문명을 이룩하게 될 것을 예견하고 있다. 여기에는 기계기술에 대한 그의 낙관론이 깔려 있다.

미국의 문명 비판가 제레미 리프킨(Jeremy Rifkin)은 그의「21세기 보고서」에서 21세기를 유토피아가 아닌 "디스토피아"(dystopia)로 진단하고 있다. 그는「노동의 종말」에서 "정보화 사회의 빛에 홀려 그늘을 보지 못하는 우를 범해서는 안 된다"고 역설하고 있다. 첨단기술 사회는 밝은 면으로는 인간을 노동에서 해방시켜 보다 많은 향유의 시간을 제공하는 유토피아가 될 수 있는 측면이 있으나, 어두운 면으로는 소수의 첨단 기술자와 다수의 영구 실업자로 갈등을 빚는 디스토피아가 되는 측면을 배제할 수 없다. "미국에서는 매년 2백만 개 이상의 일자리가 사라지고 있다. … 미국에서 새로이 창출되고 있는 일자리들은 대부분 저임금 부분이거나 임시직들이다".[42] 이러한 그의 현실적 견해는 토플러 류(類) 그리고 미치오 가쿠 등의 낙관적인 미래학자들이 제시하는 비전과는 상반되고 있다.[43]

---

41) Michio Kaku, op. cit. 44

42) 제레미 리프킨, 『노동의 종말』, 이영호 역, 민음사 간, 1996 "기술론으로 점쳐본「21세기 보고서」", 조선일보 1996년 3월 15일 25면

5. 역사 속에서의 변혁적 과제 – 하나님 나라의 파편적 실현

신약 종말 메시지의 본질은 "이미-아직"의 긴장관계이다. 이것은 결정적으로 "이미 성취됨"(already fulfilled)과 "아직 완성되지 아니함"(not yet accomplished) 사이에 일어나는 긴장(Oscar Cullmann)구조를 말한다.[44] 이 긴장구조는 다음 세 가지로 특징지울 수 있다.

첫째, 구약에 예언되었던 종말의 사건이 예수 그리스도의 복음사역 안에서 이미 발생하였다. 예수님은 따라서 "하나님 왕국이 가까이 왔다"(막1:15.마 3:2), "하나님 왕국이 너희 위에 임하였다"(마 12:28)고 말씀하셨다.

둘째, 구약에서는 하나의 운동으로 이해된 것이 신약에서는 두 가지 국면으로 나타난다. 이 두 국면이란 현 세대와 미래의 세대이다. 예수의 메시아적 복음사역 안에서 이미 하나님의 왕국은 현재화되고 있으며 다가올 미래에서 완성될 것이다.

셋째, 이 두 국면의 관계란 현세대의 축복은 장차 완성될 더 큰 축복에 대한 보증이요 담보물이라는 것이다. 예수의 메시아적 사역 안

---

43) 리프킨은 대안적 비전을 제시한다. 「제3부문」의 역할 증대가 그가 제시하는 실체가 있는 대안적 비전이다. 「제3부문」이란 공적 영역(정부)과 사적 영역(기업체)의 중간부문으로 "자원봉사에 의한 공동체 서비스 조직"이다. 그는 건강, 교육, 예술, 종교, 변호, 구호활동 등에서 자발성에 의한 다양한 조직들이 생겨나야만 디스토피아의 병리현상을 완화할 수 있다고 주장한다.

44) Oscar Cullmann, *Christus und Zeit, Christ and Time*, trans. Floyd V. Filson, Philadelphia: Westminster, 1950, *Heil als Geschichte, Salvation in History*. trans. S. G. Sowers, New York: Harper and Row, 1967

에서 현재화하는 하나님의 왕국은 앞으로 그의 재림과 더불어 개통될 지상의 천년왕국의 보증이요 담보물이다.

성경은 과학기술의 이상향을 하나님 나라와 동일시 하지 않는다. 미치오 가쿠가 제시한 기계기술적 이상향은 장미빛에 조명된 미래상이나 오늘날 문명은 문명비평가들에 의하여 비극적으로 평가받고 있다.

성경은 단지 기계기술적 파멸을 말하지 않고 위로부터 오는 묵시록적 종말론을 말한다. 기독교 종말론은 메시아에 의한 역사 심판을 말한다. 하나님의 아들 그리스도의 재림에 의하여 세계와 역사의 진정한 종말이 성취된다. 기독교적인 종말론은 과학기술 자체가 발전하는 나머지 이상향을 이룬다고 하는 과학기술적 유토피아사상이나 인간 스스로 신격화되고 우주와 합일한다고 주장하는 뉴에이지 사상을 단호하게 거부한다. 성경적 종말론적 사고가 활성화 되어야 한다. 종말론은 신학의 말미에 달라붙는 하나의 부록이 아니다. 그리스도 교회의 사고는 철저히 종말론적이어야 한다.[45] 우리는 인간의 제한적 신학적 사고 너머서 우주론적 사건으로써 인간의 세계와 자연을 완전히 새롭게 하시므로 새 하늘과 새 땅을 창조하실 하나님 나라의 종말론적 사건에 신앙의 눈을 돌려야 하겠다.[46]

---

45) J. Moltmann, *Theologie der Hoffnung. Untersuchungen zur Begrüdung und zu den Konsequenzen einer christlichen Eschatologie*. München: Kaiser, 1965 Vorwort.

46) 김영한, "개혁신학의 종말론"(I), 『월간 목회』,145-154쪽, 1993년 2월 "개혁신학의 종말론"(II), 『월간 목회』, 178-190쪽, 1993년 3월

맺음말

문화는 세계관에서 나오고 세계관의 뿌리는 종교이다. 문화로 열매 맺지 못하는 기독교는 잎만 무성한 무화과로서 사람들의 삶에 아무런 의미를 주지 못한다. 기독교 세계관은 시식과 신념과의 관계에 있어서 어느 한쪽에만 치우치는 극단, 말하자면 합리주의적 극단이나 회의주의적 극단을 지양해야 한다.

지식이란 정당화된 신념 (justified true belief)이다. 신념의 인지적 내용 중에 증거를 정당화할 수 있는 것을 지식이라고 말할 수 있다. 양자의 극단을 균형시키는 사고는 합리주의적 극단을 피하는 것이 인식론적 겸손(epistemelogical humility)이며, 회의주의적 극단을 피하는 것이 인식론적 소망(epistemelogical hope)이다.

종교의식이나 열성은 시대마다 차이가 있고 달라지나, 문화(사고방식, 삶의 방식, 윤리성과 도덕성로서 구성원의 덕)는 이미 삶에 뿌리박은 것으로 지속된다. 오늘날 포스트기독교시대에서 종교의식으로서의 서구기독교는 쇄잔했으나 서구 기독교 정신이 갖는 가치는 서구인들의 삶과 사고방식에서 그대로 존속한다.

낭만주의자들은 이 세상을 자연의 생명력의 과정으로 보고 인간의 이성적 능력을 과소평가한다. 이성주의자들은 이 세상을 합리적인 존재의 질서로 봄으로써 이 세상을 이성의 과정으로 축소시키고 있다. 그리하여 자연주의자든 인본주의자든 종교주의자든 이 세상을 해석하는데 자기 해석의 창으로 보기 때문에 환원주의적 오류(a reductionistic mistake)를 범하고 있다.

기독교 문화론은 유신론적 세계관 위에서 이 세상을 비판적 실재론과 해석학적 실재론의 입장에서 보고 인식론적 겸손과 희망, 그리고 종말론적 관점을 가지고 문화변혁의 삶을 실천해야 할 것이다.

아직도 적지 않은 학자들이 경건한 기독교 신앙을 가지고 있음에도 불구하고 학문적 사고방식과 내용은 자연주의적 철학과 세계관을 여과없이 사용함으로써 범주적 혼란에 빠져 있음을 보게된다. 오늘날 기독교 학자들은 자신들의 학문의 세계관적 전제가 과연 어떠한 종류의 것인가 다시 한 번 진지하게 반성해 보아야 한다.

참고문헌

1장

Frederic B. Burnham, ed. *Postmodern Theology. Christian Faith in a Pluralistic World*, New York: Harper & Row, 1989. 세계신학연구원 역, 『포스트모던 신학』, 조명 문화사

Johb Caputo, *Radical Hermeneutics* (Bloomington, IN:Indiana University Press, 1987)

A.T. Callinicos, *Against Postmodernism*, 1989, 임상훈, 이동연 역, 『포스트모더니즘 비판』, 성림, 1992

J, Derrida, *Speech and Phenomena*, trans. D. Allison (Evanston: Northwestern Univ. Press, 1973)

________, *De la grammatologie*, Of Grammatology, trans. Gayatri Chakravorty Spivak (Baltimore: Johns Hopkins University Press, 1982

_________, *Dissemination*, trans. Barbara Johnson (Chicago: Univ. of Chicago Press, 1981)

Terry Eagleton, "Awakening from Modernity," *Times Literary Supplement*, (February 20, 1987)

Paul Feyerabend, *Against Method: Outline of Anarchistic Theory of Knowledge*, London 1975

Os Guinnes, *Fit Bodies, Fat Minds* (London: Hodder & Stoughton, 1994)

David Ray Griffin, "Introduction to SUNRY Series in Constructive Postmodern Thought," in David Ray Griffin, William A. Beardslee, and Joe Holland, *Varieties of Postmodern Theology* (Albany: State University of New York Press, 1989)

________________, " Postmodern Theology and A/Theology," Griffin et al., *Varieties of Postmodern Theology*,

M. Foucault, *Power/Knowledge*, (Brighton, 1980),

__________, *Discipline and Punish* (London, 1977)

____________, *Les mots et les choses: Une Archeologie des Sciences Humains*, Gallimard, 1966, 이광래 역, 「말과 사물」, 민음사, 1986

Mark Gottdiener, *Postmodern Semiotics: Material Culture and The Forms of*

Postmodern Life (Oxford: Blackwell, 1995)

J. Habermas, *The Philosophical Discourse of Modernity* (Cambridge, 1987),

I. Hassen, "The Culture of Postmodernism," *Theory, Culture and Society* 2, 3 (1985)

David Hervey, *The Condition of Postmodernity: An Enquiry into the Origin of Cultural Change* (Oxford, England: Basil Blackwood, 1989)

Hans Küng, *Projekt Weltethos*, Piper, München, Zürich, 1991

Thomas Kuhn, *The Structure of the Scientific Revolutions*, Chicago 1962

Jean Francois Lyotard, *The Postmodern Condition: A Report on Knowledge* (Manchester:Manchester University Press, 1984)

Michael Mahon, *Foucault's Nietzschean Genealogy: Truth, Power and the Subject* (Albany, N.Y.: State University of New York Press, 1992)

Alister E. McGrath, *A Passion for Truth. The Intellectual Coherence of Evangelicalism*, InterVarsity Press, 1996, 김선일역, 『복음주의와 기독교적 지성』, IVP, 2001

Michael Polanyi & H. Prosch, *Meaning*, Chicago 1975

Michael Polanyi, *Personal Knowledge toward a postcritical philosophy*, London 1958

Karl Popper, *Objective Knowledge*, Oxford 1972

Richard Rorty, *Consequences of Pragmatism* (Minneapolis, MN: University of Minneapolis Press, 1982)

Page Smith, *Killing the Spirit: Higher Education in America* (New York: Viking, 1990)

Marxism Today, "New Times" Special Edition, October 1988

Mark C. Taylor, *Erring. A Postmodern A/theology*, The University of Chicago Press, Chicago and London, 1984

A. N. Whitehead, Modes of Thought, 오영환, 문창옥 역, 열린사고와 철학, 서울: 고려원 1992

_______________, *Science and the Modern World*, Cambridge 1926/1953, 오영환 역, 科學과 近代世界 - 서구지성사의 철학 -, 서울:日新社 1974

_______________, *Process and Reality. An Essay in Cosmology*, New York and Evanston 1960, 오영환 역, 「과정과 실재」 유기체적 세계관의 구상, 3판 서울: 民音社 1992

김형효, 「데리다의 해체철학」, 서울: 민음사, 1993

김재진, "Alfred North Whitehead의 過程哲學. 宇宙論的 神觀", http://cafe.daum.net/babyeducare/GyIA/34

2장

Riane Eisler, "The Gaia Tradition and the Partnership Future: An Ecofeminist Manifesto," in Irene Diamond and Gloria Feman Orenstein, eds. *Reweaving the World: The Emergence of Ecofeminism* (San Francisco: Sierra Club Books, 1990)

Lawrence E. Joseph, *Gaia: The Growth of an Idea* (New York: St. Martin Press, 1990)

James Lovelock, "Gaia: The World as Living Organism," *New Scientist* (December 18, 1986)

________________, *The Age of Gaia: A Biography of Our Living Earth* (New York: Bantam Books, 1990), 『가이아의 시대』, 범양사, 1992

J. Moltmann, *Gott im Projekt der modernen Welt. Beiträge zur öffentlichen Relevanz der Theologie*, 1997

R. R. Reuther, *Gaia and God: An Ecofeminist Theology of Earth Healing* (San Francisco: Harper Collins, 1992), 전현식 옮김, 『가이아와 하느님』, 이화여자대학교 출판부, 2000

David Pepper, *The Roots of Modern Environmentalism*, 이명우, 오구균, 김태경 옮김, 『현대 환경론. 환경문제에 대한 환경철학적. 민중론적 이해』, 한길사, 1989

Ted Peters, *The Cosmic Self: A Penetrating Look at Today's New Age Movement* (San Francisco, Harper, 1991)

Theodore Roszak, *The Voice of the Earth* (New York: Simon and Schuster, 1997)

E. Sahtouris, *Vergangenheit und Zukunft der Erde*. Mit einem Vorwort von James Lovelock, 1993

Howard Snyder, *EarthCurrents: The Struggle for the World's Soul*, Nashville: Abingdon Press, 1995, 김현석 역, 『2000년대 지구동향』, 아가페, 1998

김은혜, 『생명신학과 기독교문화』, 서울: 쿰란출판사, 2006

이정배, "현대과학의 도전을 받는 기독교", 『기독교사상』, 1990년 2월, 26-28

양명수, “가이아 이론을 극복한 기독교 생태윤리”, 『목회와 신학』 9월호, 1993

3장

Horst Afflerbach, *Die sanfte Umdeutung des Evangeliums. Eine biblische Analyse des Neuen Bewusstseins*, Wuppertal: Brockhaus, 1988

Klaus Baanch/Kurt Rommel(Hg.), *Religioese Stroemmungen unserer Zeit. Eine Einfuehrung und Orientierung*, Stuttgart: Quell,1991

Babara Brown, *New Mind, New Body: Bio-feedback: New Directions for the Mind*, New York: Harper and Row, 1974,

Fritjof Capra, *The Tao of Physics*, New York: Bantam, 1977 이성범, 김용정 역, 『현대물리학과 동양사상』, 범양사

____________, *The Turning Point: Science, Society and Rising Culture*, New York: Bantam, 1982 『신과학 사상』, 신과학연구회편, 1986

Ronald Enroth(ed.), *Evangelising The Cults*, Milton Keynes: Word, 1990

Laurence LeShan, *The Medium, the Mystic and the Physicist: Toward a General Theory of the Paranormal* (New York: Viking Press, 1974)

Marilyn Ferguson, *The Brain Revolution*, 정성호 역, 『의식혁명』, 민지사, 1982

______________________, *The Aquarian Conspiracy: Personal and Social Transformation in the 1980s*, Los Angeles: Tarcher, 1980

Stainslav Grof, "Beyond the Bounds of Psychoanalysis", *Intellectual Digest*, September 1972

Douglas Groothuis, *Confronting New Age* (Downers Grover, III: InterVarsity Press, 1988)

______________________, *Unmasking the New Age* (Downers Grove, III.: InterVarsity,1986)

Karen Hoyt, ed., *The New Age Rage* (Old Tappan, N. J.: Revell, 1987

Paul G. Hiebert, *Anthropological Reflections on Missiological Issues*, Baker Books, 1994, 김영동, 안영권 역, 『인류학적 접근을 통한 선교현장의 문화이해』, 죠이선교회 출판부

Aldous Huxley, *Doors of Perception and Heaven and Hell*, (New York: Harper & Row, 1963)

Laura Archera Huxley, *This Timeless Moment: A Personal View of Aldous*

Huxley (New York: Ballantine Books, 1971)

Eugene Nida & William A. Smalley, *Introducing Animism* (New York: Freindship Press, 1959)

Shirley MacLain, *It's All in the Playing* (New York: Bantam, 1987)

_____________, *Dancing in the Light*, (New York: Bantam, 1985)

John Lilly, *Center of Cyclone: An Autobiography of Inner Space* (New Yok: Julian Press, 1972)

Elizabeth Kübler-Ross, *On Death and Dying* (New York: Macmillan, 1969)

Levi, *The Aquarian Gospel of Jesus the Christ*, London: L. N. Fowler & Co., 1947

_____, *The Nag Hammadi Library*, San Francisco: Harper and Row Publishers, 1978

Elaine Pagels, *The Gnostic Gospels*, New York: Random House,1979

Mark L. Prophet and Elizabeth Clare Prophet, *The Lost Teachings of Jesus 1: Missing Texts. Karma and Reincarnation, The Lost Teaching of Jesus 2: Mysteries of the Higher Self, The Lost Teachings of Jesus 3: Masters and Disciples on the Path*, Livingston, Mont.: Summit University Press, 1988

David Rorvik, "The theta Experience", *Saturday Review of the Sciences*, May, 1973

Theodore Roszak, *Where the Wastland Ends: Politics and Transcendence in Postindustrial Society* (Garden City, N. Y.: Anchor Books, 1973)

James Sire, "기독교 세계관으로 바라본 뉴 에이지 사상의 실체,“ in; 엠마오 편집부, 『뉴 에이지』, 엠마오 도서출판, 1992

David Spangler, *Reflections on the Christ*, Forres, Scotland: Fidhorn Publications, 1981

_________________, *The Laws of Manifestation*, Forres, Scotland: Findhorn Publications, 1983

____________, *Revelation: The Birth of a New Age* (Hindhorn, 1971)

김영한, 『현대신학과 개혁신학』, 서울:성광문화사, 1995

_____, 『한국기독교문화신학』, 서울: 불과 구름, 2005

_____, 『21세기와 개혁신학』 1권, 서울: 한국장로교출판사, 1998

4장

Robert N. Bellah and others, *Habits of the Heart* (New York: Harper & Row, 1985)

Barbara Brown, *New Mind, New Body: Biofeedback: New Directions for the Mind* (New York: Narper & Row, 1974

The Fritjof Capra, *Turning Point: Science, Society and the Rising Culture* (New York: Bantam, 1982)

______________, *The Tao of Physics* (New York: Bantam, 1977)

Ernst Cassirer, *Language and Myth*, trans. by Susanne K. Langer (New York: Dover, 1946)

Marilyn Ferguson, *The Aquarian Conspiracy: Personal and Social Transformation in the 1980s* (Los Angeles: Tracher, 1980)

Laura Archera Huxley, *This Timeless Moment: A Personal View of Aldous Huxley* (New York: Ballantine Books, 1971: 1980 초판)

John Klimo, *Channeling: Investigation on receiving Information from paranormal Sources* (Los Angeles: Tarcher, 1987)

George Leonard, "Aikido and the Mind of the West," Intellectual Digest (June 1973)

______________, "Notes on the Transformation," *Intellectual Digest* (1972년 9월호)

Laurence LeShan, *The Medium, the Mystic and the Physicist: Toward a General Theory of the Paranormal* (New York: Viking Press, 1974)

John Lilly, *Center of the Cyclone: An Autobiography of Inner Space* (New York: Julian Press, 1972)

Shirley MacLaine, *It's All in the Playing* (New York:Bantam, 1987)

Eugine Nida & William A. Smalley, *Introducing Animism* (New York: Friendship Press, 1959)

P. Ricoeur, "Hermeneutics of Symbols and Philosophical Reflection," in: *The Conflict of Interpretations: Essays in Hermeneutics*. Evanston, Northwestern University, 1974

James W. Sire, *The Universe Next Door*, 김헌수 역, 『기독교 세계관과 현대사상』, 개정판, 2000

Andrew Weil, *The Natural Mind,:A New Look of Looking at Drug and the*

Higher Consciousness (Boston: Houghton Mifflin, 1972)

김영한, “환생문화와 개혁신앙”, 21세기 문화신학시리즈 제3권, 『21C 사이버 — 생명문화와 개혁신앙』, 2007, 208-239

_____, 『하이데거에서 리쾨르까지』, 전정판, 박영사, 2003

엠마오 편집부, 『뉴에이지』, 도서출판 엠마오, 1992

5장

Carl E. Braaten, "Christ Is God's Final, Not the Only Final," in: Carl E. Braaten, *No Other Gospel! Christianity among the Wolrd's Religions* (Minneapolis Fortress, 1992)

Walter Burkert, *Greek Religion* (Oxford: Blackwell, 1975)

John Cobb Jr., "Beyond Pluralism," in G. D'Costa, ed. *Christian Uniqueness Reconsidered: The Myth of a Pluralistic Theology of Religions* (Maryknoll, N. Y.: Orbis, 1990)

Edward A. Downey, *The Knowledge of God in Cavins's Theology* (New York: Columbia Univ. Press, 1952)

Sallie McFague, "An Epilogue: The Christian Paradigm," in Peter C. Hodgson and Robert H. King, eds., *Christian Theology: An Introduction to the Traditions and Tasks*, 2nd ed. (Philadelphia Fortress, 1985)

John Hick et alt. Dennis I. Okholm and Timothy R. Phillips, eds. *Four Views on Salvation in a Pluralistic World*, 1996, 이승구 역, 『다원주의 논쟁』, 기독교문서 선교회, 2001

John Hick, *God has Many Names*, Philadelphia: Westminster Press,1982.

________, *An Interpretation of Religion*, New Haven: Yale University Press, 1988.

________, *The Myth of God Incarnate*, London: SCM 1977

________, *The Second Christianity* (London: SCM, 1980)

________, *The Metaphor of God Incarnate* (Louiville: Westminster/John Knox, 1994/London, SCM, 1994

John Hick and Paul Knitter, ed., *The Myth of Christian Uniqueness*, SCM, 1987

Paul Knitter, *No Other Name? A Critical Survey of Christian Attitudes Toward the World Religions*, Marknoll, N.Y.: Orbis 1985.

_______________, "Theocentirc Christology: Defended and Transcended," in: *Journal of Ecumenical Studies 24*, Winter 1987.

_____________, "Toward a Liberation Theology of Religions", in: *The Myth of Christian Uniqueness*, ed.,John Hick and Paul Knitter, Maryknoll, N.Y.: Orbis 1987.

Hans Küng, *The Church* (New York: Sheed & Word, 1967)

Lesslie Newbigin, *The Gospel in a Pluralistic Society* (Grand Rapids: Eerdmans, 1989)

_______________, *The Finality of Christ* (Richmond, Va.,: John Knox, 1969

Ignatius of Carthage, To the Smyrnaeans 7, J. Stevenson, ed., *A New Eusebius* (London: SPCK, 1967)

Alister McGrath, et al. *Four Views on Salvation in a Pluralistic World*, 이승구 역, 『다원주의 논쟁』, 기독교문서선교회, 2001

_______________, "Karl Barth als Aufklärer? Der Zusammenhang seiner Lehre vom Werke Christi mit der Erwählunglehre," *Kerygma und Dogma 30* (1984), 273-283

_______________, *The Genesis of Doctrine* (Oxford: Blackwell, 1990)

Dennis I. Okholm and Timothy R. Phillips, eds. *Four Views on Salvation in a Pluralistic World*, 1996, 이승구 역, 『다원주의 논쟁』, 기독교문서선교회, 2001

Paul Tillich, *Christianity and the Encounter of the World Religion* (New York: Columbia Univ. Press, 1962)

Owen C. Thomas ed., *Attitudes Toward Other Religions: Some Christian Interpretations* (New York: Harper and Row, 1969): reprint ed., New York: University Press of America, 1986

김영한, "종교다원주의와 그리스도의 유일성", 『21세기와 개혁신학』(II), 서울: 한국장로교출판사, 1998) 43-76

6장

Allan Blomm, *The Closing of the American Mind* (New York: Simon & Schuster,1987)

Roland Barthes, "The Death of Authors", in: *Image-Music-Text*, trans. Stephen Heath (New York: Hill and Wang, 1977)

Roy Boyne / Ali Rattansi, ed. *Postmodernism and Society* (London: Routledge, 1990)

J. Derrida, "Structure, Sign and Play in the Discourse of the Human Science", in: *Writing and Difference*, trans. Alan Bass (Chicago: Univ. of Chicago Press, 1978)

J. Derrida, *Of Grammatology*, trans. Gayatri Chakravorty Spivak (Baltimore:Johns Hopkins Univ. Press, 1975)

Terry Eagleton, "Awakening from Modernity," in: *Times Literary Supplement*, 20, February 1987

Mark Gottdiener, *Postmodern Semiotics: Material Culture and The Forms of Postmodern Life* (Oxford: Blackwell, 1995)

Andreas Huyssen, "Mapping the Postmodern," in: *After the Great Dicide: Modernism, Mass Culture, Postmodernism* (Bloomington: Indana Univ. Press, 1986)

J. F. Loytard, "Answering the Question: What Is Postmodernism?", in: *The Postmodern Condition*, 1984

__________, *Le postmodernism expliqué aux enfants* (Paris: Editions, Galilée, 1986)

__________, *The Postmodern Condition: A Report on Knowledge*. trans. Geoff Bennington/Brian Massumi (Minneapolis: Univ. of Minnesota Press, 1984)

J. Hills Miller, "Stevens' Rock and Criticism as Cure II," in: *Georgia Review 30*, 1976

Stephen Neill, *A History of Christianity in India, 1707-1858* (Cambridge: Cambridge University Press, 1985)

Michael Riffaterre, "Describing Poetic Structure: Two Approaches to Beaudelaire's 'Les Chats'," in: *Yale French Studies*, 36-37 (1966)

James K. A. Smith, *Who 's Afraid of Postmodernism. Taking Derrida, Loytard, and Foucoult to Church*, Grand Rapids: Baker Academic, 2006

John Sturrock, "Introduction," in: *Structuralism and Since: From Levi-Strauss to Derrida*, ed., John Strurrock (Oxford: Oxford Univ. Press, 1979)

Mark C. Taylor, *Erring. A Postmodern A/theology*, The University of Chicago Press, Chicago and London, 1984

Madan Sarup, *An Introductory Guide to Post-Structuralism and Postmodernism* (Hemel Hempstead: Harvester Wheatsheaf, 1988)

John Sturrock, " "Introduction", in: *Structuralism and Since: From Levi-Strauss to Derrida*, ed. John Sturrock (Oxford: Oxford Univ. Press, 1979)

Chris Weedon, *Feminist Practice and Poststructuralist Theory* (Oxford: Basil Blackwell, 1987)

김욱동, "포스트모더니즘과 포스트구조주의",, 『포스트모더니즘과 포스트구조주의』, 현암사, 1994,

김형효,「데리다의 해체철학」, 서울: 민음사, 1993

7장

Diogenes Allen, *Christian Belief in a Postmodern World* (Louville, KY: Westminster/John Knox, 1989)

James Bernauer and David Rasmussen (eds.), *The Final Foucault* (Cambridge, MA: Massachussets Institute of Technology Press, 1988)

H. Nagel-Doecekal/ H. Vetter, *Tod des Subjekts*? (Wien, 1987)

Mark Cousins/ Athar Hussain, *Michel Foucault* (Macmillan, 1984)

L. Ferry and A. Renaut, *La Pensée 68* (Paris, 1985)

Michel Foucault, *Les mots et les choses*, Paris 1966, *The Order of Things: An Archaeology of the Human Sciences*, London, New York: Random House, 1970,「말과사물」, 이광래 역, (민음사, 1986)

____________, *L'archéologie du savoir*, Paris 1969, *The Archaeology of Knowledge*. Trans. by A. M. S. Smith, New York: Harper Torchbooks, 1972

______________, *Surveiller et punir: Naissance de la Prison, Paris 1975, Discipline and Punish: The Birth of the Prison*, Trans. by Alan Sheridan, New York: Vintage/Random House, 1979

________________, *Histoire de la sexualite: la volonte de savoir* (Gallimard, 1976), *The History of Sexuality, Volume I: An Introduction*, Trans. by R. Hurley, New York: Vintage/Random House, 1980

_____________, *Madness and Civilization: A History of Insanity of the Human Sciences*: Trans. by R. Howard, New York: Random House, 1965

______________, *Friedrich Nietzsche. The Genealogy of Morals*. Trans. by F. Golffing, Garden City, New York: Doubleday/ Anchor Books, 1956

Jacques Derrida, *Marges de la philosophie, Margins of Philosophy*, trans. Alan Bass (Chicago: Univ. of Chicago Press, 1982)

______________, *Speech and Phenomena*, trans. D. Allison (Evanston: Northwestern Univ. Press, 1973)

______________, *De la Grammatologie* (Paris, 1967), *Of Grammatology* (Baltimoare, 1976)

______________, *Dissemination*, trans. Barbara Johnson (Chicago: Univ. of Chicago Press, 1981)

______________, *Glas*, trans. J. P. Leavey, Jr. / Richard Rand (Lincoln: Univ. of Nebraska Press, 1986)

______________, *La Carte postale de Socrate à Freud et au-delà*, Paris: Flammarion, 1980, The Postcard,

______________, *L'Ecriture et la difference, Writing and Difference*, Trans. by A. Bass. Chicago: Univ. of Chicago Press, 1978

Gilles Deleuze, *Foucault* (Minuit, 1986)

J. Habermas, *The Philosophical Discourse of Modernity* (Cambridge, 1987)

_________, "Die Moderne - ein unvollendetes Subjekt," in: *Wege aus der Moderne. Schlüsseltexte der Postmoderne-Diskussion*, hrsg. Welsch (Weinheim, 1988)

Sanders Griffioen & B.M. Balk (eds.), "Dooyeweerd' Theory of Social Institutions", in: *Christian Philosophy at Close of the Twenties Century*, Kampen (The Netherlands): Kok

__________________________________, "Loss of Community in Lyotard and Derrida," in: *The 21st Century, Postmodernism and Christianity*, The 4th International Symposium on Christian Culture and Theology. Soongsil Univ. Korea Institute for Christian Culture Studies, 1995

Jean-François Lyotard, *Le postmoderne explique aux enfants*, Paris: Galilee, 1986

________________, "Notizen über die Bedeutung von 'post'," in: *Postmoderne für Kinder. Briefe aus den Jahren 1982-1985* (Wien: Edition Passagen, 1987)

________________, "Beantwortung der Frage: Was ist Postmoderne?", in: *Postmoderne für Kinder, Briefe und den Jahren 1982-1985*

__________________, "Das Erhabene und die Avantgarde," in: *Merkur*, 424 (1984), 151-164

__________________, "Das Schöne und das Erhabene," in: *Spuren*, 15 (1986), 34-42

__________________, "Grundlagenkrise," in: *Neue Hefte für Philosophie*, 26 (1986)

__________________, "Das Moderne redigieren," in: *Wege aus der Moderne*, hrsg. Welsch

__________________, *La Condition postmoderne. Rapport sur de savoir*, Paris 1979, *The Postmodern Condition: A Report on Knowledge* (Manchester: Manchester University Press, 1984), *Das postmoderne Wissen. Ein Bericht* (Graz/Wien: Edition Passagen, 1986)

J. G. Merquior, *Foucault* (Fontana, 1985)

Alister MacGrath, *A Passion for the Truth: The Intellectual Coherence of Evangelicalism*, IVP. 1996, 김선일역, 『복음주의와 기독교적 지성』, IVP, 2001

Ben F. Meyer, "The Philsopophical Crusher," in: *First Things*, 12, April 1991

Christopher Norris, *Deconstruction and The Interests of Theory* (London:Pinter Publishers, 1988

__________________, "Kant Disfigured: Ethics, Deconstruction and the Text Sublime," in: *The Truth about Postmodernism* (Oxford: Blackwell, 1995)

F. Nietzsche, *Das fröhliche Wissenschaft*, V. 344, KSA 3

Thomas C, Oden, *After Modernity…What? Agenda for Theology* (Grand Rapids, MI: Zondervan, 1990)

John Rajchman, *Michel Foucault: The Freedom of Philosophy* (Columbia Univ. Press, 1985)

Stanley Rosen, *Hermeneutics as Politics* (Oxford: Oxford University Press, 1987)

Kevin J. Vanhoozer, *Is there a Meaning in This Text?*, Grand Rapids: Zondervan 1998, 김재영역, 『텍스트에 의미가 있는가?』

Wolfgang Welsch, "Die Geburt der postmodernen Philosophie aus dem Geist der modernen Kunst," *Philospophische Jahrbuch 97* (1997)

Ludwig Wittgenstein, *Philosophische Untersuchungen, Werke, Bd.I* (Frankfurt, 1984)

김욱동 (편저), "포스트모더니즘과 포스트구조주의", 『포스트모더니즘과 포스트구조주의』, 현암사, 1991

김영한, 『바르트에서 몰트만까지』, 대한기독교서회, 개정증보판 2003

______, "기독교 문화의 세계관적 기초", 한국기독교철학회 2006년 춘계발표회, 3월 18일, 자료집,

이광래, "미셸 푸코, 지식 그리고 권력", 김욱동편, 『포스트모더니즘과 포스트구조주의』, 현암사, 1991

이진우, "장 프랑수아 료타르 딜현대의 철학", 김욱동 편, 『포스트구조주의와 포스트모더니즘』, 1991, 현암사

8장

Velkd(Lutherischens Kirchen Amt der Vereinigten Evangelische-Lutherischen Kirche Deutschlands),(hrsg.), *Was jeder vom Islam wissen muss*, Gütersloh, Gütersloher Verlagshaus 1990

Susanne De Dietrich, *God's Unfolding Purpose, A Guide to the Studuy of the Bible*, Westminster Press, 신인현역, 『성서로 본 성서』,컨콜디아사,1975

H. A. R. Gibb, *Islam: A Historical Survey*, 이희수, 최준식 역, 서울:도서출판 주류성, 1997

Emmanuel Kellerhals, *Der Islam. Geschichte, Lehre, Wesen*, Gütersloh, 1981

Abd al-Masih, *Dialogue with Muslim*, 이동주 역, 『무슬림과의 대화』, 기독교 문서선교회, 2001

Siegfried Raeder, *Der Islam und das Christentum. Eine historische und theologische Einführung*, Neukirchen-Vluyn: Neukirchener, 2001

Andreas Renz, Stephan Leimgruber, *Christen und Muslime. Was sie verbindet, Was sie unterscheidet*, München: Kösel, 2004

William Wagner, *How Islam Plans to change the World*, Kregel 2004, 노승현역, 『이슬람의 세계변화전략』, 서울: Apostolos Press, 2007

공일주, 『중동의 기독교와 이슬람』, 서울: 예영커뮤니케이션, 2002

김영한, "기독교와 이슬람, 문명의 공존" 『21C 문화변혁과 개혁신앙』, 예영, 2007, 89-113

______, "이슬람과 기독교, 교리적 차이" 『21C 문화변혁과 개혁신앙』, 예영, 2007, 68-88

______, 『기독교신앙개설』, 형설출판사, 1995

이광호, 『이슬람과 한국의 민간신앙』, 울산대학교 출판부, 1998

이만석, “이슬람이란 어떤 종교인가?” 『신앙세계』, 2008년 9월호, 통권 482호

전호진, 『이슬람 종교인가? 이데올로기인가?』 서울: SFC, 2002

_____, “한국내 이슬람의 도전” , 『신앙세계』, 2008년 9월호, 통권 482호

9장

Donald Bloesch, "God the Civilizer," in: *Christian Faith and Practice in the Modern World: Theology from an Evangelical Point of View*, ed. Mark A. Noll and David F. Wells (Grand Rapids: Eerdmans, 1988), 176-198

Mark Gabriel, *Islam & Terrorism. What the Quram Really Teacles About Christianity, Violence and the Goals of the Islamic Jihad*. Front Line A Strang Company, 2002.

Emmanuel Kellerhals, *Der Islam. Geschichte, Lehre, Wesen*, Güersloh, 1981

Hossein Moabaher, *Vom Nationalstaat zum Gottesstaat: Islam und sozialer Wandel im Nahen und Mitteleren Osten* (Berlin: Verlag W. Kohlhammer, 1995)

F. Mernissi, *Die vergessene Macht. Frauen im Wandel der islamischen Welt*, Frankfurt/ M. 1997

T. Nagel, *Das islamische Recht, Eine Einführung*, Westhofen 2001

Andreas Renz, Stephan Leimgruber, *Christen und Muslime. Was sie verbindet, Was sie unterscheidet*, München: Kösel, 2004

Oliver Roy, *The Failure of Political Islam*, trans. Carol Volk, (London: L. B. Tauris Pub., 1994)

William Wagner, *How Islam Plans to Change the World*, 2004: Kregal, 노승현 역, 『이슬람의 세계변화 전략』, 서울: Aposolos Press, 2007

Ghulam Sarwar, *Islam, Beliefs and Teachings* (Chicago: Kazi, 1993)

Stephen Schwartz, *The Two Faces of Islam* (New York: Doubleday, 2002)

Ralph W. Emerson, "The Fate", *The Prose Works*, rev. Ed., 3 vols. (Boston Houghton Mifflin, 1883)

Howard Snyder, *Earthcurrents*, 2000년대 지구동향,

Kevin J. Vonhoozer, "세계는 과연 무대로서 적합한가? 신학, 문화 그리고 해석학, “in: D.A. Carson & John D. Woodsbridge, *God and Culture*, Eerdmans: 1993, 박희석 역, 『하나님과 문화』, 크리스챤 다이제스트, 2001, 13-61

Robert B Mellert, *What is Process Theology?*, New York: Paulist Press, 1975, 홍정수역, 『과정신학 입문』, 대한기독교서회, 1989

요제프 보단스키, 『오사마 빈 라텐』 최인자, 이윤섭 공역, 서울: 명사, 2001

전호진, 『이슬람 종교인가? 이데올로기인가?』 서울: SFC, 2002

이만석, 『칼럼』 "9.11 테러 7주년을 맞아, 지하드 하는 자들이 통치하면 어떻게 될까?" 『2008-09-15 11:30』 chtoday.co.kr

______, 『칼럼』 "이슬람권에서 종교의 자유를 인정한다고? -기독교와 이슬람의 종교자유 지지 성명에 대해" 『2008-08-14 05:44』, chtoday.co.kr

전재옥, "한국의 무슬림 공동체에 대한 선교신학적 접근", 『아시아의 무슬림 공동체』, 예영커뮤니케이션 1998

10장

Günter Altner, "Mitgefühl mit allem geschaffenen. Ein neues Verhältnis zu Erde und Schöpfung". in: *Damit die Erde wieder Gott gehört. Plaedoyer für einen neuen Umgang mit Mensch und Natur*, 53-62

C. Amery, *Das Ende der Vorsehung. Die Gnadenlose Folgen des Christentums*, Hamburg 1972

Walter Bruggemann, *Genesis: Interpretation* (Atlanta: John Knox,1992)

Jeremy Cohen, "Be Fertile and Increase: Fill the Earth and Master It," : *The Ancient and Medieval Carrier of a Biblical Text* (Ithaca, N. Y.:Cornell University Press, 1989)

Riane Eisler, "The Gaia Tradition and the Partnership Future: An Ecofeminist Manifesto," in Irene Diamond and Gloria Feman Orenstein, eds., *Reweaving the World: The Emergence of Ecofeminism* (San Francisco: Sierra Club Books 1990)

Gabriel Fackre, "Ecology and Theology, "in Ian G. Barbour ed., *Western Man and Environmental Ethics* (Reading, Mass., : Addison-Wesley, 1973)

Herbert A. Gornik (Hrsg.), *Damit die Erde wieder Gott gehört. Plaedoyer für einen neuen Umgang mit Mensch und Natur*. Offenbach und Freiburg 1986

Al Gore, *Earth in the Balance: Ecology and the Human Spirit* (Boston: Houghton Mifflin, 1992)

H. H. Guthrie, *Theology as Thanksgiving. From Israel's Psalms to the Church's*

Eucharist, New York 1981

Conrad Hyers, *The Meaning of Creation: Genesis and Modern Science* (Atlanta: John Knox, 1984)

Lawrence E. Joseph, *Gaia: The Growth of an Idea* (New York: St. Martin's Press, 1990)

J. Moltmann, *Gott in der Schöpfung. Ökologische Schöpfungslehre*. Kaiser: München 1985, *God in Creation* (San Francisco: Harper & Row, 1985), 김균진역, 『창조 안에 계신 하나님』, 한국신학연구소, 1987

__________, *Geist des Lebens*, München: Kaiser, 1991 김균진역, 『생명의 영』, 대한기독교서회,1992, 60

James Lovelock, *The Ages of Gaia: A Biography of Our Living Earth* (New York: Bantam Books, 1990)

James A. Nash, *Loving Nature. Ecological Integrity and Christian Responsiblity*, Abingdon Press, 1991, 이문균 역, 『기독교적 생태윤리』, 서울: 한국장로교출판사, 1997

Richard Niebuhr, *The Meaning of Revelation* (New York: Macmillian, 1962, 1941)

________________, *Radical Monotheism and Western Culture* (New York: Harper & Row, 1970),

Albert C. Outler, ed., ":The General Deliverance," in *The Works of John Wesley*, vol. Sermon II: 34-70 (Nashville: Abingdon Press, 1985)

Rudolf Otto, *The Idea of the Holy*, 2nd ed. (London, Oxford, New York: Oxford Univ. Press, 1958)

Ted Peters, *The Coming Self: A Penetrating Look at Today's New Age Movements* (San Francisco: Harper, 1991)

Th. Runyon, "The World as the Original Sacrament", in: *Worship*, Vol. 54, No. 6, Nov. 1980

Howard Snyder, *The Earthcurrents, The Struggle for the World' Soul*, 1995: Abingdon Press, 김현석 역, 『2000년대 지구동향』, 아가페, 1998

O. H. Steck, *Welt und Umwelt*, Stuttgart 1978,

Myroslav Tataryn, "The Eastern Tradition and the Cosmos," *Sobornost*, vol II, nos. 1-2 (1989)

Keith Thomas, *Man and Natural World: A History of the Modern Sensibility* (New York: Pantheon, 1983)

Lynn White, "On the Historical Roots of our Ecological Crisis" ,(1967), reprinted in *This Sacred Earth: Religion, Nature and Environment*, edited by R. Gottlieb

Claus Westermann, *Genesis 1-11: A Commentary*, trans. John J. Scullon, S. J. (Minneapolis: Augsburg, 1984)

김영한, "구원의 대상으로서의 자연", 『예수 그리스도와 창조』. 예장총회 교육부, 1992

______, "개혁신학의 생태론", 『21세기와 개혁신학』(III), 한국장로교출판사, 1998, 389-415

11장

Diogenes Allen, *Christian Belief in a Postmodern World* (Louiville, KY: Westminster/John Knox, 1989)

C. Pinnock, "Systematic Theology," in: Clark Pinnock, et al. , *The Openness of God*, 1994

W. Hasker, "A Philosophical Perspective," in: Clark Pinnock, et al., *The Openness of God, A Biblical Challenge to the Traditional Understanding of God*. Downers Grover, Ill.: Carlisle: IVP, Paternoster, 1994

Paul Hiebert, *Anthropological Reflections on Missiological Issues*, Baker Books, 1994, 김영동, 안영권 옮김, 『인류학적 접근을 통한 선교현장의 문화이채』, 조이선교회 출판부, 1997

Hans Küng/Josef van Ess, *Christentum und Weltreligionen, Islam*, Gütersloh 1991

Michio Kaku, *Visions: How Science Will Revolutionize the 21st Century*, 1997 김승욱 역, 『비전 2003』, 작가정신, 2000

A. Kuyper, *Lectures on Calvinism*, Eerdmans Publishing Company, Michigan, 1976

Wade E. Cox, *Socinianism, Arianism and Unitarianism* (No. 185) CCG, 1996

Otto Weber, Grundriβ der Bibelkunde, 1970

Jeremy Rifkin, *The End of Work*. 1995, 이영호 역, 『노동의 종말』, 민음사, 1996

J. Moltmann, *Theologie der Hoffnung. Untersuchungen zur Begründung und zu den Konsequenzen einer christlichen Eschatologie*. München: Kaiser, 1965

김영한, 『한국기독교문화신학』, 성광문화사, 1995, 불과 구름, 2005

______, "본훼퍼의 세속적 기독신앙", 『목회와 신학』 창간호 1989년 7월, 228-235

______, " 종교다원주의와 그리스도의 유일성", 『21세기와 개혁신학』(II), 서울: 한국장로교출판사, 1998), 43-76

______, "열린 유신론의 신관에 대한 비판적 성찰", 『신앙과 학문』 제13권 제2호 (2008. 8), 기독교학문연구회, 108-128

______, "어거스틴의 신학적 문화론", 『한국기독교문화신학』, 성광문화사, 1995

______, "개혁신학의 종말론"(I), 『월간 목회』, 1993년 2월, 145-154

"개혁신학의 종말론"(II),『월간 목회』, 1993년 3월, 178-190

______, "포스트모던 시대의 개혁신학"(1), 『기독교 사상』, 1994년 1월,

이승구, 『기독교 세계관이란 무엇인가?』 SFC 출판부, 2003,

12장

G. Bromiley, "Helmut Thielicke," in: edited by Martin E. Marty & Dean G. Peerman, *A Handbook of Christian Theologians*, Abingdon Press Nashville 1984

E. Brunner, *Revelation and Reason*, trans. Oiver Wyan (Philadephia: Westminstr Press, 1946

Oscar Cullmann, *Christus und Zeit, Christ and Time, trans*. Floyd V. Filson, Philadelphia: Westminster, 1950, *Heil als Geschichte, Salvation in History*. trans. S. G. Sowers, New York: Harper and Row, 1967

H. Dooyeweerd, *A New Critique of Theoretical Thought* (Amsterdam & Philadelphia, 1953), vol. I

Clifford Geertz, "Religion as a Cultural System", in: William A. Lessa and Evon Z. Vogt, eds., *Reader in Comparative Religion: An Anthropological Approach*, 3d. ed., (New York: Harper and Row, 1972)

Paul Feyerabend, *Against Method: Outline of an Anarchistic Theory of Knowledge*, London: New Left Books, 1975 『방법에의 도전』, 한겨레

Arthur F. Holmes, *Contours of a World View, Eerdmans*, 1983, 이승구 역, 『기독교 세계관』, 엠마오

Joseph Haroutunian,, ed., *Calvin: Commentaries, The Library of Christian Classics* (Philadelphia: Westminster, 1958)

Thomas Kuhn, *The Structure of Scientific Revolutions*, 2nd. ed. (Chicago: University of Chicago Press, 1970

Paul Kurtz, ed., *Moral Problems in Contemporary Society, Essays in Humanistic Ethics* (Englewood Cliffs, NJ: Prentice-Hall, 1966)

Abraham Kuyper, "Science and Sin," in: *Principles of Sacred Theology* (New York: Scribners, 1898)

Michio Kaku, *Visions: How Science will revolutionize the 21st Century*. 1997, 비젼 2003

Larry Laudan, *Progress and Its Problem: Toward a Theory of Scientific Growth* (Berkeley and Los Angeles: Univesity of California Press,1977)

Jacques Maritain, *Integral humanism*, trans. J. W. Evans (New York: Scribner's, 1968)

Geddes MacGregor, *The Hemlock and the Cross* (Philadelphia: Lippincott, 1963)

Abraham Maslow, *The Further Reaches of Human Nature* (New York: Viking Press, 1971,

____________, *Religions, Vaues and Peak-Experiences* (Columbus, OH: Ohio State University Press, 1964

J. Moltmann, *Theologie der Hoffnung. Untersuchungen zur Begründung und zu den Konsequenzen einer christlichen Eschatologie*. München: Kaiser,

Alvin Plantinga, *God, Freedom and Evil* (Grand Rapids: Eerdmans, 1974)

____________, "Augustinian Christian Philosophy," *Monist 75*(1992), 291-329

____________, *Warrant and Proper Function*, New York and Oxford: Oxford Univ. Press 1993

____________, "Reason and Belief in God," in: ed., Alvin Plantinga and Nicholas Wolterstorff, *Faith and Rationality* (Notre Dame: University of Notre Dam Press, 1983), 16-93

H. Thielicke, *Geschichte und Existenz: Grundlegung einer evangelischen Geschichtstheologie*, 1 Auflage, Güterloh, 1935, 2 Auflage, Gerd Mohn, 1964

Kevin J. Vanhoozer, *Is there a Meaning in This Text?*, Grand Rapids: Zondervan 1998, 김재영 역, 『텍스트에 의미가 있는가?』, IVP 2003

Nicholas Wolterstorff, *Faith and Rationality* (Notre Dame: University of Notre Dam Press, 1983)

____________, “Introduction”, in: Hart, Hoeven, Wolterstorff eds.,

Rationality in the Calvinian Tradition (Lanham: University Press of America, 1983)

Nicholas Wolterstorff, *Reason within the Bounds of Religion*, second edition(Grand Rapids: Eerdmans, 1984)

김영한, "개혁주의 철학사상", In: 『21세기와 개혁신학』(III), 한국장로교출판사, 1998

______, 『한국기독교문화신학』, 성광문화사, 1995,

______, 『헬무트 틸리케, 종교개혁적인 성령론적 신학』, 살림, 2005

최용준, "헤르만 도이에베르트", in: 『하나님을 사랑한 철학자 9인』, IVP, 2005,

하종호, "알빈 프란팅가", in: 『하나님을 사랑한 철학자 9인』, IVP, 2005

포스트모던 시대의 세계관

초판1쇄발행 2009년 2월 14일
초판2쇄발행 2010년 11월 16일

지은이 김 영 한

펴낸이 김 대 근

펴낸곳 숭실대학교 출판부
서울 동작구 상도동 511

등 록 제14-2호(1982.1.25)
TEL.02-820-0771~2
FAX.02-817-5297
http://press.ssu.ac.kr

찍은곳 한컴인쇄정보
TEL.02-2274-3394~5
FAX.02-2274-3397

값 20,000원

ISBN 978-89-7450-234-8-04230